Nivel intermedio | Curso breve

FACETAS

4th EDITION

José A. Blanco

VISTA®
HIGHER LEARNING

Boston, Massachusetts

Shop online.
Buy from our store and save.
vistahigherlearning.com/store

ISBN-13: 978-1-68004-200-9
90000

9 781680 042009

ivel intermedio | Curso breve

FACETAS

ʰEDITION

José A. Blanco

VISTA®
HIGHER LEARNING
Boston, Massachusetts

Publisher: José A. Blanco

Editorial Development: Judith Bach, Deborah Coffey, María Victoria Echeverri

Project Management: Hillary Gospodarek, Sharon Inglis

Rights Management: Maria Rosa Alcaraz Pinsach, Annie Pickert Fuller, Caitlin O'Brien

Technology Production: Egle Gutiérrez, Paola Ríos Schaaf, Erica Solari

Design: Mark James, Erik Restrepo, Andrés Vanegas

Production: Manuela Arango, Oscar Díez, Jennifer López

Student Edition ISBN: 978-1-62680-962-8

Instructor's Annotated Edition ISBN: 978-1-62680-963-5

Library of Congress Control Number: 2014948714

5 6 7 8 9 TC 19 18 17

Printed in Canada.

Introduction

Bienvenidos a FACETAS, Fourth Edition, an intermediate Spanish program designed to provide you with an active and rewarding learning experience as you continue to strengthen your language skills and develop your cultural competency.

Here are some of the features you will encounter in **FACETAS, Fourth Edition.**

- An emphasis on authentic language and practical vocabulary for you to use in communicating in real-life situations

- Clear, comprehensive grammar explanations that graphically highlight important concepts

- Abundant guided and communicative activities that will help you develop confidence in your ability to communicate in Spanish

- Three video-based sections—one directly connected to the **FACETAS Fotonovela Video,** one based on the **Flash Cultura** cultural segments, and one featuring the **FACETAS Film Collection**

- Literary and cultural readings that recognize and celebrate the diversity of the Spanish-speaking world and its people

- Ongoing development of your reading, speaking, writing, and listening skills

- Consistent integration of important cultural concepts and insights into the daily lives of native Spanish speakers

- A complete set of print and technology ancillaries to make learning Spanish easier for you

New to the Fourth Edition

FACETAS, Fourth Edition, offers many new features to students and instructors that make this edition even better than the last.

- **NEW!** Based on user feedback, the **Lecturas** and **Cinemateca** sections have new selections for the Fourth Edition. New films in Lessons 2 and 5; one new literary reading in Lesson 3; and one new cultural reading in Lesson 4 update and enhance these popular sections.

- **Updated!** The **FACETAS** Supersite now has even more features to make language learning easier, including Partner Chat and Virtual Chat activities, VoiceBoard for threaded discussions, a powerful bilingual dictionary, and more. See page x for more information.

FACETAS has twelve lessons organized in exactly the same way. To familiarize yourself with the textbook's organization, turn to page xii and take the **FACETAS** at-a-glance tour.

CONTENIDO

CONTENIDO

Each section of the textbook comes with resources and activities on the **FACETAS** Supersite, many of which are auto-graded with immediate feedback. Plus, the Supersite is iPad®-friendly*, so it can be accessed on the go! Visit **vhlcentral.com** to explore this wealth of exciting resources.

CONTEXTOS	• Audio of the **Vocabulary** with recording activity for oral practice • Textbook and extra practice activities • Partner Chat or Virtual Chat activity for increased oral practice
FOTONOVELA	• Streaming video of the **Fotonovela** with instructor controlled options for subtitles • Textbook comprehension and expansion and extra practice activities
ENFOQUES	• **En detalle** cultural reading • **Conexión Internet** search activity • Streaming video of **Flash Cultura** cultural video • Textbook and extra practice activities
ESTRUCTURA	• Animated grammar tutorials • Textbook grammar presentations • Textbook and extra practice activities • Partner Chat or Virtual Chat activities for increased oral practice • **Repaso** self-test
CINEMATECA	• Streaming video of the short film with instructor-controlled options for subtitles • Textbook pre- and post-viewing and extra practice activities
LECTURAS: LITERATURA	• Audio-synced, dramatic reading of the **Literatura** text • Textbook and extra practice activities
LECTURAS: CULTURA	• Audio-synced reading of the literary text • Textbook and extra practice activities • **Atando cabos** composition activity
VOCABULARIO	• Vocabulary Tools
MANUAL DE GRAMÁTICA	• **Más práctica** Textbook activities • **Más gramática** Textbook grammar presentations and activities • Animated grammar tutorials for **Más gramática** topics

Plus! Also found on the Supersite:
- Lab audio MP3 files
- Live Chat to connect with students in real time, without leaving your browser (instant messaging, audio chat, video chat)
- Communication center for instructor notifications and feedback
- A single gradebook for all Supersite activities
- WebSAM online Student Activities Manual
- **NEW! v̂Text** online, interactive student edition with access to Supersite activities, audio, and video

Supersite features vary by access level. Visit **vistahigherlearning.com** to explore which Supersite level is right for you.
*Students must use a computer for audio recording and select presentations and tools that require Flash or Shockwave.

Student Ancillaries

Student Activities Manual (SAM)

The **Student Activities Manual** consists of three parts: the **Workbook**, **Lab Manual**, and **Video Manual**.

- **Workbook**

  The **Workbook** activities provide additional practice of the vocabulary and grammar for each textbook lesson, including the extra grammar topic in **Manual de gramática**. Also included are an additional reading (**Lectura**) and composition (**Composición**) assignment.

- **Lab Manual**

  The **Lab Manual** activities focus on building students' pronunciation and listening comprehension skills in Spanish. They provide additional practice of the vocabulary and grammar of each lesson. Also included is a **Pronunciación** section where students practice sounds that are particularly difficult.

WebSAM

Completely integrated with the **FACETAS** Supersite, the **WebSAM** provides access to online **Workbook**, **Lab Manual** and **Video Manual** activities with instant feedback and grading for select activities. The complete audio program is accessible online in the **Lab Manual** and features record-submit functionality for select activities. The MP3 files can be downloaded from the **FACETAS** Supersite and can be played on a computer, portable MP3 player or mobile device. The **Fotonovela** videos are accessible online in the **Video Manual**.

FACETAS, Fourth Edition, Supersite

Included with the purchase of every new student edition, the passcode to the Supersite (**vhlcentral.com**) gives students access to a wide variety of interactive activities for each section of every lesson of the student text, including auto-graded activities for extra practice with vocabulary, grammar, video, and cultural content; reference tools; the **Fotonovela** videos; the **Cinemateca** short films, **Flash Cultura** videos; the Lab Program MP3 files, and more. *For additional details, see pages IAE-14 and IAE-15.*

Icons

Familiarize yourself with these icons that appear throughout **FACETAS**.

   (S)   Supersite content available

   ◐◌   Activity available on Supersite

   🎧   Audio activity

   👥   Pair activity

   👥👥   Group activity

Text next to the Supersite icon will let you know exactly what type of content is available online. Additional practice on the Supersite, not included in the textbook, is indicated with this icon feature: ⟳ Practice more at **vhlcentral.com**.

CONTEXTOS

practices the lesson vocabulary with thematic activities.

Vocabulary Easy-to-study thematic lists present useful vocabulary.

Photos and illustrations Dynamic, full-color photos and art illustrate selected vocabulary terms.

Práctica This set of activities practices vocabulary in diverse formats and engaging contexts.

Comunicación These open-ended activities have students interact with a partner, a small group, or the entire class.

ⓢupersite

- Audio recordings of all vocabulary items
- Textbook activities including Partner Chat or Virtual Chat activity
- Additional online-only practice activities

Supersite features vary by access level. Visit **vistahigherlearning.com** to explore which Supersite level is right for you.

FOTONOVELA

features a situational comedy about the everyday adventures of a magazine staff.

Personajes The photo-based conversations take place among a cast of recurring characters—six people who work for a magazine called *Facetas* in Mexico City.

Conversations The engaging conversations incorporate vocabulary from the **Contextos** section and preview grammar structures you will study in the **Estructura** section, all within a comprehensible context.

Expresiones útiles New, active words and expressions are organized by function, so you can concentrate on using them for real-life, practical purposes.

ⓈuperSite

Streaming **Fotonovela** video with instructor-controlled subtitle options

Supersite features vary by access level. Visit **vistahigherlearning.com** to explore which Supersite level is right for you.

COMPRENSIÓN & AMPLIACIÓN

reinforce and expand upon the *Fotonovela*.

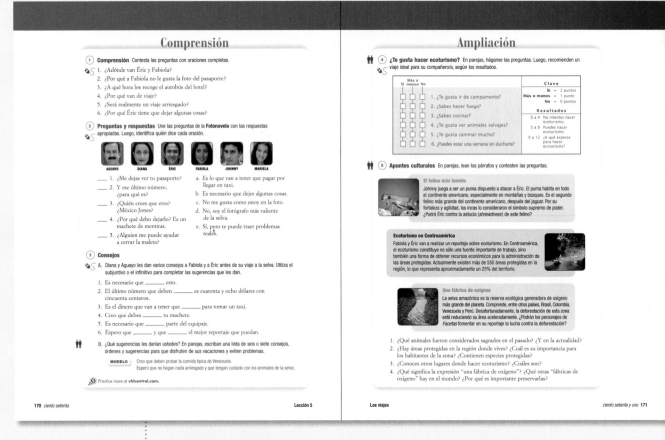

Comprensión

1 **Comprensión** Contesta las preguntas con oraciones completas.

1. ¿Adónde van Éric y Fabiola?
2. ¿Por qué a Fabiola no le gusta la foto del pasaporte?
3. ¿A qué hora los recoge el autobús del hotel?
4. ¿Por qué van de viaje?
5. ¿Será realmente un viaje arriesgado?
6. ¿Por qué Éric tiene que dejar algunas cosas?

2 **Preguntas y respuestas** Une las preguntas de la **Fotonovela** con las respuestas apropiadas. Luego, identifica quién dice cada oración.

AGUAYO   DIANA   ÉRIC   FABIOLA   JOHNNY   MARIELA

____ 1. ¿Me dejas ver tu pasaporte?

____ 2. Y ese último número, ¿para qué es?

____ 3. ¿Quién crees que eres? ¿México Jones?

____ 4. ¿Por qué debo dejarlo? Es un machete de mentiras.

____ 5. ¿Alguien me puede ayudar a cerrar la maleta?

a. Es lo que van a tener que pagar por llegar en taxi.

b. Es necesario que dejes algunas cosas.

c. No me gusta como estoy en la foto.

d. No, soy el fotógrafo más valiente de la selva.

e. Sí, pero te puede traer problemas reales.

3 **Consejos**

A. Diana y Aguayo le dan varios consejos a Fabiola y a Éric antes de su viaje a la selva. Utiliza el subjuntivo o el infinitivo para completar las sugerencias que les dan.

1. Es necesario que _____ esto.
2. El último número que deben _____ es cuarenta y ocho dólares con cincuenta centavos.
3. Es el dinero que van a tener que _____ para tomar un taxi.
4. Creo que debes _____ tu machete.
5. Es necesario que _____ parte del equipaje.
6. Espero que _____ y que _____ el mejor reportaje que puedan.

B. ¿Qué sugerencias les darían ustedes? En parejas, escriban una lista de seis o siete consejos, órdenes y sugerencias para que disfruten de sus vacaciones y eviten problemas.

MODELO Creo que deben probar la comida típica de Venezuela.
Espero que no hagan nada arriesgado y que tengan cuidado con los animales de la selva.

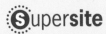 Practice more at vhlcentral.com.

Ampliación

4 **¿Te gusta hacer ecoturismo?** En parejas, háganse las preguntas. Luego, recomienden un viaje ideal para su compañero/a, según los resultados.

	Más o menos	No	
Sí			
			1. ¿Te gusta ir de campamento?
			2. ¿Sabes hacer fuego?
			3. ¿Sabes cocinar?
			4. ¿Te gusta ver animales salvajes?
			5. ¿Te gusta caminar mucho?
			6. ¿Puedes estar una semana sin ducharte?

Clave
Sí = 2 puntos
Más o menos = 1 punto
No = 0 puntos

Resultados
0 a 4   No intentes hacer ecoturismo.
5 a 8   Puedes hacer ecoturismo.
9 a 12 ¿A qué esperas para hacer ecoturismo?

5 **Apuntes culturales** En parejas, lean los párrafos y contesten las preguntas.

El felino más temido
Johnny juega a ser un puma dispuesto a atacar a Éric. El puma habita en todo el continente americano, especialmente en montañas y bosques. Es el segundo felino más grande del continente americano, después del jaguar. Por su fortaleza y agilidad, los incas lo consideraron el símbolo supremo de poder. ¿Podrá Éric contra la astucia (*shrewdness*) de este felino?

Ecoturismo en Centroamérica
Fabiola y Éric van a realizar un reportaje sobre ecoturismo. En Centroamérica, el ecoturismo constituye no sólo una fuente importante de trabajo, sino también una forma de obtener recursos económicos para la administración de las áreas protegidas. Actualmente existen más de 550 áreas protegidas en la región, lo que representa aproximadamente un 25% del territorio.

Una fábrica de oxígeno
La selva amazónica es la reserva ecológica generadora de oxígeno más grande del planeta. Comprende, entre otros países, Brasil, Colombia, Venezuela y Perú. Desafortunadamente, la deforestación de esta zona está reduciendo su área aceleradamente. ¿Podrán los personajes de *Facetas* fomentar en su reportaje la lucha contra la deforestación?

1. ¿Qué animales fueron considerados sagrados en el pasado? ¿Y en la actualidad?
2. ¿Hay áreas protegidas en la región donde vives? ¿Cuál es su importancia para los habitantes de la zona? ¿Contienen especies protegidas?
3. ¿Conoces otros lugares donde hacer ecoturismo? ¿Cuáles son?
4. ¿Qué significa la expresión "una fábrica de oxígeno"? ¿Qué otras "fábricas de oxígeno" hay en el mundo? ¿Por qué es importante preservarlas?

Comprensión These exercises check your basic understanding of the **Fotonovela** conversations.

Ampliación Communicative activities take a step further, asking you to apply or react to the content in a personalized way.

Apuntes culturales Cultural notes illustrated with photographs provide additional reading practice and important cultural information related to **Fotonovela**. Follow-up questions check comprehension and expand on the topics.

Supersite

Textbook and additional online-only activities

Supersite features vary by access level. Visit **vistahigherlearning.com** to explore which Supersite level is right for you.

ENFOQUES

explores cultural topics related to the lesson theme, focused by region.

En detalle & Perfil Feature articles expand on topics related to the lesson theme, supported by photos, maps, and graphical features.

El mundo hispanohablante & Así lo decimos Lexical and comparative features highlight traditions, customs, and trends throughout the Spanish-speaking world.

Activities Comprehension, open-ended, and project-based activities in **¿Qué aprendiste?** check your understanding of the material and lead to further exploration.

Flash Cultura Each lesson features a video shot in the form of a news broadcast. Comprehension and expansion activities help them get the most out of it.

Supersite

- All reading selections
- Textbook and additional online-only activities
- **Conexión Internet** search activity
- Streaming **Flash Cultura** video with instructor-controlled subtitle options

Supersite features vary by access level. Visit **vistahigherlearning.com** to explore which Supersite level is right for you.

ESTRUCTURA

presents key intermediate grammar topics with detailed visual support.

Integration of Cinemateca Photos with quotes or captions from the lesson's short film show the new grammar structures in meaningful contexts.

Charts and diagrams Colorful, easy-to-understand charts and diagrams highlight key grammar structures and related vocabulary.

Grammar explanations Explanations are written in clear, easy-to-understand language for reference both in and out of class.

Atención These sidebars expand on the current grammar point and call attention to possible sources of confusion.

Supersite

• Grammar Presentations

• Grammar Tutorials

Supersite features vary by access level. Visit **vistahigherlearning.com** to explore which Supersite level is right for you.

ESTRUCTURA

progresses from directed to communicative practice.

Práctica

TALLER DE CONSULTA

MANUAL DE GRAMÁTICA
Más práctica

5.3 Negative, affirmative, and indefinite expressions, p. A30

1 Oraciones Combina las frases de las dos columnas para formar oraciones lógicas. Recuerda que a veces vas a necesitar el subjuntivo y a veces no.

____ 1. Luis tiene un hermano que   a. sea alta e inteligente.
____ 2. Tengo dos primos que   b. sean respetuosos y estudiosos.
____ 3. No conozco a nadie que   c. canta cuando se ducha.
____ 4. Jorge busca una novia que   d. hablan español.
____ 5. Quiero tener hijos que   e. hable más de cinco lenguas.
____ 6. Quiero un carro que   f. sea muy económico.

2 El agente de viajes Carmen va a ir de vacaciones a Montelimar, en Nicaragua, y le escribe un correo electrónico a su agente de viajes explicándole cuáles son sus planes. Completa el correo electrónico con el subjuntivo o el indicativo.

De: Carmen <carmen@micorreo.com>
Para: Jorge <jorge@micorreo.com>
Asunto: Viaje a Montelimar

Querido Jorge:
Estoy muy contenta porque el mes que viene voy a viajar a Montelimar para tomar unas vacaciones. He estado pensando en el viaje y quiero decirte qué me gustaría hacer. Quiero ir a un hotel que (1) _____ (ser) de cinco estrellas y que (2) _____ (tener) vista al mar. Me gustaría hacer una excursión que (3) _____ (durar) varios días y que me (4) _____ (permitir) ver el famoso lago Nicaragua. ¿Qué te parece?
Mi hermano me dice que hay un guía turístico que (5) _____ (conocer) algunos lugares exóticos y que me puede llevar a verlos. También dice que el guía es un hombre que (6) _____ (tener) el pelo muy rubio y que (7) _____ (ser) muy alto. ¿Tú lo conoces? Creo que se llama Ernesto Montero.
Espero tu respuesta.
Carmen

3 El ideal En parejas, imaginen cómo es el/la compañero/a ideal en cada una de estas situaciones. Si ya conocen a alguien que tenga las características ideales, también pueden hablar de esa persona. Utilicen el subjuntivo o el indicativo de acuerdo a la situación.

MODELO Lo ideal es vivir con alguien que no se queje demasiado.

• alguien con quien vivir
• alguien con quien trabajar
• alguien con quien ver películas de amor o de aventuras
• alguien con quien comprar ropa
• alguien con quien estudiar
• alguien con quien viajar por el desierto de Atacama

Practice more at **vhlcentral.com**.

Comunicación

4 Anuncios En parejas, escriban anuncios para un periódico basados en la información y usando el indicativo y el subjuntivo. Añadan detalles. Después, inventen dos anuncios originales para enseñárselos a la clase.

La familia Pérez busca a su perro Tomás, que se perdió en el parque. Aquí tienen una foto de él.

Miguel y Carlos Solís buscan un guía turístico para su viaje a los volcanes de Guatemala.

5 Síntesis La tormenta tropical Alberto azota (*is hitting*) las costas de Florida. En parejas, cubran esta noticia para un programa de televisión. Uno/a de ustedes informa del huracán desde la costa y la otra persona presenta el programa desde el estudio. Escriban una conversación sobre este desastre y sus consecuencias. Usen comparativos, superlativos, el subjuntivo en oraciones subordinadas adjetivas y expresiones negativas, afirmativas e indefinidas.

MODELO
CONDUCTOR(A) Cuéntanos, Juan Francisco, ¿cómo es la tormenta?
CORRESPONSAL ¡Nunca he visto una tormenta tan destructiva! ¡No hay casas que puedan soportar vientos tan fuertes!
CONDUCTOR(A) ¿Pero no es posible que el viento sea más fuerte que durante el huracán Jimena?
CORRESPONSAL Les aseguro que esta tormenta es la peor...

Práctica Directed exercises support students as they begin working with the grammar structures, helping them master the forms they need for personalized communication.

Comunicación Open-ended, communicative activities help students internalize the grammar point in a range of contexts involving pair and group work.

Taller de consulta These sidebars reference additional activities and grammar topics in the **Manual de gramática** found at the end of the book.

Supersite

• Textbook activities including Partner Chat or Virtual Chat activities

• Additional online-only practice activities

Supersite features vary by access level. Visit **vistahigherlearning.com** to explore which Supersite level is right for you.

CINEMATECA

features award-winning short films by contemporary Hispanic filmmakers.

Films Compelling short films let students see and hear Spanish in its authentic contexts. Films are thematically linked to the lessons.

Escenas Video stills with captions from the film prepare students for the film and introduce some of the expressions they will encounter.

Antes de ver... Pre-viewing activities prepare students to view the film.

Vocabulario calls out vocabulary key to understanding the film.

Después de ver... Post-viewing activities check students' comprehension and guide them through interpreting the film and reacting to it.

Supersite

- Streaming video of short films with instructor-controlled subtitle options
- Textbook activities and additional online-only practice activities

Supersite features vary by access level. Visit **vistahigherlearning.com** to explore which Supersite level is right for you.

LECTURAS: LITERATURA

showcases literary readings by well-known writers from across the Spanish-speaking world.

Literatura Comprehensible and compelling, these readings present new avenues for using the lesson's grammar and vocabulary.

Design Each reading is presented in the attention-grabbing visual style you would expect from a magazine, along with glosses of unfamiliar words.

Ⓢupersite

- Audio-sync technology for the literary reading that highlights text as it is being read

LECTURAS: CULTURA

features an article on cultural topics related to the lesson theme.

APOGEO MAYA

La ruta maya

renowned
Los mayas, investigadores de ciencias y matemáticas, y destacados° arquitectos de espacios monumentales, han dejado evidencia de un mundo ilustre e intelectual que todavía brilla hoy día. En su momento de mayor extensión, el territorio maya incluía partes de lo que ahora es México, Guatemala, Belice, El Salvador y Honduras. Una imaginaria ruta maya une estos lugares dispersos, *crossing* atravesando° siglos y países, y revela restos de una gran civilización. La ruta pasa por selva y ciudad, por vegetación exuberante y por

ruinas que resisten y también muestran el 10 paso del tiempo. El viajero puede elegir entre múltiples lugares y numerosos caminos. Sin embargo, hay un itinerario particular que conecta la arquitectura, la cultura y el deporte a través del tiempo y el espacio: la ruta de los *Due to the* 15 campos de pelota. Debido al° enorme valor cultural del juego, se construyeron canchas en casi todas las poblaciones importantes, incluyendo las espléndidas construcciones de Copán y Chichén Itzá. La ruta, que pasa 20 por algunos de los 700 campos de pelota, *unearths* desentierra° maravillas arqueológicas.

En la densa selva en el oeste de Honduras, *emerges* cerca de la frontera con Guatemala, surge° Copán, donde gobernaron varias dinastías *lies* 25 de reyes. Entre las ruinas, permanece° un elegantísimo campo de pelota, una cancha *dressing* que tenía hasta vestuarios° para los jugadores. *rooms* Grandes paredes, adornadas de esculturas *parrots/* de loros°, rodean° el campo más artístico de *surround* 30 Mesoamérica. En Copán vivía una élite de *sculpted* artesanos y nobles que esculpían° y escribían en piedra. Por eso, se concentran en Copán *sculptures/* la mayor cantidad de esculturas° y estelas° *steles* *stone tablets* —monumentos de figuras y lápidas° con

Mesoamérica
La región de Mesoamérica empieza en el centro de México y llega hasta la frontera entre Nicaragua y Costa Rica. Aquí vivían sociedades agrarias que se destacaron por sus avances en la arquitectura, el arte y la tecnología en los 3.000 años anteriores a la llegada de Cristóbal Colón al continente americano. Entre las culturas de Mesoamérica se incluyen la maya, la azteca, la olmeca y la tolteca. Los mayas tomaron la escritura y el calendario mesoamericanos y los desarrollaron hasta su mayor grado de sofisticación.

35 jeroglíficos— de la ruta maya. En las famosas *stairways* escalinatas° de la ciudad se pueden examinar jeroglíficos que contienen todo un árbol genealógico y que cuentan la historia de los reyes de Copán. Estas inscripciones forman el 40 texto maya más largo que se preserva hoy día.

Campo de pelota en Copán

El más impresionante de los campos de pelota se encuentra en Chichén Itzá en Yucatán, México. En su período de esplendor, Chichén Itzá era el centro de poder de Mesoamérica. Actualmente es uno 45 de los sitios arqueológicos más importantes del mundo. La gran pirámide, conocida con el nombre *El Castillo*, era un rascacielos° *skyscraper* en su época. Con escaleras que suben a la cumbre° por los cuatro lados, El Castillo 50 *peak* sirvió de templo del dios Kukulcán. Hay varias canchas de pelota en Chichén Itzá, pero la más grandiosa y espectacular se llama el Gran Juego de Pelota. A pesar de medir° *measuring* 166 por 68 metros (181 por 74 yardas), la 55 acústica es tan magnífica que sirve de modelo para teatros: un susurro° se puede oír de un *whisper* extremo al otro. Mientras competían, los jugadores sentían la presión de las esculturas que adornaban las paredes, las cuales 60 muestran a unos jugadores decapitando a otros. El peligro era un recordatorio° de que *reminder* el juego era también una ceremonia solemne y el campo, un templo.

Esta ruta maya continúa por campos 65 como el de Uxmal en Yucatán, México, donde se pueden apreciar grandes logros° *achievements* arquitectónicos. En todos ellos, se oyen las voces lejanas de la civilización maya, ecos que nos hacen viajar por el tiempo y despiertan 70 la imaginación. »

Appealing Topics The **Cultura** readings present a unique range of topics that expose you to the people, traditions, and accomplishments of the different cultures of the Spanish-speaking world.

Design Readings are carefully laid out with line numbers, marginal glosses, pull quotes, and box features to help make each piece easy to navigate.

Photos Vibrant, dynamic photos visually illustrate the reading.

Ⓢupersite

- Audio-sync technology for the cultural reading that highlights text as it is being read

Supersite features vary by access level. Visit **vistahigherlearning.com** to explore which Supersite level is right for you.

ANTES DE LEER and DESPUÉS DE LEER

activities provide in-depth pre- and post-reading support for each selection in Literatura and Cultura.

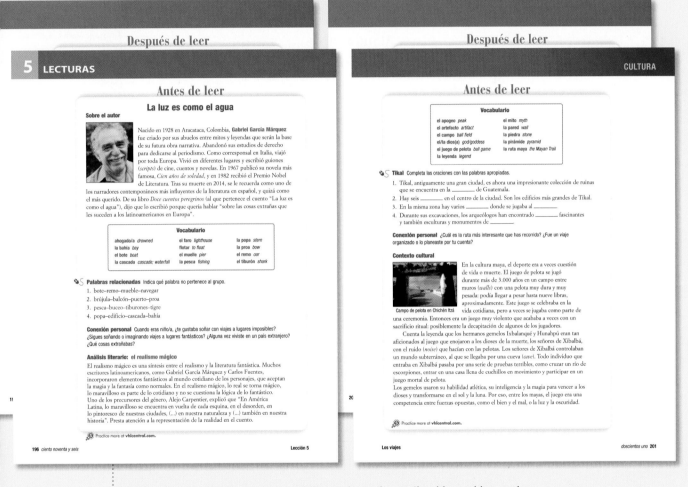

Después de leer

5 LECTURAS

Antes de leer

La luz es como el agua

Sobre el autor

Nacido en 1928 en Aracataca, Colombia, **Gabriel García Márquez** fue criado por sus abuelos entre mitos y leyendas que serán la base de su futura obra narrativa. Abandonó sus estudios de derecho para dedicarse al periodismo. Como corresponsal en Italia, viajó por toda Europa. Vivió en diferentes lugares y escribió guiones (*scripts*) de cine, cuentos y novelas. En 1967 publicó su novela más famosa, *Cien años de soledad*, y en 1982 recibió el Premio Nobel de Literatura. Tras su muerte en 2014, se le recuerda como uno de los narradores contemporáneos más influyentes de la literatura en español, y quizá como el más querido. De su libro *Doce cuentos peregrinos* (al que pertenece el cuento "La luz es como el agua"), dijo que lo escribió porque quería hablar "sobre las cosas extrañas que les suceden a los latinoamericanos en Europa".

Vocabulario

ahogado/a *drowned*	el faro *lighthouse*	la popa *stern*
la bahía *bay*	flotar *to float*	la proa *bow*
el bote *boat*	el muelle *pier*	el remo *oar*
la cascada *cascade; waterfall*	la pesca *fishing*	el tiburón *shark*

Palabras relacionadas Indica qué palabra no pertenece al grupo.

1. bote–remo–mueble–navegar
2. brújula–balcón–puerto–proa
3. pesca–buceo–tiburones–tigre
4. popa–edificio–cascada–bahía

Conexión personal Cuando eras niño/a, ¿te gustaba soñar con viajes a lugares imposibles? ¿Sigues soñando o imaginando viajes a lugares fantásticos? ¿Alguna vez viviste en un país extranjero? ¿Qué cosas extrañabas?

Análisis literario: el realismo mágico

El realismo mágico es una síntesis entre el realismo y la literatura fantástica. Muchos escritores latinoamericanos, como Gabriel García Márquez y Carlos Fuentes, incorporaron elementos fantásticos al mundo cotidiano de los personajes, que aceptan la magia y la fantasía como normales. En el realismo mágico, lo real se torna mágico, lo maravilloso es parte de lo cotidiano y no se cuestiona la lógica de lo fantástico. Uno de los precursores del género, Alejo Carpentier, explicó que "En América Latina, lo maravilloso se encuentra en vuelta de cada esquina, en el desorden, en lo pintoresco de nuestras ciudades, (...) en nuestra naturaleza y (...) también en nuestra historia". Presta atención a la representación de la realidad en el cuento.

Practice more at **vhlcentral.com.**

196 *ciento noventa y seis* | Lección 5

Después de leer

CULTURA

Antes de leer

Vocabulario

el apogeo *peak*	el mito *myth*
el artefacto *artifact*	la pared *wall*
el campo *ball field*	la piedra *stone*
el/la dios(a) *god/goddess*	la pirámide *pyramid*
el juego de pelota *ball game*	la ruta maya *the Mayan Trail*
la leyenda *legend*	

Tikal Completa las oraciones con las palabras apropiadas.

1. Tikal, antiguamente una gran ciudad, es ahora una impresionante colección de ruinas que se encuentra en la _____ de Guatemala.
2. Hay seis _____ en el centro de la ciudad. Son los edificios más grandes de Tikal.
3. En la misma zona hay varios _____ donde se jugaba al _____.
4. Durante sus excavaciones, los arqueólogos han encontrado _____ fascinantes y también esculturas y monumentos de _____.

Conexión personal ¿Cuál es la ruta más interesante que has recorrido? ¿Fue un viaje organizado o lo planeaste por tu cuenta?

Contexto cultural

Campo de pelota en Chichén Itzá

En la cultura maya, el deporte era a veces cuestión de vida o muerte. El juego de pelota se jugó durante más de 3.000 años en un campo entre muros (*walls*) con una pelota muy dura y muy pesada: podía llegar a pesar hasta nueve libras, aproximadamente. Este juego se celebraba en la vida cotidiana, pero a veces se jugaba como parte de una ceremonia. Entonces era un juego muy violento que acababa a veces con un sacrificio ritual: posiblemente la decapitación de algunos de los jugadores.

Cuenta la leyenda que los hermanos gemelos Ixbalanqué y Hunahpú eran tan aficionados al juego que enojaron a los dioses de la muerte, los señores de Xibalbá, con el ruido (*noise*) que hacían con las pelotas. Los señores de Xibalbá controlaban un mundo subterráneo, al que se llegaba por una cueva (*cave*). Todo individuo que entraba en Xibalbá pasaba por una serie de pruebas terribles, como cruzar un río de escorpiones, entrar en una casa llena de cuchillos en movimiento y participar en un juego mortal de pelota.

Los gemelos usaron su habilidad atlética, su inteligencia y su magia para vencer a los dioses y transformarse en el sol y la luna. Por eso, entre los mayas, el juego era una competencia entre fuerzas opuestas, como el bien y el mal, o la luz y la oscuridad.

Practice more at **vhlcentral.com.**

Los viajes | *doscientos uno* **201**

Antes de leer Vocabulary presentation and practice, author biographies, and pre-reading discussion activities prepare students for the reading.

Después de leer Post-reading activities check student understanding and guide them to discuss the topic of the reading, express their opinions, and explore how it relates to their own experiences.

Supersite

- Textbook activities including Partner Chat or Virtual Chat activities (in **Literatura** or **Cultura**)
- Additional online-only practice activities
- **Sobre el autor** reading with online-only activity

Supersite features vary by access level. Visit **vistahigherlearning.com** to explore which Supersite level is right for you.

ATANDO CABOS

develops your speaking and writing skills.

¡A conversar! Step-by-step tasks and problem-solving situations engage you in discussion in pairs, small groups, or with the entire class.

Thematic Readings and Realia These texts serve as springboards for discussion and writing while providing frameworks to help you use language creatively.

¡A escribir! This section provides an engaging, real-life writing task—letters, e-mails, anecdotes, etc.—spun off from the lesson theme.

Supersite

• Textbook activity via online composition engine

Supersite features vary by access level. Visit **vistahigherlearning.com** to explore which Supersite level is right for you.

VOCABULARIO

summarizes the active vocabulary in each lesson.

5 VOCABULARIO

Vocabulary Tools

De viaje

la bienvenida	welcome
la despedida	farewell
el destino	destination
el itinerario	itinerary
la llegada	arrival
el pasaje (de ida y vuelta)	(round-trip) ticket
el pasaporte	passport
la tarjeta de embarque	boarding pass
la temporada alta/ baja	high/low season
el/la viajero/a	traveler
hacer las maletas	to pack
hacer transbordo	to transfer (planes/trains)
hacer un viaje	to take a trip
ir(se) de vacaciones	to go on vacation
perder (e:ie) (el vuelo)	to miss (the flight)
regresar	to return
a bordo	on board
retrasado/a	delayed
vencido/a	expired
vigente	valid

El alojamiento

el albergue	hostel
el alojamiento	lodging
la habitación individual/doble	single/double room
la recepción	front desk
el servicio de habitación	room service
alojarse	to stay
cancelar	to cancel
estar lleno/a	to be full
quedarse	to stay
reservar	to reserve
de (buena) categoría	first-rate
incluido/a	included
recomendable	advisable

La seguridad y los accidentes

el accidente (automovilístico)	(car) accident
el/la agente de aduanas	customs agent
el aviso	notice; warning
el cinturón de seguridad	seat belt
el congestionamiento	traffic jam
las medidas de seguridad	security measures
la seguridad	safety; security
el seguro	insurance
aterrizar	to land
despegar	to take off
ponerse/quitarse el cinturón	to fasten/to unfasten the seat belt
reducir (la velocidad)	to reduce (speed)
peligroso/a	dangerous
prohibido/a	prohibited

Las excursiones

la aventura	adventure
el/la aventurero/a	adventurer
la brújula	compass
el buceo	scuba diving
el campamento	campground
el crucero	cruise (ship)
el (eco)turismo	(eco)tourism
la excursión	outing; tour
la frontera	border
el/la guía turístico/a	tour guide
la isla	island
las olas	waves
el puerto	port
las ruinas	ruins
la selva	jungle
el/la turista	tourist
navegar	to sail
recorrer	to tour
lejano/a	distant
turístico/a	tourist (adj.)

Más vocabulario

Expresiones útiles	Ver p. 169
Estructura	Ver pp. 176–177, 180–181, 184–185 y 188–189

Cinemateca

el arma	weapon
la cabina	cockpit
la cobertura	(cell phone) service
la espuma	foam
el expediente	investigation
la rabia	rabies
el secuestro	hijacking
los sudores	sweats
la tripa	belly
la tripulación	crew
correr a cargo de	to be paid by
meterse en un lío	to get into a mess
molar	to be cool
molestar	to bother
morder	to bite
cretino/a	idiot

Literatura

la bahía	bay
el bote	boat
la cascada	cascade; waterfall
el faro	lighthouse
el muelle	pier
la pesca	fishing
la popa	stern
la proa	bow
el remo	oar
el tiburón	shark
flotar	to float
ahogado/a	drowned

Cultura

el apogeo	peak
el artefacto	artifact
el campo	ball field
el/la dios(a)	god/goddess
el juego de pelota	ball game
la leyenda	legend
el mito	myth
la pared	wall
la piedra	stone
la pirámide	pyramid
la ruta maya	the Mayan Trail

206 *doscientos seis*

Lección 5

Vocabulario All the lesson's active vocabulary is grouped in easy-to-study thematic lists and tied to the lesson section in which it was presented.

Supersite

- Vocabulary list with audio
- Customizable study lists

Supersite features vary by access level. Visit **vistahigherlearning.com** to explore which Supersite level is right for you.

MANUAL DE GRAMÁTICA

presents additional grammar topics with practice and additional practice for all lesson topics.

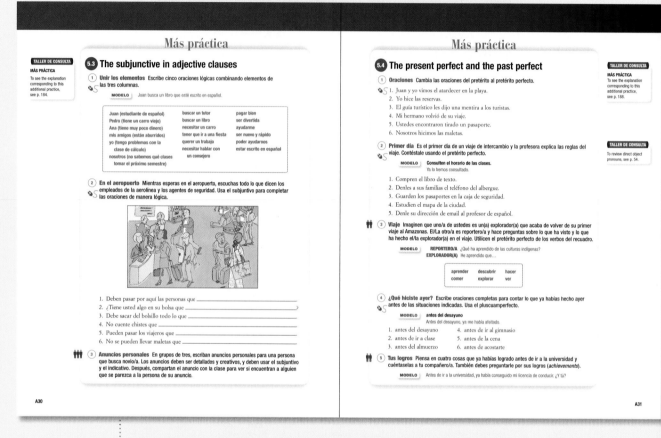

Más práctica Directed exercises and open-ended, communicative activities lend additional support for all grammar topics in **FACETAS**.

Más gramática Supplementary grammar presentations and practice are included for enrichment.

ⓢupersite

- Grammar presentations

- Textbook activities

Supersite features vary by access level. Visit **vistahigherlearning.com** to explore which Supersite level is right for you.

Fotonovela Video

The Cast

Here are the main characters you will meet when you watch the **FACTEAS** video:

Mariela Burgos   **José Raúl Aguayo**   **Éric Vargas**

Diana González   **Juan (Johnny) Medina**   **Fabiola Ledesma**

An episode in the format of a sitcom accompanies each lesson in **FACTEAS**. These episodes portray the everyday lives and adventures of the staff working at the lifestyle magazine *Facetas,* based in Mexico City.

The **Fotonovela** section in each textbook lesson is actually an abbreviated version of the dramatic episode featured in the video. Therefore, each **Fotonovela** section can be done before you see the corresponding video episode, after it, or as a stand-alone section.

Besides providing entertainment, the video serves as a useful learning tool. As you watch the episodes, you will observe the characters interacting in various situations and using real-world language that reflects the vocabulary and grammar you are studying. In addition, because language learning is an ongoing, cumulative process, you will find that the dramatic segments carefully combine new vocabulary and grammar with previously taught language as the video progresses.

The overwhelmingly popular **Flash Cultura** video provides an entertaining and authentic complement to the **Enfoques** section of each lesson. Correspondents from various Spanish-speaking countries report on aspects of life in their countries, conducting street interviews with residents along the way. These episodes draw attention to similarities and differences between Spanish-speaking countries and the U.S., while highlighting fascinating aspects of the target culture. The videos are available on the **FACETAS**, Fourth Edition Supersite or on the Instructor DVD Set.

LECCIÓN 1

Las relaciones personales

(España)

LECCIÓN 4

Las farmacias

(Ecuador)

LECCIÓN 2

El cine mexicano

(México)

LECCIÓN 5

¡Viajar y gozar!

(Costa Rica)

LECCIÓN 3

De compras en Barcelona

(España)

LECCIÓN 6

Un bosque tropical

(Puerto Rico)

FACETAS Film Collection

Fully integrated with your textbook, the **FACETAS** Film Collection features dramatic short films by Hispanic filmmakers. These films are the basis for the pre- and post-viewing activities in the **Cinemateca** section of each lesson. The films are a central feature of the lesson, providing opportunities to review and recycle vocabulary from **Contextos**, and previewing and contextualizing the grammar from **Estructura**.

The films are available on the **FACETAS**, Fourth Edition Supersite or on the Instructor DVD Set.

LECCIÓN 1
Di algo
(España; 15 minutos)

A young blind woman falls in love with a man based on his voice. The only problem is that she has never heard him in person... just on a recording.

LECCIÓN 2
NEW! El tiple
(Colombia; 16 minutos)

Pastor's wife has fallen ill, and he decides to sell his guitar in order to buy the medicine she needs.

LECCIÓN 3
Adiós mamá
(México; 8 minutos)

A man is grocery shopping alone on an ordinary day when a chance meeting makes him the focus of an elderly woman's existential conflict, with a surprising result.

LECCIÓN 4
Éramos pocos
(España; 16 minutos)

After being abandoned by his wife, a man teams up with his son to enlist the help of her mother to keep house.

LECCIÓN 5
NEW! Volamos hacia Miami
(España; 18 minutos)

A flight from Madrid to Miami is disrupted by an unruly passenger, who decides to challenge the rules of conduct on an airplane.

LECCIÓN 6
El día menos pensado
(México; 11 minutos)

A city ends up without potable water; people must decide whether to flee or stand and guard what little water they have left.

Reviewers

On behalf of its writers and editors, Vista Higher Learning expresses its sincere appreciation to the many professors nationwide who reviewed **FACETAS, Third Edition**. Their insights, ideas, and detailed comments were invaluable to the final product.

Pilar Alcalde
University of Memphis, TN

Gabriel I. Barreneche
Rollins College, FL

Joan Barrett
Baylor University, TX

Paul Bases
Martin Luther College, MN

Mena Borges
Mills College, CA

Lina Castellanos Hermberg
Culinary Institute of America, NY

Gregory A. Clemons
Mars Hill College, NC

Darren Crasto
Houston Community College, TX

Natasha Engering-Ward
Justin-Siena High School, CA

Erin Finzer
University of Arkansas at Little Rock, AR

Christina Fox-Balli
Eastfield College, TX

James W. Gustafson
Southern Utah University, UT

Gordon Hinners
Mars Hill College, NC

José Holguín-Intriago
Rollins College, FL

Roberta Kern
Rowan-Cabarrus Community College, NC

Kristin Kiely
Francis Marion University, SC

Chris Kneifl
University of Oklahoma, Norman OK

Marilyn Manley
Rowan University, NJ

Annie Mendoza
East Stroudsburg University, PA

Regina Murray
Florida Southern College, FL

Marilyn Palatinus
Pellissippi State, TN

Beatriz Carolina Peña
Queens College, NY

Gladys Robalino
Messiah College, PA

Linda Roy
Tarrant County College, TX

Laura Ruiz-Scott
Scottsdale Community College, AZ

Asima Saad Maura
University of Delaware, DE

Alexandra Shourds
Patrick Henry College, VA

Clay Tanner
The University of Memphis, TN

Tracy Van Bishop
University of Arkansas at Little Rock, AR

Imelda Vazquez Guevara
Ivy Tech Community College, IN

Walli Ann Wisniewski
Mars Hill College, NC

Matthew A. Wyszynski
University of Akron, OH

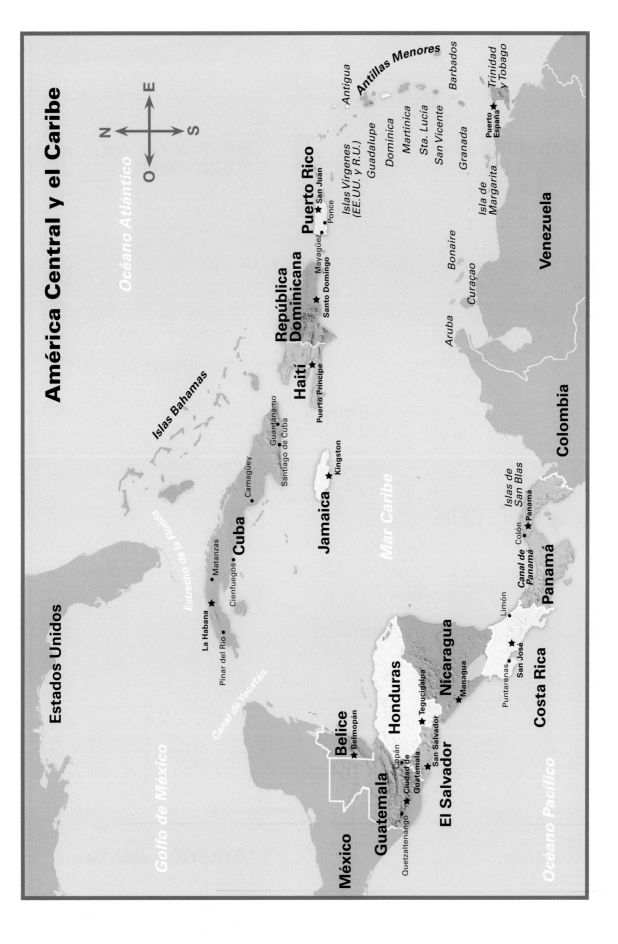

América Central y el Caribe

N · E · S · O

Estados Unidos

Golfo de México

Océano Atlántico

Islas Bahamas

Estrecho de la Florida

Canal de Yucatán

México

Guatemala
Quetzaltenango
★ Ciudad de Guatemala
Copán ★

Belice
★ Belmopán

Honduras
Tegucigalpa ★

El Salvador
San Salvador ★

Nicaragua
Managua ★

Costa Rica
Puntarenas
San José ★
Limón

Panamá
Canal de Panamá
Colón
Panamá ★
Islas de San Blas

Cuba
La Habana ★
Pinar del Río
Matanzas
Cienfuegos ·
Camagüey ·
Santiago de Cuba
Guantánamo

Jamaica
Kingston ★

Mar Caribe

Haití
Puerto Príncipe ★

República Dominicana
★ Santo Domingo

Puerto Rico
Mayagüez ·
San Juan ★
Ponce ·

Islas Vírgenes
(EE.UU. y R.U.)

Antigua

Antillas Menores

Guadalupe
Dominica
Martinica
Sta. Lucía
San Vicente
Granada

Barbados

Trinidad y Tobago
Puerto España ★

Isla de Margarita

Aruba
Bonaire
Curaçao

Venezuela

Colombia

Océano Pacífico

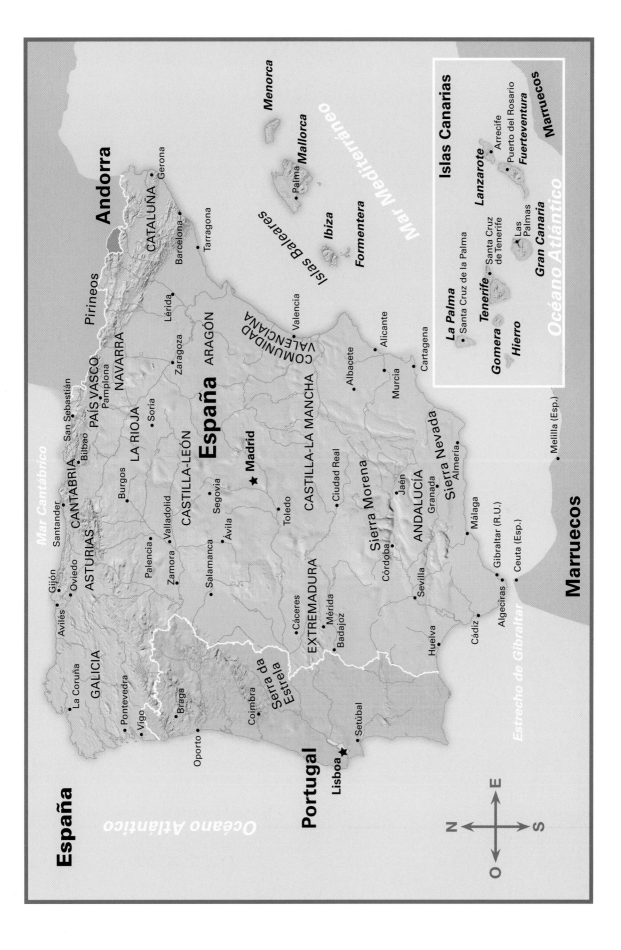

Las relaciones personales

1

Communicative Goals

You will expand your ability to...
- describe in the present
- narrate in the present
- express personal relationships

Vocabulary Tools

Las relaciones personales

La personalidad

autoritario/a *strict*
cariñoso/a *affectionate*

celoso/a *jealous*
cuidadoso/a *careful*
falso/a *insincere*
gracioso/a *funny*

inseguro/a *insecure*
(in)maduro/a *(im)mature*
mentiroso/a *lying*
orgulloso/a *proud*
permisivo/a *permissive*
seguro/a *sure; confident*
sensato/a *sensible*
sensible *sensitive*
tacaño/a *stingy*
tímido/a *shy*
tradicional *traditional*

Los estados emocionales

agobiado/a *overwhelmed*
ansioso/a *anxious*
deprimido/a *depressed*
disgustado/a *upset*

emocionado/a *excited*
preocupado/a (por) *worried (about)*
solo/a *alone; lonely*
tranquilo/a *calm*

Los sentimientos

Carlos **se está enamorando** de Marisa, pero **tiene vergüenza de** decírselo. Marisa también **sueña con** él y hoy ha decidido decirle cómo **se siente**.

adorar *to adore*
apreciar *to think highly of*
enamorarse (de) *to fall in love (with)*
estar harto/a (de) *to be sick (of)*
odiar *to hate*
sentirse (e:ie) *to feel*
soñar (o:ue) (con) *to dream (about)*
tener celos (de) *to be jealous (of)*
tener vergüenza (de) *to be ashamed/ embarrassed (about)*

Las relaciones personales

Llevan más de cincuenta años de casados. Dicen que los secretos de un buen **matrimonio** son **la confianza** y **el cariño.**

el/la amado/a *loved one*
el ánimo *spirit*
el cariño *affection*
la cita (a ciegas) *(blind) date*
el compromiso *commitment*
la confianza *trust; confidence*
el desánimo *the state of being discouraged*
el divorcio *divorce*
la pareja *couple; partner*
el sentimiento *feeling*

atraer *to attract*
coquetear *to flirt*
cuidar *to take care of*
dejar a alguien *to leave someone*
discutir *to argue*
educar *to raise; to bring up*
hacerle caso a alguien *to pay attention to someone*
impresionar *to impress*
llevar... años de (casados) *to be (married) for... years*
llevarse bien/mal/fatal *to get along well/badly/terribly*
mantenerse en contacto *to keep in touch*
pasarlo bien/mal/fatal *to have a good/bad/terrible time*
proponer matrimonio *to propose (marriage)*
romper (con) *to break up (with)*
salir (con) *to go out (with)*
soportar a alguien *to put up with someone*

casado/a *married*
divorciado/a *divorced*
separado/a *separated*
soltero/a *single*
viudo/a *widowed*

Práctica

1 Escuchar

A. Después de una cita con Andrés, Paula le cuenta todo a su mejor amiga, Isabel. Escucha la conversación y decide si las oraciones son **ciertas** o **falsas**. Corrige las falsas.

1. Después de la cita con Andrés, Paula está muy emocionada.
2. Según Paula, los dos se llevan mal.
3. Paula dice que Andrés es feo e inseguro.
4. Paula quiere salir otra vez con Andrés.

B. Ahora escucha la conversación entre Andrés y su mejor amigo, José Luis, y decide si las oraciones son **ciertas** o **falsas**. Corrige las falsas.

1. Según Andrés, Paula y él lo pasaron bien.
2. Andrés piensa que Paula es demasiado tímida.
3. Andrés quiere salir otra vez con Paula.
4. Andrés tiene celos porque José Luis quiere salir con Paula.

C. En parejas, imaginen que José Luis decide llamar a Paula y que Andrés decide llamar a Isabel. Inventen el diálogo de una de estas dos conversaciones telefónicas y compártanlo con la clase.

2 Analogías

Completa cada analogía con la palabra apropiada.

autoritario	cuidadoso	mentiroso
casados	discutir	romper con
cita	gracioso	tranquilo

1. estresado : ansioso :: falso : _____
2. generoso : tacaño :: permisivo : _____
3. divorcio : divorciados :: matrimonio : _____
4. amar : odiar :: salir con : _____
5. cariño : cariñoso :: cuidado : _____
6. disgustado : contento :: emocionado : _____
7. casados : boda :: novios : _____
8. casados : divorciados :: llevarse bien : _____

Práctica

3 **Definiciones** Indica qué palabras corresponden a cada definición.

_____ 1. Compromiso entre dos o más personas sobre el lugar, la fecha y la hora para encontrarse.

_____ 2. Que sufre de tristeza o desánimo.

_____ 3. Enseñar a una persona a comportarse según ciertas normas.

_____ 4. Prestarle atención a alguien.

_____ 5. Conjunto formado por dos personas o cosas que se complementan o son semejantes, como, por ejemplo, hombre y mujer.

_____ 6. Estimar o reconocer el valor de algo o de alguien.

a. apreciar
b. cita
c. cuidar
d. deprimido/a
e. discutir
f. educar
g. hacerle caso
h. pareja
i. viudo/a

4 **Contrarios** Mauricio y Lucía son gemelos, pero tienen personalidades muy distintas. Completa las descripciones con los adjetivos adecuados.

MODELO **Mauricio siempre es muy seguro, pero Lucía es…** insegura.

1. Mauricio es un hombre sincero, pero Lucía es…

2. Mauricio es muy generoso con su dinero, pero Lucía es…

3. No sabes lo sociable que es Mauricio, pero Lucía es muy…

4. Mauricio es permisivo con sus hijos, pero Lucía es…

5. A Mauricio le gusta estar con gente, pero Lucía prefiere estar…

6. Todos piensan que Mauricio es moderno, pero que Lucía es…

7. Mauricio se porta (_behaves_) como adulto, pero Lucía es muy…

8. Mauricio es muy modesto, pero Lucía es muy…

9. Mauricio es muy…, pero Lucía es muy…

10. A Mauricio le gusta…, pero Lucía prefiere…

Practice more at **vhlcentral.com**.

Comunicación

5 **¿Cómo eres?** Trabaja con un(a) compañero/a.

A. Contesta las preguntas del test.

Sí	A veces	No		Clave	
☐	☐	☐	1. ¿Te pones ansioso/a cuando estás con gente?	**Sí** = 0 puntos	
☐	☐	☐	2. ¿Te molesta mostrar tus emociones?	**A veces** = 1 punto	
☐	☐	☐	3. ¿Tienes miedo de iniciar una conversación?	**No** = 2 puntos	
☐	☐	☐	4. ¿Te pone nervioso/a la idea de tener una cita a ciegas?	**Resultados**	
☐	☐	☐	5. ¿Te intimida coquetear con una persona que no conoces?	0 a 3	Eres muy introvertido/a.
☐	☐	☐	6. ¿Tienes vergüenza de hablar en público?	4 a 7	Tiendes a ser introvertido/a.
☐	☐	☐	7. ¿Piensas mucho antes de tomar una decisión?	8 a 11	No eres ni introvertido/a ni extrovertido/a.
☐	☐	☐	8. ¿Te gusta estar solo/a?	12 a 16	Tiendes a ser extrovertido/a.
☐	☐	☐	9. ¿Piensas que tus sentimientos están bien controlados?	17 a 20	Eres muy extrovertido/a.
☐	☐	☐	10. ¿Te llevas bien con personas muy tímidas?		

B. Ahora suma (*add up*) los puntos. ¿Cuál es el resultado del test? ¿Estás de acuerdo? Comenta tu resultado y tu opinión con tu compañero/a.

6 **Problemas y consejos**

A. En grupos de cuatro, elijan una de estas situaciones. Inventen más detalles para describir la situación. Básense en estas preguntas.

> ¿Quiénes son los personajes?
>
> ¿Cuánto tiempo llevan juntos?
>
> ¿Cuál es su relación?
>
> ¿Cómo empezó la situación?

1. Se miran a los ojos. Él se pregunta si ella está coqueteando con él.
2. Quiere mucho a su esposo/a, pero él/ella tiene celos de todo el mundo. Él/Ella no soporta que su pareja sea tan celosa.
3. Hacen una buena pareja, pero él nunca le va a proponer matrimonio.
4. Se conocieron en una cita a ciegas y se llevaron fatal.
5. Se quieren, pero discuten por cualquier cosa.

B. Ahora, escriban un breve correo electrónico en el que uno de los personajes describe su problema y le pide consejos a un(a) amigo/a. Lean el mensaje a la clase para que sus compañeros ofrezcan sus consejos. Después, decidan quién tiene los mejores consejos para cada situación.

Video

Los empleados de *Facetas* hablan de cómo recibir a un cliente.
Mariela, una nueva empleada, llega a la oficina.

JOHNNY (*al teléfono*) Revista *Facetas*… (*dirigiéndose a Diana*) Es para Aguayo.

FABIOLA Está en el baño.

JOHNNY (*al teléfono*) En estos momentos está en el baño.

DIANA ¡No! Di que está reunido con un cliente.

JOHNNY (*al teléfono*) Disculpe, está en el baño reunido con un cliente.

JOHNNY Jefe, tiene un mensaje de Mariela Burgos.

AGUAYO Gracias… Es la nueva artista gráfica. Viene a reunirse con nosotros.

Aguayo se marcha a su oficina.

FABIOLA No creo que quepamos todos en el baño.

DIANA (*repartiendo libretas*) Éste es el manual de conducta profesional.

FABIOLA Página tres: "Cómo recibir a un cliente".

ÉRIC (*se levanta*) ¿Quieren una demostración? Johnny, tú eres el cliente.

JOHNNY Quizás no soy un cliente. Podría ser un supermodelo o algo así.

FABIOLA Mejor un cliente.

En la oficina central… Entra el muchacho de la pizza.

JOHNNY ¿Alguien ordenó pizza?

MUCHACHO ¿Éste es el 714 de la avenida Juárez…?

MARIELA (*interrumpe*) ¿Oficina uno, revista *Facetas*?… Soy Mariela. No sabía llegar, así que ordené una pizza y seguí al muchacho.

JOHNNY ¡Bienvenida!

En la sala de reuniones…

AGUAYO Mariela, te quiero presentar al equipo de *Facetas*. Él es Éric, nuestro fotógrafo.

ÉRIC ¿Qué tal?

AGUAYO Ella es Fabiola. Se encarga de las secciones de viajes, economía, turismo y farándula.

FABIOLA Mucho gusto.

AGUAYO Él es Johnny. Escribe las secciones de arte, comida, bienestar y política.

JOHNNY Hola.

AGUAYO Y ella es Diana. Está a cargo de las ventas y el mercadeo.

Personajes

AGUAYO

DIANA

ÉRIC

FABIOLA

JOHNNY

MARIELA

MUCHACHO DE LA PIZZA

(4)

ÉRIC Ya sé. Eres un millonario que viene a comprar la revista.

JOHNNY Perfecto. Soy el magnate Juan Medina.

ÉRIC Bienvenido a *Facetas*, señor Medina. Bienvenido.

Se abrazan.

(5)

Luego, en la cocina…

AGUAYO Hay que ser cuidadoso al contestar el teléfono.

JOHNNY Querrás decir mentiroso.

DIANA Es una formalidad.

ÉRIC Odio ser formal.

FABIOLA Es lindo abrazar a la gente, Éric, pero esto es una oficina, no un partido de fútbol.

(9)

DIANA Me han hablado tanto de ti, que estoy ansiosa por conocer tu propia versión.

MARIELA Tengo veintidós años, soy de Monterrey, estudio en la UNAM y vengo de una familia grande.

JOHNNY ¿Muy grande?

MARIELA En cincuenta años de matrimonio mis padres han criado a nueve hijos y veinte nietos.

(10)

FABIOLA ¿Qué te pareció?

ÉRIC Está buenísima.

FABIOLA ¿Eso es todo lo que tienes que decir?

ÉRIC ¿Qué más se puede decir de una pizza?

FABIOLA ¡Te estoy hablando de Mariela!

ÉRIC Creo que es bella, talentosa e inteligente. Más allá de eso, no me impresiona para nada.

Expresiones útiles

Talking about responsibilities

Fabiola se encarga de…
Fabiola is in charge of…

Diana está a cargo de…
Diana is in charge of…

Estoy a cargo de…
I'm in charge of…

Soy el/la encargado/a de…
I'm the person in charge of…

Talking about your impressions

¿Qué te pareció Mariela?
What did you think of Mariela?

Me pareció…
I thought…

Creo que es bella, talentosa e inteligente.
I think she's beautiful, talented, and intelligent.

Más allá de eso, no me impresiona para nada.
Beyond that, she doesn't impress me at all.

Additional vocabulary

la ansiedad *anxiety*
el cuidado *care*
cuidadoso/a *careful*
la farándula *entertainment*
han criado *have raised*
la mentira *lie*
mentiroso/a *lying*
el mercadeo *marketing*
quepamos *(form of* **caber***) we fit*
querrás *you will want*
el talento *talent*
talentoso/a *talented*

Comprensión

① **La trama** Primero, indica con una **X** los acontecimientos que no ocurrieron en este episodio. Después, indica con números el orden en el que ocurrieron los demás.

_____ a. Diana llega con el manual de conducta profesional.

_____ b. Éric pide una pizza con anchoas.

_____ c. Mariela deja un mensaje para Aguayo.

_____ d. Un muchacho llega a la oficina con una pizza.

_____ e. Aguayo presenta a Mariela al grupo.

_____ f. Johnny gana la lotería.

_____ g. Fabiola le pregunta a Éric su opinión sobre Mariela.

_____ h. Johnny contesta el teléfono.

_____ i. Mariela llega a la oficina.

_____ j. Aguayo paga la pizza.

_____ k. Éric y Johnny practican la forma correcta de recibir a un cliente.

_____ l. Los empleados de _Facetas_ celebran el cumpleaños de Mariela.

② **¿Quién lo hace?** ¿Quién estaría a cargo de estas actividades?

Aguayo

Diana

Éric

Fabiola

Johnny

Mariela

1. Sacar fotos para la revista.
2. Escribir un artículo sobre un concierto de música pop.
3. Hablar con las personas que quieren poner anuncios (_ads_) en la revista.
4. Escribir un artículo sobre las pirámides de Egipto.
5. Entrevistar a un ministro del gobierno mexicano para hablar de la inflación.
6. Escribir un artículo sobre la corrupción política.
7. Escribir un artículo sobre un nuevo restaurante.
8. Preparar dibujos para los artículos de la revista.
9. Conseguir más público para la revista.
10. Seleccionar al personal (_staff_).

 Practice more at **vhlcentral.com**.

Ampliación

(3) **Preguntas** En parejas, contesten las preguntas.

1. ¿Qué te parecen los empleados de la revista *Facetas*? ¿Cómo son?

2. ¿De qué se encarga cada empleado? En tu opinión, ¿cuál de ellos tiene más responsabilidad? Explica tu respuesta.

3. ¿Crees que a Mariela le va a gustar su nuevo trabajo? ¿Por qué?

4. ¿Te perdiste alguna vez en una ciudad grande? ¿Qué hiciste?

5. ¿Cómo son los empleados donde tú trabajas? ¿Son parecidos (*similar*) a los empleados de *Facetas*?

(4) **Apuntes culturales** En parejas, lean los párrafos y contesten las preguntas.

A larga distancia

Mariela, la nueva artista gráfica de *Facetas*, es de Monterrey, pero se ha mudado a México D.F. para trabajar. En Latinoamérica las personas se mudan con menos frecuencia que en los EE.UU. y mantienen el contacto con los amigos de la infancia y con toda la familia. ¡Con todos los sobrinos que tiene, Mariela va a necesitar un buen plan de telefonía celular!

¿Un mapa o una pizza?

Mariela descubre una forma creativa de manejarse en la ciudad más grande del mundo. Sin embargo, algunas ciudades de Latinoamérica presentan sus propios desafíos (*challenges*). Si *Facetas* se publicara en Costa Rica, la dirección de la oficina podría ser: del Parque la Sabana, 100 metros al norte del antiguo (*former*) Banco Nacional, portón (*gate*) rojo, San José.

México D.F.

La Universidad Nacional Autónoma de México

Mariela estudia en la UNAM, una de las universidades más grandes y prestigiosas de Latinoamérica. Establecida en 1551, hoy en día la UNAM cuenta con más de 300.000 estudiantes. El campus más grande está en México D.F., pero tiene otros en el resto del país y también en Texas, Illinois y Canadá.

1. ¿Te has mudado tú para asistir a la universidad o por motivos de trabajo? ¿Cuáles son las ventajas (*advantages*) y desventajas de vivir lejos del lugar donde creciste?

2. ¿Cuántos amigos/as o parientes tuyos se han mudado a otra ciudad? ¿Qué hacen ustedes para mantenerse en contacto?

3. ¿Cómo te orientas en tu propia ciudad? ¿Consultas mapas en Internet? ¿Qué haces si te pierdes? ¿Le pides ayuda a alguien o prefieres usar un navegador satelital?

4. ¿De qué tamaño es tu universidad? ¿Cuáles son las diferencias entre las universidades grandes y las pequeñas? ¿Qué tipo de ambiente prefieres tú?

En detalle

PAREJAS SIN FRONTERAS

ESTADOS UNIDOS

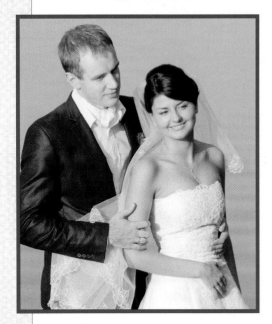

Es el año 2010. Ana Villegas está frente a su computadora en México jugando *online* un juego de cartas. Del otro lado está Frank Petersen, de Fairhaven, Massachusetts, también aficionado al mismo juego. Este simple juego los lleva a una amistad que luego se convierte en amor. A pesar de los temores y del escepticismo familiar, dos años después, Ana deja México y se muda a los Estados Unidos, donde hoy vive junto a su esposo Frank.

La historia de Ana no es un caso aislado°. El número de parejas interculturales está en marcado aumento°. Entre las causas más importantes están la globalización, la asimilación de los hijos de inmigrantes a la cultura estadounidense y el aumento en la edad promedio° de las parejas al casarse. En 1960, en los Estados Unidos, el promedio de edad al casarse era veintitrés para los hombres y veinte para las mujeres. Actualmente es de treinta y veintisiete respectivamente.

¿Qué tiene que ver° este cambio con el aumento de las parejas interculturales? Antes, los jóvenes solían° casarse con personas de su comunidad. Ahora, muchos tienen la oportunidad de viajar, vivir solos o irse a vivir a otro país. Esta nueva independencia los expone° a otras culturas. Por lo tanto, es más común que formen parejas con personas de culturas diferentes.

Las parejas interculturales se enfrentan a° muchos desafíos° —problemas de comunicación, diferencias en valores y formas de pensar, y falta de aceptación de algunos familiares— pero también tienen una oportunidad única de crecimiento° personal; además, el contacto con otras maneras de pensar nos ayuda a echar una mirada° crítica a nuestra propia cultura. ■

Matrimonios interculturales

De acuerdo con la Oficina del Censo, el número de parejas interraciales aumentó un 28% entre 2000 y 2010.

El 14% de las mujeres latinas casadas en EE.UU. tienen un esposo no latino.

El 13% de los latinos casados en EE.UU. tienen una esposa no latina.

Fuente: Censo estadounidense – Año 2010

Consejos de Ana

- Esfuérzate° por conocer la cultura de tu pareja.
- Evita perpetuar los estereotipos.
- Pon énfasis en lo que los une y no en lo que los separa.
- Educa a tu familia y a tus amigos acerca de la cultura de tu pareja.
- Aprende a no dejarte llevar° por los comentarios y las miradas de las personas que no están a favor de las relaciones interculturales.

aislado *isolated* **marcado aumento** *marked increase* **promedio** *average* **Qué tiene que ver** *What does (this change) have to do* **solían** *used to* **expone** *exposes* **se enfrentan a** *face* **desafíos** *challenges* **crecimiento** *growth* **echar una mirada** *take a look* **Esfuérzate** *Make an effort* **dejarte llevar** *allow yourself to be influenced*

Las relaciones

chavo/a (Méx.) enamorado/a (Pe.)	*boyfriend/girlfriend*
amorcito cariño cielo	*dear, honey*
estar de novio(s) estar en pareja con (Esp.)	*to be dating someone*
ponerse de novio/a (con)	*to start dating someone*
estar bueno/a	*to be attractive*

Las relaciones

Tendencias

Aunque en la mayoría de los países hispanos ya no hay reglas fijas, es costumbre que el hombre invite° en los primeros encuentros.

En los Estados Unidos, cada vez más latinos participan en citas rápidas° para encontrar pareja.

Costumbres

Cada 23 de abril se celebra en Cataluña y en otras regiones de España el Día de San Jorge, en conmemoración a la leyenda del héroe que mató a un dragón para rescatar a una princesa.
En este día el hombre regala una rosa a su persona querida, y ésta le regala un libro.

En algunos pueblos de México, como Zacatecas, es costumbre que las mujeres y los hombres solteros vayan a caminar solos o en grupos alrededor de la plaza los domingos. Las mujeres y los hombres caminan en dirección contraria para poder observarse mutuamente.

ISABEL Y WILLIE

La escritora chilena Isabel Allende y el abogado estadounidense Willie Gordon comparten el amor por el arte y la compañía de buenos amigos. Allende conoció a su esposo durante la presentación de su novela *De amor y de sombra*, en California en 1988. Gordon admiraba la obra y el talento de esta escritora latinoamericana, y Allende no tardó° en enamorarse de él. Una vez, Gordon hizo un chiste° sobre el matrimonio en una cena con un grupo de personas. Dijo que nunca se volvería a casar a menos que no le quedara otro remedio. Allende se enojó y le dijo que ella había dejado todo por él —su cultura y su gente—, y que éste no le ofrecía ningún compromiso. Así, al día siguiente, Gordon le respondió: "Vale°, me caso." Isabel Allende y Willie Gordon se casaron ese mismo año y, desde entonces, viven en un tranquilo barrio californiano.

ISABEL ALLENDE
DE AMOR Y DE SOMBRA

❝Echo de menos la familia y el idioma, el sentido del humor, porque nadie me tiene que explicar un chiste en Chile, mientras que acá no los entiendo.❞ (Isabel Allende)

Conexión Internet

¿Qué otras parejas interculturales famosas conoces?

Investiga sobre este tema en **vhlcentral.com.**

no tardó *didn't take long* **chiste** *joke* **Vale** *OK* **invite** *pays* **citas rápidas** *speed dating*

¿Qué aprendiste?

(1) ¿Cierto o falso? Indica si estas afirmaciones son **ciertas** o **falsas**. Corrige las falsas.

1. Al principio, las familias de Ana y Frank no confiaban en el éxito de la relación.

2. El número de parejas interculturales está aumentando poco a poco.

3. Actualmente, la edad promedio al casarse es veintisiete para los hombres y treinta para las mujeres.

4. En el pasado, era común entre los jóvenes casarse con gente de otras culturas.

5. Oportunidades como viajar, vivir solos, estudiar o vivir lejos de casa permiten que los jóvenes expandan su círculo y conozcan a gente de otras culturas.

6. El contacto con otras culturas puede afectar nuestra forma de pensar sobre nuestra propia cultura.

7. El número de parejas interraciales aumentó un 5% entre 2000 y 2010.

8. Ana aconseja prestar mucha atención a las diferencias en la pareja.

9. Según Ana, es importante que tu familia y tus amigos aprendan acerca de la cultura de tu pareja.

10. Ana recomienda no dejarse llevar por las opiniones de las personas con prejuicios.

(2) Completar Completa las oraciones.

1. Willie Gordon sentía _____ por las obras de Isabel Allende.
   a. cariño   b. indiferencia   c. fascinación

2. Allende _____ por una broma que Gordon hizo sobre el casamiento.
   a. se sintió feliz   b. se enojó   c. se rio

3. En México, también se utiliza la palabra _____ para decir *novia*.
   a. enamorada   b. chiquilla   c. chava

4. Actualmente, es popular para los latinos en los EE.UU. participar en citas _____.
   a. rápidas   b. a ciegas   c. en Internet

(3) Preguntas Contesta las preguntas.

1. ¿Crees que el Día de San Valentín es importante para celebrar la amistad y el amor o crees que es una excusa para gastar dinero?

2. ¿Es fácil conocer gente *online*? ¿Por qué?

3. ¿Cuáles son otras de las dificultades a las que se enfrentan las parejas interculturales?

4. ¿Cuál es el consejo más importante que da Ana? ¿Por qué?

(4) Opiniones En parejas, escriban cuatro beneficios y cuatro dificultades de las relaciones interculturales. Traten de no repetir los del artículo.

 Practice more at **vhlcentral.com**.

PROYECTO

Buscar pareja en Internet

Imagina que decides buscar pareja por Internet. Siempre te interesó salir con alguien de otra cultura. Escribe tu perfil para un sitio de citas por Internet. En tus descripciones, usa el vocabulario de la sección **Contextos** y el vocabulario aprendido en esta sección. Tu perfil debe incluir como mínimo:

- una descripción de cómo eres

- una descripción de lo que buscas

- una explicación de por qué te interesa conocer a alguien de otra cultura

- otra información que consideres importante

Las relaciones personales

¿No es ideal utilizar el tiempo libre para encontrarse con amigos, familiares, parejas…? Los lugares donde puedes reunirte a hablar o comer se vuelven especiales porque forman parte del placer de compartir el tiempo con tu gente. En este episodio de **Flash Cultura**, te llevamos a visitar los lugares de encuentro de Madrid.

Corresponsal: Miguel Ángel Lagasca
País: España

(En la Plaza Mayor) los niños juegan, las madres conversan°, los padres hablan de fútbol y política, los jóvenes se juntan, las parejas se miran a los ojos y los turistas admiran el espectáculo°.

VOCABULARIO ÚTIL

el amor a primera vista *love at first sight*
el callejón *alley*
la campanada *tolling of the bell*
datar de *to date from*

el pasacalles *marching parade*
el pendiente *earring*
el punto de encuentro *meeting point*
la uva *grape*

Preparación Cuando tienes tiempo libre, ¿te reúnes con tus amigos? ¿Cuáles son los lugares donde te encuentras habitualmente con ellos? ¿En qué momentos del día y la semana pueden verse? ¿Por qué?

Comprensión Indica si estas afirmaciones son **ciertas** o **falsas**. Después, en parejas, corrijan las falsas.

1. Es tradición tomar doce uvas el 31 de diciembre mientras suena el famoso reloj de la Puerta del Sol en el corazón de Madrid.
2. La Plaza Mayor es la plaza más conocida y se encuentra en el Madrid Moderno.
3. En la confluencia actual de las calles Toledo y Atocha, se celebraban antiguamente partidos de fútbol.
4. El barrio de La Latina se caracteriza por callejones estrechos, plazoletas, cafés y bares de ambiente muy dinámico.
5. Ninguno de los entrevistados cree en el amor a primera vista.
6. En El Rastro puedes comprar ropa, pendientes, cuadros, etc.

Expansión En parejas, contesten estas preguntas.

- Imagina que estás en Madrid. ¿Cuál de los lugares mostrados prefieres para comer algo o pasear? ¿Por qué?
- ¿Estás de acuerdo con las personas que creen en el amor a primera vista? Justifica tu respuesta.
- ¿Te gustan los domingos en Madrid: levantarse tarde, comer en un bar de La Latina con amigos y pasear por El Rastro? ¿Cómo son tus domingos?

La Latina, así como la Plaza Mayor y Puerta del Sol, pertenecen al llamado Madrid Antiguo.

Siempre los celos son una parte importante de la relación, sobre todo cuando se está empezando.

conversan *chat* **espectáculo** *show*

 Practice more at **vhlcentral.com.**

1.1 The present tense

Regular -ar, -er, and -ir verbs

TALLER DE CONSULTA

MANUAL DE GRAMÁTICA
Más práctica

1.1 The present tense,
p. A4
1.2 **Ser** and **estar**, p. A5
1.3 Progressive forms,
p. A6

Más gramática

1.4 Nouns and articles,
p. A7
1.5 Adjectives, p. A9

- The present tense (**el presente**) of regular verbs is formed by dropping the infinitive ending (**-ar**, **-er**, or **-ir**) and adding personal endings.

The present tense of regular verbs			
	hablar *to speak*	**beber** *to drink*	**vivir** *to live*
yo	hablo	bebo	vivo
tú	hablas	bebes	vives
Ud./él/ella	habla	bebe	vive
nosotros/as	hablamos	bebemos	vivimos
vosotros/as	habláis	bebéis	vivís
Uds./ellos/ellas	hablan	beben	viven

- The present tense is used to express actions or situations that are going on at the present time and to express general truths.

¡ATENCIÓN!

Subject pronouns are normally omitted in Spanish. They are used to emphasize or clarify the subject.

¿Viven en California?

Sí, ella vive en Los Ángeles y él vive en San Francisco.

¿Por qué **rompes** conmigo?
Why are you breaking up with me?

Porque no te **amo**.
Because I don't love you.

- The present tense is also used to express habitual actions or actions that will take place in the near future.

Mis padres me **escriben** con frecuencia.
My parents write to me often.

Mañana les **mando** una carta larga.
Tomorrow I'm sending them a long letter.

Stem-changing verbs

- Some verbs have stem changes in the present tense. In many **-ar** and **-er** verbs, **e** changes to **ie**, and **o** changes to **ue**. In some **-ir** verbs, **e** changes to **i**. The **nosotros/as** and **vosotros/as** forms never have a stem change in the present tense.

¡ATENCIÓN!

Jugar changes its stem vowel from **u** to **ue**. As with other stem-changing verbs, the **nosotros/as** and **vosotros/as** forms do not change.

Jugar
juego, juegas, juega, jugamos, jugáis, juegan

• • • •

Construir, destruir, incluir, and **influir** have a spelling change and add a **y** before the personal endings (except the **nosotros/as** and **vosotros/as** forms).

incluir
incluyo, incluyes, incluye, incluimos, incluís, incluyen

Stem-changing verbs		
e:ie	o:ue	e:i
pensar *to think*	**poder** *to be able to; can*	**pedir** *to ask for*
pienso	puedo	pido
piensas	puedes	pides
piensa	puede	pide
pensamos	podemos	pedimos
pensáis	podéis	pedís
piensan	pueden	piden

Irregular *yo* forms

- Many -**er** and -**ir** verbs have irregular **yo** forms in the present tense. Verbs ending in -**cer** or -**cir** change to -**zco** in the **yo** form; those ending in -**ger** or -**gir** change to -**jo**. Several verbs have irregular -**go** endings, and a few have individual irregularities.

¡ATENCIÓN!

Some verbs with irregular **yo** forms have stem changes as well.

conseguir (e:i) → **consigo**
to obtain

corregir (e:i) → **corrijo**
to correct

elegir (e:i) → **elijo**
to choose

seguir (e:i) → **sigo**
to follow

torcer (o:ue) → **tuerzo**
to twist

Ending in -go

caer *to fall*	yo cai**go**		
distinguir *to distinguish*	yo distin**go**		
hacer *to do; to make*	yo ha**go**		
poner *to put; to place*	yo pon**go**		
salir *to leave; to go out*	yo sal**go**		
traer *to bring*	yo trai**go**		
valer *to be worth*	yo val**go**		

Ending in -zco

conducir *to drive*	yo condu**zco**
conocer *to know*	yo cono**zco**
crecer *to grow*	yo cre**zco**
obedecer *to obey*	yo obede**zco**
parecer *to seem*	yo pare**zco**
producir *to produce*	yo produ**zco**
traducir *to translate*	yo tradu**zco**

Ending in -jo

dirigir *to direct*	yo diri**jo**
escoger *to choose*	yo esco**jo**
exigir *to demand*	yo exi**jo**
proteger *to protect*	yo prote**jo**

Other verbs

caber *to fit*	yo quepo
saber *to know*	yo sé
ver *to see*	yo veo

- Verbs with prefixes follow these same patterns.

aparecer *to appear*	yo apare**zco**	**distraer** *to distract*	yo distrai**go**
atraer *to attract*	yo atrai**go**	**oponer** *to oppose*	yo opon**go**
componer *to make up*	yo compon**go**	**proponer** *to propose*	yo propon**go**
contraer *to contract*	yo contrai**go**	**reconocer** *to recognize*	yo recono**zco**
desaparecer *to disappear*	yo desapare**zco**	**rehacer** *to remake; to redo*	yo reha**go**
deshacer *to undo*	yo desha**go**	**suponer** *to suppose*	yo supon**go**

Irregular verbs

- Other commonly used verbs in Spanish are irregular in the present tense or combine a stem change with an irregular **yo** form or other spelling change.

dar	decir	estar	ir	oír	ser	tener	venir
to give	*to say*	*to be*	*to go*	*to hear*	*to be*	*to have*	*to come*
doy	digo	estoy	voy	oigo	soy	tengo	vengo
das	dices	estás	vas	oyes	eres	tienes	vienes
da	dice	está	va	oye	es	tiene	viene
damos	decimos	estamos	vamos	oímos	somos	tenemos	venimos
dais	decís	estáis	vais	oís	sois	tenéis	venís
dan	dicen	están	van	oyen	son	tienen	vienen

Práctica

TALLER DE CONSULTA

MANUAL DE GRAMÁTICA
Más práctica
1.1 The present tense, p. A4

1 **Un apartamento infernal** Miguel tiene quejas (*complaints*) de su apartamento. Completa la descripción de su apartamento. Puedes usar los verbos más de una vez.

caber	hacer	oír
dar	ir	tener

Mi apartamento está en el quinto piso. El edificio no (1) _____ ascensor y para llegar al apartamento, (2) _____ que subir por la escalera. El apartamento es tan pequeño que mis cosas no (3) _____. Las paredes (*walls*) son muy finas (*thin*). A todas horas (4) _____ la radio o la televisión de algún vecino. El apartamento sólo (5) _____ una ventana pequeña y, por eso, siempre está oscuro. ¡(6) _____ a buscar otro apartamento!

2 **¿Qué hacen los amigos?** Escribe cinco oraciones usando los sujetos y los verbos de las columnas.

Sujetos		Verbos	
yo		apreciar	exigir
tú		compartir	hacer
un(a) buen(a) amigo/a		creer	pedir
nosotros/as		defender	prestar
los malos amigos		discutir	recordar

1. _____
2. _____
3. _____
4. _____
5. _____

3 **La verdad** En parejas, túrnense para hacerse las preguntas.

MODELO   Luis: llegar temprano a la oficina / dormir hasta las nueve
—¿Luis llega temprano a la oficina?
—No, Luis duerme hasta las nueve.

1. Ana: jugar al tenis con Daniel / preferir pasar la tarde charlando con Sergio
2. Felipe: salir a bailar todas las noches / tener clase de química a las ocho de la mañana
3. Jorge y Begoña: ir a la playa / querer viajar a Arizona
4. Dolores y Tony: comer muchas hamburguesas / ser vegetarianos
5. Fermín: estar harto de Julia / pensar proponerle matrimonio

 Practice more at **vhlcentral.com**.

Comunicación

4 **¿Qué sabes de tus compañeros?** En parejas, háganse preguntas basadas en las opciones y contesten con una explicación.

> **MODELO** soñar con / hacer algo especial este mes
> —¿Sueñas con hacer algo especial este mes?
> —Sí, sueño con ir al concierto de Juanes.

1. pensar / realizar este año algún proyecto
2. decir / mentiras
3. acordarse de / tu primer beso
4. conducir / cuando / estar muy cansado/a
5. reír / mucho con tu familia
6. aconsejar sobre / asuntos que / no conocer bien
7. venir a / clase tarde con frecuencia
8. escoger / el regalo perfecto para el cumpleaños de tu novio/a
9. corregir / los errores en las composiciones de tus compañeros
10. traer / un diccionario a la clase de español

5 **Discusión matrimonial** Trabajen en parejas para representar una discusión matrimonial. Preparen la discusión con las frases de la lista.

no acordarse de los cumpleaños	querer discutir todos los días
ya no sentir lo mismo de antes	contar mentiras siempre
preferir estar con los amigos	dormir en el sofá

6 **¿Cómo son tus amigos?**

A. Escribe una descripción de un(a) buen(a) amigo/a. ¿Cómo es? ¿Está de acuerdo contigo en todo? ¿Discuten algunas veces? ¿Se divierten juntos/as? ¿Sigue siempre tus consejos? ¿Te miente a veces?

B. Ahora, comparte tu descripción con tres compañeros/as. Juntos/as, escriban una lista de cinco cosas que los buenos amigos hacen con frecuencia y cinco cosas que no hacen casi nunca. ¿Coincidieron los grupos en las acciones que eligieron?

1.2 *Ser* and *estar*

Revista Facetas...
Es para Aguayo.

En estos
momentos está
en el baño.

Uses of *ser*

Nationality and place of origin	Mis padres **son** argentinos, pero yo **soy** de Florida.
Profession or occupation	El señor López **es** periodista.
Characteristics of people, animals, and things	El clima de Miami **es** caluroso.
Generalizations	Las relaciones personales **son** complejas.
Possession	La guitarra **es** del tío Guillermo.
Material of composition	El suéter **es** de pura lana.
Time, date, or season	**Son** las doce de la mañana.
Where or when an event takes place	La fiesta **es** en el apartamento de Carlos; **es** el sábado a las nueve de la noche.

Uses of *estar*

Location or spatial relationships	La clínica **está** en la próxima calle.
Health	Hoy **estoy** enfermo. ¿Cómo **estás** tú?
Physical states and conditions	Todas las ventanas **están** limpias.
Emotional states	¿Marisa **está** contenta con Javier?
Certain weather expressions	Hoy **está** despejado en San Antonio.
Ongoing actions (progressive tenses)	Paula **está** escribiendo invitaciones para su boda.
Results of actions (past participles)	La tienda **está** cerrada.

Ser and *estar* with adjectives

- **Ser** is used with adjectives to describe inherent, expected qualities. **Estar** is used to describe temporary or variable qualities, or a change in appearance or condition.

TALLER DE CONSULTA

Remember that adjectives must agree in gender and number with the person(s) or thing(s) that they modify. See the **Manual de gramática, 1.4**, p. A7, and **1.5**, p. A9.

¿Cómo **son** tus padres?
What are your parents like?

La casa **es** muy pequeña.
The house is very small.

¿Cómo **estás**, Miguel?
How are you, Miguel?

¡**Están** tan enojados!
They're very angry!

- With most descriptive adjectives, either **ser** or **estar** can be used, but the meaning of each statement is different.

Julio **es alto**.
Julio is tall. (that is, a tall person)

Dolores **es alegre**.
Dolores is cheerful. (that is, a cheerful person)

Juan Carlos **es** un hombre **guapo**.
Juan Carlos is a handsome man.

¡Qué **alto está** Miguelito!
Miguelito is getting so tall!

El jefe **está alegre** hoy. ¿Qué le pasa?
The boss is cheerful today. What's up with him?

¡Manuel, **estás** muy **guapo**!
Manuel, you look so handsome!

- Some adjectives have two different meanings depending on whether they are used with **ser** or **estar**.

¡ATENCIÓN!

Estar, not **ser**, is used with **muerto/a**.

Bécquer, el autor de las *Rimas*, está muerto.

Bécquer, the author of Rimas, *is dead.*

ser + [adjective]	estar + [adjective]
La clase de contabilidad **es aburrida**. *Accounting class is boring.*	**Estoy aburrida** de la clase. *I am bored with the class.*
Ese chico **es listo**. *That boy is smart.*	**Estoy listo** para todo. *I'm ready for anything.*
No **soy rico**, pero vivo bien. *I'm not rich, but I live well.*	¡El pan **está** tan **rico**! *The bread is so delicious!*
La actriz **es buena**. *The actress is good.*	La actriz **está buena**. *The actress is good-looking.*
Este coche **es seguro**. *This car is safe.*	Juan no **está seguro** de sí mismo. *Juan isn't sure of himself.*
Los aguacates **son verdes**. *Avocados are green.*	Esta banana **está verde**. *This banana is not ripe.*
Javier **es** muy **vivo**. *Javier is very bright.*	¿Todavía **está vivo** el autor? *Is the author still alive?*
Pedro **es** un hombre **libre**. *Pedro is a free man.*	Esta noche no **estoy libre**. ¡Lo siento! *Tonight I am not available. Sorry!*

Práctica

TALLER DE CONSULTA

MANUAL DE GRAMÁTICA
Más práctica
1.2 **Ser** and **estar**, p. A5

1 **La boda de Emilio y Jimena** Completa cada oración de la primera columna con la terminación más lógica de la segunda columna.

_____ 1. La boda es

_____ 2. La iglesia está

_____ 3. El cielo está

_____ 4. La madre de Emilio está

_____ 5. El padre de Jimena está

_____ 6. Todos los invitados están

_____ 7. El mariachi que toca en la boda es

_____ 8. En mi opinión, las bodas son

a. de San Antonio, Texas.

b. deprimido por los gastos.

c. en la calle Zarzamora.

d. esperando a que entren la novia (*bride*) y su padre.

e. contenta con la novia.

f. a las tres de la tarde.

g. muy divertidas.

h. totalmente despejado.

2 **La luna de miel** Completa el párrafo en el que se describe la luna de miel (*honeymoon*) que van a pasar Jimena y Emilio. Usa formas de **ser** y **estar**.

Emilio y Jimena van a pasar su luna de miel en Miami, Florida. Miami (1) _____ una ciudad preciosa. (2) _____ en la costa este de Florida y tiene playas muy bonitas. El clima (3) _____ tropical. Jimena y Emilio (4) _____ interesados en visitar la Pequeña Habana. Jimena (5) _____ una fanática de la música cubana. Y Emilio (6) _____ muy entusiasmado por conocer el parque Máximo Gómez, donde las personas van a jugar dominó. Los dos (7) _____ aficionados a la comida caribeña. (8) _____ visitando los restaurantes de la Calle Ocho. Cada día van a probar un plato diferente. Algunos de los platos que piensan probar (9) _____ el congrí, los tostones y el bistec palomilla. Después de pasar una semana en Miami, la pareja va a (10) _____ cansada pero muy contenta.

⌖ Practice more at **vhlcentral.com.**

Comunicación

Entrevistas

A. En parejas, usen la lista como guía para entrevistarse. Usen **ser** o **estar** en las preguntas y respuestas.

origen	estudios actuales
nacionalidad	sentimientos actuales
personalidad	lugar donde vive/trabaja
personalidad de los padres	actividades actuales
salud	

B. Cambien de pareja y cuéntenle a su compañero/a lo que descubrieron (*found out*) sobre el/la compañero/a entrevistado/a.

4 **¿Dónde estamos?** En grupos de cuatro, elijan una ciudad en la que supuestamente están de viaje. Sus compañeros deberán adivinar de qué ciudad se trata. Pueden elegir una de las ciudades de las fotos u otra ciudad.

Buenos Aires, Argentina

Quito, Ecuador

Madrid, España

Lima, Perú

San José, Costa Rica

México, D.F., México

- Hagan cinco afirmaciones sobre la ciudad elegida usando **ser** o **estar** para dar pistas (*clues*) a sus compañeros.

- Si las pistas no son suficientes, sus compañeros pueden hacer preguntas con **ser** o **estar** cuya respuesta sea **sí** o **no**.

- Algunos temas para las afirmaciones o para las preguntas pueden ser: características generales de la ciudad, ubicación, comidas típicas, actividades que se pueden hacer, historia, arquitectura, etc.

1.3 Progressive forms

The present progressive

- The present progressive (**el presente progresivo**) narrates an action in progress. It is formed with the present tense of **estar** and the present participle (**el gerundio**) of the main verb.

Éric **está cantando**.
Éric is singing.

Aguayo **está bebiendo** café.
Aguayo is drinking coffee.

Fabiola **está escribiendo**.
Fabiola is writing.

¡Te estoy hablando
de Mariela!
¿Qué te pareció?

¡ATENCIÓN!

When progressive forms are used with reflexive verbs or object pronouns, the pronouns may either be attached to the present participle (in which case an accent mark is added to maintain the proper stress) or placed before the conjugated verb. See **2.1 Object pronouns**, pp. 54–55, and **2.3 Reflexive verbs**, pp. 62–63, for more information.

Se están enamorando.
Están enamorándose.
They are falling in love.

Te estoy hablando.
Estoy hablándote.
I am talking to you.

• • • • •

Note that the present participle of **ser** is **siendo**.

- The present participle of regular **-ar**, **-er**, and **-ir** verbs is formed as follows:

INFINITIVE	STEM	ENDING	PRESENT PARTICIPLE
bailar	bail-	-ando	bailando
comer	com-	-iendo	comiendo
aplaudir	aplaud-	-iendo	aplaudiendo

- Stem-changing verbs that end in **-ir** also change their stem vowel when they form the present participle.

-ir stem-changing verbs	
Infinitive	**Present participle**
decir	diciendo
dormir	durmiendo
mentir	mintiendo
morir	muriendo
pedir	pidiendo
sentir	sintiendo
sugerir	sugiriendo

- **Ir**, **poder**, **reír**, and **sonreír** have irregular present participles (**yendo**, **pudiendo**, **riendo**, **sonriendo**). **Ir** and **poder** are seldom used in the present progressive.

Marisa siempre está **sonriendo**.
Marisa is always smiling.

Maribel no está **yendo** a clase últimamente.
Maribel isn't going to class lately.

- When the stem of an **-er** or **-ir** verb ends in a vowel, the **-i-** of the present participle ending changes to **-y-**.

INFINITIVE		STEM		ENDING		PRESENT PARTICIPLE
construir	▶	constru-	**+**	-yendo	▶	construyendo
leer		le-		-yendo		leyendo
oír		o-		-yendo		oyendo
traer		tra-		-yendo		trayendo

- Progressive forms are used less frequently in Spanish than in English, and only when emphasizing that an action is *in progress* at the moment described. To refer to actions that occur over a period of time or in the near future, Spanish uses the present tense instead.

PRESENT TENSE	PRESENT PROGRESSIVE
Lourdes **estudia** economía en la UNAM. *Lourdes is studying economics at UNAM.*	Ahora mismo, Lourdes **está tomando** un examen. *Right now, Lourdes is taking an exam.*
¿**Vienes** con nosotros al Café Pamplona? *Are you coming with us to Café Pamplona?*	No, lo siento. Ya **estoy preparando** la cena. *No, I'm sorry. I'm already making dinner.*

Other verbs with the present participle

- Spanish expresses various shades of progressive action by using verbs such as **seguir, continuar, ir, venir, llevar,** and **andar** with the present participle.

- **Seguir** and **continuar** with the present participle express the idea of *to keep doing something.*

  Emilio **sigue saliendo** con Mercedes.
  Emilio is still seeing Mercedes.

  Mercedes **continúa coqueteando** con Carlos.
  Mercedes keeps flirting with Carlos.

- **Ir** with the present participle indicates a gradual or repeated process. It often conveys the English idea of *more and more.*

  Cada día que pasa **voy disfrutando** más de esta clase.

  I'm enjoying this class more and more every day.

  Ana y Juan **van acostumbrándose** al horario de clase.

  Ana and Juan are getting more and more used to the class schedule.

- **Venir** and **llevar** with the present participle indicates a gradual action that accumulates or increases over time.

  Hace años que **viene diciendo** cuánto le gusta el béisbol.

  He's been saying how much he likes baseball for years.

  Llevo insistiendo en lo mismo desde el principio.

  I have been insisting on the same thing from the beginning.

- **Andar** with the present participle conveys the idea of *going around doing something* or of *always doing something.*

  José siempre **anda quejándose** de todo.
  José is always complaining about everything.

  Román **anda diciendo** mentiras.
  Román is going around telling lies.

¡ATENCIÓN!

Other tenses may have progressive forms as well. These tenses emphasize that an action was/will be in progress.

PAST (pp. 94–105)
Estaba marcando su número justo cuando él me llamó.
I was dialing his number right when he called me.

FUTURE (pp. 220–223)
No vengas a las cuatro; todavía estaremos trabajando.
Don't come at four o'clock; we will still be working.

Práctica

TALLER DE CONSULTA

MANUAL DE GRAMÁTICA
Más práctica

1.3 Progressive forms, p. A6

(1) **Una conversación telefónica** Daniel es nuevo en la ciudad y no sabe cómo llegar al estadio de fútbol. Decide llamar a su ex novia Alicia para que le explique cómo encontrarlo. Completa la conversación con la forma correcta del gerundio (*present participle*).

ALICIA ¿Aló?

DANIEL Hola Alicia, soy Daniel; estoy buscando el estadio de fútbol y necesito que me ayudes… Llevo (1) _____ (caminar) más de media hora por el centro y sigo perdido.

ALICIA ¿Dónde estás?

DANIEL No estoy muy seguro, no encuentro el nombre de la calle. Pero estoy (2) _____ (ver) un centro comercial a mi izquierda y más allá parece que están (3) _____ (construir) un estadio de fútbol. (4) _____ (hablar) de fútbol, ¿dónde tengo mis boletos? ¡He perdido mis entradas!

ALICIA Madre mía, ¡sigues (5) _____ (ser) un desastre! Algún día te va a pasar algo serio.

DANIEL ¡Siempre andas (6) _____ (pensar) lo peor!

ALICIA ¡Y tú siempre estás (7) _____ (olvidarse) de todo!

DANIEL ¡Ya estamos (8) _____ (discutir) otra vez!

(2) **Organizar un festival** En parejas, pregunten y respondan qué está haciendo cada uno de estos personajes. Túrnense.

> **MODELO** —¿Qué está haciendo Elga Navarro?
> —Elga Navarro está descansando en una clínica.

Elga Navarro / descansar

1. Juliana Paredes / bailar

2. Emilio Soto / casarse

3. Aurora Gris / recoger un premio

4. Héctor Rojas / jugar a las cartas

 Practice more at **vhlcentral.com**.

Comunicación

3 **Una cita** En parejas, representen una conversación en la que Alexa y Guille intentan buscar una hora del día para reunirse.

MODELO

ALEXA ¿Nos vemos a las diez de la mañana para estudiar?

GUILLE No puedo, voy a estar durmiendo. ¿Qué te parece a las 12?

GUILLE

DOMINGO
10:00 dormir
11:00 dormir
12:00
13:00 almuerzo con Rosa
14:00
15:00 llamar por teléfono a Aurora
16:00
17:00
18:00
19:00 ver película con Ana
20:00
21:00 cenar con Marta
22:00

ALEXA

DOMINGO
10:00
11:00 gimnasio
12:00 biblioteca
13:00
14:00 comer con mamá
15:00
16:00 dormir siesta
17:00
18:00
19:00 hacer un crucigrama
20:00
21:00 ver noticiero
22:00

4 **Síntesis** Tu psicólogo utiliza la hipnosis para hacerte recordar los momentos más importantes de tu pasado. En parejas, dramaticen la conversación entre el doctor Felipe y su paciente, utilizando verbos en el presente y el presente progresivo. Elijan una situación de la lista o inventen otro tema. Sean creativos/as.

MODELO

DR. FELIPE Estás volviendo al momento de conocer a tu primer amor. ¿Qué están haciendo?

PACIENTE Estoy caminando por la calle… una mujer preciosa me está saludando…

DR. FELIPE Muy bien, muy bien. ¿Y qué estás pensando? ¿Cómo te sientes?

PACIENTE Estoy pensando que es el amor de mi vida. Me siento…
¡Ay, no! Me estoy cayendo en medio de la calle, ¡enfrente de ella!

tu primer amor	el nacimiento de un(a) hermano/a
un viaje importante	el mejor momento de tu vida

Antes de ver el corto

DI ALGO

país España
duración 15 minutos

director Luis Deltell
protagonistas Irene, Pablo, bibliotecaria

Vocabulario

a lo mejor *maybe*
alargar *to drag out*
la cinta *tape*
enterarse *to find out*
entretenerse *to be held up*

la luz *light*
pesado/a *annoying*
precioso/a *lovely*
respirar *to breathe*
turbio/a *murky*

1 **Vocabulario** Completa las oraciones.

1. Me gusta el libro, pero el autor _____ mucho el final.
2. Ana teme a la oscuridad y no _____ tranquila hasta que enciende la _____.
3. Hoy nos _____ de que las _____ de video estaban borradas.
4. Cerca del bosque había un lago _____, pero ahora el agua está muy _____ porque está contaminada.

2 **Tú y las citas**

A. Completa el test sobre el mundo de las citas.

Tú y las citas

1. **Si acabas de conocer a una persona que te gusta:**
   a. La invitas a salir.
   b. Buscas su nombre en Facebook.
   c. No haces absolutamente nada.

2. **Un amigo te propone presentarte a alguien que conoce:**
   a. Aceptas enseguida.
   b. Haces muchas preguntas sobre la persona antes de decidir.
   c. Dices que no: las citas con extraños te ponen nervioso/a.

3. **Antes de una cita a ciegas:**
   a. Vas a comprar ropa nueva y te arreglas bien para causar una buena impresión.
   b. Le pides a un par de amigos/as que vayan al mismo restaurante, por si acaso.
   c. Te da un ataque de nervios y llamas para cancelar.

4. **Durante la primera conversación:**
   a. Muestras interés por la otra persona, le hablas de ti y actúas tal como eres.
   b. Haces más preguntas de las que tú contestas.
   c. Evitas contar mucho sobre ti. Prefieres guardar información para una segunda cita.

B. En parejas, comparen sus respuestas. ¿Tienen actitudes similares o son muy diferentes? ¿Por qué?

 Practice more at **vhlcentral.com.**

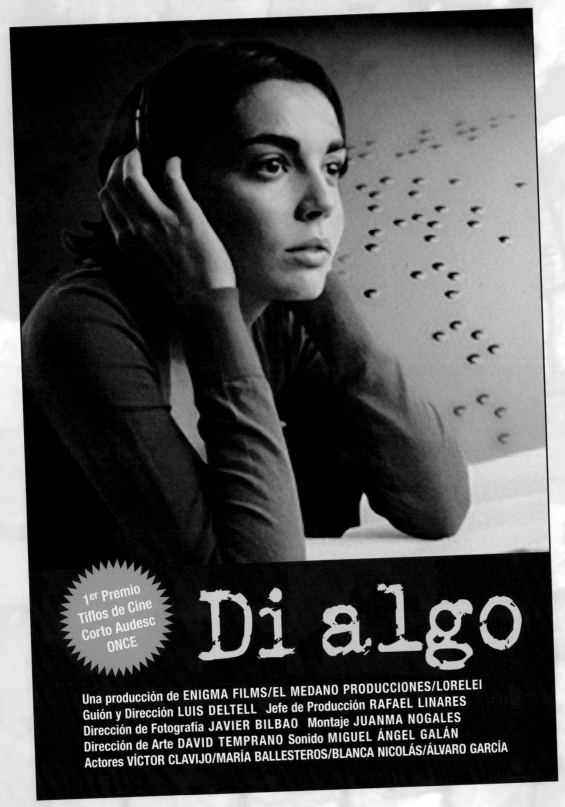

Escenas

ARGUMENTO Una joven ciega se enamora de la voz de un hombre que escucha en grabaciones. Cuando se acaban las cintas, ella busca otra manera de seguir escuchando su voz.

VOZ DE PABLO "Menos tu vientre, todo es confuso, fugaz, pasado, baldío, turbio…"

IRENE Quería información sobre el lector 657… ¿No me podrías conseguir su número de teléfono?
BIBLIOTECARIA No puedo, Irene; eso está prohibido.

GUARDIA ¡Espera! ¿Estás bien?
IRENE Sí, sí, muchas gracias; es que me he entretenido.

PABLO ¿Sí? ¿Quién es? ¿Sí?
IRENE Di algo.

PABLO Todo el día esperando que me llame una chica que no conozco y que no habla… bueno, sí, que solamente dice: "Di algo."

PABLO ¿Hay alguien que esté pidiendo mis cintas?
BIBLIOTECARIA No sé, vamos a ver… Creo que un señor mayor… ¡ah!, y una chica también.

Después de ver el corto

1 Comprensión Indica si estas afirmaciones son **ciertas** o **falsas**. Luego, en parejas, corrijan las falsas.

1. Irene no tiene el teléfono de Pablo, pero lo conoce en persona.
2. La bibliotecaria no le da el teléfono de Pablo porque dice que está prohibido.
3. Por la noche, Irene roba de la biblioteca la información sobre Pablo.
4. Irene le dice la verdad al guardia.
5. Pablo cree que la mujer que lo llama por teléfono y no le habla se llama Silvia.
6. Pablo encuentra a Irene por casualidad en la calle.

2 Interpretación En parejas, contesten las preguntas.

1. En la primera escena, Pablo marca las palabras "confuso" y "turbio" en el poema que lee. ¿Por qué lo hace?
2. Irene pide el número de teléfono de Pablo después de que la bibliotecaria le dice que no hay más cintas de él. ¿Cuál piensan que es su intención: conocer a Pablo o solamente escuchar su voz?
3. ¿Cómo es Pablo? Presten atención a las cosas que hay en su casa y a su forma de hablar y actuar.
4. ¿Por qué Irene sólo le dice "di algo", y no le explica quién es? Imaginen sus razones y enumérenlas.
5. ¿Por qué Pablo se va cuando Irene se da cuenta de que él está sentado frente a ella? ¿Está esperando que ella haga algo o quiere escaparse?

3 Diálogo En el ascensor, Pablo le dice a Irene: "Eres tú la que tiene que decir algo". Imaginen el diálogo que sigue a estas palabras y escríbanlo. Después, represéntenlo frente a la clase.

4 Escribir Elige una de las siguientes opciones y escribe un mensaje de correo electrónico.

- Imagina que te cruzas un instante por la calle con alguien y te enamoras a primera vista, pero él/ella desaparece entre la gente y ahora quieres encontrarlo/a. Escribe a un periódico describiéndolo/a; cuenta por qué lo/la buscas y pide ayuda a los lectores.

- Por un error al marcar un número de teléfono, conoces a alguien, empiezan a hablar y se enamoran. Después de un tiempo tienen una cita para conocerse personalmente, pero todo resulta un desastre: él/ella no se parece nada a la idea que te formaste por su voz. Cuenta en un correo electrónico cómo fue esa cita.

Practice more at **vhlcentral.com**.

Los enamorados, 1923
Pablo Picasso, España

"La única fuerza y la única verdad que
hay en esta vida es el amor."

— José Martí

Antes de leer

Poema 20

Sobre el autor

Ya de muy joven, el chileno Ricardo Eliécer Neftalí Reyes Basoalto —tal fue el nombre que sus padres dieron a **Pablo Neruda** (1904–1973) al nacer— mostraba inclinación por la poesía. En 1924, con tan sólo veinte años, publicó el libro que lo hizo famoso: *Veinte poemas de amor y una canción desesperada*. Treinta años después, en 1954, compone sus *Odas elementales*. Además de poeta, fue diplomático y político. El amor fue sólo uno de los temas de su extensa obra: también escribió poesía surrealista y poesía con fuerte contenido histórico y político. Su *Canto general* lleva a los lectores en un viaje por la historia de América Latina desde los tiempos precolombinos hasta el siglo XX. En 1971, recibió el Premio Nobel de Literatura.

Vocabulario

el alma *soul*	**el corazón** *heart*
amar *to love*	**la mirada** *gaze*
besar *to kiss*	**el olvido** *oblivion*
contentarse con *to be satisfied with*	**querer (e:ie)** *to love; to want*

Poema Completa este poema con las opciones correctas.

Quiero (1) _____ (besarte/amarte) porque te (2) _____ (quiero/olvido),
pero tú te alejas y desde lejos me miras.

Mi (3) _____ (corazón/olvido) no (4) _____ (quiere/se contenta)
con una (5) _____ (alma/mirada) triste.

Entonces me voy y sólo espero el (6) _____ (corazón/olvido).

Conexión personal ¿Has estado enamorado/a alguna vez? ¿Te gusta leer poesía? ¿Has escrito alguna vez una carta o un poema de amor?

Análisis literario: la personificación

La personificación consiste en atribuir cualidades propias de los seres humanos a objetos inanimados (cosas, conceptos abstractos) o a la naturaleza. Observa estos ejemplos de personificación: *me despertó el llanto* (crying) *del violín; tu silencio habla de dolores pasados; las estrellas nos miraban mientras la ciudad sonreía*. En *Poema 20*, Pablo Neruda utiliza este recurso en varias ocasiones. Mientras lees el poema, prepara una lista de las personificaciones. ¿Qué cualidad humana atribuye el poeta al objeto?

 Practice more at **vhlcentral.com**.

POEMA 20

Pablo Neruda

Puedo escribir los versos más tristes esta noche.
Escribir, por ejemplo: "La noche está estrellada°,   *starry*

blink; tremble   y tiritan°, azules, los astros°, a lo lejos°".   *stars/in the distance*
El viento de la noche gira° en el cielo y canta.   *turns*

5   Puedo escribir los versos más tristes esta noche.
Yo la quise, y a veces ella también me quiso.

En las noches como ésta la tuve entre mis brazos.
La besé tantas veces bajo el cielo infinito.

Ella me quiso, a veces yo también la quería.
10   Cómo no haber amado sus grandes ojos fijos°.   *fixed*

Puedo escribir los versos más tristes esta noche.
Pensar que no la tengo. Sentir que la he perdido.

Oír la noche inmensa, más inmensa sin ella.
Y el verso cae al alma como al pasto el rocío°.   *like the dew on the grass*

15   Qué importa que mi amor no pudiera guardarla°.   *keep; protect*
La noche está estrellada y ella no está conmigo.

Eso es todo. A lo lejos alguien canta. A lo lejos.
Mi alma no se contenta con haberla perdido.

to bring her closer   Como para acercarla° mi mirada la busca.
20   Mi corazón la busca, y ella no está conmigo.

La misma noche que hace blanquear° los mismos árboles.   *to whiten*
Nosotros, los de entonces, ya no somos los mismos.

Ya no la quiero, es cierto, pero cuánto la quise.
voice   Mi voz° buscaba el viento para tocar su oído.

25   De otro. Será de otro. Como antes de mis besos.
Su voz, su cuerpo claro. Sus ojos infinitos.

Ya no la quiero, es cierto, pero tal vez la quiero.
Es tan corto el amor, y es tan largo el olvido.

Porque en noches como ésta la tuve entre mis brazos,
30   mi alma no se contenta con haberla perdido.

Aunque éste sea el último dolor que ella me causa,
y éstos sean los últimos versos que yo le escribo. ■

Después de leer

Poema 20
Pablo Neruda

1 Comprensión Contesta las preguntas con oraciones completas.

1. ¿Quién habla en este poema?
2. ¿De quién habla el poeta?
3. ¿Cuál es el tema del poema?
4. ¿Qué momento del día es?
5. ¿Sigue enamorado el poeta? Da un ejemplo del poema.

2 Analizar Lee el poema otra vez para contestar las preguntas con oraciones completas.

1. ¿Qué personificaciones hay en el poema y qué efecto transmiten? Explica tu respuesta.
2. ¿Tienen importancia las repeticiones en el poema? Explica por qué.
3. La voz poética habla sobre su amada, pero no le habla directamente a ella. ¿A quién crees que le habla la voz poética en este caso?
4. ¿Qué sentimientos provoca el poema en los lectores?

3 Interpretar Contesta las preguntas con oraciones completas.

1. ¿Cómo se siente el poeta? Da un ejemplo del poema.
2. ¿Es importante que sea de noche? Razona tu respuesta.
3. Explica con tus propias palabras este verso: "Es tan corto el amor, y es tan largo el olvido".
4. Explica el significado de estos versos y su importancia en el poema. ¿Por qué el poeta escribe una oración "entre comillas"?

> Puedo escribir los versos más tristes esta noche.
> Escribir, por ejemplo: "La noche está estrellada,
> y tiritan, azules, los astros, a lo lejos".

4 Metaficción En grupos de tres, lean esta definición y busquen ejemplos de metaficción en el poema de Neruda. ¿Qué efecto tiene este recurso en el poema?

> **"** La metaficción consiste en reflexionar dentro de una obra de ficción sobre la misma obra. **"**

5 Imaginar En parejas, imaginen la historia de amor entre el poeta y su amada. Preparen una conversación en la que se despiden para siempre. Inspírense en algunos de los versos del poema.

6 Personificar Escribe un párrafo en el que atribuyas cualidades humanas a un objeto.

MODELO Tengo en mi cuarto una estrella de mar. Me cuenta historias de piratas…

Practice more at **vhlcentral.com.**

Antes de leer

Vocabulario

el cargo *position*	**rechazar** *to reject*
la cima *height*	**sabio/a** *wise*
convertirse (e:ie) en *to become*	**el sueño** *dream*
en contra *against*	**superar** *to overcome*
propio/a *own*	**tomar en cuenta** *to take into consideration*

Señora presidenta Completa este párrafo con palabras del vocabulario.

El (1) _____ más importante de cualquier país es la presidencia, un (2) _____ para muchos políticos. Este desafío es más difícil para las mujeres, que tienen (3) _____ muchos prejuicios. La argentina Isabel Perón luchó para (4) _____ esos prejuicios. En 1974 llegó a (5) _____ en la primera presidenta de Latinoamérica. Desde entonces, otras nueve latinoamericanas han llegado a la (6) _____ de la política.

Conexión personal ¿Con qué soñabas cuando eras pequeño/a? ¿Qué querías ser? ¿Tienes todavía las mismas metas que tenías de niño/a o has cambiado? ¿Crees que vas a alcanzar tus metas?

Contexto cultural

Una frase pronunciada por Sonia Sotomayor en 2001 causó gran controversia y despertó posiciones en contra y a favor. Sus provocadoras palabras fueron: "Quiero pensar que una sabia mujer latina, con su riqueza de experiencias, puede tomar mejores decisiones que un sabio hombre blanco que no ha vivido esa vida." Sotomayor después se excusó diciendo que se había expresado mal. Pero esta declaración generó los cuestionamientos más importantes a su nominación a la Corte Suprema y, paralelamente, grupos en Facebook, camisetas y carteles la tomaron como una reafirmación de la identidad de la mujer hispana en EE.UU. ¿Qué opinas tú? ¿Influyen nuestras experiencias, nuestro sexo y nuestro origen en las decisiones que tomamos? Si así lo crees, ¿piensas que este hecho es positivo o negativo? ¿Crees que es posible dejar de lado los sentimientos y el pasado para tomar en cuenta solamente la ley? ¿O crees que la subjetividad puede tener lugar en la justicia?

 Practice more at **vhlcentral.com.**

Sonia Sotomayor:
la niña que soñaba

Sonia Sotomayor era una niña que soñaba. Y, según cuenta, lo que soñaba era convertirse en detective, igual que su heroína favorita, Nancy Drew. Sin embargo, a los ocho años, tras un diagnóstico de diabetes, sus médicos le recomendaron que pensara en una carrera menos agitada. Entonces, sin recortar sus aspiraciones ni resignarse a menos, encontró un nuevo modelo en otro héroe de ficción: Perry Mason, el abogado encarnado° en televisión por Raymond Burr. "Iba a ir a la universidad e iba a convertirme en abogada: y supe esto cuando tenía diez años. Y no es una broma" declaró ella en 1998.

amazing

peers

janitors

10 Robin Kar, secretario de Sonia Sotomayor en 1988–1989, afirma que la jueza no sólo tiene una historia asombrosa°, sino que además es una persona asombrosa. Y cuenta que, en la corte, ella no solamente conocía a sus pares°, 15 como los otros jueces y políticos, sino que también se preocupaba por conocer a todos los porteros, los empleados de la cafetería y los conserjes°, y todos la apreciaban mucho.

En su discurso de aceptación de la 20 nominación a la Corte Suprema, Sonia Sotomayor explicó su propia visión de sí misma: "Soy una persona nada extraordinaria que ha tenido la dicha de tener oportunidades y experiencias extraordinarias." Pero ni *wildest* 25 siquiera sus sueños más descabellados° podían prepararla para lo que ocurrió en mayo de 2009, cuando Barack Obama la nominó como candidata a la Corte Suprema de Justicia de Estados Unidos. En su discurso, 30 el presidente destacó el "viaje extraordinario" de la jueza, desde sus modestos comienzos hasta la cima del sistema judicial. Para él, los sueños son importantes y Sonia Sotomayor es la encarnación del sueño americano.

35 Nació en el Bronx, en Nueva York, el 25 de junio de 1954, y creció en un barrio de viviendas *housing project* subsidiadas°. Sus padres, puertorriqueños, habían llegado a Estados Unidos durante la Segunda Guerra Mundial. Su padre, que había 40 estudiado sólo hasta tercer grado y no hablaba inglés, murió cuando Sonia tenía nueve años, y su madre, Celina, tuvo que trabajar seis días *raise them* a la semana como enfermera para criarlos° a ella y a su hermano menor. Como la señora 45 Sotomayor consideraba que una buena educación era fundamental, les compró a sus hijos la Enciclopedia Británica y los envió a una escuela católica para que recibieran la mejor instrucción posible. Seguramente los resultados 50 superaron también sus expectativas: Sonia estudió en las universidades de Princeton y Yale, y su hermano Juan estudió en la Universidad de

Nueva York, y ahora es médico y profesor en la Universidad de Siracusa.

Sonia Sotomayor trabajó durante cinco 55 años como asistente del fiscal de Manhattan, Robert Morgenthau (quien inspiró el personaje del fiscal del distrito Adam Schiff en la serie de televisión *Law and Order*). Luego se dedicó al derecho corporativo y más tarde fue jueza 60 de primera instancia de la Corte Federal de Distrito antes de ser nombrada jueza de Distrito de la Corte Federal de Apelaciones. En 2009 se convirtió en la primera hispana —y la tercera mujer en toda la historia— en llegar 65 a la Corte Suprema de Justicia de Estados Unidos, donde suelen tratarse cuestiones tan controvertidas como el aborto, la pena de muerte, el derecho a la posesión de armas, etc.

Cuando el presidente Obama nominó 70 a la jueza Sotomayor para su nuevo cargo, Celina Sotomayor escuchaba desde la primera fila° con los ojos llenos de lágrimas. *front row* En su discurso de aceptación, Sonia la señaló como "la inspiración de toda mi vida". 75 Tal vez, en el fondo, lo que soñaba realmente la niña del Bronx era ser, como su madre, una "sabia mujer latina". ∎

Cómo Sotomayor salvó al béisbol

En 1994, de manera unilateral, los propietarios de los equipos de las Grandes Ligas de béisbol implantaron un tope (*limit*) salarial; esto fue rechazado por los jugadores y su sindicato, que declararon una huelga (*strike*). El caso llegó a Sonia Sotomayor, en ese entonces la jueza más joven del Distrito Sur de Nueva York, en 1995. Ella escuchó los argumentos de las dos partes y anunció su dictamen (*ruling*) a favor de los jugadores. Logró acabar así con la huelga que llevaba ya 232 días y, además, ganarse el título de "salvadora del béisbol".

Después de leer

1 Comprensión Indica si las siguientes oraciones son **ciertas** o **falsas**. Luego, en parejas, corrijan las falsas.

1. Sonia Sotomayor se considera una persona extraordinaria.
2. Ella conocía a todos los empleados de la corte, desde los jueces hasta los conserjes.
3. De pequeña, Sonia quería ser detective como Nancy Drew.
4. Sus padres eran neoyorquinos.
5. Celina Sotomayor trabajaba como vendedora de enciclopedias para mantener a sus hijos.
6. Sonia fue la inspiración de un personaje de la serie de televisión *Law and Order*.

2 Interpretación En parejas, contesten las preguntas con oraciones completas y justifiquen sus respuestas.

1. ¿Les parece que la historia de Sonia Sotomayor es extraordinaria? ¿Por qué?
2. ¿En qué sentido piensan que su madre es "la inspiración de su vida"?
3. ¿Creen que su carrera es una prueba de que el sueño americano existe?
4. ¿Piensas que ella, como mujer y como hispana, y con la historia de su vida, puede asegurar un mejor debate en la Corte Suprema? ¿Por qué?
5. ¿Les parece que la experiencia de vida es más importante, menos importante o igualmente importante para las personas que los estudios que tengan? ¿Por qué?

3 Retrato

A. En las elecciones presidenciales de Estados Unidos en 2008, los dos candidatos también señalaron a sus madres como una inspiración fundamental de sus vidas. En parejas, lean y comenten las citas.

> "Sé que (mi madre) fue el espíritu más bondadoso y generoso que jamás he conocido y que lo mejor de mí se lo debo a ella." Barack Obama, *Los sueños de mi padre*

> "Roberta McCain nos inculcó su amor a la vida, su profundo interés en el mundo, su fortaleza y su creencia de que todos tenemos que usar nuestras oportunidades para ser útiles a nuestro país. No estaría esta noche aquí si no fuera por la fortaleza de su carácter." John McCain, Discurso de aceptación en la Convención Republicana

B. Escriban al menos cuatro oraciones sobre cómo imaginan que es Celina Sotomayor. ¿Qué dirían de ella sus hijos? Luego, compartan sus oraciones con la clase y comparen sus descripciones.

MODELO Celina es una mujer trabajadora. Ella no está de acuerdo con perder el tiempo y quiere que sus hijos estudien y mejoren. Es paciente, pero está llena de energía...

4 Modelos de vida Escribe una entrada de blog sobre una persona sabia a la que admiras. Describe su personalidad y su historia, y explica por qué es importante para ti.

Practice more at **vhlcentral.com**.

Atando cabos

¡A conversar!

Citas rápidas Usa la técnica de las "citas rápidas" (*speed dating*) para conocer a tus compañeros/as de clase, hacer nuevos amigos y buscar compañeros para proyectos. Comparte los resultados con la clase.

Cómo funcionan las "citas rápidas"

- Reúnete con un(a) compañero/a durante cinco minutos. Hablen sobre quiénes son, cómo son, qué buscan, etc.
- Toma notas acerca del encuentro.
- Repite la actividad con otros compañeros.

	Nombre	Nombre
¿De dónde eres?		
¿Cómo eres?		
¿Qué cualidades buscas en un(a) amigo/a?		
¿Qué tipo de proyectos te gusta hacer?		

¡A escribir!

Consejos Lee el correo electrónico que envió Alonso a la sección de consejos sentimentales de una revista y usa las frases del recuadro para responderla.

Expresar tu opinión

Estas frases pueden ayudarte a presentar tu opinión:

- En mi opinión, …
- Creo que…
- Me parece que…

De: alonso23@tucorreo.com
A: consejos_sentimentales@larevista.com
Tema: Necesito un consejo

Me llamo Alonso. Tengo 23 años y soy de Colombia. Vine a Boston para estudiar en la universidad. Allí conocí a mi novia Kristen, quien tomaba clases de español. Todo iba muy bien mientras estábamos en la universidad: teníamos amigos estadounidenses y latinoamericanos, a mí me interesaba mucho aprender sobre su país y a ella sobre el mío.

El problema comenzó después de la universidad. Cuando salimos con los compañeros de trabajo de Kristen, siento que a nadie le interesa charlar conmigo, y a mí tampoco me interesa hablar con ellos de béisbol y esas cosas. Cuando vamos a visitar a la familia de Kristen en Chicago y decido cocinar, siempre miran con desconfianza los platos tradicionales que preparo. Además, Kristen está muy ocupada con su trabajo para seguir estudiando español. Cuando quiere practicar comete unos errores horribles y entonces yo prefiero hablar inglés con ella. Discutimos mucho por todas estas cosas.
A veces pienso que sería más fácil estar con alguien de mi cultura… pero quiero mucho a Kristen. ¿Qué puedo hacer para que mi relación funcione?

Vocabulary Tools

La personalidad

autoritario/a	strict
cariñoso/a	affectionate
celoso/a	jealous
cuidadoso/a	careful
falso/a	insincere
gracioso/a	funny
inseguro/a	insecure
(in)maduro/a	(im)mature
mentiroso/a	lying
orgulloso/a	proud
permisivo/a	permissive
seguro/a	sure; confident
sensato/a	sensible
sensible	sensitive
tacaño/a	stingy
tímido/a	shy
tradicional	traditional

Los estados emocionales

agobiado/a	overwhelmed
ansioso/a	anxious
deprimido/a	depressed
disgustado/a	upset
emocionado/a	excited
preocupado/a (por)	worried (about)
solo/a	alone; lonely
tranquilo/a	calm

Los sentimientos

adorar	to adore
apreciar	to think highly of
enamorarse (de)	to fall in love (with)
estar harto/a (de)	to be sick (of)
odiar	to hate
sentirse (e:ie)	to feel
soñar (o:ue) (con)	to dream (about)
tener celos (de)	to be jealous (of)
tener vergüenza (de)	to be embarrassed (about)

Las relaciones personales

el/la amado/a	loved one
el ánimo	spirit
el cariño	affection
la cita (a ciegas)	(blind) date
el compromiso	commitment
la confianza	trust; confidence
el desánimo	the state of being discouraged
el divorcio	divorce
la pareja	couple; partner
el sentimiento	feeling
atraer	to attract
coquetear	to flirt
cuidar	to take care of
dejar a alguien	to leave someone
discutir	to argue
educar	to raise; to bring up
hacerle caso a alguien	to pay attention to someone
impresionar	to impress
llevar… años de (casados)	to be (married) for… years
llevarse bien/mal/fatal	to get along well/badly/terribly
mantenerse en contacto	to keep in touch
pasarlo bien/mal/fatal	to have a good/bad/terrible time
proponer matrimonio	to propose (marriage)
romper (con)	to break up (with)
salir (con)	to go out (with)
soportar a alguien	to put up with someone
casado/a	married
divorciado/a	divorced
separado/a	separated
soltero/a	single
viudo/a	widowed

Más vocabulario

Expresiones útiles	Ver p. 7
Estructura	Ver pp. 14–15, 18–19 y 22–23

Cinemateca

la cinta	tape
la luz	light
alargar	to drag out
enterarse	to find out
entretenerse	to be held up
respirar	to breathe
pesado/a	annoying
precioso/a	lovely
turbio/a	murky
a lo mejor	maybe

Literatura

el alma	soul
el corazón	heart
la mirada	gaze
el olvido	oblivion
amar	to love
besar	to kiss
contentarse con	to be satisfied with
querer (e:ie)	to love; to want

Cultura

el cargo	position
la cima	height
el sueño	dream
convertirse (e:ie) en	to become
rechazar	to reject
superar	to overcome
tomar en cuenta	to take into consideration
propio/a	own
sabio/a	wise
en contra	against

Las diversiones

2

Communicative Goals

You will expand your ability to…

- avoid redundancy
- express personal likes and dislikes
- describe your daily routine and activities

Vocabulary Tools

Las diversiones

La música y el teatro

Mis amigos y yo tenemos un **grupo musical.** Yo soy el cantante. Ayer fue nuestro segundo **concierto.** Esperamos grabar pronto nuestro primer **álbum.**

el álbum *album*

el asiento *seat*

el/la cantante *singer*

el concierto *concert*

el conjunto/grupo musical
    musical group; band

el escenario *scenery; stage*

el espectáculo *show*

el estreno *premiere*

la función *performance*
    (theater; movie)

el/la músico/a *musician*

la obra de teatro *play*

la taquilla *box office*

aplaudir *to applaud*

conseguir (e:i) boletos/entradas
    to get tickets

hacer cola *to wait*
    in line

poner música *to play music*

Los lugares de recreo

el cine *movie theater*

el circo *circus*

la discoteca *night club*

la feria *fair*

el festival *festival*

el parque de atracciones *amusement park*

el zoológico *zoo*

Los deportes

el/la árbitro/a *referee*

el campeón/la campeona *champion*

el campeonato *championship*

el club deportivo *sports club*

el/la deportista *athlete*

el empate *tie (game)*

el/la entrenador(a) *coach; trainer*

el equipo *team*

el/la espectador(a) *spectator*

el torneo *tournament*

anotar/marcar (un gol/un punto)
    to score (a goal/a point)

desafiar *to challenge*

empatar *to tie (games)*

ganar/perder (e:ie) un partido
    to win/lose a game

vencer *to defeat*

Las diversiones

Ricardo y sus amigos **se reúnen** todos los sábados. Les **gustan el billar** y **el boliche**, y son verdaderos **aficionados** a **las cartas**.

- **ajedrez** *chess*
- **billar** *billiards*
- **boliche** *bowling*
- **las cartas/los naipes** *(playing) cards*
- **los dardos** *darts*
- **juego de mesa** *board game*
- **pasatiempo** *pastime*
- **televisión** *television*
- **tiempo libre/los ratos libres** *free time*
- **videojuego** *video game*

- **aburrirse** *to get bored*
- **alquilar una película** *rent a movie*
- **brindar** *to make a toast*
- **celebrar/festejar** *to celebrate*
- **dar un paseo** *to take a stroll/walk*
- **disfrutar (de)** *to enjoy*
- **divertirse (e:ie)** *to have fun*

- **entretener(se) (e:ie)** *to amuse (oneself)*
- **gustar** *to like*
- **reunirse (con)** *to get together (with)*
- **salir (a comer)** *to go out (to eat)*

- **aficionado/a (a)** *enthusiastic about; a fan (of)*
- **animado/a** *lively*
- **divertido/a** *fun*
- **entretenido/a** *entertaining*

Práctica

1 Escuchar

A. Mauricio y Joaquín están haciendo planes para el fin de semana. Quieren ir al cine, pero no logran ponerse de acuerdo. Escucha la conversación y contesta las preguntas con oraciones completas.

1. ¿Cuándo planean ir al cine Mauricio y Joaquín?
2. ¿Qué película quiere ver Joaquín?
3. ¿Por qué Mauricio no quiere verla?
4. ¿Qué alternativa sugiere Mauricio?
5. ¿Qué le pasa a Joaquín cuando mira documentales?

B. Ahora, escucha el anuncio radial de *Los invasores de la galaxia* y decide si las oraciones son **ciertas** o **falsas**. Corrige las falsas.

1. Este fin de semana estrenan una película de ciencia ficción.
2. *Los invasores de la galaxia* ya se estrenó en otros lugares.
3. La película tuvo poco éxito en Europa.
4. Si compras cuatro boletos, te regalan la banda sonora (*soundtrack*).
5. Si te vistes de extraterrestre, te regalan un boleto para una fiesta exclusiva.
6. El estreno de la película es a las nueve de la mañana.

C. En parejas, imaginen que, después de escuchar el anuncio radial, Joaquín trata de convencer a Mauricio para ir a ver *Los invasores de la galaxia*. Inventen la conversación entre Mauricio y Joaquín, y compártanla con la clase.

2 Relaciones
Escoge la palabra que no está relacionada.

1. película (estrenar / dirigir / empatar)
2. obra de teatro (boleto / campeonato / taquilla)
3. concierto (vencer / aplaudir / hacer cola)
4. juego de mesa (ajedrez / naipes / videojuego)
5. celebrar (divertirse / aburrirse / disfrutar)
6. partido (deportista / árbitro / circo)

Práctica

(3) **¿Dónde están?** Indica dónde están estas personas.

_____ 1. Llegamos muy temprano, pero hay una cola enorme. El hombre que vende los boletos parece estar de muy mal humor.

_____ 2. Hoy es el cumpleaños de mi hermana menor. En lugar de celebrarlo en casa, quiere pasar el día acá, con los tigres y los elefantes.

_____ 3. Una red (*net*), una pelota amarilla y dos deportistas. ¿Quién será la campeona?

_____ 4. Hay máquinas que suben, bajan, dan vueltas hacia la derecha y hacia la izquierda. La más espectacular dibuja un laberinto de líneas en el aire.

_____ 5. ¿Cómo puede ser que cuatro personas hagan tanto ruido en un campo de fútbol lleno de gente? Mi novia se está divirtiendo mucho, pero ¡yo no entiendo nada de lo que cantan!

_____ 6. ¡Qué nervios! ¿Qué pasa si se abre el telón y me olvido de lo que tengo que decir?

a. un torneo de tenis
b. un parque de atracciones
c. un cine
d. un escenario
e. una taquilla
f. una discoteca
g. un zoológico
h. un concierto de rock

(4) **Goles y fiestas** Completa la conversación.

aburrirte	celebrar	equipo
animadas	disfruten	espectadores
árbitro	divertidos	ganar
campeonato	empate	televisión

PEDRO Mario, ¿todavía estás mirando (1) _____? ¿No ves que vamos a llegar tarde?

MARIO Lo siento, pero no puedo ir a la fiesta de tu novia. Pasan un partido de fútbol.

PEDRO Pero las fiestas de mi novia son más (2) _____ y más entretenidas que cualquier partido de fútbol. Todos los partidos son iguales… Veintidós tontos corriendo detrás de una pelota, los (3) _____ gritando (*shouting*) como locos y el (4) _____ pitando (*whistling*) sin parar.

MARIO Hoy no me puedes convencer. Es la final del (5) _____ y estoy seguro de que mi (6) _____ favorito va a (7) _____.

PEDRO ¿Y no vas a (8) _____, aquí solito, mientras todos tus amigos bailan?

MARIO ¡Jamás! ¡Todos vienen a ver el partido conmigo! Y después vamos a (9) _____ la victoria.

PEDRO Que (10) _____ del partido. Ya me voy… Espera, mi novia me está llamando al celular… ¿Qué me dices, amor? ¿Que la fiesta es aquí en mi casa? ¿Que tú también quieres ver el partido? ¡Ay, yo me rindo (*give up*)!

Practice more at **vhlcentral.com**.

Comunicación

5 Diversiones

A. Sin consultar con tu compañero/a, prepara una lista de cinco actividades que crees que le gustan a él/ella. Escoge actividades del recuadro y añade otras.

jugar al ajedrez	ir a la feria
practicar deportes en un club	jugar videojuegos
ir al estreno de una película	bailar en una discoteca
mirar televisión	jugar al boliche
escuchar música clásica	salir a cenar con amigos

B. Ahora, habla con tu compañero/a para confirmar tus predicciones. Sigue el modelo.

MODELO —Creo que te gusta jugar al ajedrez.
—Es verdad, juego siempre que puedo. / —Te equivocas, me aburre. ¿Y a ti?

6 Lo mejor
En grupos de cuatro, imaginen que son editores/as de un periódico local y quieren publicar la lista anual de *Lo mejor de la ciudad*.

A. Primero, escojan las categorías que quieren premiar (*to award*).

Lo mejor de la ciudad

Mejor cine _____

Mejor discoteca _____

Mejor espectáculo sobre hielo _____

Mejor equipo deportivo _____

Mejor parque para pasear _____

Mejor festival de arte _____

Mejor restaurante para celebrar un cumpleaños _____

Mejor grupo musical en vivo (*live*) _____

Mejor ... _____

B. Luego, preparen una encuesta (*survey*) y entrevisten a sus compañeros/as de clase. Anoten las respuestas.

C. Ahora, compartan los resultados con la clase y decidan qué lugares y eventos recibirán el premio *Lo mejor*.

7 Un fin de semana extraordinario
Dos amigos con personalidades muy diferentes tienen que pasar un fin de semana en una ciudad que nunca han visitado. Hacen muchas sugerencias interesantes, pero no se ponen de acuerdo en nada. En parejas, improvisen una conversación utilizando las palabras del vocabulario.

MODELO —¿Vamos al parque de atracciones? Es muy divertido.
—No, me mareo en la montaña rusa (*roller coaster*)...

Video

Los empleados de *Facetas* hablan de las diversiones. Johnny trata de ayudar a Éric. Mariela habla de sus planes.

JOHNNY ¿Y a ti? ¿Qué te pasa?

ÉRIC Estoy deprimido.

JOHNNY Anímate, es fin de semana.

ÉRIC A veces me siento solo e inútil.

JOHNNY ¿Solo? No, hombre, yo estoy aquí; pero inútil…

JOHNNY Necesitas divertirte.

ÉRIC Lo que necesito es una chica. No tienes idea de lo que es vivir solo.

JOHNNY No, pero me lo estoy imaginando. El problema de vivir solo es que siempre te toca lavar los platos.

ÉRIC Las chicas piensan que soy aburrido.

JOHNNY No seas pesimista.

ÉRIC Soy un optimista con experiencia. Lo he intentado todo: el cine, la discoteca, el teatro… Nada funciona.

JOHNNY Tienes que contarles chistes. Si las haces reír, ¡*boom*! Se enamoran.

ÉRIC ¿De veras?

JOHNNY Seguro.

Mariela viene a hablar con ellos.

MARIELA ¡Los conseguí! ¡Los conseguí!

FABIOLA ¿Conseguiste qué?

MARIELA Los últimos boletos para el concierto de rock de esta noche.

FABIOLA ¿Cómo se llama el grupo?

MARIELA Distorsión. Aquí tengo el disco compacto. ¿Lo quieren oír?

FABIOLA (*mirando el reloj*) Uy, ¡qué tarde es!

Luego, en el escritorio de Diana…

ÉRIC Diana, ¿te puedo contar un chiste?

DIANA Estoy algo ocupada.

ÉRIC Es que se lo tengo que contar a una mujer.

DIANA Hay dos mujeres más en la oficina.

ÉRIC Temo que se rían cuando se lo cuente.

DIANA ¡Es un chiste!

ÉRIC Temo que se rían de mí y no del chiste.

DIANA ¿Qué te hace pensar que yo me voy a reír del chiste y no de ti?

ÉRIC No sé. Tú eres una persona seria.

DIANA ¿Y por qué se lo tienes que contar a una mujer?

ÉRIC Es un truco para conquistarlas.

Diana se ríe muchísimo.

Personajes

AGUAYO

DIANA

ÉRIC

FABIOLA

JOHNNY

MARIELA

Johnny dibuja muchos puntos en la pizarra.

JOHNNY ¿Te sabes el chiste de la fiesta de puntos? Es un clásico… Hay una fiesta de puntos… Todos están divirtiéndose y pasándola bien. Y entonces entra un asterisco… y todos lo miran asombrados. Y el asterisco les dice: "¿Qué? ¿Nunca han visto un punto despeinado?"

Mariela entra con dos boletos en la mano y comienza a besarlos.

MARIELA Sí, sí. Me encanta, me encanta…

FABIOLA Te lo dije.

AGUAYO ¿Me dijiste qué?

FABIOLA Que ella no parecía muy normal.

MARIELA Deséenme suerte.

AGUAYO ¿Suerte? ¿En qué?

MARIELA Esta noche le voy a quitar la camisa al guitarrista de Distorsión.

JOHNNY No, no lo harás.

MARIELA Voy a intentarlo.

ÉRIC Si crees que es tan fácil quitarle la camisa a un tipo, ¿por qué no practicas conmigo?

Mariela intenta quitarle la camisa a Éric.

Al final del día, en la cocina…

AGUAYO ¿Alguien quiere café?

JOHNNY ¿Lo hiciste tú o sólo lo estás sirviendo?

AGUAYO Sólo lo estoy sirviendo.

JOHNNY Yo quiero una taza.

ÉRIC Yo quiero una taza.

Expresiones útiles

Talking about whose turn it is

Siempre te toca lavar los platos.
It's always your turn to wash the dishes.

A Johnny le toca hacer el café.
It's Johnny's turn to make coffee.

¿A quién le toca pagar la cuenta?
Whose turn is it to pay the bill?

¿Todavía no me toca?
It still isn't my turn?

Encouraging other people

¡Anímate! *Cheer up! (sing.)*
¡Anímense! *Cheer up! (pl.)*

No seas pesimista.
Don't be pessimistic. (sing.)

No sean pesimistas.
Don't be pessimistic. (pl.)

Wishing someone well

¡Buen fin de semana!
Have a nice weekend!

¡Pásalo bien!
Have a good time! (sing.)

¡Pásenlo bien!
Have a good time! (pl.)

¡Que te diviertas!
Have fun! (sing.)

¡Que se diviertan!
Have fun! (pl.)

Additional vocabulary

contar *to tell*
inútil *useless*
el punto *period; point*
el tipo *guy*
el truco *trick*

Comprensión

1 **¿Cierto o falso?** Decide si estas oraciones son **ciertas** o **falsas**. Corrige las falsas.

Cierto	Falso	
☐	☐	1. Éric está deprimido.
☐	☐	2. A Éric le gusta vivir solo.
☐	☐	3. Según Johnny, hay que ser serio para enamorar a las mujeres.
☐	☐	4. Diana se ríe del chiste de Éric.
☐	☐	5. Fabiola quiere escuchar la música de Distorsión.
☐	☐	6. Mariela quiere quitarle la camisa al guitarrista de Distorsión.
☐	☐	7. Aguayo preparó el café.
☐	☐	8. Johnny quiere beber café porque no lo preparó Aguayo.

2 **Seleccionar** Selecciona la respuesta que especifica de qué hablan Johnny y Éric.

1. ¿Qué <u>te</u> pasa? → ¿Qué te pasa _____?
   a. a Johnny   b. al fin de semana   c. a ti

2. Tienes que contar<u>les</u> chistes. → Les tienes que contar chistes _____.
   a. a los amigos   b. a todas las chicas   c. a Mariela y a Diana

3. Tengo que contárse<u>lo</u> a una mujer. → Tengo que contarle a una mujer _____.
   a. el chiste   b. el concierto de rock   c. el cuento

4. Temo que se rían cuando <u>se</u> lo cuente. → Temo que _____ se rían cuando se lo cuente.
   a. Mariela y Aguayo   b. las mujeres   c. Diana, Fabiola y Mariela

5. No, pero me <u>lo</u> estoy imaginando. → No, pero me estoy imaginando _____.
   a. el fin de semana   b. lo que es vivir solo   c. lavar los platos

6. ¿<u>Lo</u> hiciste tú o lo hizo Aguayo? → ¿Hiciste tú _____ o lo hizo Aguayo?
   a. el boleto   b. la taza   c. el café

3 **Consejos**

A. Un amigo le da consejos a Éric para salir con una chica, pero él no acepta ninguno.
Lee los consejos y conéctalos con las respuestas de Éric.

Consejos del amigo	Respuestas de Éric
____ 1. ¡Ve con ella al concierto de rock!	a. Siempre me duermo viendo películas.
____ 2. Pregúntale si quiere ver el partido.	b. No conozco ninguna discoteca.
____ 3. Llévala al cine.	c. No me gustan los deportes.
____ 4. Invítala al parque de atracciones.	d. Va a mirar al guitarrista y no a mí.
____ 5. Puedes invitarla a bailar.	e. Las alturas (*heights*) me dan miedo.

B. En parejas, preparen cinco recomendaciones más para Éric y dramaticen la situación: uno/a
de ustedes es Éric y la otra persona es su amigo/a. Luego, intercambien los papeles.

Practice more at **vhlcentral.com.**

Ampliación

4 Tu turno

A. Ahora te toca a ti darle consejos a Éric para conquistar a una chica. Escríbele un email con consejos útiles.

De:	
Para:	Éric <eric@facetas.mx >
Asunto:	Consejos

Hola, Éric:
¿Cómo estás?
Me he enterado de que estás teniendo problemas para conquistar a las chicas. Bueno, eso tiene solución: lo primero que tienes que hacer es…

B. Ahora, presenten sus consejos a la clase y decidan cuáles son los mejores consejos.

5 Apuntes culturales En parejas, lean los párrafos y contesten las preguntas.

Piropos para enamorar

Johnny le asegura a Éric que para enamorar a las chicas hay que hacerlas reír. En el mundo hispano, los hombres suelen decirles a las mujeres piropos (*compliments*) graciosos. ¿Piensas que Éric tendrá éxito con este piropo? *"Si la belleza fuera pecado (*sin*), tú ya estarías en el infierno."* ¿Y qué tal con éste? *"¿Empezó la primavera? Acabo de ver la primera flor."*

La mejor taza de café

A Éric y a Johnny no les gusta el café que prepara Aguayo. Ellos lo prefieren más intenso… ¡a lo cubano! En Cuba, el café se toma fuerte, con mucha azúcar y se sirve en pequeñas tazas. No puede faltar en el desayuno, ni después de las comidas. No le vendría nada mal al jefe una receta de **café cubano**, ¿verdad?

Los Claxons

El rock mexicano

Mariela está contenta porque consiguió boletos para un concierto de rock. El rock mexicano se caracteriza por la riqueza de estilos, producida por la fusión con otros ritmos como boleros, rancheras, reggae y jazz. **Zoé, Los Claxons** y **División Minúscula** son algunas de las bandas más populares.

1. ¿Existen piropos en tu cultura? Da ejemplos.

2. En tu país, ¿cómo se toma el café? ¿Cuándo se toma? ¿Cómo te gusta a ti?

3. ¿Conoces a otros músicos mexicanos y del mundo hispano? ¿A qué género pertenece su música?

4. ¿Fuiste alguna vez a un concierto de rock? ¿A qué banda o cantante viste?

MÉXICO

En detalle

El nuevo CINE MEXICANO

México vivió la época dorada de su cine en los años cuarenta. Pasada esa etapa°, la industria cinematográfica mexicana perdió fuerza. Ha tardado casi medio siglo en volver a brillar, pero hace una década volvió al panorama internacional con gran vigor°. Este resurgir°, en parte, se debe al apoyo del gobierno mexicano y, sobre todo, al talento de una nueva generación de creadores que ha logrado triunfar en las pantallas de todo el mundo.

En 1992, *Como agua para chocolate* de Alfonso Arau batió° récords de taquilla. Esta película, que puso en imágenes el realismo mágico que tanto éxito tenía en la literatura, despertó el interés por el cine mexicano.

Salma Hayek

Las películas empezaron a disfrutar de una mayor distribución, y muchos directores y actores se convirtieron en estrellas internacionales.

El éxito también se vio reflejado en el dinero recaudado° y en las nominaciones y los premios° recibidos. Hoy día, los rostros° de Salma Hayek, Gael García Bernal y Diego Luna, entre otros, pueden verse no sólo en el cine, sino también en revistas y programas de televisión de todo el mundo. Muchos artistas alternan su trabajo entre Estados Unidos y México. En el año 2000, el enorme éxito de *Amores perros* impulsó la carrera de su director, Alejandro González Iñárritu, que poco tiempo después dirigió *21 Grams* y *Babel* en tierras estadounidenses.

Alfonso Cuarón

Otros directores que trabajan en los dos países son Guillermo del Toro (*Blade II, El laberinto del fauno, Hellboy* y *Hellboy II: The Golden Army*) y Alfonso Cuarón. Después del éxito alcanzado° con *Y tu mamá también*, Cuarón dirigió la tercera película de *Harry Potter*. En 2014, Alfonso Cuarón se convirtió en el primer director mexicano en ganar un premio Óscar con la aventura espacial *Gravity*. ∎

Algunas películas premiadas

	La ley de Herodes	
Como agua para chocolate Premio Ariel	Sundance – Premio al Cine Latinoamericano	**Y tu mamá también** Venecia – Mejor Guión
1992	**1996**	**2000**	**2001**	**2007**
	El callejón de los milagros Premio Goya	**Amores perros** Chicago – Hugo de Oro a la Mejor Película		**El laberinto del fauno** Tres premios Óscar

etapa *era* **vigor** *energy* **resurgir** *revival* **batió** *broke* **recaudado** *collected* **premios** *awards* **rostros** *faces* **alcanzado** *reached*

Las diversiones

chido/a (Méx.)
copado/a (Arg.)
mola (Esp.)   *cool*
guay (Esp.)
bacanal (Nic.)

salir de parranda
rumbear (Col. y Ven.)   *to go out and have fun*
ir/salir de juerga

la rola (Nic. y Méx.)   *song*
el tema
temazo   *hit (song)*

Los premios de cine

Cada año, distintos países hispanoamericanos premian las mejores películas nacionales y extranjeras.

En México, el premio **Ariel** es la máxima distinción otorgada° a los mejores trabajos cinematográficos mexicanos. La estatuilla° representa el triunfo del espíritu y el deseo de ascensión.

En España, los premios más prestigiosos son los **Goya**. La Academia de Artes y Ciencias Cinematográficas de España entrega estos premios a producciones nacionales en un festival en Madrid. Las estatuillas reciben ese nombre por el pintor Francisco de Goya.

Penélope Cruz recibe el premio Goya

En Argentina, el Festival de Cine Internacional de Mar del Plata premia películas nacionales e internacionales. El galardón° se llama **Astor** en homenaje al compositor de tango Astor Piazzolla, quien nació en la ciudad de Mar del Plata.

En Cuba, el Festival Internacional de La Habana entrega los premios **Coral**. Aunque predomina el cine latinoamericano, el festival también convoca a producciones de todas partes del mundo.

GAEL GARCÍA BERNAL

Gael García Bernal es una de las figuras más representativas del cine mexicano contemporáneo. Empieza a actuar en el teatro con tan sólo cinco años, de la mano de sus padres, también actores. Pasa pronto a trabajar en telenovelas°. Siendo adolescente, Gael entra en el mundo del cine. Su intuición y su talento lo llevan a renunciar a la fama fácil y, a los diecisiete años, se va a Londres para estudiar arte dramático. Tres años después, regresa a México lleno de confianza y no se asusta° a la hora de representar ningún papel, por controvertido o difícil que sea. A partir de ese momento, participa en algunas de las películas más emblemáticas del cine en español de los últimos años: *Amores perros*, *Y tu mamá también* y *Diarios de motocicleta*. Actualmente, Gael trabaja también del otro lado de las cámaras como director y productor, y participa activamente en la promoción del cine mexicano.

❝ Es muy importante que el cine latino se mantenga muy específico, pero que al mismo tiempo sus temas sean universales. ❞ (Alfonso Cuarón)

⊛ⓢ Conexión Internet

¿Qué función tiene el Instituto Mexicano de Cinematografía?

Investiga sobre este tema en **vhlcentral.com.**

telenovelas *soap operas* **no se asusta** *isn't afraid (of)*
otorgada *given* **estatuilla** *statuette* **galardón** *award*

¿Qué aprendiste?

1 **¿Cierto o falso?** Indica si estas afirmaciones son **ciertas** o **falsas**. Corrige las falsas.

1. La época dorada del cine mexicano fue en los años cincuenta.

2. El gobierno mexicano ha apoyado los nuevos proyectos de cine.

3. El director de *Como agua para chocolate* es Diego Luna.

4. El éxito de *Como agua para chocolate* despertó el interés por el cine mexicano.

5. Los artistas mexicanos van a Estados Unidos y no vuelven a trabajar en su país.

6. La película *Amores perros* es del año 2002.

7. Alfonso Cuarón dirigió *21 Grams*.

8. Guillermo del Toro actuó en *El laberinto del fauno*.

2 **Completar** Completa las oraciones.

1. Los premios del Festival Internacional de La Habana se llaman _____.

2. Los premios Astor se entregan en la ciudad argentina de _____.

3. Los premios cinematográficos más prestigiosos de España son los _____.

4. A los jóvenes venezolanos les gusta salir a _____.

5. Cuando una canción tiene mucho éxito, se dice que es un _____.

3 **Preguntas** Contesta las preguntas con oraciones completas.

1. ¿A qué se dedican los padres de Gael García Bernal?

2. ¿A qué edad comenzó a trabajar como actor Gael García Bernal?

3. ¿Qué hizo en Londres Gael García Bernal?

4. ¿Gael García Bernal evita los papeles controvertidos?

5. ¿Qué otras actividades relacionadas con el cine realiza Gael García Bernal además de actuar?

6. Según Alfonso Cuarón, ¿cómo deben ser los temas del cine latino?

7. ¿Crees que es positivo que directores y actores de habla hispana trabajen en Hollywood? ¿Por qué?

8. Cuando decides ver una película, ¿qué factores tienes en cuenta? ¿Por qué?

4 **Opiniones** En parejas, escriban en qué se diferencian y en qué se parecen el cine de Hollywood y el cine extranjero. Usen estas preguntas como guía.

- ¿Cuáles son las carecterísticas de cada tipo de cine?

- ¿En qué tipo de cine se invierte más dinero?

- ¿Qué diferencias hay entre el perfil de los actores de Hollywoood y el perfil de los actores extranjeros? ¿En qué se parecen?

 Practice more at **vhlcentral.com**.

PROYECTO

María Félix

La época de oro

Durante la época de oro del cine mexicano, actores como María Félix o Pedro Infante, y directores como Emilio Fernández e Ismael Rodríguez llevaron el acento mexicano más allá de sus fronteras.

Investiga sobre uno de estos artistas y escribe una biografía de tres párrafos.

Debes incluir:

- datos biográficos

- trabajos principales

- contribución al cine mexicano

Siguiendo el estilo usado en el perfil de Gael García Bernal, escribe tu texto usando el tiempo presente.

El cine mexicano

Ya has leído sobre el cine mexicano, su época dorada y su resurgimiento en los últimos años. Ahora, mira este episodio de **Flash Cultura** para conocer cómo se promueve actualmente el cine en ese país.

Corresponsal: Carlos López
País: México

En la Muestra Internacional de Cine que se lleva a cabo° en otoño, se presentan películas de todo el mundo.

VOCABULARIO ÚTIL

el auge *boom*	**el guión** *script*
el ciclo *series*	**la muestra** *festival*
difundir *to spread*	**la sala** *movie theater*
fomentar *to promote*	**tener un papel** *to play a role*

Preparación ¿Te gusta ir al cine? ¿Qué clase de películas prefieres ver? ¿Eres aficionado/a a algún género en especial?

Comprensión Indica si estas afirmaciones son **ciertas** o **falsas**. Después, en parejas, corrijan las falsas.

1. A los mexicanos no les gustan las películas nacionales, solamente las norteamericanas.
2. La Cineteca es una cadena de cines con salas en todo el país.
3. Cuando van al cine, los mexicanos comen palomitas.
4. En los ciclos, se presentan películas de un solo tema o un solo director.
5. El Instituto Mexicano de Cinematografía tiene como objetivo hacer famosos a los actores mexicanos.
6. En el año 1989, el cine mexicano no tenía salas ni público en México.

La Cineteca cuenta con° el Centro de Documentación e Investigación, donde puedes encontrar 9 mil libros, 5 mil guiones inéditos° y 20 años de notas de prensa.

Babel (2006)
dir. Alejandro Gonzáles Iñárritu

Expansión En parejas, contesten estas preguntas.

- ¿Te molesta tener que leer subtítulos en la pantalla cuando miras películas extranjeras?
- ¿Te sorprende que una película pueda ser un "hijo creativo", como dice la actriz Vanesa Bauche? Justifica tu respuesta.
- ¿Es importante para el cine de un país tener identidad propia? ¿Cómo se logra eso? Piensen en películas estadounidenses que cumplan con esas características y hagan una lista.

Las películas de este país se han vuelto realmente importantes gracias al trabajo de... actores y actrices como Salma Hayek, Gael García Bernal y Diego Luna, entre muchos otros.

se lleva a cabo *takes place* **cuenta con** *has* **guiones inéditos** *unpublished scripts*

Practice more at **vhlcentral.com.**

2.1 Object pronouns

- Pronouns are words that take the place of nouns. Direct object pronouns replace the noun that directly receives the action of the verb. Indirect object pronouns identify *to whom/what* or *for whom* an action is done.

Esta noche le voy a quitar la camisa al guitarrista.

No, no lo harás.

¡ATENCIÓN!

Lo can be used to refer to a thing or idea that has no gender.
—¿Vas a aceptar la oferta?
—Lo voy a pensar.

—*Are you going to accept the offer?*
—*I'll think about it.*

Indirect object pronouns		Direct object pronouns	
me	nos	me	nos
te	os	te	os
le	les	lo/la	los/las

Position of object pronouns

- Direct and indirect object pronouns (**los pronombres de complemento directo e indirecto**) precede the conjugated verb.

INDIRECT OBJECT	DIRECT OBJECT
Carla siempre **me** da entradas para el teatro.	Ella **las** consigue gratis.
Carla always gives me theater tickets.	*She gets them for free.*
No **le** voy a comprar más libros.	Nunca **los** lee.
I'm not going to buy him any more books.	*He never reads them.*

- When the verb is an infinitive construction, object pronouns may either be attached to the infinitive or placed before the conjugated verb.

INDIRECT OBJECT	DIRECT OBJECT
Vamos a dar**le** un regalo.	Voy a hacer**lo** enseguida.
Le vamos a dar un regalo.	**Lo** voy a hacer enseguida.
Tienes que hablar**nos** de la película.	Van a ver**la** mañana.
Nos tienes que hablar de la película.	**La** van a ver mañana.

¡ATENCIÓN!

It is standard usage in Spanish to repeat the indirect object.

Esta noche **le** voy a quitar la camisa **al guitarrista**.

Les regalé boletos **a mis amigos**.

- When the verb is progressive form, object pronouns may either be attached to the present participle or placed before the conjugated verb.

INDIRECT OBJECT	DIRECT OBJECT
Pedro está cantándo**me** una canción.	Está cantándo**la** muy mal.
Pedro **me** está cantando una canción.	**La** está cantando muy mal.

Double object pronouns

- The indirect object pronoun precedes the direct object pronoun when they are used together in a sentence.

  Me mandaron **los boletos** por correo.
  Te pedí **un álbum** de Juanes.

  Me los mandaron por correo.
  Te lo pedí el lunes.

- **Le** and **les** change to **se** when they are used with **lo**, **la**, **los**, or **las**.

  Le da **los libros** a Ricardo.
  Le enseña **las invitaciones** a Elena.

  Se los da.
  Se las enseña.

Prepositional pronouns

Prepositional pronouns			
mí *me; myself*	**él** *him; it*	**nosotros/as** *us; ourselves*	**ellos** *them*
ti *you; yourself*	**ella** *her; it*		**ellas** *them*
Ud. *you; yourself*	**sí** *himself; herself; itself*	**vosotros/as** *you; yourselves*	**sí** *themselves*
sí *yourself (formal)*		**Uds.** *you; yourselves*	
		sí *yourselves (formal)*	

- Prepositional pronouns function as the objects of prepositions. Except for **mí**, **ti**, and **sí**, these pronouns are the same as the subject pronouns.

  ¿Qué piensas de **ella**?
  ¿Lo compraron para **mí** o para Javier?

  Ay, mi amor, sólo pienso en **ti.**
  Lo compramos para **él.**

- The indirect object can be repeated with the construction **a** + *[prepositional pronoun]* to provide clarity or emphasis.

  ¿Te gusta aquel cantante?
  ¿A quién se lo dieron?

  ¡**A mí** me fascina!
  Se lo dieron **a ella**.

- The adjective **mismo(s)/a(s)** is usually added to clarify or emphasize the relationship between the subject and the object.

  José se lo regaló a **él**.
  José gave it to him (someone else).

  José se lo regaló a **sí mismo**.
  José gave it to himself.

- When **mí**, **ti**, and **sí** are used with **con**, they become **conmigo**, **contigo**, and **consigo**.

  ¿Quieres ir **conmigo** al parque de atracciones?
  Do you want to go to the amusement park with me?

  Laura siempre lleva su computadora portátil **consigo**.
  Laura always brings her laptop with her.

- These prepositions are used with **tú** and **yo** instead of **mí** and **ti**: **entre**, **excepto**, **incluso**, **menos**, **salvo**, **según**.

  Todos están de acuerdo **menos tú** y **yo.**
  Everyone is in agreement except you and me.

  Entre tú y **yo,** Juan me cae mal.
  Between you and me, I don't get along well with Juan.

¡ATENCIÓN!

When object pronouns are attached to infinitives, participles, or commands, a written accent is often required to maintain proper word stress.

Infinitive
cantármela

Present participle
escribiéndole

Command
acompáñeme

For more information on using object pronouns with commands, see **4.2**, pp. 140–141.

Práctica

TALLER DE CONSULTA

MANUAL DE GRAMÁTICA
Más práctica

2.1 Object pronouns, p. A11

1 Dos buenas amigas Dos amigas, Rosa y Marina, están en un café hablando de unos conocidos. Selecciona las personas de la lista que corresponden a los pronombres subrayados (*underlined*).

a Antoñito	a mí
a Antoñito y a Maite	a nosotras
a Maite	a ti
a ustedes	

ROSA Siempre <u>lo</u> veo bailando en la discoteca Club 49.

1. _____

MARINA ¿<u>Te</u> saluda?

2. _____

ROSA Nunca. Yo creo que no <u>me</u> saluda porque tiene miedo de que se lo diga a su novia.

3. _____

MARINA ¿Su novia? Hace siglos que no sé nada de ella. Un día de éstos <u>la</u> tengo que llamar.

4. _____

ROSA ¿Quieres que <u>los</u> invitemos a ir con nosotras a la fiesta del viernes?

5. _____

MARINA Sí. Es una buena idea. A ver qué <u>nos</u> dice Antoñito de su afición a las discotecas.

6. _____

2 Discusión Completa las oraciones usando **conmigo**, **contigo** o **consigo**.

ANTOÑITO Ya estamos otra vez. (1) _____ siempre tengo problemas.

MAITE ¿Qué te crees tú? ¿Que yo siempre me divierto (2) _____?

ANTOÑITO Tú eres la que siempre quiere ir (3) _____ a la discoteca.

MAITE Eso no es verdad. A mí no me gusta salir (4) _____. ¡Ni loca!

ANTOÑITO No te preocupes. Muchas chicas quieren estar (5) _____. Siempre veo a Rosa en el Club 49. A ella seguro que le gusta.

MAITE ¿A Rosa? A ella no le gusta ni estar (6) _____ misma.

3 ¡Bajen la música! Martín y Luisa han organizado una fiesta y han puesto la música muy alta; un vecino ha llamado a la policía. El policía les dice lo que deben hacer en el futuro para evitar problemas. Reescribe los consejos cambiando las palabras subrayadas por los pronombres de complemento directo e indirecto correctos.

MODELO ¡Bajen <u>la música</u> ahora mismo!
Bájenla ahora mismo.

1. Traten amablemente <u>a la policía</u>.

2. Tienen que pedirle <u>perdón a su vecino</u>.

3. No pueden contratar <u>a un grupo musical</u> sin permiso.

4. Tienen que poner <u>la música</u> muy baja.

5. No deben servirles <u>bebidas alcohólicas a los menores de edad</u>.

6. No pueden organizar <u>fiestas</u> nunca más.

 Practice more at **vhlcentral.com.**

Comunicación

4 **La fiesta** En parejas, túrnense para contestar las preguntas usando pronombres de complemento directo o indirecto, según sea necesario.

> **MODELO** ¿Te gusta organizar fiestas en tu casa?
> Sí, me gusta organizarlas.

1. ¿Te gusta organizar fiestas? ¿Cuándo fue la última vez que organizaste una? ¿Por qué la organizaste?
2. ¿Invitaste a muchas personas? ¿A quiénes invitaste?
3. ¿Qué tipo de música escucharon? ¿Bailaron también?
4. ¿Qué les ofreciste de comer a los invitados en tu fiesta?
5. ¿Trajeron algo? ¿Qué trajeron? ¿Para quién?

5 **¿En qué piensas?** Piensa en objetos de la clase o de la casa (un cuadro, una maleta, un mapa, etc.). Tu compañero/a debe adivinar el objeto que tienes en mente haciéndote preguntas con pronombres.

> **MODELO** —Estoy pensando en algo que uso para estudiar.
> —¿Lo usas mucho?
> —Sí, lo uso para aprender español.
> —¿Es un libro?
> —Sí, lo es.

6 **Una persona famosa** En parejas, escriban una entrevista con una persona famosa. Utilicen estas cinco preguntas y escriban cuatro más. Incluyan pronombres en las respuestas. Después, representen la entrevista ante la clase.

> **MODELO** —¿Quién prepara la comida en tu casa?
> —La prepara mi cocinero.

1. ¿Visitas frecuentemente a tus amigos?
2. ¿Ves mucho la televisión?
3. ¿Quién conduce tu carro?
4. ¿Preparas tus maletas cuando viajas?
5. ¿Evitas a los fotógrafos?

7 **Fama** María Estela Pérez es una actriz de cine que debe encontrarse con sus *fans,* pero no recuerda a qué hora es el encuentro. En grupos de cuatro, miren la ilustración e inventen una historia inspirada en María Estela. Utilicen por lo menos cinco pronombres de complemento directo e indirecto.

2.2 *Gustar* and similar verbs

Me encanta el grupo Distorsión.

No me gusta nada la música rock.

- Though **gustar** is translated as *to like* in English, its literal meaning is *to please*. **Gustar** is preceded by an indirect object pronoun indicating *the person who is pleased*. It is followed by a noun indicating *the thing or person that pleases*.

INDIRECT OBJECT PRONOUN		SUBJECT
Me / I	**gusta** / like	**la película.** / the movie. (*literally: The movie pleases me.*)
¿Te / Do you	**gustan** / like	**los conciertos de rock?** / rock concerts? (*literally: Do rock concerts please you?*)

- Because *the thing or person that pleases* is the subject, **gustar** agrees in person and number with it. Most commonly the subject is third person singular or plural.

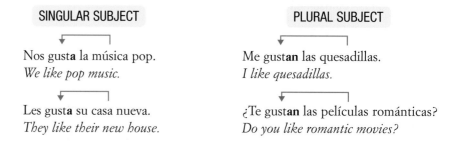

SINGULAR SUBJECT

Nos gust**a** la música pop.
We like pop music.

Les gust**a** su casa nueva.
They like their new house.

PLURAL SUBJECT

Me gust**an** las quesadillas.
I like quesadillas.

¿Te gust**an** las películas románticas?
Do you like romantic movies?

- When **gustar** is followed by one or more verbs in the infinitive, the singular form of **gustar** is always used.

No nos **gusta** llegar tarde.
We don't like to arrive late.

Les **gusta** cantar y bailar.
They like to sing and dance.

- **Gustar** is often used in the conditional (**me gustaría**, etc.) to soften a request.

Me **gustaría** un refresco con hielo, por favor.
I would like a soda with ice, please.

¿Te **gustaría** salir a cenar esta noche conmigo?
Would you like to go out to dinner with me tonight?

Verbs like *gustar*

- Many verbs follow the same pattern as **gustar**.

aburrir *to bore*	**hacer falta** *to miss*
caer bien/mal *to (not) get along well with*	**importar** *to be important to; to matter*
disgustar *to upset*	**interesar** *to be interesting to; to interest*
doler *to hurt; to ache*	**molestar** *to bother; to annoy*
encantar *to like very much*	**preocupar** *to worry*
faltar *to lack; to need*	**quedar** *to be left over; to fit (clothing)*
fascinar *to fascinate; to like very much*	**sorprender** *to surprise*

¡Me fascina el álbum!
I love the album!

¿**Te molesta** si voy contigo?
Will it bother you if I come along?

A Sandra **le disgusta** esa situación.
That situation upsets Sandra.

Le duelen las rodillas.
Her knees hurt.

- The indirect object can be repeated using the construction **a** + [*prepositional pronoun*] or **a** + [*noun*]. This construction allows the speaker to emphasize or clarify who is pleased, bothered, etc.

A ella no le gusta bailar, pero **a él** sí.
She doesn't like to dance, but he does.

A Felipe le molesta ir de compras.
Shopping bothers Felipe.

- **Faltar** expresses what someone or something lacks and **quedar** what someone or something has left. **Quedar** is also used to talk about how clothing fits or looks on someone.

Le falta dinero.
He's short of money.

Me faltan dos pesos.
I need two pesos.

A la impresora no **le queda** papel.
The printer is out of paper.

Esa falda **te queda** bien.
That skirt fits you well.

¿Qué te hace falta en la vida?
Discoteca Paladio

Práctica

TALLER DE CONSULTA

MANUAL DE GRAMÁTICA
Más práctica

2.2 **Gustar** and similar
verbs, p. A12

① Completar Miguel y César son compañeros de cuarto y tienen algunos problemas. Hoy se han reunido para hablarlos. Completa su conversación con la forma correcta de los verbos entre paréntesis.

MIGUEL Mira, César, a mí (1) _____ (encantar) vivir contigo, pero la verdad es que (2) _____ (preocupar) algunas cosas.

CÉSAR De acuerdo. A mí también (3) _____ (disgustar) algunas cosas de ti.

MIGUEL Bueno, para empezar no (4) _____ (gustar) que pongas la música tan alta cuando vienen tus amigos. Ellos (5) _____ (caer) muy bien, pero, a veces, hacen mucho ruido y no me dejan dormir.

CÉSAR Sí, claro, lo entiendo. Pues mira, Miguel, a mí (6) _____ (molestar) que no laves los platos después de comer. Además, tampoco sacas la basura.

MIGUEL Es verdad. Pues... vamos a intentar cambiar estas cosas. ¿Te parece?

CÉSAR ¡(7) _____ (fascinar) la idea! Yo bajo la música cuando vengan mis amigos y tú lavas los platos y sacas la basura más a menudo. ¿De acuerdo?

② Preguntar Túrnense para hacerse preguntas sobre estos temas siguiendo el modelo.

MODELO a tu padre / gustar
—¿Qué crees que le gusta a tu padre?
—A mi padre le gusta leer novelas de ciencia ficción.

1. al presidente / preocupar
2. a tu hermano/a / encantar
3. a ti / fascinar
4. a tus padres / gustar
5. a tu profesor(a) de español / disgustar
6. a ustedes / importar
7. a tu novio/a / molestar
8. a tu compañero/a de clase / faltar

③ Conversar En parejas, pregúntense si les gustaría hacer las actividades relacionadas con las fotos. Utilicen los verbos **aburrir, disgustar, encantar, fascinar, interesar** y **molestar**. Sigan el modelo.

MODELO —¿Te aburriría ir al parque de atracciones?
—No, me encantaría.

 Practice more at **vhlcentral.com**.

Comunicación

4 **Extrañas aficiones** Trabajen en grupos de cuatro. Miren las ilustraciones e imaginen qué les gusta, interesa o molesta a estas personas.

1.

2.

3.

4.

5 **¿Qué te gusta?** En parejas, pregúntense si les gustan o no las personas, cosas y actividades de la lista. Utilicen verbos similares a **gustar** y contesten las preguntas.

MODELO
—¿Te gustan los discos de Christina Aguilera?
—No, a mí no me gusta su música.

Miley Cyrus	dormir los fines de semana
salir con tus amigos	hacer bromas
las películas de misterio	los discos de Christina Aguilera
practicar algún deporte	ir a discotecas
Gael García Bernal	las películas extranjeras

6 **¿A quién le gusta?** Trabajen en grupos de cuatro.

A. Preparen una lista de cinco pasatiempos y cinco lugares de recreo. Luego, circulen por la clase para ver a quiénes les gustan los lugares y las actividades de la lista.

B. Ahora, escriban un párrafo breve para describir los gustos de sus compañeros. Utilicen **gustar** y otros verbos similares. Compartan su párrafo con la clase.

MODELO
A Luisa y a Simón les fascina el restaurante Acapulco, pero a Celia no le gusta.
A todos nos gusta ir al cine, menos a Carlos, porque…

2.3 Reflexive verbs

- In a reflexive construction, the subject of the verb both performs and receives the action. Reflexive verbs (**verbos reflexivos**) always use reflexive pronouns (**me**, **te**, **se**, **nos**, **os**, **se**).

Reflexive verbs   **Non-reflexive verb**

Elena **se lava** la cara.   Elena **lava** los platos.

Reflexive verbs	
lavarse *to wash (oneself)*	
yo	me lavo
tú	te lavas
Ud./él/ella	se lava
nosotros/as	nos lavamos
vosotros/as	os laváis
Uds./ellos/ellas	se lavan

- Many of the verbs used to describe daily routines and personal care are reflexive.

acostarse (o:ue) *to go to bed*	**dormirse (o:ue)** *to fall sleep*	**peinarse** *to comb (one's hair)*
afeitarse *to shave*	**ducharse** *to take a shower*	**ponerse** *to put on (clothing)*
bañarse *to take a bath*	**lavarse** *to wash (oneself)*	**quitarse** *to take off (clothing)*
cepillarse *to brush (hair/teeth)*	**levantarse** *to get up*	**secarse** *to dry off*
despertarse (e:ie) *to wake up*	**maquillarse** *to put on make-up*	**vestirse (e:i)** *to get dressed*

¡ATENCIÓN!

A transitive verb is one that takes a direct object.

Mariela compró dos boletos.
Mariela bought two tickets.

Johnny contó un chiste.
Johnny told a joke.

- In Spanish, most transitive verbs can also be used as reflexive verbs to indicate that the subject performs the action to or for himself or herself.

Félix **divirtió** a los invitados con sus chistes.
Félix amused the guests with his jokes.

Félix **se divirtió** en la fiesta.
Félix had fun at the party.

Ana **acostó** a los gemelos antes de las nueve.
Ana put the twins to bed before nine.

Ana **se acostó** muy tarde.
Ana went to bed very late.

- Many verbs change meaning when they are used with a reflexive pronoun.

aburrir *to bore*	**aburrirse** *to get bored*
acordar (o:ue) *to agree*	**acordarse (de) (o:ue)** *to remember*
comer *to eat*	**comerse** *to eat up*
dormir (o:ue) *to sleep*	**dormirse (o:ue)** *to fall asleep*
ir *to go*	**irse (de)** *to leave*
llevar *to carry*	**llevarse** *to carry away*
mudar *to change*	**mudarse** *to move (change residence)*
parecer *to seem*	**parecerse (a)** *to resemble; to look like*
poner *to put*	**ponerse** *to put on (clothing)*
quitar *to take away*	**quitarse** *to take off (clothing)*

- Some Spanish verbs and expressions are used in the reflexive even though their English equivalents may not be. Many of these are followed by the prepositions **a**, **de**, and **en**.

acercarse (a) *to approach*	**fijarse (en)** *to take notice (of)*
arrepentirse (de) (e:ie) *to regret*	**morirse (de) (o:ue)** *to die (of)*
atreverse (a) *to dare (to)*	**olvidarse (de)** *to forget (about)*
convertirse (en) (e:ie) *to become*	**preocuparse (por)** *to worry (about)*
darse cuenta (de) *to realize*	**quejarse (de)** *to complain (about)*
enterarse (de) *to find out (about)*	**sorprenderse (de)** *to be surprised (about)*

- *To get* or *to become* is frequently expressed in Spanish by the reflexive verb **ponerse** + [*adjective*].

  Pilar **se pone** muy nerviosa cuando habla en público.
  Pilar gets very nervous when she speaks in public.

  Si no duermo bien, **me pongo insoportable**.
  If I don't sleep well, I become unbearable.

- In the plural, reflexive verbs can express reciprocal actions done *to one another*.

  Los dos equipos **se saludan** antes de comenzar el partido.
  The two teams greet each other at the start of the game.

  ¡Los entrenadores **se están peleando** otra vez!
  The coaches are fighting again!

- The reflexive pronoun precedes the direct object pronoun when they are used together in a sentence.

  ¿**Te** comiste el pastel?
  Did you eat the whole cake?

  Sí, **me lo** comí.
  Yes, I ate it all up.

¡ATENCIÓN!

Hacerse and **volverse** can also mean *to become*.

Se ha hecho cantante.
He has become a singer.

¿**Te has vuelto** loco/a?
Have you gone crazy?

¡ATENCIÓN!

When used with infinitives and present participles, reflexive pronouns follow the same rules of placement as object pronouns. See **2.1**, pp. 54–55.

Práctica

TALLER DE CONSULTA

MANUAL DE GRAMÁTICA
Más práctica

2.3 Reflexive verbs, p. A13

1 **Los lunes por la mañana** Completa el párrafo sobre lo que hacen Carlos y su esposa Elena los lunes por la mañana. Utiliza la forma correcta de los verbos reflexivos correspondientes.

acostarse	irse	ponerse
afeitarse	lavarse	quitarse
cepillarse	levantarse	secarse
ducharse	maquillarse	vestirse

Los domingos por la noche, Carlos y Elena (1) _____ tarde y por la mañana tardan mucho en despertarse. Carlos es el que (2) _____ primero, (3) _____ el pijama y (4) _____ con agua fría. Después, Carlos (5) _____ la barba. Cuando Carlos termina, Elena entra al baño. Mientras ella termina de ducharse, de (6) _____ el pelo y de (7) _____, Carlos prepara el desayuno. Cuando Elena está lista, Carlos y ella desayunan, luego (8) _____ los dientes y (9) _____ las manos. Después, los dos (10) _____ con ropa elegante y (11) _____ al trabajo. Carlos (12) _____ la corbata en el carro; Elena maneja.

2 **Todos los sábados**

A. En parejas, describan la rutina que sigue Silvia todos los sábados, según los dibujos.

1.

2.

3.

4.

B. ¿Qué hacen los sábados por la mañana los amigos y familiares de Silvia? Imaginen sus rutinas. Utilicen verbos reflexivos y sean creativos.

 Practice more at **vhlcentral.com.**

Comunicación

(3) ¿Y tú? En parejas, túrnense para hacerse las preguntas. Contesten con oraciones completas y expliquen sus respuestas.

1. ¿A qué hora te despiertas normalmente los sábados por la mañana? ¿Por qué?
2. ¿Te duermes en las clases?
3. ¿A qué hora te acuestas normalmente los fines de semana?
4. ¿A qué hora te duchas durante la semana?
5. ¿Te levantas siempre a la misma hora que te despiertas? ¿Por qué?

6. ¿Qué te pones para salir los fines de semana? ¿Y tus amigos?
7. ¿Cuándo te vistes elegantemente?
8. ¿Te diviertes cuando vas a una fiesta? ¿Y cuando vas a una reunión familiar?
9. ¿Te fijas en la ropa que lleva la gente?
10. ¿Te preocupas por tu imagen?

11. ¿De qué se quejan tus amigos normalmente? ¿Y tus padres u otros miembros de la familia?
12. ¿Conoces a alguien que se preocupe constantemente por todo?
13. ¿Te arrepientes a menudo de las cosas que haces?
14. ¿Te peleas con tus amigos? ¿Y con tu novio/a?
15. ¿Te sorprende alguna costumbre o hábito de un(a) amigo/a?

(4) Síntesis Imagina que estás en un café y que ves a tu antigua pareja coqueteando con alguien. ¿Qué haces? Trabajen en grupos para representar la escena. Utilicen por lo menos cinco verbos de la lista y cinco pronombres de complemento directo e indirecto.

acercarse	darse cuenta	hacer falta	olvidarse
arrepentirse	disgustar	interesar	preocuparse
caer bien/mal	gustar	irse	sorprender

Antes de ver el corto

EL TIPLE

país Colombia
duración 16 minutos

director Iván D. Gaona
protagonistas Pastor, esposa, hija, Gladys, Juan

Vocabulario

bendito/a *blessed*	**la plata** *money*
coger la caña *to accept (Col.)*	**prestado/a** *borrowed*
¿Cómo así? *How come?*	**quedar** *to agree on*
equivocarse *to be mistaken*	**rogar** *to beg*
el huerteado *produce (Col.)*	**¡Siga!** *Come in!*
la mazorca *ear of corn*	**su merced** *you (form.)*
mejorarse *to get better*	**el tiple** *12-string Colombian guitar*

1 **Sinónimos** Empareja cada palabra o expresión con su sinónimo.

_____ 1. confundirse
_____ 2. pedir algo con insistencia
_____ 3. recobrar la salud
_____ 4. acordar
_____ 5. dinero

a. quedar
b. equivocarse
c. plata
d. rogar
e. mejorarse

2 **Preguntas** En parejas, túrnense para hacerse las preguntas.

1. ¿Qué papel tiene la música en tu vida?
2. ¿Tocas algún instrumento? ¿Cuál? Si no, ¿cuál te gustaría tocar? ¿Por qué?
3. ¿Cuál es tu género musical favorito?
4. ¿Qué instrumento aparece en la imagen?
5. Piensa en el título del cortometraje y mira el poster. ¿De qué crees que va a tratar?

3 **Un pequeño tesoro** En parejas, imaginen que uno de ustedes necesita dinero para ayudar a su mejor amigo/a y decide vender algo muy importante o muy especial. La otra persona hace el papel del comprador. Inventen una conversación en la que se explican las razones por las que se decidió vender el objeto y lo importante que es.

 Practice more at **vhlcentral.com**.

EL TIPLE

UN CORTOMETRAJE DE IVÁN D. GAONA

Mejor cortometraje 2013
FICCI 53-Cartagena de Indias

Guión y dirección de IVÁN D. GAONA Producido por DIANA PÉREZ MEJIA
Dirección de fotografía ANDRÉS ARIZMENDY
Diseño de producción JUAN DAVID BERNAL Música original EDSON VELANDIA
Actores JUSTO PASTOR MONCADA, VERÓNICA ROMERO, LUZ MARINA,
GLADYS GARZÓN, BERCELÍ VARGAS

Escenas

ARGUMENTO Pastor hará todo lo posible para que la salud de su esposa mejore.

PASTOR ¿Cómo sigue?
HIJA Igual.

HIJA Papá, nos hacen falta todavía cuarenta y ocho mil pesos para las inyecciones.

PASTOR Yo lo llamaba para el asunto de… Lo que hablamos que… Le voy a coger la caña del negocio del tiple.

ESPOSA ¿Por qué no me toca una canción con el tiple? A ver si me mejoro.
PASTOR A lo que° se mejore, vamos a ver qué le cantamos.

GLADYS ¿Por qué no se toca un torbellino°, Pastor?
PASTOR Bueno, con mucho gusto.
GLADYS Espéreme, Pastor, un segundito, ya le traigo la plata.

PASTOR Don Juan, ¿por aquí no ha visto a Gladys?
JUAN No ha venido por aquí.

A lo que *As soon as* **torbellino** *Colombian folk music*

Después de ver el corto

(1) Oraciones Indica si estas oraciones son **ciertas** o **falsas**. Luego, en parejas, corrijan las falsas.

1. La esposa de Pastor está enferma.
2. Pastor encuentra dinero en su cartera para pagar las medicinas de su esposa.
3. La mujer joven que aparece al principio del cortometraje es una amiga de la familia.
4. Pastor llama a Campo Elías para venderle el tiple.
5. A la esposa de Pastor le gusta escucharlo tocar el tiple.
6. Pastor compró el tiple el año pasado.
7. Al final, Pastor decide no vender el tiple.
8. A la esposa de Pastor no le hicieron efecto las pastillas que le recetaron.
9. Pastor compra las inyecciones con el dinero que consiguió con la venta del tiple.
10. Gladys va a casa de Pastor a llevarle la medicina a su esposa.

(2) Interpretar En parejas, contesten las preguntas.

1. Pastor le vende su tiple a Campo Elías por ciento veinte mil pesos, pero ¿qué valor tiene el tiple en realidad? ¿Qué representa ese instrumento para él?
2. ¿Por qué Pastor no le dice a su esposa que va a vender el tiple?
3. ¿Por qué mejora la salud de la esposa cuando Pastor toca el tiple?
4. ¿Por qué crees que Gladys devuelve el tiple a la familia?
5. ¿Cómo es Gladys? ¿Qué importancia tiene en el desenlace (*outcome*) de la historia?
6. ¿Crees que el cortometraje podría tener un mejor final? ¿Por qué?

(3) Comunicación no verbal En grupos de tres, observen las imágenes de Gladys, de Pastor y de la esposa de Pastor en la página 68. Comenten qué comunican las miradas en cada uno de los tres personajes.

(4) Citas En parejas, comenten la importancia que tiene cada una de estas citas en el argumento de la historia.

> **PASTOR** A la orden el plátano y la mazorca.
> **TRANSEÚNTES** No, señor, muchas gracias.

> **CONDUCTOR** Señor, ¡buenas tardes!
> Hágame un favor: ¿la salida para Bogotá?

> **HIJA DE PASTOR** Un señor que iba para Bogotá
> se equivocó de camino y me compró todo el huerteado.

(5) ¿Qué habrías hecho tú? Imagina que estás en la situación de Pastor. Escribe un párrafo en el que cuentes qué habrías hecho tú en su lugar y por qué.

Practice more at **vhlcentral.com**.

s diversiones   *sesenta y nueve* **69**

Calesita en la plaza, 1999
Aldo Severi, Argentina

"No está la felicidad en vivir, sino en saber vivir."

— Diego de Saavedra Fajardo

Antes de leer

Idilio

Sobre el autor

Mario Benedetti (1920–2009) nació en Tacuarembó, Uruguay. Su volumen de cuentos publicado en 1959, *Montevideanos*, lo consagró como escritor, y dos años más tarde alcanzó fama internacional con su segunda novela, *La tregua*, con un fuerte contenido sociopolítico. Tras diez años de exilio en Argentina, Perú, Cuba y España, regresó a Uruguay en 1983. El exilio que lo alejó de su patria y de su familia dejó una marca profunda tanto en su vida personal como en su obra literaria. Benedetti incursionó en todos los géneros: poesía, cuento, novela y ensayo. El amor, lo cotidiano, la ausencia, el retorno y el recuerdo son temas constantes en la obra de este prolífico escritor. En 1999, ganó el Premio Reina Sofía de Poesía Iberoamericana.

Vocabulario

colocar *to place*	**por primera/última vez** *for the first/last time*
hondo/a *deep*	
la imagen *image; picture*	**redondo/a** *round*
la pantalla *(television) screen*	**señalar** *to point at*
	el televisor *television set*

Practicar Completa las oraciones con palabras o frases del vocabulario.

1. Voy a _____ el televisor sobre la mesa.
2. Julio me _____ la calle que debo tomar, pero no quiso ir conmigo.
3. En lo más _____ de mi corazón, guardo el recuerdo de mi primera novela.
4. Ayer salí _____ en la televisión y me invitaron a participar en otro programa la semana que viene.

Conexión personal ¿Cómo te entretenías cuando eras niño/a? ¿A qué jugabas? ¿Mirabas mucha televisión? ¿Tus padres establecían límites y horarios? ¿Qué harás tú cuando tengas hijos?

Análisis literario: las formas verbales

Las formas verbales son un factor muy importante para tener en cuenta al analizar obras literarias. La elección de formas verbales es una decisión deliberada del autor y afecta al tono del texto. El uso de un registro formal o informal puede hacer el texto más o menos cercano al lector. La elección de tiempos verbales también puede tener efectos como involucrar o distanciar al lector, dar o quitar formalidad, hacer que la narración parezca más oral, etc. A medida que lees *Idilio*, presta atención a los tiempos verbales que usa Benedetti. ¿Qué tono dan a la historia estas elecciones deliberadas del autor?

 Practice more at **vhlcentral.com**.

IDILIO

La noche en que colocan a Osvaldo (tres años recién cumplidos) por primera vez frente a un televisor (se exhibe un drama británico de hondas resonancias), queda

half-opened hipnotizado, la boca entreabierta°, los ojos redondos de estupor.

surrendered to the magic 5 La madre lo ve tan entregado al sortilegio° de las imágenes que

washes pots and pans se va tranquilamente a la cocina. Allí, mientras friega ollas y sartenes°, se olvida del niño. Horas más tarde se acuerda, pero piensa: "Se habrá dormido". Se seca las manos y va a buscarlo al living.

blank La pantalla está vacía°, pero Osvaldo se mantiene en la misma

10 postura y con igual mirada extática.

orders —Vamos. A dormir —conmina° la madre.

—No —dice Osvaldo con determinación.

—¿Ah, no? ¿Se puede saber por qué?

—Estoy esperando.

15 —¿A quién?

—A ella.

Y señaló el televisor.

—Ah. ¿Quién es ella?

—Ella.

20 Y Osvaldo vuelve a señalar la pantalla. Luego sonríe,

innocent; naïve candoroso°, esperanzado, exultante.

—Me dijo: "querido". ∎

Después de leer

Idilio

Mario Benedetti

(1) Comprensión Contesta las preguntas con oraciones completas.

1. ¿Cómo se llama el protagonista de esta historia?
2. ¿Cómo se queda el niño cuando está por primera vez delante del televisor?
3. ¿Qué hace la madre mientras Osvaldo mira la televisión?
4. Cuando la madre va a buscarlo horas más tarde, ¿cómo está la pantalla?
5. ¿Qué piensa Osvaldo que le dice la televisión?

(2) Interpretar Contesta las preguntas.

1. Según Osvaldo, ¿quién le dijo "querido"? ¿Qué explicación lógica le puedes dar a esta situación?
2. En el cuento, la madre se olvida del hijo por varias horas. ¿Crees que este hecho es importante en la historia? ¿Crees que el final sería distinto si se tratara sólo de unos minutos frente al televisor?
3. ¿Crees que la televisión puede ser adictiva para los niños? ¿Y para los adultos? ¿Qué consecuencias crees que tiene la adicción a la televisión?

(3) Imaginar En grupos, imaginen que un grupo de padres solicita una audiencia con el/la director(a) de programación infantil de una popular cadena de televisión. Los padres quieren sugerir cambios. Miren la programación y, después, contesten las preguntas.

CANAL 7					
6:00	**6:30**	**7:00**	**8:00**	**9:15**	**10:00**
Trucos para la escuela Cómo causar una buena impresión con poco esfuerzo	**Naturaleza viva** Documentales	**Mi familia latina** Divertida comedia sobre un joven estadounidense que va a México como estudiante de intercambio	**Historias policiales** Ladrones, crímenes y accidentes	**Buenas y curiosas** Noticiero alternativo que presenta noticias buenas y divertidas de todo el mundo	**Dibujos animados clásicos** Conoce los dibujos animados que miraban tus padres

- ¿Qué programas quieren pedir que cambien? ¿Por qué?
- ¿Qué programas deben seguir en la programación?
- ¿Qué otros tipos de programas se pueden incluir?
- ¿Harían cambios en los horarios? ¿Qué cambios harían?

(4) Escribir Piensa en alguna anécdota divertida de cuando eras niño/a. Cuenta la anécdota en un párrafo usando el tiempo presente.

MODELO Un día estoy con mi hermano en el patio de mi casa jugando a la pelota. De repente, ...

Practice more at **vhlcentral.com.**

Antes de leer

Vocabulario

la corrida *bullfight*	**el ruedo** *arena*
lidiar *to fight (bulls)*	**torear** *to fight bulls*
el/la matador(a)/el/la torero(a) *bullfighter who kills the bull*	**el toreo** *bullfighting*
	el/la torero/a *bullfighter*
la plaza de toros *bullring*	**el traje de luces** *bullfighter's outfit (lit. costume of lights)*

El toreo Completa las oraciones con palabras y frases del vocabulario.

1. Ernest Hemingway era un aficionado al _____. Asistió a muchas _____ y las describió en detalle en sus obras.

2. El _____ es la persona que mata al toro al final. Siempre lleva un _____ de colores brillantes.

3. Manolete fue un _____ español muy famoso que fue herido por un toro y que murió al poco tiempo.

4. No se permite que el público baje al _____ porque los toros pueden ser muy peligrosos.

Conexión personal ¿Conoces alguna costumbre local o alguna tradición estadounidense que cause mucha controversia? ¿Hay deportes que resultan muy problemáticos o controvertidos para algunas personas? ¿Por qué? ¿Cuál es tu opinión al respecto?

Contexto cultural

En Fresnillo, México, en 1940 una mujer tomó una espada y se puso un traje de luces —una blusa y falda bordadas de adornos brillantes— para promover la causa de la igualdad en un terreno casi completamente dominado por los hombres: el toreo. **Juanita Cruz** había nacido en Madrid en 1917, cuando aún no se permitía a las mujeres torear a pie en el ruedo. En batalla constante contra obstáculos legales, Cruz consiguió lidiar en muchas corridas de toros en su país. Pero cuando terminó la guerra civil española, al ver que Franco imponía estrictamente las leyes de prohibición del toreo a las mujeres, Cruz dejó España y emigró a México, donde se convirtió en torera profesional. Fue todo un fenómeno, la primera gran matadora de la historia, y abrió camino para otras mujeres, como las españolas Cristina Sánchez y Mari Paz Vega. Hoy día la presencia de toreras añade otro nivel de controversia al debate constante y a veces apasionado del toreo. ¿Cuál es tu impresión? ¿Crees que la igualdad de sexos en el toreo es algo positivo o negativo? ¿Por qué?

 Practice more at **vhlcentral.com.**

El toreo:
¿Cultura o tortura?

Hay pocas cosas tan emblemáticas en el mundo hispano, y a la vez tan polémicas, como el toreo. Los días de corrida, hasta cuarenta mil aficionados se sientan en la Plaza Monumental de México, la plaza de toros más grande del mundo. Sin embargo, la opinión
5   pública está profundamente dividida: algunos defienden con orgullo esta tradición que sobrevive desde tiempos antiguos y otros se levantan en protesta antes del final.

origins Las raíces° del toreo son diversas. Los celtibéricos dejaron en España restos de
10 templos circulares, precursores de las plazas actuales, donde sacrificaban animales. Los
slaughter griegos y romanos practicaban la matanza° ritual de toros en ceremonias públicas sagradas. Sin embargo, fue en la España del
developed 15 siglo XVIII donde se desarrolló° la corrida que conocemos y se introdujeron la muleta, una capa muy fácil de manejar, y el estoque, la espada del matador.

El aficionado de hoy
20 considera que el toreo
rite es más un rito° que un espectáculo, ciertamente no un deporte. Es una lucha desigual, a muerte, entre
25 una persona —armada con sólo la capa la mayor parte del tiempo—
weighs y el toro, bestia que pesa° hasta más de media tonelada. El torero se prepara para el duelo como para una ceremonia: se viste con el
30 traje de luces tradicional y actúa dirigido por el ritmo de la música. Se enfrenta al animal con su arte y su inteligencia, y generalmente
risk gana, aunque no siempre. El riesgo° de una
goring cornada° grave forma parte de la realidad del
35 torero, que en su baile peligroso muestra su talento y su belleza. Para el defensor de las corridas, no matar al toro al final es como

> **"El toreo es cabeza y plasticidad, porque a fuerza siempre gana el toro."**

jugar con él, una falta de respeto al animal, al público y a la tradición.

Quienes se oponen a las corridas dicen 40 que es una lucha injusta y cruel. Hay gente que piensa que el toreo es una barbarie° barbarity similar a la de los juegos de los romanos, una costumbre primitiva que no tiene sentido en una sociedad moderna y civilizada. Protestan 45 contra la crueldad de una muerte lenta y prolongada, dedicada al entretenimiento. En respuesta a las protestas, en algunos países ha aparecido una alternativa, la "corrida sin 50 sangre°", donde no se permite bloodless bullfight hacer daño físico° al toro. to hurt Pero otros sostienen que esta corrida tortura igualmente a la bestia y, por tanto, han 55 prohibido el toreo por completo. En julio de 2010, el Parlamento catalán abolió las corridas de toros en Cataluña, España, con 68 votos a favor de la prohibición y 55 en contra.

Por último, a algunas personas les indigna 60 la idea machista de que sólo un hombre tiene la fuerza y el coraje para lidiar. Las toreras pioneras como Juanita Cruz tuvieron que coserse° su propio traje de luces, con falda en to sew vez de pantalón, y cruzar océanos para poder 65 ejercer su profesión. Incluso en tiempos recientes, algunos toreros célebres como el español Jesulín de Ubrique se han negado° a have refused lidiar junto a una mujer.

La torera más famosa de nuestra época, 70 Cristina Sánchez, sostiene que no es necesario ser hombre para lidiar con éxito: "El toreo es cabeza y plasticidad°, porque a fuerza agility siempre gana el toro." En su opinión, el derecho de torear es incuestionable, una 75 parte de la cultura hispana. No obstante, su profesión provoca tanta división que a veces el duelo entre la bestia y la persona es empequeñecido° por la batalla dwarfed entre las personas. ■ 80

¿Dónde hay corridas?

Toreo legalizado: España, México, Colombia, Ecuador, Perú, Venezuela, Francia

Corridas sin sangre: Bolivia, Nicaragua, Estados Unidos, Portugal

Toreo ilegalizado: Argentina, Chile, Cuba, Uruguay

¡Olé! ¡Olé!

El público también tiene su papel en las corridas: evalúa el talento del torero. La interjección "¡olé!" se oye frecuentemente para celebrar una acción particularmente brillante y expresar admiración. De origen árabe, contiene la palabra "alá" (Dios) y significa literalmente "¡por Dios!".

Después de leer

El toreo: ¿cultura o tortura?

(1) **Comprensión** Responde a las preguntas con oraciones completas.

1. ¿En qué país se encuentra la plaza de toros más grande del mundo?
2. ¿Qué hacían los celtibéricos en sus templos circulares?
3. ¿Qué es el toreo según un aficionado?
4. ¿Cómo se prepara el torero para la corrida?
5. Para quienes se oponen al toreo, ¿cuáles son algunos de los problemas?
6. ¿Qué es una "corrida sin sangre"?
7. ¿Qué sucedió en Cataluña en julio de 2010?
8. Según Cristina Sánchez, ¿sólo los hombres pueden lidiar bien?

(2) **Opinión** Responde a las preguntas con oraciones completas.

1. ¿Te gustaría asistir a una corrida? ¿Por qué?
2. ¿Qué opinas del duelo entre toro y torero/a? ¿Hay algún aspecto especialmente problemático para ti?
3. ¿Qué piensas de las alternativas al toreo tradicional como la "corrida sin sangre"? ¿Es una solución adecuada para proteger a los animales?
4. En tu opinión, ¿es más cruel la vida de un toro destinado al toreo o la de una vaca destinada a una carnicería?

(3) **¿Qué piensan?** Trabajen en parejas para contestar las preguntas. Luego, compartan sus respuestas con la clase.

1. Un eslogan conocido en las protestas antitaurinas es: "Tortura no es arte ni cultura". ¿Qué significa esta frase?
2. ¿Hay acciones cuestionables que se justifiquen porque son parte de una costumbre o tradición? ¿Cuál es la postura de ustedes en el debate? ¿Por qué?
3. ¿Es apropiado tener una opinión sobre las tradiciones de culturas diferentes a la tuya o es necesario aceptar sin criticar?
4. ¿Creen que el gobierno tiene derecho a reglamentar (*regulate*) o prohibir tradiciones o costumbres? Den ejemplos.

(4) **Postales** Imagina que viajas a México y unos amigos te invitan a una corrida de toros. Escribe una postal a tu familia para contarles tu experiencia. Usa estas preguntas como guía: ¿Aceptaste la invitación o no? ¿Por qué? Si fuiste a la corrida, ¿qué te pareció? ¿Te sentiste obligado/a a asistir por respeto a la cultura local?

MODELO Querida familia: Les escribo desde Guadalajara, una ciudad al noroeste de México. No saben dónde me llevaron mis amigos este fin de semana...

(5) **Animales** En parejas, hagan una lista de tradiciones, costumbres o deportes en los que las personas utilizan a los animales como entretenimiento. Después, compartan su lista con el resto de la clase y debatan sobre qué actividades son perjudiciales para los animales y cuáles no. Justifiquen sus respuestas.

Practice more at **vhlcentral.com.**

Atando cabos

¡A conversar!

La música y el deporte Trabajen en grupos de cuatro o cinco para preparar una presentación sobre un(a) cantante o deportista latino/a famoso/a.

Presentaciones

Tema: Pueden preparar una presentación sobre un(a) cantante o deportista famoso/a que les guste.

Investigación: Busquen información en Internet o en la biblioteca. Una vez reunida la información necesaria, elijan los puntos más importantes y seleccionen material audiovisual. Informen a su profesor(a) acerca de estos materiales para contar con los medios necesarios el día de la presentación.

Organización: Hagan un esquema (*outline*) que los ayude a planear la presentación.

Presentación: Traten de promover la participación a través de preguntas y alternen la charla con los materiales audiovisuales. Recuerden tener a mano los materiales de la investigación para responder preguntas adicionales de sus compañeros.

¡A escribir!

Correo electrónico Imagina que tus padres vienen a visitarte por un fin de semana. Llevas varios días haciendo planes para que el fin de semana sea perfecto y tienes miedo de que tu novio/a arruine tus planes. Mándale un mensaje por correo electrónico para recordarle lo que debe hacer.

Plan de redacción

Un saludo informal: Comienza tu mensaje con un saludo informal, como: **Hola**, **Qué tal**, **Qué onda**, etc.

Contenido: Organiza tus ideas para no olvidarte de nada.

1. Escribe una breve introducción para recordarle a tu novio/a qué cosas les gustan a tus padres y qué cosas no. Puedes usar estas expresiones: **(no) les gusta, les fascina, les encanta, les aburre, (no) les interesa, (no) les molesta.**

2. Recuérdale que tus padres son formales y elegantes, y explícale que tiene que arreglarse un poco para la ocasión. Usa expresiones como: **quitarse el arete, afeitarse, vestirse mejor, peinarse**, etc.

3. Recuérdale dónde van a encontrarse.

Despedida: Termina el mensaje con un saludo informal de despedida.

La música y el teatro

el álbum	album
el asiento	seat
el/la cantante	singer
el concierto	concert
el conjunto/grupo musical	musical group; band
el escenario	scenery; stage
el espectáculo	show
el estreno	premiere
la función	performance (theater; movie)
el/la músico/a	musician
la obra de teatro	play
la taquilla	box office
aplaudir	to applaud
conseguir (e:i) boletos/entradas	to get tickets
hacer cola	to wait in line
poner música	to play music

Los lugares de recreo

el cine	movie theater
el circo	circus
la discoteca	night club
la feria	fair
el festival	festival
el parque de atracciones	amusement park
el zoológico	zoo

Los deportes

el/la árbitro/a	referee
el campeón/la campeona	champion
el campeonato	championship
el club deportivo	sports club
el/la deportista	athlete
el empate	tie (game)
el/la entrenador(a)	coach; trainer
el equipo	team

el/la espectador(a)	spectator
el torneo	tournament
anotar/marcar (un gol/un punto)	to score (a goal/ a point)
desafiar	to challenge
empatar	to tie (games)
ganar/perder (e:ie) un partido	to win/lose a game
vencer	to defeat

Las diversiones

el ajedrez	chess
el billar	pool; billiards
el boliche	bowling
las cartas/los naipes	(playing) cards
los dardos	darts
el juego de mesa	board game
el pasatiempo	pastime
la televisión	television
el tiempo libre/los ratos libres	free time
el videojuego	video game
aburrirse	to get bored
alquilar una película	to rent a movie
brindar	to make a toast
celebrar/festejar	to celebrate
dar un paseo	to take a stroll/walk
disfrutar (de)	to enjoy
divertirse (e:ie)	to have fun
entretener(se) (e:ie)	to amuse (oneself)
gustar	to like
reunirse (con)	to get together (with)
salir (a comer)	to go out (to eat)
aficionado/a (a)	enthusiastic about; a fan (of)
animado/a	lively
divertido/a	fun
entretenido/a	entertaining

Más vocabulario

Expresiones útiles	Ver p. 47
Estructura	Ver pp. 54–55, 58–59 y 62–63

Cinemateca

el huerteado	produce (Col.)
la mazorca	ear of corn
la plata	money
el tiple	12-string Colombian guitar
coger la caña	to accept (Col.)
equivocarse	to be mistaken
mejorarse	to get better
quedar	to agree on
rogar	to beg
bendito/a	blessed
prestado/a	borrowed
¿Cómo así?	How come?
¡Siga!	Come in!
su merced	you (form.)

Literatura

la imagen	image; picture
la pantalla	(television) screen
el televisor	television set
colocar	to place
señalar	to point at
hondo/a	deep
redondo/a	round
por primera/ última vez	for the first/last time

Cultura

la corrida	bullfight
el/la matador(a)	bullfighter (who kills the bull)
la plaza de toros	bullring
el ruedo	arena
el toreo	bullfighting
el/la torero/a	bullfighter
el traje de luces	bullfighter's outfit (lit. costume of lights)
lidiar	to fight (bulls)
torear	to fight bulls

La vida diaria

3

Communicative Goals

You will expand your ability to...
- narrate in the past
- express completed past actions
- express habitual or ongoing past events and conditions

Vocabulary Tools

La vida
diaria

En casa

el balcón *balcony*

la escalera *staircase*
el hogar *home; fireplace*
la limpieza *cleaning*
los muebles *furniture*
los quehaceres *chores*

apagar *to turn off*
barrer *to sweep*
calentar (e:ie) *to warm up*
cocinar *to cook*
encender (e:ie) *to turn on*
freír (e:i) *to fry*
hervir (e:ie) *to boil*
lavar *to wash*
limpiar *to clean*
pasar la aspiradora
   to vacuum
poner/quitar la mesa
   to set/clear the table
quitar el polvo *to dust*
tocar el timbre
   to ring the doorbell

De compras

el centro comercial *mall*
el dinero en efectivo *cash*
la ganga *bargain*
el probador *dressing room*
el reembolso *refund*
el supermercado *supermarket*
la tarjeta de crédito/débito
   credit/debit card

devolver (o:ue) *to return (items)*
hacer mandados *to run errands*
ir de compras *to go shopping*
probarse (o:ue) *to try on*
seleccionar *to select; to pick out*

auténtico/a *genuine*
barato/a *inexpensive*
caro/a *expensive*

Camila **fue de compras** al **supermercado**, decidida a gastar lo menos posible. **Seleccionó** los productos más **baratos** y pagó con **dinero en efectivo**.

Expresiones

a menudo *often*
a propósito *on purpose*
a tiempo *on time*
a veces *sometimes*
apenas *hardly; scarcely*
así *like this; so*
bastante *quite; enough*
casi *almost*
casi nunca *rarely*
de repente *suddenly*
de vez en cuando *once in a while*
en aquel entonces *at that time*
en el acto *on the spot*
enseguida *right away*
por casualidad *by chance*

esde que comenzó a trabajar en
n restaurante, Emilia ha tenido
ue **acostumbrarse** al **horario** de
hef. ¡La nueva **rutina** no es tan fácil!
uele volver a la casa después de
medianoche.

agenda *schedule*

costumbre *custom; habit*

horario *schedule*

rutina *routine*

soledad *solitude; loneliness*

costumbrarse (a) *to get used to*

rreglarse *to get ready*

veriguar *to find out*

robar (o:ue) (a) *to try*

oler (o:ue) *to be in the habit of*

trasado/a *late*

otidiano/a *everyday*

iario/a *daily*

nesperado/a *unexpected*

Práctica

(1) Escuchar

A. Escucha lo que dice Julián y luego decide si las oraciones son **ciertas** o **falsas**. Corrige las falsas.

1. Julián tiene muchas cosas que hacer.

2. Julián está en un supermercado.

3. Julián tiene que quitar el polvo de los muebles y pasar la aspiradora.

4. Él siempre sabe dónde está todo.

5. Él encuentra su tarjeta de crédito debajo de la escalera.

6. Julián recibe una visita inesperada.

B. Escucha la conversación entre Julián y la visita inesperada y después contesta las preguntas con oraciones completas.

1. ¿Quién está tocando el timbre?

2. ¿Qué tiene que hacer ella?

3. ¿Qué quiere devolver?

4. ¿Eran caros los pantalones?

5. ¿Qué hace Julián antes de ir al centro comercial con ella?

6. ¿Es seguro que María puede devolver los pantalones? ¿Por qué?

(2) No pertenece Indica qué palabra no pertenece a cada grupo.

1. limpiar–pasar la aspiradora–barrer–calentar

2. de repente–auténtico–casi nunca–enseguida

3. balcón–escalera–muebles–soler

4. hacer mandados–a tiempo–ir de compras–probarse

5. costumbre–rutina–cotidiano–apagar

6. quitar el polvo–barato–caro–ganga

7. quehaceres–hogar–soledad–limpieza

8. barrer–acostumbrarse–soler–cotidiano

Práctica

(3) **Julián y María** Completa el párrafo con las palabras o expresiones de la lista.

a diario	cotidiano	horario	soledad
a tiempo	en aquel entonces	por casualidad	soler

Julián y María se conocieron un día (1) _____ en el supermercado. Julián estaba muy contento por haber conocido a María porque, (2) _____, él era nuevo en el barrio y no conocía a nadie. A él no le gusta la (3) _____. Desde aquel día, se ven casi (4) _____. Durante la semana, ellos (5) _____ quedar para tomar un café después del trabajo, pues los dos tienen (6) _____ similares.

(4) **Una agenda muy ocupada** Sara tiene mucho que hacer antes de su cita con Carlos esta noche. Ha apuntado todo en su agenda, pero está muy atrasada.

A. En parejas, comparen el horario de Sara con la hora en que realmente hace cada actividad.

VIERNES, 15 DE OCTUBRE

1:00 ¡Hacer mandados!	5:00 Hacer la limpieza
2:00 Banco: depositar un cheque	6:00 Cocinar, poner la mesa
3:00 Centro comercial: comprar vestido	7:00 Arreglarme
4:00 Supermercado: pollo, arroz, verduras	8:00 Cita con Carlos ♡

MODELO   —¿A qué hora deposita su cheque en el banco?
—Sara quiere depositarlo a las dos, pero no logra hacerlo hasta las dos y media.

2:30

1.
4:00

2.
5:30

3.
6:45

4.
7:30

5.
7:45

6.
8:00

B. Ahora, improvisen una conversación entre Carlos y Sara. ¿Creen que los dos lo van a pasar bien? ¿Creen que van a tener otra cita?

 Practice more at **vhlcentral.com**.

84 *ochenta y cuatro*

Lección

Comunicación

5 Los quehaceres

A. En grupos de cuatro, túrnense para preguntar con qué frecuencia sus compañeros hacen los quehaceres de la lista. Combinen palabras de cada columna en sus respuestas y añadan sus propias ideas.

barrer	almuerzo	todos los días
cocinar	aspiradora	a menudo
lavar	balcón	a veces
limpiar	cuarto	de vez en cuando
pasar	polvo	casi nunca
quitar	ropa	nunca

MODELO —¿Con qué frecuencia barres el balcón?
—Lo barro de vez en cuando, especialmente si vienen invitados.

B. Ahora, compartan la información con la clase y decidan quién es la persona más ordenada y la más desordenada.

6 Agendas personales

A. Primero, escribe tu horario para esta semana. Incluye algunas costumbres de tu rutina diaria y también actividades inesperadas de esta semana.

lunes
martes
miércoles
jueves
viernes
sábado
domingo

B. En parejas, pregúntense sobre sus horarios. Comparen sus rutinas diarias y los eventos de esta semana. ¿Tienen costumbres parecidas? ¿Tienen algunas actividades en común? ¿Cuáles?

C. Utiliza la información para escribir un párrafo breve sobre la vida cotidiana de tu compañero/a. ¿Le gusta la rutina? ¿Disfruta de lo inesperado? ¿Llena su agenda con actividades sociales o prefiere estar en casa? Comparte tu párrafo con la clase.

Video

Diana y Fabiola conversan sobre la vida diaria. Aguayo pide ayuda con la limpieza, pero casi todos tienen excusas.

1

FABIOLA Odio los lunes.

DIANA Cuando tengas tres hijos, un marido y una suegra, odiarás los fines de semana.

FABIOLA ¿Discutes a menudo con tu familia?

DIANA Siempre tenemos discusiones. La mitad las ganan mis hijos y mi esposo. Mi suegra gana la otra mitad.

2

FABIOLA ¿Te ayudan en las tareas del hogar?

DIANA Ayudan, pero casi no hay tiempo para nada. Hoy tengo que ir de compras con la mayor de mis hijas.

FABIOLA ¿Y por qué no va ella sola?

DIANA Hay tres grupos que gastan el dinero ajeno, Fabiola: los políticos, los ladrones y los hijos… Los tres necesitan supervisión.

3

FABIOLA Tengan cuidado en las tiendas. Hace dos meses andaba de compras, me robaron la tarjeta de crédito.

DIANA ¿Y fuiste a la policía?

FABIOLA No.

DIANA ¿Lo dices así, tranquilamente? Te van a arruinar.

FABIOLA No creas. El que me la robó la usa menos que yo.

6

Más tarde en la cocina…

AGUAYO El señor de la limpieza dejó un recado diciendo que estaba enfermo. Voy a pasar la aspiradora a la hora del almuerzo. Si alguien desea ayudar…

FABIOLA Tengo una agenda muy llena para el almuerzo.

DIANA Yo tengo una reunión con un cliente.

7

ÉRIC Tengo que… Tengo que ir al banco. Sí. Voy a pedir un préstamo.

JOHNNY Yo tengo que ir al dentista. No voy desde la última vez… Necesito una limpieza.

Aguayo y Mariela se quedan solos.

8

Diana regresa del almuerzo con unos dulces.

DIANA Les traje unos dulces para premiar su esfuerzo.

AGUAYO Gracias. Los probaría todos, pero estoy a dieta.

DIANA ¡Qué bien! Yo también estoy a dieta.

MARIELA ¡Pero si estás comiendo!

DIANA Sí, pero sin ganas.

Personajes

AGUAYO

DIANA

ÉRIC

FABIOLA

JOHNNY

MARIELA

4

En la oficina de Aguayo…

MARIELA ¿Necesita ayuda?

AGUAYO No logro hacer que funcione.

MARIELA Creo que Diana tiene una pequeña caja de herramientas.

AGUAYO ¡Cierto!

Aguayo sale de la oficina. Mariela le da una patada a la aspiradora.

5

AGUAYO ¡Aceite lubricante y cinta adhesiva! ¿Son todas las herramientas que tienes?

DIANA ¡Claro! Es todo lo que necesito. La cinta para lo que se mueva y el aceite para lo que no se mueva.

Se escucha el ruido de la aspiradora encendida.

AGUAYO Oye… ¿Cómo lo lograste?

MARIELA Fácil… Me acordé de mi ex.

9

Fabiola y Johnny llegan a la oficina. Mariela está terminando de limpiar.

JOHNNY ¡Qué pena que no llegué a tiempo para ayudarte!

FABIOLA Lo mismo digo yo. Y eso que almorcé tan deprisa que no comí postre.

MARIELA Si gustan, quedan dos dulces en la cocina. Están riquísimos… (*habla sola mirando el aerosol*) Y no hubiera sido mala idea echarles un poco de esto.

10

Johnny y Fabiola vuelven de la cocina.

JOHNNY Qué descortés eres, Fabiola. Si yo hubiera llegado primero, te habría dejado el dulce grande a ti.

FABIOLA ¿De qué te quejas, entonces? Tienes lo que querías y yo también. Por cierto, ¿no estuviste en el dentista?

JOHNNY Los dulces son la mejor anestesia.

Expresiones útiles

Talking about the past

No llegué a tiempo para ayudarte.
I didn't get here on time to help you.

¿Y fuiste a la policía?
And did you go to the police?

El señor de la limpieza dejó un recado.
The cleaner left a message.

Tienes lo que querías.
You have what you wanted.

Estaba enfermo.
He was sick.

Expressing strong dislikes

¡Odio… !
I hate…!

¡No me gusta nada… !
I don't like… at all!

Detesto…
I detest…

No soporto…
I can't stand…

Estoy harto/a de…
I am fed up with…

Additional vocabulary

acordarse *to remember*
ajeno/a *somebody else's*
andar *to be (doing something); to walk*
la caja de herramientas *toolbox*
el ladrón/la ladrona *thief*
lograr *to manage to; to achieve*
la mitad *half*
la patada *kick*
premiar *to give a prize*
¡Qué pena! *What a shame!*

Comprensión

1 **¿Quién lo dijo?** Indica quién dijo estas oraciones.

Aguayo Diana Éric

Fabiola Johnny Mariela

_____ 1. ¿Necesita ayuda?

_____ 2. Si alguien desea ayudar…

_____ 3. Tengo una agenda muy llena.

_____ 4. Tengo una reunión con un cliente.

_____ 5. Tengo que ir al banco.

_____ 6. Tengo que ir al dentista.

2 **Relacionar** Escribe oraciones que conecten las frases de las dos columnas usando **porque**.

____ 1. Diana odia los fines de semana…

____ 2. Diana quiere ir de compras con su hija…

____ 3. Fabiola dice que tengan cuidado en las tiendas…

____ 4. Fabiola no fue a la policía…

____ 5. Aguayo pasará la aspiradora…

____ 6. Aguayo no prueba los dulces…

a. está a dieta.

b. el ladrón usa la tarjeta de crédito menos que ella.

c. hace dos meses le robaron la tarjeta de crédito.

d. el señor que limpia está enfermo.

e. no quiere que gaste mucho dinero.

f. discute mucho con su familia.

3 **Seleccionar** Selecciona la opción que expresa la misma idea.

1. Odio los lunes.
   a. No soporto los lunes.
   b. No detesto los lunes.
   c. Me gustan los lunes.

2. Tengo una agenda muy llena para el almuerzo.
   a. Tengo planeado un almuerzo.
   b. Tengo muchas tareas a la hora del almuerzo.
   c. No tengo mi agenda aquí.

3. Tienes lo que quieres.
   a. Tu deseo se cumplió.
   b. Tienes razón.
   c. Te quiero.

4. Lo mismo digo yo.
   a. ¡Ni modo!
   b. No creas.
   c. Estoy de acuerdo.

: Practice more at **vhlcentral.com**.

Ampliación

4 Excusas falsas Aguayo pide ayuda para limpiar la oficina, pero sus compañeros le dan excusas. Escribe qué preguntas puede hacer Aguayo para descubrir sus mentiras. Después, en grupos de cinco, representen a los personajes y dramaticen la situación.

5 Opiniones En grupos de tres, contesten las preguntas. Si es posible, den ejemplos de la vida cotidiana.

1. ¿Está justificado a veces dar excusas falsas? ¿Por qué?

2. Describe una situación en la que hayas dado una excusa falsa. ¿Por qué lo hiciste? ¿Se enteraron los demás?

3. ¿Es mejor decir siempre la verdad? ¿Por qué?

6 Apuntes culturales En parejas, lean los párrafos y contesten las preguntas.

La agenda diaria

¡Diana se queja de que no hay tiempo para nada! En muchos países hispanos, las horas del día se expresan utilizando números del 0 al 23. Muchas agendas en español usan este horario modelo, es decir que las **10 p.m.** serían las **22:00**. ¡Pobre Diana! ¡Con tanto trabajo, necesita que el día tenga más horas!

La hora del almuerzo

Fabiola tiene una agenda muy ocupada para el almuerzo. En España y en algunos pueblos de Latinoamérica, este descanso suele ser de 13:00 a 16:00. Los que trabajan cerca vuelven a sus casas, pero en las grandes ciudades algunas personas lo aprovechan, además, para hacer mandados, compras o ir al gimnasio. ¿Qué tendrá que hacer Fabiola que sea más importante que limpiar la oficina?

¿Servicios bancarios en el supermercado?

Éric tiene que ir al banco a pedir un préstamo. En Hispanoamérica, la mayoría de los préstamos y los pagos de servicios se realizan en el banco. Y en países como Argentina, Costa Rica y Perú, las cuentas de gas, electricidad y teléfono también se pueden pagar en el supermercado.

1. ¿Cómo se pueden escribir las *2 p.m.* y las *8 p.m.* en español?

2. En tu país, ¿cuánto tiempo se toman normalmente los empleados para almorzar? ¿Qué hacen durante ese descanso?

3. ¿Cuáles son los horarios comerciales de la ciudad donde vives? ¿Te parecen suficientes?

4. ¿A qué hora sueles almorzar? ¿Dónde?

5. ¿Cómo pagas los servicios como la electricidad y el teléfono? ¿Te resulta conveniente tu método de pago? ¿Te gustaría poder pagarlos en el supermercado? ¿Por qué?

En detalle

ESPAÑA

LA FAMILIA
REAL

La familia real española
durante un acto oficial.

En 1492, Isabel de Castilla y Fernando de Aragón se casaron, unieron sus reinos y formaron lo que hoy conocemos como España. Más de 500 años después, en 2014, Felipe VI de Borbón se convirtió en el último rey de esta vieja nación. La proclamación del nuevo rey se produjo después de que su padre Juan Carlos I decidió abdicar°, dando fin a un largo reinado° (1975–2014) de prosperidad, que empezó con la llamada "transición democrática". ¿En qué consistió esa transición? España vivió 40 años bajo la dictadura de Francisco Franco. Al final de su mandato, el dictador quiso que el entonces príncipe Juan Carlos fuera su sucesor; pero tras la muerte de Franco en 1975, el Rey decidió integrar a España en la comunidad de naciones democráticas de Europa. Gracias al carisma de Juan Carlos I, y a su protagonismo en el camino hacia la libertad, la Corona° tuvo un gran respaldo popular. Sin embargo, la monarquía quedó afectada con la larga crisis económica y política que comenzó en 2008. Además, Cristina de Borbón, una de las hijas del rey, y su marido tuvieron problemas con la justicia. Casi cuarenta años después de que Juan Carlos fue coronado rey, su hijo Felipe VI se enfrenta a una segunda transición: dar sentido a la monarquía en la era de Internet. Su esposa, doña Letizia, que fue periodista antes que reina, lo está ayudando a conseguirlo: aunque Felipe VI no tiene el carisma natural de su padre, es un comunicador mucho más eficaz.

La sociedad española parece haber recibido bien esta renovación en la familia real, formada por Juan Carlos I, doña Sofía, los reyes Felipe y Letizia, y las hijas de éstos, la princesa Leonor y la infanta° Sofía. Según las encuestas, cuando Juan Carlos I anunció que abdicaría en su hijo, la popularidad de la Corona aumentó y la monarquía empezó a recuperar su prestigio. La segunda transición ya está en marcha. ■

¿Futura reina?
La **princesa Leonor** es la primogénita° del **rey Felipe VI**. Sin embargo, si los monarcas tienen un hijo varón, él sería el heredero de la Corona. Para que esto cambie, se tendría que cambiar la Constitución española de 1978: la mayoría de los españoles apoyaría ese cambio.

abdicar *to abdicate* **reinado** *reign* **Corona** *Crown* **infanta** *princess* **primogénita** *first born*

La familia

mima (Cu.)	
amá (Col.)	mom
apá (Col.)	
pipo (Cu.)	dad
tata (Arg. y Chi.)	
yayo (Esp.)	grandpa
carnal (Méx.)	brother, friend
carnala (Méx.)	sister
carnalita (Méx.)	little sister
m'hijo/a (Amér. L.)	exp. to address a son or daughter
chavalo/a (Amér. C.)	
chaval(a) (Esp.)	boy/girl

Las compras diarias

En España, las grandes tiendas y también muchas tiendas pequeñas cierran los domingos. Por eso, los españoles realizan todas sus compras durante el resto de la semana. En algunos casos, las grandes tiendas, como El Corte Inglés, abren un domingo al mes. Las panaderías abren todos los días de la semana, ya que el pan es un producto imprescindible para los españoles.

En México D.F. todavía hay escribidores, o escribanos, que escriben y leen cartas de amor. También escriben facturas, contratos y otros documentos. En México, la profesión de escribidor empezó en la década de 1950 y fue muy común, pero está a punto de desaparecer por culpa de las nuevas tecnologías de la comunicación.

En Nicaragua y otros países de Latinoamérica hay muchos vendedores ambulantes, como los mieleros que van vendiendo miel, queso y otros alimentos naturales por las casas.

LETIZIA ORTIZ

Letizia Ortiz nació en Oviedo el 15 de septiembre de 1972 en el seno de una familia trabajadora. Si alguien les hubiera dicho a sus padres que su hija iba a ser reina, seguramente lo habrían tomado por loco. Esta joven inteligente y emprendedora° estudió periodismo y ejerció su profesión en algunos de los mejores medios españoles: el periódico *ABC*, y los canales CNN plus y TVE. Cuando se formalizó el compromiso° con el entonces príncipe Felipe, Letizia tuvo que dejar de trabajar y empezó un entrenamiento particular para ser princesa, ya que al casarse se convertiría en Princesa de Asturias. Su relación con el Príncipe se distingue por no haber respondido a la formalidad que se espera en estos casos. Poco antes de la boda, un periodista le preguntó: "¿Y cómo se declara un príncipe?", a lo que Letizia contestó: "Como cualquier hombre que quiere a una mujer".

" ... a partir de ahora y de forma progresiva voy a integrarme y a dedicarme a esta nueva vida con las responsabilidades y obligaciones que conlleva. " (Letizia Ortiz)

Conexión Internet

¿Qué tareas oficiales realiza el rey de España como jefe del Estado? | Investiga sobre este tema en **vhlcentral.com.**

emprendedora *enterprising* compromiso *engagement*

¿Qué aprendiste?

(1) ¿Cierto o falso? Indica si las oraciones son **ciertas** o **falsas**. Corrige las falsas.

1. El general Francisco Franco quería que Juan Carlos de Borbón fuera su sucesor.

2. Francisco Franco trabajó mucho para establecer la democracia en España.

3. El príncipe Felipe se convirtió en rey tras la muerte de su padre.

4. La dictadura de Franco también se conoce como transición.

5. El príncipe Felipe se casó con una presentadora de televisión.

6. Cristina de Borbón es soltera.

7. La Familia Real no ha tenido problemas.

8. A muchos españoles les gusta la familia real.

(2) Oraciones incompletas Completa las oraciones.

1. Los padres de Letizia Ortiz son _____.

2. Letizia estudió _____.

3. Cristina de Borbón es la _____ del rey Felipe VI.

4. Felipe VI es un comunicador más eficaz que _____.

5. En España, las grandes tiendas abren _____.

6. En México, usan la palabra *carnala* para referirse a _____.

(3) Preguntas Contesta las preguntas.

1. ¿Cuál es una forma cariñosa de referirse al padre en Cuba?

2. ¿Por qué crees que Letizia Ortiz tuvo que dejar de trabajar como periodista al convertirse en princesa?

3. ¿Es seguro que la princesa Leonor sea reina de España en el futuro?

4. ¿Crees que tienen sentido las monarquías en el siglo XXI? ¿Por qué?

5. Vuelve a leer la cita de Letizia Ortiz. ¿A qué responsabilidades y obligaciones crees que se refiere?

6. Muchos supermercados abren las 24 horas. ¿Crees que esto es necesario o crees que la gente está muy "malcriada" (*spoiled*)?

(4) Opiniones En parejas, preparen dos listas. En una lista, anoten los elementos positivos de ser príncipe o princesa heredero/a y, en la otra, los elementos negativos que creen que puede tener. Guíense por estos planteamientos y otros.

- ¿Vale la pena ser rico y famoso si pierdes tu vida privada?

- ¿Estarías dispuesto/a a guardar los modales las 24 horas del día?

- ¿Serías capaz de cumplir con todas las responsabilidades que conlleva este cargo?

 Practice more at **vhlcentral.com**.

PROYECTO

A domicilio

Existen muchos servicios a domicilio que facilitan la vida diaria. Además del ejemplo de los mieleros en Nicaragua, están los paseadores de perros, los supermercados con entrega a domicilio y las empresas que nos permiten recibir en casa libros o ropa por correo.

Imagina que vas a crear una empresa para ofrecer un servicio a domicilio.

Usa esta guía para preparar un folleto (*brochure*) sobre tu empresa. Describe:

- el servicio que vas a ofrecer y cómo se llama

- las principales características de tu servicio

- cómo va a facilitar la vida diaria de tus clientes

De compras en Barcelona

S: Video

Hacer las compras tal vez te parezca una actividad aburrida y poco glamorosa, pero ¡te equivocas! En este episodio de **Flash Cultura** podrás pasear por el antiguo mercado de Barcelona y descubrir una manera distinta de elegir los mejores productos en tiendas especializadas.

Corresponsal: Mari Carmen Ortiz
País: España

VOCABULARIO ÚTIL

amplio/a *wide*
el buñuelo *fritter*
el carrito *shopping cart*
la charcutería *delicatessen*

la gamba *(Esp.)* *shrimp*
los mariscos *seafood*
las patas traseras *hind legs*
el puesto *market stand*

La Boquería es un paraíso para los sentidos: olores de comida, el bullicio° de la gente, colores vivos se abren a tu paso mientras haces tus compras.

Preparación ¿Qué productos españoles típicos conoces? ¿Cuál te gustaría probar más?

Comprensión Indica si estas afirmaciones son ciertas o falsas. Después, en parejas, corrijan las falsas.

1. Las Ramblas de Barcelona son amplias avenidas.
2. En La Boquería debes elegir un carrito a la entrada y pagar toda la compra al final.
3. Hay distintos tipos de jamón serrano, según la curación y la región.
4. Barcelona ofrece una gran variedad de marisco y pescado fresco porque es un puerto marítimo.
5. En España, la mayoría de las tiendas cierra al mediodía durante media hora.
6. Las panaderías abren todos los días menos los domingos.

Hay tiendas que nunca cierran a la hora de comer: las tiendas de moda y los grandes almacenes°. Pero aún éstas tienen que cerrar tres domingos al mes.

Expansión En parejas, contesten estas preguntas.

- ¿Prefieres hacer las compras en tiendas pequeñas y mercados tradicionales o en un supermercado normal? ¿Por qué?
- ¿Te levantas temprano para comprar el pan o algún otro producto los domingos? ¿Qué producto es tan esencial para la gente de tu país como el pan para los españoles?
- ¿Te parece bien que las tiendas cierren a la hora de la siesta? ¿Para qué usarías tú todo ese tiempo?

El jamón serrano es una comida típica española y es servido con frecuencia en los bares de tapas°.

bullicio *hubbub* **almacenes** *department stores* **tapas** *Spanish appetizers*

 Practice more at **vhlcentral.com.**

3.1 The preterite

- Spanish has two simple tenses to indicate actions in the past: the preterite (**el pretérito**) and the imperfect (**el imperfecto**). The preterite is used to describe actions or states that began or were completed at a definite time in the past.

The preterite of regular -ar, -er, and -ir verbs		
comprar	**vender**	**abrir**
compré	vendí	abrí
compraste	vendiste	abriste
compró	vendió	abrió
compramos	vendimos	abrimos
comprasteis	vendisteis	abristeis
compraron	vendieron	abrieron

TALLER DE CONSULTA

MANUAL DE GRAMÁTICA
Más práctica

3.1 The preterite, p. A18
3.2 The imperfect, p. A19
3.3 The preterite vs. the imperfect, p. A20

Más gramática

3.4 Telling time, p. A21

¡ATENCIÓN!

In Spain, the present perfect (p. 188) is more commonly used to describe recent events.

- The preterite tense of regular verbs is formed by dropping the infinitive ending (**-ar**, **-er**, **-ir**) and adding the preterite endings. Note that the endings of regular **-er** and **-ir** verbs are identical in the preterite tense.

- The preterite of all regular and some irregular verbs requires a written accent on the preterite endings in the **yo, usted, él,** and **ella** forms.

  Ayer **empecé** un nuevo trabajo.
  Yesterday I started a new job.

  Mi mamá **preparó** una cena deliciosa.
  My mom prepared a delicious dinner.

- Verbs that end in **-car, -gar,** and **-zar** have a spelling change in the **yo** form of the preterite. All other forms are regular.

buscar		busc-		-qu-		yo busqué
llegar		lleg-		-gu-		yo llegué
empezar		empez-		-c-		yo empecé

- **Caer, creer, leer,** and **oír** change **-i-** to **-y-** in the third-person forms (**usted, él,** and **ella** forms and **ustedes, ellos,** and **ellas** forms) of the preterite. They also require a written accent on the **-i-** in all other forms.

caer		caí, caíste, cayó, caímos, caísteis, cayeron
creer		creí, creíste, creyó, creímos, creísteis, creyeron
leer		leí, leíste, leyó, leímos, leísteis, leyeron
oír		oí, oíste, oyó, oímos, oísteis, oyeron

- Verbs with infinitives ending in **-uir** change **-i-** to **-y-** in the third-person forms of the preterite.

construir		construí, construiste, construyó, construimos, construisteis, construyeron
incluir		incluí, incluiste, incluyó, incluimos, incluisteis, incluyeron

- Stem-changing **-ir** verbs also have a stem change in the third-person forms of the preterite. Stem-changing **-ar** and **-er** verbs do not have a stem change in the preterite.

Preterite of *-ir* stem-changing verbs			
pedir		**dormir**	
pedí	pedimos	dormí	dormimos
pediste	pedisteis	dormiste	dormisteis
pidió	pidieron	durmió	durmieron

¡ATENCIÓN!

Other **-ir** stem-changing verbs include:

conseguir	**repetir**
consentir	**seguir**
hervir	**sentir**
morir	**servir**
preferir	

- A number of **-er** and **-ir** verbs have irregular preterite stems. Note that none of these verbs takes a written accent on the preterite endings.

Les traje unos dulces para premiar su esfuerzo.

Por cierto, ¿no estuviste en el dentista?

¡ATENCIÓN!

Ser, ir, dar, and **ver** also have irregular preterites. The preterite forms of **ser** and **ir** are identical.

ser/ir
fui, fuiste, fue, fuimos, fuisteis, fueron

dar
di, diste, dio, dimos, disteis, dieron

ver
vi, viste, vio, vimos, visteis, vieron

The preterite of **hay** is **hubo**.

Hubo dos conciertos el viernes.
There were two concerts on Friday.

Preterite of irregular verbs

Infinitive	u-stem	preterite forms
andar	anduv–	anduve, anduviste, anduvo, anduvimos, anduvisteis, anduvieron
estar	estuv–	estuve, estuviste, estuvo, estuvimos, estuvisteis, estuvieron
poder	pud–	pude, pudiste, pudo, pudimos, pudisteis, pudieron
poner	pus–	puse, pusiste, puso, pusimos, pusisteis, pusieron
saber	sup–	supe, supiste, supo, supimos, supisteis, supieron
tener	tuv–	tuve, tuviste, tuvo, tuvimos, tuvisteis, tuvieron

Infinitive	i-stem	preterite forms
hacer	hic–	hice, hiciste, hizo, hicimos, hicisteis, hicieron
querer	quis–	quise, quisiste, quiso, quisimos, quisisteis, quisieron
venir	vin–	vine, viniste, vino, vinimos, vinisteis, vinieron

Infinitive	j-stem	preterite forms
conducir	conduj–	conduje, condujiste, condujo, condujimos, condujisteis, condujeron
decir	dij–	dije, dijiste, dijo, dijimos, dijisteis, dijeron
traer	traj–	traje, trajiste, trajo, trajimos, trajisteis, trajeron

- Note that the stem of **decir (dij-)** not only ends in **j**, but the stem vowel **e** changes to **i**. In the **usted, él**, and **ella** form of **hacer (hizo)**, **c** changes to **z** to maintain the pronunciation. Most verbs that end in **-cir** have **j**-stems in the preterite.

Práctica

TALLER DE CONSULTA

MANUAL DE GRAMÁTICA
Más práctica

3.1 The preterite, p. A18

1 **Quehaceres** Escribe la forma correcta del pretérito de los verbos indicados.

1. El sábado pasado, mis compañeros de apartamento y yo _____ (hacer) la limpieza semanal.
2. Jorge _____ (barrer) el suelo de la cocina.
3. Yo _____ (pasar) la aspiradora por el salón.
4. Martín y Felipe _____ (quitar) los sillones para limpiarlos y después los _____ (volver) a poner en su lugar.
5. Yo _____ (lavar) toda la ropa sucia y la _____ (poner) en el armario.
6. Nosotros _____ (terminar) con todo en menos de una hora.
7. Luego, Martín _____ (abrir) el refrigerador.
8. Él _____ (ver) que no había nada de comer.
9. Felipe _____ (decir) que iría al supermercado. Todos nosotros _____ (decidir) acompañarlo.
10. Yo _____ (apagar) las luces y nosotros _____ (ir) al mercado.

2 **¿Qué hicieron?** Combina elementos de cada columna para narrar lo que hicieron las personas.

MODELO Una vez, mis amigos y yo tuvimos que cocinar para cincuenta invitados.

anoche	yo	conversar	¿?
anteayer	mi compañero/a	dar	¿?
ayer	de cuarto	decir	¿?
la semana	mis amigos/as	ir	¿?
pasada	el/la profesor(a)	leer	¿?
una vez	de español	pedir	¿?
dos veces	mi novio/a	tener que	¿?

3 **La última vez** Con oraciones completas, indica cuándo fue la última vez que hiciste cada una de estas actividades. Da detalles en tus respuestas. Después comparte la información con la clase.

MODELO ir al cine
La última vez que fui al cine fue en abril. La película que vi fue *Alicia en el país de las maravillas*...

1. hacer mandados
2. decir una mentira
3. andar atrasado/a
4. olvidar algo importante
5. devolver un regalo
6. ir de compras
7. oír una buena/mala noticia
8. encontrar una ganga increíble
9. probarse ropa en una tienda
10. comprar algo muy caro

Practice more at **vhlcentral.com.**

Comunicación

4 **La semana pasada** Recorre el salón de clase y averigua lo que hicieron tus compañeros durante la semana pasada. Anota el nombre de la primera persona que conteste que sí a cada una de las preguntas.

> **MODELO** **ir al cine**
> —¿Fuiste al cine durante la semana pasada?
> —Sí, fui al cine y vi la última película de Cuarón./No, no fui al cine.

Actividades	Nombre
1. asistir a un partido de fútbol	_____
2. cocinar para los amigos	_____
3. conseguir una buena nota en una prueba	_____
4. dar un consejo (*advice*) a un(a) amigo/a	_____
5. dormirse en clase o en el laboratorio	_____
6. estudiar toda la noche para un examen	_____
7. enojarse con un(a) amigo/a	_____
8. incluir un álbum de fotos en Facebook	_____
9. ir a la oficina de un(a) profesor(a)	_____
10. ir al centro comercial	_____
11. pedir dinero prestado	_____
12. perder algo importante	_____
13. probarse un vestido/un traje elegante	_____

5 **Una fiesta** En parejas, túrnense para comentar la última fiesta que dieron o a la que asistieron.

- ocasión
- fecha y lugar
- organizador(a)
- invitados
- comida
- música
- actividades

6 **Anécdotas**

A. Escribe dos anécdodas divertidas o curiosas que te ocurrieron en el pasado.

> **MODELO** Una vez fui a una entrevista muy importante con un zapato de cada color...

B. Presenta una de tus historias ante la clase. Después, la clase votará por la anécdota más divertida e interesante.

3.2 The imperfect

- The imperfect tense in Spanish is used to narrate past events without focusing on their beginning, end, or completion.

El recado decía que él estaba enfermo.

Siempre tenía problemas con la aspiradora.

- The imperfect tense of regular verbs is formed by dropping the infinitive ending (**-ar, -er, -ir**) and adding personal endings. **-Ar** verbs take the endings **-aba, -abas, -aba, -ábamos, -abais, -aban. -Er** and **-ir** verbs take **-ía, -ías, -ía, -íamos, -íais, -ían**.

The imperfect of regular -*ar*, -*er*, and -*ir* verbs		
caminar	**deber**	**abrir**
caminaba	debía	abría
caminabas	debías	abrías
caminaba	debía	abría
caminábamos	debíamos	abríamos
caminabais	debíais	abríais
caminaban	debían	abrían

- **Ir, ser,** and **ver** are the only verbs that are irregular in the imperfect.

The imperfect of irregular verbs		
ir	**ser**	**ver**
iba	era	veía
ibas	eras	veías
iba	era	veía
íbamos	éramos	veíamos
ibais	erais	veíais
iban	eran	veían

- The imperfect tense narrates what was going on at a certain time in the past. It often indicates what was happening in the background.

Cuando yo **era** joven, **vivía** en una ciudad muy grande. Todas las semanas, mis padres y yo **íbamos** al centro comercial.
When I was young, I lived in a big city. Every week, my parents and I went to the mall.

- The imperfect of **hay** is **había**.

> **Había** tres cajeras en el supermercado.
> *There were three cashiers in the supermarket.*

> Sólo **había** un mesero en el café.
> *There was only one waiter in the café.*

- These words and expressions are often used with the imperfect because they express habitual or repeated actions: **de niño/a** (*as a child*), **todos los días** (*every day*), **mientras** (*while*), **siempre** (*always*).

> **De niño, vivía** en un barrio de Madrid.
> *As a child, I lived in a Madrid neighborhood.*

> **Todos los días iba** a la casa de mi abuela.
> *Every day I went to my grandmother's house.*

> **Siempre escuchaba** música **mientras corría** en el parque.
> *I always listened to music while I ran in the park.*

Siempre dormía muy mal.

Nunca podía relajarme.

Estaba desesperado; no sabía qué hacer.

Ahora, mis problemas están resueltos con mi nueva cama.

DORMALUX
LA CAMA DE TUS SUEÑOS

Práctica

TALLER DE CONSULTA

MANUAL DE GRAMÁTICA
Más práctica

3.2 The imperfect, p. A19

1 **Granada** Escribe la forma correcta del imperfecto de los verbos indicados.

Granada, en el sur de España

Cuando yo (1) _____ (tener) veinte años, estuve en España por seis meses. (2) _____ (vivir) en Granada, una ciudad de Andalucía. (3) _____ (ser) estudiante en un programa de español para extranjeros. Entre semana, mis amigos y yo (4) _____ (estudiar) español por las mañanas. Por las tardes, (5) _____ (visitar) los lugares más interesantes de la ciudad para conocerla mejor. Los fines de semana, nosotros (6) _____ (ir) de excursión. (Nosotros) (7) _____ (visitar) ciudades y pueblos nuevos. Los paisajes (8) _____ (ser) maravillosos. Quiero volver pronto.

2 **Antes** En parejas, túrnense para hacerse preguntas usando estas frases. Sigan el modelo.

> **MODELO** **levantarse tarde los lunes**
> —¿Te levantas tarde los lunes?
> —Ahora sí, pero antes nunca me levantaba tarde los lunes./Ahora no, pero antes siempre me levantaba tarde los lunes.

1. hacer los quehaceres del hogar
2. usar una agenda
3. ir de compras al centro comercial
4. pagar con tarjeta de crédito
5. trabajar por las tardes
6. preocuparse por el futuro

3 **Una historieta** En grupos de tres, creen una pequeña historieta (*comic*) explicando cómo era la vida diaria de un héroe o una heroína. Después, presenten sus historietas a la clase.

> **MODELO** Superchica era una niña con un poder muy peculiar: podía volar...

 Practice more at **vhlcentral.com.**

Comunicación

4 De niños

A. Busca en la clase compañeros/as que hacían estas cosas cuando eran niños/as. Escribe el nombre de la primera persona que conteste afirmativamente cada pregunta.

MODELO **ir mucho al parque**
—¿Ibas mucho al parque?
—Sí, iba mucho al parque.

¿Qué hacían?	Nombre
1. tener miedo de los monstruos	_____
2. llorar todo el tiempo	_____
3. siempre hacer su cama	_____
4. ser muy travieso/a (*mischievous*)	_____
5. romper los juguetes (*toys*)	_____
6. darles muchos regalos a sus padres	_____
7. comer muchos dulces	_____
8. creer en fantasmas	_____

B. Ahora, comparte con la clase los resultados de tu búsqueda.

5 Antes y ahora En parejas, comparen cómo ha cambiado la vida de Andrés en los últimos años. ¿Cómo era antes? ¿Cómo es ahora?

antes

ahora

6 En aquel entonces

A. Utiliza el imperfecto para escribir un párrafo sobre la vida diaria de un(a) pariente tuyo/a de otra época. ¿Cómo era su vida cotidiana? ¿Qué solía hacer para divertirse?

B. Ahora comparte tu párrafo con un(a) compañero/a. Pregúntense sobre los personajes y comparen la vida diaria de aquel entonces con la de hoy. ¿En qué aspectos era mejor la vida hace veinte años? ¿Hace cincuenta años? ¿Hace doscientos años? ¿En qué aspectos era peor?

3.3 The preterite vs. the imperfect

- Although the preterite and imperfect both express past actions or states, the two tenses have different uses and, therefore, are not interchangeable.

¿Cómo lograste
encender la aspiradora?
Antes no funcionaba.

Fácil…
Me acordé
de mi ex.

Uses of the preterite

- To express actions or states viewed by the speaker as completed

Compraste esos muebles hace un mes, ¿no?
You bought that furniture a month ago, right?

Mis amigas **fueron** al centro comercial ayer.
My girlfriends went to the mall yesterday.

- To express the beginning or end of a past action

La telenovela **empezó** a las ocho.
The soap opera began at eight o'clock.

Esta mañana se nos **acabó** el café.
We ran out of coffee this morning.

- To narrate a series of past actions

Me levanté, **me vestí** y **fui** a clase.
I got up, got dressed, and went to class.

Lavamos la ropa, **pasamos** la aspiradora
y **quitamos** el polvo
*We did the laundry, vacuumed,
and dusted.*

Uses of the imperfect

- To describe an ongoing past action without reference to beginning or end

Se acostaba muy temprano.
He went to bed very early.

Juan siempre **tenía** pesadillas.
Juan always had nightmares.

- To express habitual past actions

Pedro **jugaba** al fútbol los
domingos por la mañana.
*Pedro liked to play soccer on
Sunday mornings.*

Los jueves **solían** comprar verduras
en el mercado.
*On Thursdays they used to buy vegetables
in the market.*

- To describe mental, physical, and emotional states or conditions

En aquel entonces José Miguel sólo
tenía quince años.
At that time José Miguel was only fifteen.

Estaba tan hambriento que me comí
medio pollo yo solo.
*I was so hungry that I ate half a chicken,
all by myself.*

TALLER DE CONSULTA

To review telling time, see
Manual de gramática, 3.4,
p. A21.

- To tell time

Eran las ocho y media de la mañana.
It was eight thirty a.m.

Era la una en punto.
It was exactly one o'clock.

Uses of the preterite and imperfect together

- When narrating in the past, the imperfect describes what *was happening*, while the preterite describes the action that *interrupts* the ongoing activity. The imperfect provides background information, while the preterite indicates specific events that advance the plot.

Cuando **conocí** a Julia los dos **teníamos** quince años. Ella **tocaba** muy bien el piano; me **dijo** que **quería** ser pianista profesional. Yo me **quedaba** horas escuchándola. Un día, mientras **tocaba** un concierto de Bach, me **enamoré**. Bueno, eso **pensaba** entonces, pero en realidad nunca la **quise**. Yo **amaba** su música, eso sí, pero sólo su música. Cuando me **di** cuenta no **sabía** cómo decírselo. Afortunadamente, fue Julia la que me **dijo** que **quería** a otro.

*When I **met** Julia, we **were** both fifteen years old. She **played** the piano very well; she **told** me that she **wanted** to be a professional pianist. I **would listen** to her play for hours. Then one day, when she **was playing** a Bach concerto, I **fell** in love with her. Well, that's what I **thought** back then, but the truth is I never really **loved** her. I **loved** her music, that much is true, but only her music. When I **realized** it, I **didn't know** how to tell her. Fortunately, it was Julia who **told** me that she **was** in love with someone else.*

Different meanings in the imperfect and preterite

> Quise encender la aspiradora, pero no pude.

- The verbs **querer, poder, saber,** and **conocer** have different meanings when they are used in the preterite. Notice also the meanings of **no querer** and **no poder** in the preterite.

INFINITIVE	IMPERFECT	PRETERITE
querer	**Quería acompañarte.** *I wanted to go with you.*	**Quise acompañarte.** *I tried to go with you (but failed).* **No quise acompañarte.** *I refused to go with you.*
poder	**Ana podía hacerlo.** *Ana could do it.*	**Ana pudo hacerlo.** *Ana succeeded in doing it.* **Ana no pudo hacerlo.** *Ana could not do it.*
saber	**Ernesto sabía la verdad.** *Ernesto knew the truth.*	**Por fin Ernesto supo la verdad.** *Ernesto finally discovered the truth.*
conocer	**Yo ya conocía a Andrés.** *I already knew Andrés.*	**Yo conocí a Andrés en la fiesta.** *I met Andrés at the party.*

¡ATENCIÓN!

Here are some useful sequencing expressions.

primero *first*
al principio *in the beginning*
antes (de) *before*
después (de) *after*
mientras *while*
entonces *then*
luego *then; next*
siempre *always*
al final *finally*
la última vez *the last time*

¡ATENCIÓN!

The imperfect progressive is also used to describe a past action that was in progress, but was interrupted by an event. Both **ella estaba tocando el piano** and **ella tocaba el piano** are correct.

Práctica

TALLER DE CONSULTA

MANUAL DE GRAMÁTICA
Más práctica

3.3 The preterite vs. the imperfect, p. A20

1 **Una cena especial** Elena y Francisca tenían invitados para cenar y lo estaban preparando todo. Completa las oraciones con el imperfecto o el pretérito de estos verbos. Puedes usar los verbos más de una vez.

averiguar	haber	ofrecerse	salir
decir	levantarse	pasar	ser
estar	limpiar	preparar	terminar
freír	llamar	quitar	tocar

1. _____ las ocho cuando Francisca y Elena _____ para preparar todo.

2. Elena _____ la aspiradora cuando Felipe la _____ para preguntar la hora de la cena. Le _____ que _____ a las diez y media.

3. Francisca _____ las tapas en la cocina. Todavía _____ temprano.

4. Mientras Francisca _____ las papas en aceite, Elena _____ la sala.

5. Elena _____ el polvo de los muebles cuando su madre _____ el timbre. ¡_____ una visita sorpresa!

6. Su madre _____ a ayudar. Elena _____ que sí.

7. Cuando Francisca _____ de hacer las tapas, _____ que no _____ suficientes refrescos. Francisca _____ al supermercado.

8. Cuando por fin _____, ya _____ las nueve. Todo _____ listo.

2 **Interrupciones** Combina palabras y frases de cada columna para contar lo que hicieron estas personas. Usa el pretérito y el imperfecto.

MODELO Ustedes miraban la tele cuando el médico llamó.

yo	dormir	usted	llamar por teléfono
tú	comer	el/la médico/a	salir
Marta y Miguel	escuchar música	la policía	sonar
nosotros	mirar la tele	la alarma	recibir el mensaje
Paco	conducir	los amigos	ver el accidente
ustedes	ir a...	Juan Carlos	tocar el timbre

3 **Las fechas importantes**

A. Escribe cuatro fechas importantes en tu vida y explica qué pasó.

MODELO

Fecha	¿Qué pasó?	¿Dónde y con quién estabas?	¿Qué tiempo hacía?
el 6 de agosto de 2010	Conocí a Lady Gaga.	Estaba en el gimnasio con un amigo.	Llovía mucho.

B. Intercambia tu información con tres compañeros/as. Ellos/as te van a hacer preguntas sobre lo que te pasó.

 Practice more at **vhlcentral.com.**

Comunicación

4 La mañana de Esperanza

A. En parejas, observen los dibujos. Escriban lo que le pasó a Esperanza después de abrir la puerta de su casa. ¿Cómo fue su mañana? Utilicen el pretérito y el imperfecto en la narración.

1.

2.

3.

4.

B. Con dos parejas más, túrnense para presentar las historias que han escrito. Después, combinen sus historias para hacer una nueva.

5 Síntesis

En grupos de cuatro, túrnense para pasarse una hoja de papel. Cada uno/a escribe una oración con el fin de narrar un cuento sobre un día extraordinario en el que la rutina diaria se vio interrumpida por una serie de eventos inesperados. Después, presenten sus cuentos a la clase. Utilicen el pretérito, el imperfecto y el vocabulario de esta lección. Sean creativos/as.

MODELO
—El día empezó como cualquier otro día…
—Me levanté, me arreglé y salí para la clase de las nueve…
—Caminaba por la avenida central como siempre, cuando, de repente, en medio de la calle, vi algo horroroso, algo que me hizo temblar de miedo…

Antes de ver el corto

país México   **director** Ariel Gordon

duración 7 minutos   **protagonistas** hombre joven, señora

Vocabulario

afligirse *to get upset*   **parecerse** *to look like*

el choque *crash*   **repentino/a** *sudden*

despedirse (e:i) *to say goodbye*   **el timbre** *tone of voice*

las facciones *(facial) features*   **titularse** *to graduate*

---

 (1) Practicar Completa cada una de las rimas usando el vocabulario del corto.

1. Cuando Anabel tiene un problema, _____, pero nunca lo corrige.

2. ¡Qué buen actor! Sus _____ siempre reflejan sus acciones.

3. ¡Pobre don Roque! Compró carro nuevo y a los dos días tuvo un _____.

4. No me gusta el _____ de voz de ese hombre.

5. ¡Qué estilos tan variados! Las pinturas son trece y ninguna _____.

6. Le faltan muchos cursos. Si no decide apurarse (*hurry up*), nunca va
   a _____.

 (2) Comentar En parejas, intercambien opiniones sobre las preguntas.

1. ¿Hablan con desconocidos en algunas ocasiones? ¿En qué situaciones?

2. Según su título, ¿de qué creen que va a tratar el corto?

3. ¿En qué lugares es más fácil o frecuente hablar con gente que no conocen?
   Den dos o tres ejemplos.

4. ¿A veces son ingenuos/as? ¿Se creen historias falsas? Den ejemplos.

5. ¿Alguna vez les sucedió algo interesante o divertido en un supermercado?
   ¿Qué sucedió?

6. Observen los fotogramas. ¿Qué creen que va a pasar en este cortometraje?

 Practice more at **vhlcentral.com**.

Premio especial del Jurado, Semana Internacional de Cine Experimental de Valladolid, España

Una producción de CONACULTA/INSTITUTO MEXICANO DE CINEMATOGRAFÍA Guión y Dirección ARIEL GORDON
Producción JAVIER BOURGES Producción ejecutiva PATRICIA RIGGEN
Fotografía SANTIAGO NAVARRETE Edición CARLOS SALCES Música GERARDO TAMEZ
Sonido SANTIAGO NÚÑEZ/NERIO BARBERIS
Arte FERNANDO MERI/AARÓN NIÑO CÁMARA
Actores DANIEL GIMÉNEZ CACHO/DOLORES BERISTAIN/PATRICIA AGUIRRE/PACO MORAYTA

Escenas

ARGUMENTO Un hombre está en el supermercado. En la fila para pagar, la señora que está delante de él le habla.

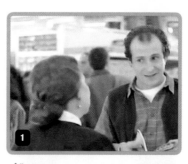

SEÑORA Se parece a mi hijo. Realmente es igual a él.
HOMBRE Ah, pues no, no sé qué decir.

SEÑORA Murió en un choque. El otro conductor iba borracho. Si él viviera, tendría la misma edad que usted.
HOMBRE Por favor, no llore.

SEÑORA ¿Sabe? Usted es su doble. Bendito sea el Señor que me ha permitido ver de nuevo a mi hijo. ¿Le puedo pedir un favor?
HOMBRE Bueno.

SEÑORA Nunca tuve oportunidad de despedirme de él. Su muerte fue tan repentina. ¿Al menos podría llamarme "mamá" y decirme adiós cuando me vaya?

SEÑORA ¡Adiós, hijo!
HOMBRE ¡Adiós, mamá!
SEÑORA ¡Adiós, querido!
HOMBRE ¡Adiós, mamá!

CAJERA No sé lo que pasa, la máquina desconoce el artículo. Espere un segundo a que llegue el gerente.
(*El gerente llega y ayuda a la cajera.*)

Después de ver el corto

(1) Comprensión Contesta las preguntas con oraciones completas.

1. ¿Dónde están los personajes?
2. ¿Qué relación hay entre el hombre y la señora?
3. ¿A quién dice la señora que se parece el hombre?
4. ¿Por qué dice la señora que no pudo despedirse de su hijo?
5. ¿Qué favor le pide la señora al hombre?
6. ¿Cuántas compras tiene que pagar el hombre? ¿Por qué?

(2) Ampliación En parejas, háganse las preguntas.

1. ¿Has sido alguna vez víctima de un fraude similar? ¿Qué pasó?
2. ¿Qué haces cuando un desconocido te pide un favor?
3. ¿Qué creen que pasa después del final? ¿Tiene que pagar la cuenta completa el hombre? ¿Tiene que intervenir la policía?
4. Después de lo que sucedió, ¿qué consejos puede darles el hombre a sus amigos?

(3) Inventar En parejas, lean la cita y consideren que la señora realmente tiene un hijo, pero que no murió. Imagínenlo. ¿Qué le pasó? ¿Cómo fue su vida? ¿Visitaba a su madre con frecuencia? Escriban un párrafo de diez líneas.

> **❝ Murió en un choque. El otro conductor iba borracho. Si él viviera, tendría la misma edad que usted. Se habría titulado y probablemente tendría una familia. Yo sería abuela.❞**

(4) Imaginar En parejas, describan la vida de uno los personajes del corto. Escriban por lo menos cinco oraciones, usando como base las preguntas.

- ¿Cómo es?
- ¿Dónde vive?
- ¿Con quién vive?
- ¿Qué le gusta?
- ¿Qué no le gusta?
- ¿Tiene dinero?

(5) Detective El joven está contándole a un(a) detective lo que pasó en el supermercado. En parejas, uno/a de ustedes es el/la detective y el/la otro/a es el hombre. Preparen las preguntas y representen la escena delante de la clase.

(6) Notas Imagina que eres el/la detective y escribe un informe (*report*) de lo que pasó en el supermercado. Tiene que ser un informe lo más completo posible. Puedes inventar los datos que tú quieras.

Practice more at **vhlcentral.com.**

La siesta, 2010
Oscar Sir Avendaño, Colombia

"Tras el vivir y el soñar, está lo que
más importa: el despertar."

— Antonio Machado

Antes de leer

Último brindis

Sobre el autor

Nicanor Parra nació en 1914, en San Fabián, Chile. Era el mayor de ocho hermanos, entre los que se encuentra la famosa cantante chilena Violeta Parra. Además de poeta, Nicanor Parra es matemático y físico. A los 17 años se marchó a Santiago para estudiar y allí, influido por la obra de García Lorca y de los surrealistas, comenzó a escribir. En 1937 apareció su primer libro de poemas, *Cancionero sin nombre*. En 1954 publicó su obra más conocida, *Poemas y antipoemas*, que marcó una nueva tendencia en la poesía hispanoamericana con su estilo directo y su marcado sentido del humor. Por su carrera literaria y su trabajo por la renovación de la lengua, se le concedió el Premio Cervantes en 2011.

Vocabulario

las alternativas *options*	**la copa** *glass*	**el mañana** *the future*
el ayer *the past*	**deshojar** *to pull out petals*	**pertenecer** *to belong*
el brindis *toast*	**disponer (de)** *to have; to make use of*	**en resumidas cuentas** *in a nutshell*

Vocabulario Completa las oraciones.

1. Puedes _____ mis libros cuando quieras.

2. No sé a quién _____ esa agenda, pero no es mía.

3. Pasaron muchas cosas más pero, _____, perdimos el campeonato.

4. En la celebración de la boda se hizo _____ en honor de los novios.

5. Mi abuela siempre recuerda _____ con melancolía.

6. En la obra de teatro, Ana _____ una flor y dice: "me quiere", "no me quiere".

Conexión personal ¿Te preocupa el paso del tiempo? ¿Cuáles te parecen las ventajas de ser joven? ¿Y de ser viejo? ¿Por qué piensas que la juventud recibe tanta atención en nuestra cultura? ¿Te consideras un optimista o un pesimista de la vida?

Análisis literario: La antipoesía

El inicio de la antipoesía se atribuye al escritor Nicanor Parra con la publicación de su obra *Poemas y Antipoemas*. La antipoesía aparece como reacción a la temática y al lenguaje de la poesía solemne y grandiosa, y critica la imagen del poeta como un ser sagrado. El antipoeta se ocupa de la vida del hombre común y usa el humor negro, la ironía, el sarcasmo, el cliché y el lenguaje cotidiano en un tono escéptico y pesimista. A veces, el antipoema toma la forma de un aviso publicitario o de una conferencia. Cuando leas *Último brindis*, intenta identificar características de la antipoesía.

Practice more at **vhlcentral.com**.

Último brindis

Nicanor Parra

Lo queramos o no
Sólo tenemos tres alternativas:
El ayer, el presente y el mañana.

not even   Y ni siquiera° tres
5   Porque como dice el filósofo
El ayer es ayer
Nos pertenece sólo en el recuerdo:
A la rosa que ya se deshojó
No se le puede sacar otro pétalo.

10   Las cartas por jugar
Son solamente dos:
El presente y el día de mañana.

Y ni siquiera dos
Porque es un hecho bien establecido
15   Que el presente no existe
Except   Sino° en la medida en que se hace pasado
Y ya pasó...
como la juventud.

En resumidas cuentas
20   Sólo nos va quedando el mañana:
Yo levanto mi copa
Por ese día que no llega nunca
Pero que es lo único
De lo que realmente disponemos. ▪

Después de leer

Último brindis
Nicanor Parra

1 Comprensión Contesta las preguntas con oraciones completas.

1. ¿Qué alternativas ve el poeta en la vida?
2. ¿Quién dice que "el ayer es el ayer"?
3. ¿Con qué se compara el pasado?
4. Según el autor, ¿cuáles son las dos cartas que podemos jugar?
5. ¿Cuál es, según el poeta, el problema del presente?
6. ¿Cómo termina el poema?

2 Interpretación Contesta las preguntas.

1. ¿Cuál crees que es el tema de *Último brindis*?
2. ¿A quién piensas que le habla el poeta?
3. ¿Por qué te parece que dice "lo queramos o no"?
4. ¿A qué se refiere con "las cartas por jugar"?
5. ¿En qué estado se encuentra una rosa deshojada y qué dice esto del paso del tiempo?
6. ¿Crees que para el poeta disponemos realmente de alguna alternativa en la vida?

3 Análisis En parejas, respondan a las preguntas.

1. ¿Creen que *Último brindis* es un poema de esperanza o de todo lo contrario? ¿Por qué?
2. ¿Por qué creen que, según el poeta, el mañana es "ese día que no llega nunca"?
3. Los brindis honran a alguien o festejan alguna situación. ¿Cómo utiliza el poeta su *Último brindis*?
4. ¿Por qué creen que el autor se refiere a este brindis como el "último"?

4 Ampliación En parejas, relean el poema.

1. ¿Creen que la edad del poeta tiene algo que ver con el contenido del poema?
2. ¿En qué les hace pensar el poema?
3. ¿Qué palabra que no se menciona nunca es esencial en el poema?
4. ¿Qué elementos de la antipoesía pueden identificar en el poema?

5 El tiempo En grupos, elijan una de las siguientes opciones y escriban un texto publicitario. Deben justificar la necesidad de comprar el producto, describir sus efectos o ventajas y citar testimonios de personas que han usado el producto previamente. Luego, presenten su trabajo a la clase.

- Pastillas milagrosas para vivir más de 200 años.
- Un boleto de ida y vuelta para un viaje en el tiempo.
- Un espejo que te muestra cómo será tu vida en 20 años.
- Un jarabe que te permite olvidar los momentos del pasado que no quieres recordar.

 Practice more at **vhlcentral.com.**

Antes de leer

Vocabulario

el cansancio *exhaustion*	pintar *to paint*
el cuadro *painting*	el/la pintor(a) *painter*
fatigado/a *fatigued*	previsto/a *planned*
imprevisto/a *unexpected*	retratar *to portray*
la obra maestra *masterpiece*	el retrato *portrait*

Pablo Picasso Completa las oraciones con el vocabulario de la tabla.

Guernica, de Pablo Picasso

1. De todo el arte del Museo Reina Sofía, yo prefiero los _____ de Pablo Picasso.

2. De muy joven, el _____ español creaba arte realista.

3. Al poco tiempo, este gran artista empezó a _____ obras de otros estilos e inventó el cubismo.

4. Su obra más famosa, el *Guernica*, quiere _____ el horror del bombardeo alemán al pueblo de Guernica, en el norte de España.

5. Según mucha gente, el *Guernica* es su creación más importante, la _____ de Picasso.

Conexión personal ¿Qué haces para recordar los eventos y las personas que son importantes para ti? ¿Sacas fotos o mantienes un diario? ¿Cuentas historias? ¿Cuáles son algunos de los recuerdos que te gustaría recordar para siempre?

Contexto cultural

Niños comiendo uvas y un melón, Bartolomé Esteban Murillo

Del siglo XVI al siglo XVII, España pasó de ser una enorme potencia política a ser un imperio en camino de extinción. Donde antes había victorias militares, riqueza (*wealth*) y expansión, ahora había crisis política y económica, y decadencia. Sin embargo, estos problemas contrastaban con la extraordinaria producción artística y literaria del Siglo de Oro. A pesar de su éxito, se consideraba a los pintores más artesanos que artistas y, por lo tanto, no eran de alta posición social. Muchos artistas trabajaban por encargo; la realeza y la nobleza eran sus mecenas (*patrons*). Con sus obras, contribuían a la educación cultural, y a menudo religiosa, de la sociedad.

Practice more at **vhlcentral.com**.

Vieja friendo huevos

El arte de la vida diaria

Diego Velázquez es importante no sólo por su mérito artístico, sino también por lo que nos cuentan sus cuadros. Conocido sobre todo como pintor de retratos, Velázquez se interesaba también por temas mitológicos y escenas cotidianas. 5 En todo su arte, examinaba y reproducía en minucioso detalle sólo aquello que veía. Su imitación de la naturaleza, de lo inmediatamente observable, era lo que daba vida a su arte y a la vez creaba un arte de la vida diaria.

Antes de mudarse a la Corte del Rey°, Velázquez pintó cuadros de temas cotidianos. Un ejemplo célebre es la *Vieja friendo huevos* (1618). El cuadro capta un momento sin aparente importancia: una mujer vieja cocina mientras un niño trae aceite y un melón. Varios objetos de la casa, reproducidos con precisión, llenan el lienzo°, dignos de nuestra atención, por ejemplo: la cuchara, un plato blanco en el que descansa un cuchillo, jarras°, una cesta de paja°. Junto con la comida que prepara —no hay carne ni variedad— la ropa típica de pobre sugiere que la mujer es humilde. Con el cuadro, Velázquez interrumpe un momento que podría ser de cualquier día. No es una naturaleza muerta°, sino un instante de la vida.

Incluso cuando pintaba temas mitológicos, Velázquez tomaba como modelo gente de la calle. Por eso, se pueden percibir escenas diarias en temas distanciados de la época. Un ejemplo es *El triunfo° de Baco* (1628–9). En este cuadro, el dios romano del vino se sienta en un campo abierto, no con otros dioses, sino con campesinos°. Sus caras fatigadas reflejan a la vez el cansancio de una vida de trabajo —la vida del plebeyo° español era entonces especialmente dura— y la alegría de poder descansar un rato.

En los cuadros de la Corte, Velázquez nos da una imagen rica y compleja del mundo del

El triunfo de Baco

palacio. En vez de retratar exclusivamente a la familia real y los nobles, incluye también toda la tropa de personajes que los servía y entretenía. En este grupo numeroso entraban enanos° y bufones°, a quienes Velázquez pinta con dignidad. En *Las Meninas* (1656), su cuadro más famoso y misterioso, la princesa Margarita está rodeada° por sus damas, enanos y un perro. A la izquierda, el mismo Velázquez pinta detrás de un lienzo inmenso. En el fondo° se ve una imagen de los reyes.

Sin embargo, el cuadro sugiere más preguntas que respuestas. ¿Dónde están exactamente el rey y la reina? ¿La imagen de ellos que vemos es un reflejo de espejo°? ¿Qué pinta el artista y por qué aparece en el cuadro? ¿Qué significa? Tampoco se sabe por qué se detiene aquí el grupo: puede ser por una razón prevista, como posar para un cuadro; o puede ser algo totalmente imprevisto, un momento efímero° de la vida de una princesa y su grupo. ¿Es un momento importante? *Las Meninas* invita al debate sobre un instante que no se pierde sólo porque un pintor lo capta y lo rescata° del olvido. Paradójicamente es su enfoque en lo momentáneo y en el detalle de la vida común lo que eleva a Velázquez por encima de otros grandes artistas. ∎

Las Meninas

Biografía breve

1599 Diego Velázquez nace en Sevilla.
1609 Empieza sus estudios formales de arte.
1623 Nombrado pintor oficial del Rey Felipe IV en Madrid.
1660 Muere después de una breve enfermedad.

Margin glosses:
king's court
anvas
jugs
vicker basket
till life
iumph
asants
moner
little people/jesters
surrounded
background
mirror
fleeting
rescues

Después de leer

El arte de la vida diaria

(1) **Comprensión** Después de leer el texto, decide si las oraciones son **ciertas** o **falsas**. Corrige las falsas.

1. Velázquez es conocido sobre todo como pintor religioso.
2. Velázquez era un pintor impresionista que transformaba su sujeto en la imaginación.
3. Por lo general, Velázquez tomaba como modelo gente de la calle.
4. En *El triunfo de Baco*, el dios romano del vino se sienta con campesinos españoles.
5. Velázquez retrataba exclusivamente a la familia real y a los nobles.
6. Velázquez se autorretrata en *Las Meninas*.

(2) **Interpretación** Contesta las preguntas con oraciones completas.

1. ¿Se refleja de alguna manera la crisis económica del siglo XVII en los cuadros de Velázquez? Menciona detalles específicos en tu respuesta.
2. ¿Qué te enseña *Vieja friendo huevos* sobre la vida en España en el siglo XVII?
3. ¿Es *El triunfo de Baco* un cuadro realista? Explica tu respuesta.
4. ¿Te sorprende que Velázquez represente a los sirvientes de la Corte? ¿Por qué?
5. ¿En qué sentido es *Las Meninas* un cuadro misterioso?

(3) **Análisis** En parejas, respondan a las preguntas.

1. A través de pequeños detalles, *El triunfo de Baco* revela mucho sobre la posición social de los hombres del cuadro. Estudien, por ejemplo, la ropa y el aspecto físico para describir y analizar su situación económica. ¿Cuál es su conclusión?
2. ¿Qué o quién es el personaje central de *Las Meninas*? ¿El grupo de la princesa? ¿Los reyes? ¿El mismo Velázquez? ¿El arte? Comenten sus hipótesis sobre la obra maestra de Velázquez.

(4) **Reflexión** En grupos de cuatro, comparen cómo se entretenía la realeza en el pasado con cómo se entretienen los líderes de las naciones modernas. Usen estas preguntas como guía.

- Antes, los reyes tenían bufones. ¿Qué piensan de la situación social de los bufones de la Corte? ¿Es ético utilizar a las personas para la diversión?
- ¿Qué familias presidenciales conocen? ¿Cómo viven? ¿Su vida cotidiana es diferente a la de los reyes de otras épocas?
- ¿Se puede ser parte del poder político y tener una vida cotidiana normal?

(5) **Recuerdos** Imagina que *Vieja friendo huevos* capta, como una fotografía, un momento de tu propio pasado cuando ayudabas a tu abuela en la cocina. Inspirándote en el cuadro de Velázquez, inventa una historia. ¿Qué hacía tu abuela? ¿Cómo pasaba los días? Y tú, ¿por qué llegaste a la cocina aquel día? ¿Te mandó tu madre o tenías hambre? Utilizando los tiempos del pasado que conoces, describe esta escena de tu infancia.

Practice more at **vhlcentral.com.**

Atando cabos

¡A conversar!

Un día en la historia Trabajen en grupos pequeños para preparar una presentación sobre un día en la vida de un personaje histórico hispano.

Presentaciones

Tema: Elijan un personaje histórico hispano. Algunos personajes que pueden investigar son: Sor Juana Inés de la Cruz, Simón Bolívar, José de San Martín, Emiliano Zapata, Catalina de Erauso, Álvar Núñez Cabeza de Vaca, Fray Bartolomé de las Casas. Pueden elegir también un personaje que no esté en la lista.

Investigación y preparación: Busquen información en Internet o en la biblioteca. Recuerden buscar o preparar materiales visuales. Una vez reunida la información necesaria sobre el personaje, imagínense un día en su vida cotidiana, desde que se levantaba hasta que se acostaba. Al imaginar los detalles, tengan en cuenta la época en la que vivió el personaje.

Organización: Hagan un esquema (*outline*) que los ayude a planear la presentación.

Presentación: Utilicen el pretérito y el imperfecto para las descripciones. Traten de promover la participación a través de preguntas y alternen la charla con materiales visuales.

Simón Bolívar

¡A escribir!

Una anécdota del pasado Sigue el plan de redacción para contar una anécdota que te haya ocurrido en el pasado. Piensa en una historia divertida, dramática o interesante relacionada con uno de estos temas:

- un regalo especial que recibiste
- una situación en la que usaste una excusa falsa y las cosas no te salieron bien
- una situación en la que fuiste muy ingenuo/a

Plan de redacción

Título: Elige un título breve que sugiera el contenido de la historia pero que no dé demasiada información.

Contenido: Explica qué estaba pasando cuando ocurrió el acontecimiento, dónde estabas, con quién estabas, qué pasó, cómo pasó, etc. Usa expresiones como: **al principio, al final, después, entonces, luego, todo empezó/comenzó cuando,** etc. Recuerda que debes usar el pretérito para las acciones y el imperfecto para las descripciones.

Conclusión: Termina la historia explicando cuál fue el resultado del acontecimiento y cómo te sentiste.

Vocabulary Tools

En casa

el balcón	balcony
la escalera	staircase
el hogar	home; fireplace
la limpieza	cleaning
los muebles	furniture
los quehaceres	chores
apagar	to turn off
barrer	to sweep
calentar (e:ie)	to warm up
cocinar	to cook
encender (e:ie)	to turn on
freír (e:i)	to fry
hervir (e:ie)	to boil
lavar	to wash
limpiar	to clean
pasar la aspiradora	to vacuum
poner/quitar la mesa	to set/clear the table
quitar el polvo	to dust
tocar el timbre	to ring the doorbell

De compras

el centro comercial	mall
el dinero en efectivo	cash
la ganga	bargain
el probador	dressing room
el reembolso	refund
el supermercado	supermarket
la tarjeta de crédito/débito	credit/debit card
devolver (o:ue)	to return (items)
hacer mandados	to run errands
ir de compras	to go shopping
probarse (o:ue)	to try on
seleccionar	to select; to pick out
auténtico/a	genuine
barato/a	inexpensive
caro/a	expensive

Expresiones

a menudo	often
a propósito	on purpose
a tiempo	on time
a veces	sometimes
apenas	hardly; scarcely
así	like this; so
bastante	quite; enough
casi	almost
casi nunca	rarely
de repente	suddenly
de vez en cuando	once in a while
en aquel entonces	at that time
en el acto	on the spot
enseguida	right away
por casualidad	by chance

La vida diaria

la agenda	schedule
la costumbre	custom; habit
el horario	schedule
la rutina	routine
la soledad	solitude; loneliness
acostumbrarse (a)	to get used to
arreglarse	to get ready
averiguar	to find out
probar (o:ue) (a)	to try
soler (o:ue)	to be in the habit of
atrasado/a	late
cotidiano/a	everyday
diario/a	daily
inesperado/a	unexpected

Más vocabulario

Expresiones útiles	Ver p. 87
Estructura	Ver pp. 94–95, 98–99 y 102–103

Cinemateca

el choque	crash
las facciones	(facial) features
el timbre	tone of voice
afligirse	to get upset
despedirse (e:i)	to say goodbye
parecerse	to look like
titularse	to graduate
repentino/a	sudden

Literatura

las alternativas	options
el ayer	past
el brindis	toast
la copa	glass
el mañana	the future
deshojar	to pull out petals
disponer (de)	to have; to make use of
pertenecer	to belong
en resumidas cuentas	in a nutshell

Cultura

el cansancio	exhaustion
el cuadro	painting
la obra maestra	masterpiece
el/la pintor(a)	painter
el retrato	portrait
pintar	to paint
retratar	to portray
fatigado/a	fatigued
imprevisto/a	unexpected
previsto/a	planned

La salud y el bienestar

4

Communicative Goals

You will expand your ability to...
- express will and emotion
- express doubt and denial
- give orders, advice, and suggestions

S Vocabulary Tools

La salud y el bienestar

Los síntomas y las enfermedades

Inés pensaba que tenía sólo un **resfriado,** pero no paraba de **toser** y estaba **agotada.** El médico le confirmó que era una **gripe** y que debía **permanecer** en cama.

la depresión *depression*
la enfermedad *disease; illness*
la gripe *flu*
la herida *injury*
el malestar *discomfort*
la obesidad *obesity*
el resfriado *cold*
la respiración *breathing*
la tensión (alta/baja) *(high/low) blood pressure*
la tos *cough*
el virus *virus*
———
contagiar(se) *to pass on (an illness); to become infected*

desmayarse *to faint*
empeorar *to get worse*
enfermarse *to get sick*
estar resfriado/a *to have a cold*
lastimarse *to get hurt*
permanecer *to remain*
ponerse bien/mal *to get well/sick*
sufrir (de) *to suffer (from)*
tener buen/mal aspecto *to look healthy/sick*
tener fiebre *to have a fever*
toser *to cough*
———
agotado/a *exhausted*
inflamado/a *inflamed*
mareado/a *dizzy*

La salud y el bienestar

la alimentación *diet (nutrition)*
la autoestima *self-esteem*
el bienestar *well-being*
el estado de ánimo *mood*
la salud *health*
———
adelgazar *to lose weight*
dejar de fumar *to quit smoking*
descansar *to rest*
engordar *to gain weight*
estar a dieta *to be on a diet*
mejorar(se) *to improve*
prevenir (e:ie) *to prevent*
relajarse *to relax*
trasnochar *to stay up all night*
———
sano/a *healthy*

Los médicos y el hospital

la cirugía *surgery*
el/la cirujano/a *surgeon*
la consulta *doctor's appointment*

el consultorio *doctor's office*
la operación *operation*
los primeros auxilios *first aid*
la sala de emergencias *emergency room*

Las medicinas y los tratamientos

Ignacio no le gusta tomar medicinas. Nunca toma **pastillas** ni **jarabes**. Sin embargo, le dolía tanto la cabeza que tuvo que tomarse un **analgésico**. El doctor le dijo que tenía la **tensión alta**.

- **analgésico** *painkiller*
- **aspirina** *aspirin*
- **calmante** *sedative; painkiller*
- **los efectos secundarios** *side effects*
- **jarabe** *syrup*
- **pastilla** *pill*
- **receta** *prescription*
- **tratamiento** *treatment*
- **vacuna** *vaccine*
- **venda** *bandage*
- **yeso** *cast*

- **curarse** *to heal; to be cured*
- **poner(se) una inyección** *to give/get a shot*
- **recuperarse** *to recover*
- **sanar** *to heal*
- **tratar** *to treat*
- **vacunar(se)** *to vaccinate/ to get vaccinated*
- **curativo/a** *healing*

Práctica

(1) Escuchar

A. Escucha la conversación entre Sara y su hermano David. Después completa las oraciones y decide quién dijo cada una.

1. No sé lo que me pasa, la verdad. Estoy siempre _____. _____

2. Creo que _____ demasiado. ¿Has ido al _____? _____

3. No he ido porque no tenía _____, sólo era un ligero _____. _____

4. Deja de ser una niña. Tienes que _____. _____

5. Por eso te llamo. No se me va el dolor de estómago ni con _____. _____

6. Ahora mismo llamo al doctor Perales para hacerle una _____. _____

B. A Sara le diagnosticaron apendicitis. Escucha lo que le dice la cirujana a la familia después de la operación y luego contesta las preguntas.

1. ¿Qué tiene que tomar Sara cada ocho horas?
2. ¿Cómo se puede sentir al principio?
3. ¿Va a tomar mucho tiempo su recuperación?
4. ¿Puede comer de todo?
5. ¿Qué es lo más importante que tiene que hacer ahora Sara?

(2) A curarse Indica qué tiene que hacer cada persona en cada situación.

____ 1. Se lastimó con un cuchillo.

____ 2. Tiene fiebre.

____ 3. Su estado de ánimo es malo.

____ 4. Quiere prevenir la gripe.

____ 5. Le falta la respiración.

____ 6. Está obeso/a.

a. empezar una dieta
b. dejar de fumar
c. hablar con un(a) amigo/a
d. ponerse una venda
e. tomar aspirinas y descansar
f. ponerse una vacuna

Práctica

3 **Acróstico** Completa el acróstico. Al terminarlo, se formará una palabra de **Contextos**.

```
              A
1. □□□□□□□
      2.     □□□□□□□
              O
   3.  □□□□□□
4. □□□□□□
              T
      5.  □□□□□□□
6. □□□□□□□□
              A
```

1. Organismo muy pequeño que transmite enfermedades.
2. Si la tienes alta, puedes tener problemas del corazón.
3. Material blanco que se usa para inmovilizar fracturas.
4. No dormir en toda la noche.
5. Es sinónimo de *operación*.
6. Caerse y quedar inconsciente.

4 **Amelia está enferma** Completa las oraciones con la opción lógica.

1. Amelia está tosiendo continuamente. No se le cura (la gripe/la depresión).
2. Sus compañeros de trabajo no se enfermaron este año porque se (lastimaron/vacunaron).
3. Su madre siempre le había dicho que es preferible (mejorar/prevenir) las enfermedades que curarlas.
4. El médico le dio una receta para (un jarabe/un consultorio).
5. Su jefe le ha dicho que no vaya a trabajar. Ella tiene que volver a la oficina cuando esté (agotada/recuperada).

5 **Malos hábitos** Martín tiene hábitos que no son buenos para la salud. Completa la conversación entre Martín y su doctor con las palabras de la lista. Haz los cambios necesarios.

ánimo	descansar	mejorar	sano
dejar de fumar	empeorar	pastillas	trasnochar
deprimido	engordar	salud	vacuna

MARTÍN Doctor, a mí me gusta mucho comer pizza mientras veo la tele.

DOCTOR Por eso usted está (1) _____ tanto. Debe hacer ejercicio y (2) _____ su alimentación.

MARTÍN También me gusta salir y acostarme tarde.

DOCTOR No es bueno (3) _____ todo el tiempo. Es importante (4) _____.

MARTÍN Pero ¡doctor! ¿Puedo fumar un poco, por lo menos?

DOCTOR No, Martín. Usted debe (5) _____ cuanto antes.

MARTÍN ¡Todo lo que me gusta hacer es malo para la (6) _____! Si le hago caso a usted, voy a estar (7) _____ pero deprimido.

DOCTOR No es así. Si usted mejora su forma física, su estado de (8) _____ va a mejorar también. Recuerde: "Mente sana en cuerpo sano".

Practice more at **vhlcentral.com.**

Comunicación

6 Vida sana

A. En parejas, háganse las preguntas de la encuesta.

	Siempre	A menudo	De vez en cuando	Nunca
1. ¿Trasnochas más de dos veces por semana?	☐	☐	☐	☐
2. ¿Practicas algún deporte?	☐	☐	☐	☐
3. ¿Consumes vitaminas y minerales diariamente?	☐	☐	☐	☐
4. ¿Comes mucha comida frita?	☐	☐	☐	☐
5. ¿Tienes dolores de cabeza?	☐	☐	☐	☐
6. ¿Te enfermas?	☐	☐	☐	☐
7. ¿Desayunas sin prisa?	☐	☐	☐	☐
8. ¿Pasas muchas horas al día sentado/a?	☐	☐	☐	☐
9. ¿Te pones de mal humor?	☐	☐	☐	☐
10. ¿Tienes problemas para dormir?	☐	☐	☐	☐

B. Imagina que eres médico/a. ¿Tiene tu compañero/a una vida sana? ¿Qué debe hacer para mejorar su salud? Utiliza la conversación entre Martín y su médico de la Actividad 5 como modelo.

7 Citas célebres

A. En grupos de cuatro, elijan las citas (*quotations*) que les parezcan más interesantes y expliquen por qué las eligieron.

La salud

"La salud no lo es todo, pero, sin ella, todo lo demás es nada."
A. Schopenhauer

"El ser humano pasa la primera mitad de su vida arruinando la salud y la otra mitad intentando recuperarla."
Joseph Leonard

"Come poco y cena más poco, que la salud de todo el cuerpo se decide en la oficina del estómago."
Miguel de Cervantes

La medicina

"Antes que al médico, llama a tu amigo."
Pitágoras

"Los médicos no están para curar, sino para recetar y cobrar; curarse o no es cuenta del enfermo."
Molière

"La esperanza es el mejor médico que yo conozco."
Alejandro Dumas, hijo.

La enfermedad

"El peor de todos los males es creer que los males no tienen remedio."
Francisco Cabarrus

"La investigación de las enfermedades ha avanzado tanto que cada vez es más difícil encontrar a alguien que esté completamente sano."
Aldous Huxley

"El arte de la medicina consiste en entretener al paciente mientras la Naturaleza cura la enfermedad."
Voltaire

B. Utilicen el vocabulario de **Contextos** para escribir una frase original sobre la salud. Compártanla con la clase. ¿Cuál es la frase más original?

Video

Los empleados de *Facetas* se preocupan por mantenerse sanos y en forma.

DIANA ¿Johnny? ¿Qué haces aquí tan temprano?

JOHNNY Madrugué para ir al gimnasio.

DIANA ¿Estás enfermo?

JOHNNY ¿Qué? ¿Nunca haces ejercicio?

DIANA No mucho... A veces me dan ganas de hacer ejercicio, y entonces me acuesto y descanso hasta que se me pasa.

En la cocina...

JOHNNY (*habla con los dulces*) Los recordaré dondequiera que esté. Sé que esto es difícil, pero deben ser fuertes... No pongan esa cara de "cómeme". Por mucho que insistan, los tendré que tirar. Ojalá me puedan olvidar.

FABIOLA ¿Empezaste a ir al gimnasio? Te felicito. Para ponerse en forma hay que trabajar duro.

JOHNNY No es fácil.

FABIOLA No es difícil. Yo, por ejemplo, no hago ejercicio, pero trato de comer cosas sanas.

JOHNNY Nada de comidas rápidas.

FABIOLA ¡Cómo me gustaría tener tu fuerza de voluntad!

En la cocina...

DON MIGUEL ¡Válgame! Aquí debe haber como mil pesos en dulces. ¡Mmm! Y están buenos.

JOHNNY ¿Qué tal, don Miguel? ¿Cómo le va?

DON MIGUEL (*Sonríe sin poder decir nada porque está comiendo.*)

JOHNNY ¡Otro que se ha quedado sin voz! ¿Qué es esto? ¿Una epidemia?

FABIOLA ¿Qué compraste?

JOHNNY Comida bien nutritiva y baja en calorías. Juré que jamás volvería a ver un dulce.

FABIOLA ¿Qué es eso?

JOHNNY Esto es tan saludable que con sólo tocar la caja te sientes mejor.

FABIOLA ¿Y sabe bien?

JOHNNY Claro, sólo hay que calentarlo.

En la oficina de Aguayo...

DIANA Los nuevos diseños están perfectos. Gracias.

AGUAYO Mariela, insisto en que veas a un doctor. Vete a casa y no vuelvas hasta que no estés mejor. Te estoy dando un consejo. No pienses en mí como tu jefe.

DIANA Piensa en él como un amigo que siempre tiene razón.

Personajes

AGUAYO

DIANA

ÉRIC

FABIOLA

JOHNNY

MARIELA

DON MIGUEL

4

En la sala de conferencias…

AGUAYO (*dirigiéndose a Mariela*) Quiero que hagas unos cambios a estos diseños.

DIANA Creemos que son buenos y originales, pero tienen dos problemas.

ÉRIC Los que son buenos no son originales, y los que son originales no son buenos.

AGUAYO ¿Qué crees? (*Mariela no contesta.*)

5

Mariela escribe "perdí la voz" en la pizarra.

AGUAYO ¿Perdiste la voz?

DIANA Gracias a Dios… Por un momento creí que me había quedado sorda.

AGUAYO Estás enferma. Deberías estar en cama.

ÉRIC Sí, podías haber llamado para decir que no venías.

9

AGUAYO Por cierto, Diana, acompáñame a entregar los diseños ahora mismo. Tengo que volver enseguida. Estoy esperando una llamada muy importante.

DIANA Vamos.

Se van. Suena el teléfono. Mariela se queda horrorizada porque no puede contestarlo.

10

FABIOLA ¿No ibas a mejorar tu alimentación?

JOHNNY Si no puedes hacerlo bien, disfruta haciéndolo mal. Soy feliz.

FABIOLA Los dulces no dan la felicidad, Johnny.

JOHNNY Lo dices porque no has probado la *Chocobomba.*

Expresiones útiles

Giving advice and making recommendations

Insisto en que veas/vea a un doctor.
I insist that you go see a doctor. (fam./form.)

Te aconsejo que vayas a casa.
I advise you to go home. (fam.)

Le aconsejo que vaya a casa.
I advise you to go home. (form.)

Sugiero que te pongas a dieta.
I suggest that you go on a diet. (fam.)

Sugiero que se ponga usted a dieta.
I suggest that you go on a diet. (form.)

Asking about tastes

¿Y sabe bien?
And does it taste good?

¿Cómo sabe?
How does it taste?

Sabe a ajo/menta/limón.
It tastes like garlic/mint/lemon.

¿Qué sabor tiene? ¿Chocolate?
What flavor is it? Chocolate?

Tiene un sabor dulce/agrio/ amargo/agradable.
It has a sweet/sour/bitter/pleasant taste.

Additional vocabulary

la comida rápida *fast food*
dondequiera *wherever*
la epidemia *epidemic*
la fuerza de voluntad *willpower*
madrugar *to wake up early*
mantenerse en forma *to stay in shape*
nutritivo/a *nutritious*
ponerse en forma *to get in shape*
quedarse sordo/a *to go deaf*
saludable *healthy*

Comprensión

1 **¿Cierto o falso?** Indica si las oraciones son **ciertas** o **falsas**. Luego, en parejas, corrijan las falsas.

Cierto **Falso**

☐ ☐ 1. Johnny llegó temprano porque madrugó para ir al gimnasio.

☐ ☐ 2. Cuando Diana va al gimnasio, se queda dormida.

☐ ☐ 3. Los primeros diseños de Mariela están perfectos.

☐ ☐ 4. Diana se quedó sorda.

☐ ☐ 5. Don Miguel probó los dulces.

☐ ☐ 6. Johnny no continuó con su dieta.

2 **Oraciones incompletas** Completa las oraciones de la **Fotonovela** con la opción correcta.

1. Para ponerse ____ hay que trabajar duro.
   a. en cama   b. a dieta   c. en forma

2. ¡Cómo me gustaría tener tu fuerza ____!
   a. física   b. de voluntad   c. de carácter

3. ¡Otro que se ha quedado ____!
   a. sordo   b. sin voz   c. dormido

4. Piensa en él como un amigo que siempre ____.
   a. tiene razón   b. se mantiene en forma   c. se preocupa

3 **Títulos** Busca en la **Fotonovela** la palabra adecuada para poner un título a cada lista.

chocolates	correr	salchicha	sopa de verduras
caramelos	saltar	hamburguesa	ensalada
pastel de chocolate	caminar	papas fritas	pollo asado
postre	nadar	sándwich	frutas

4 **Opiniones**

A. Los empleados de *Facetas* tienen opiniones distintas sobre la salud y el bienestar. En parejas, escriban una descripción breve de la actitud de cada personaje. Utilicen los elementos de la lista y añadan sus propias ideas.

comer comidas sanas	ir al gimnasio	permanecer en cama
descansar	ir al médico	probar los dulces

MODELO Diana casi nunca va al gimnasio. Cree que es más importante descansar para mantenerse sana...

B. ¿Con qué opinión te identificas más? ¿Qué haces tú para mantenerte en forma?

Practice more at **vhlcentral.com.**

Ampliación

5 Comidas rápidas

A. Para ponerse en forma, Johnny decide evitar las comidas rápidas. En parejas, háganse las preguntas y comparen sus propias opiniones acerca de la comida rápida.

1. ¿Con qué frecuencia comes en restaurantes de comida rápida?
2. ¿Crees que la comida rápida es mala para la salud?
3. ¿Buscas opciones saludables cuando necesitas comer deprisa?
4. ¿Crees que las personas obesas tienen derecho a demandar (*sue*) a los restaurantes de comida rápida?

B. Ahora, en dos grupos, organicen un debate sobre los beneficios y desventajas de la comida rápida. Un grupo representa a los dueños y ejecutivos de los restaurantes, y el otro grupo representa a la gente que ha sufrido problemas de salud por comer demasiadas comidas rápidas.

6 Apuntes culturales En parejas, lean los párrafos y contesten las preguntas.

Los dulces

"Los recordaré dondequiera que esté", dice Johnny despidiéndose de los dulces. ¡A los hispanos les encantan los dulces! Un postre muy popular de la cocina colombiana, venezolana, mexicana y centroamericana es el postre de las **tres leches**. Este postre se prepara con leche fresca, leche condensada y crema de leche. ¡Un verdadero manjar (*delicacy*)!

El deporte colombiano

Fabiola dice que para ponerse en forma hay que trabajar duro. El ciclista colombiano **Nairo Quintana** sabe mucho de esto: a los 23 años ya era un héroe nacional. Nairo saltó a la fama en 2013 con su triunfo en la Vuelta al País Vasco, España. Ese mismo año, quedó segundo en el Tour de Francia, y en 2014 ganó el Giro de Italia.

Las comidas rápidas

Fabiola y Johnny conversan sobre las comidas rápidas. En los países hispanos, las cadenas estadounidenses adaptan los menús a los sabores locales. En Chile, McDonald's ofrece la **Pechuga Palta**, un sándwich de pollo con palta (*avocado*). En Argentina, los **McCafé** sirven bebidas como el **frappé de dulce de leche**. ¿Podrá resistirse Johnny?

1. ¿Conoces otros postres típicos de los países hispanos? ¿De qué países o regiones son? ¿Cuáles son los ingredientes principales?
2. Menciona postres o platos típicos de tu cultura. ¿Cuál es tu preferido?
3. ¿Qué deportistas hispanos juegan en equipos de los EE.UU.?
4. ¿Probaste comidas rápidas de otras culturas? ¿Cuáles? ¿Cuál es tu favorita?

En detalle

COLOMBIA

DE ABUELOS Y CHAMANES

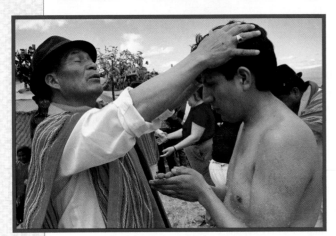

Sentada en su cocina en Bogotá, Marcela Mahecha destapa frasquitos° de hierbas y describe las "agüitas°" que le enseñó a preparar su abuela: agüita de toronjil° para calmar los nervios, agüita de paico° para los cólicos° y muchas más.

Muchos de estos remedios caseros° son más que simples "recetas de la abuela". Su uso proviene de los conocimientos milenarios que los curanderos° y chamanes° han ido pasando de generación en generación. Colombia, segundo país en el mundo en diversidad de especies vegetales, desarrolló una medicina tradicional muy rica, que aún hoy subsiste en todos los niveles de la sociedad. A pesar de la llegada de la medicina científica, muchas comunidades indígenas siguen practicando su medicina tradicional. Cuanto más aislada está la comunidad, mejor mantiene sus tradiciones.

En la cultura indígena americana, lo espiritual y lo corporal se funden° con la naturaleza. Los curanderos y chamanes son los responsables de mantener estos mundos en equilibrio. Para ello, combinan las propiedades medicinales de las plantas con ritos sagrados. En Colombia, al igual que en otros países, hay un renovado interés por conocer las propiedades medicinales de las plantas que se han usado durante siglos. Instituciones gubernamentales, universidades y organizaciones ecologistas intentan recuperar y conservar estos conocimientos. En sólo siete años, el Instituto Nacional de Vigilancia de Alimentos y Medicamentos aumentó de 17 a 95 el número de plantas medicinales aprobadas para usos curativos.

El deseo de las empresas farmacéuticas de apropiarse de las plantas y patentarlas ha hecho que el gobierno colombiano controle el derecho a sacarlas del país. Esto es importante porque algunas están en peligro de extinción y porque estas plantas forman parte indeleble de la identidad indígena. ■

Algunas plantas curativas

Chuchuguaza Árbol que crece en la región amazónica de Colombia, Ecuador y Perú. Se usa como diurético y también contra el reumatismo, la gota° y la anemia.

Gualanday Árbol originario del Valle del Cauca y que crece en las regiones colombianas de Putumayo y Amazonas. La corteza°, la hoja y la flor se usan contra neuralgias, dolores de huesos, várices° y afecciones del hígado°.

Sauco Árbol proveniente de cultivos en la sabana° de Bogotá. La hoja, la corteza, el fruto y la flor se usan para tratar afecciones bronquiales.

destapa frasquitos *uncovers little jars* **agüitas** *herbal teas* **toronjil** *lemon balm* **paico** *Mexican tea (plant)* **cólicos** *cramps* **caseros** *home* **curanderos** *folk healers* **chamanes** *shaman* **se funden** *merge* **gota** *gout* **corteza** *bark* **várices** *varicose veins* **afecciones del hígado** *liver conditions* **sabana** *savannah*

ASÍ LO DECIMOS

La salud y el bienestar

el/la buquí (R. Dom.)   *glutton*

cachucharse (Chi.)   *to hit oneself*

caer bien/mal   *to agree with (food)*

curar el empacho (Arg.)   *to cure indigestion*

estar constipado/a   *to have a cold / to be constipated*
  (Arg., Chi. y Uru.)

estar depre (Arg., Esp. y Pe.)   *to feel down*

estar funado/a (Chi.)   *to feel demotivated*

estar pachucho/a (Arg. y Esp.)   *to be under the weather*

el/la matasanos (Esp.)   *bad doctor; quack*

¡Se me parte la cabeza! (Arg.)   *I have a splitting headache!*

EL MUNDO HISPANOHABLANTE

La salud y el bienestar públicos

Los gobiernos hispanoamericanos suelen brindar servicios de salud pública gratuitos° a todos los ciudadanos. Algunos países, como Cuba, han desarrollado un **sistema de salud universalista** en el cual todos los servicios son gratuitos. Otros países, como Chile, tienen un modelo mixto, que combina el sector público con el privado.

En el **ránking del mejor país donde nacer** de 2013, hecho por *The Economist Intelligence Unit*, España aparece en el lugar 28 sobre un total de 80 países. Este ránking considera no sólo los ingresos económicos, sino también otros indicadores como el bienestar y la satisfacción individual de las personas.

El colombiano **Rodolfo Llinás** es quizá el científico hispanoamericano de más prestigio a nivel mundial. Llinás estudió para ser médico, pero decidió dedicarse a la investigación. Llinás trabajó con dos ganadores del premio Nobel y estableció la ley Llinás, según la cual cada tipo de neurona tiene una función específica y no puede ser sustituido por otro tipo.

gratuitos *free of charge*

PERFIL

LA CICLOVÍA DE BOGOTÁ

Todos los domingos y lunes festivos, se cierran algunas de las principales vías de la capital de Colombia para que más de un millón de habitantes salgan a la Ciclovía: 120 kilómetros para montar en bicicleta, caminar, correr o patinar. Es una forma de recreación para la comunidad, una manera distinta de recorrer la ciudad y una manera de promover un estilo de vida activo y saludable. La Ciclovía cuenta además con la Recreovía: espacios distribuidos en diferentes puntos del trayecto, en los cuales la gente tiene la oportunidad de hacer actividades físicas, como aeróbicos y clases de baile, dirigidas por instructores especializados. Estos servicios no tienen ningún costo y todos son bienvenidos. En el recorrido también se pueden encontrar puntos para la práctica de deportes extremos, zonas especiales para niños e incluso puestos de atención para mascotas. Algunos países como México, Chile y Venezuela también están implementando la Ciclovía como una opción de recreación para todos los habitantes de la ciudad.

❝Los conocimientos de la medicina tradicional son conocimientos adquiridos de nuestros antepasados y mantienen vivas las más ricas culturas de América Latina.❞
(Donato Ayma, político boliviano)

Conexión Internet

¿Qué beneficios tienen los distintos tés de hierbas?

Investiga sobre este tema en **vhlcentral.com.**

¿Qué aprendiste?

1 **Comprensión** Indica si estas afirmaciones son **ciertas** o **falsas**. Corrige las falsas.

1. Marcela aprendió a usar infusiones en un viaje a Colombia, la tierra de su abuela.

2. Colombia es uno de los países con mayor diversidad de especies vegetales.

3. En las prácticas curativas tradicionales, se combinan las propiedades curativas de las plantas con el poder curativo de los animales.

4. Los conocimientos sobre los poderes curativos de las plantas han pasado de padres a hijos a través de los siglos.

5. En Colombia, el uso de plantas curativas es popular sólo entre las comunidades indígenas.

6. A pesar de la llegada de la medicina científica, muchas comunidades mantuvieron sus prácticas medicinales tradicionales.

7. Las comunidades que mejor conservaron las tradiciones fueron las que estaban más cerca de la costa.

8. En Colombia, las instituciones no se preocupan por recuperar las tradiciones curativas.

9. Las empresas farmacéuticas quieren apropiarse de las plantas.

10. Colombia ha empezado a controlar las exportaciones de plantas curativas.

2 **Oraciones incompletas** Completa las oraciones con la información correcta.

1. En la Recreovía, los colombianos pueden hacer _____ o tomar clases de baile.
   a. aeróbicos   b. manualidades   c. concursos

2. Países como México, Chile y _____ también están implementando la Ciclovía.
   a. Costa Rica   b. El Salvador   c. Venezuela

3. En Chile, el sistema de salud sigue el modelo _____.
   a. mixto   b. universalista   c. privado

4. Rodolfo Llinás descubrió que un tipo de _____ no puede ser sustituido por otro.
   a. cerebro   b. neurona   c. cáncer

5. En Chile, usan *estar funado* para decir que alguien tiene _____.
   a. indigestión   b. gripe   c. poca energía

3 **Opiniones** En parejas, hablen sobre estas preguntas. Después, compartan su opinión con la clase.

- ¿Se puede patentar la naturaleza?
- ¿Tienen derecho las empresas farmacéuticas a patentar plantas?
- ¿Tienen derecho a hacerlo si modifican la estructura genética de la planta?
- ¿Cuáles son las posibles consecuencias de patentar plantas y organismos vivos?

 Practice more at **vhlcentral.com**.

PROYECTO

Las plantas curativas

Como hemos visto, muchas comunidades latinoamericanas usan las plantas para curar diferentes enfermedades. Busca información en Internet o en la biblioteca sobre alguna de estas plantas.

Usa las preguntas como guía para tu investigación.

- ¿Para qué se usa la planta?
- ¿En qué comunidad(es) se usa?
- ¿Qué enfermedad(es) específica(s) cura?
- ¿Cómo se usa según la tradición?
- ¿Se comprobaron científicamente las propiedades de la planta?
- ¿Es común su uso en la medicina científica?

Las farmacias

 Video

Ya has leído sobre el interés renovado por conocer las propiedades medicinales de las plantas en Colombia. En este episodio de **Flash Cultura** conocerás las distintas opciones de farmacias que existen actualmente en uno de sus países vecinos, Ecuador.

Corresponsal: Mónica Díaz
País: Ecuador

Los consejos personales que el farmacéutico ofrece al cliente es lo que distingue a las pequeñas farmacias de las grandes.

VOCABULARIO ÚTIL

la arruga *wrinkle*	**el mostrador** *counter*
la baba de caracol *snail slime*	**la piel tersa** *smooth skin*
la cicatriz *scar*	**el ungüento** *ointment*
el estante *shelf*	**la vitrina** *glass cabinet*

Preparación ¿Qué haces cuando sientes algún dolor? ¿Alguna vez tomaste medicamentos sin visitar antes al médico?

Comprensión Indica si estas afirmaciones son **ciertas** o **falsas**. Después, en parejas, corrijan las falsas.

1. En Ecuador pueden encontrarse farmacias similares a las que hay en Estados Unidos o en Europa.

2. Las grandes farmacias no ofrecen remedios caseros como la crema de cicuta.

3. No es costumbre en Ecuador que el farmacéutico recete a los clientes.

4. En las farmacias tradicionales, los clientes no tienen acceso a los productos, que se guardan en estantes o vitrinas detrás del mostrador.

5. La crema de baba de caracol sirve para dolores e inflamación de la piel.

6. Para la medicina tradicional, algunas plantas son malas.

A veces, las personas en el mundo hispano utilizan medicina alternativa para curar sus dolencias°.

Expansión En parejas, contesten estas preguntas.

- Imagina que viajas a Ecuador y te enfermas. ¿Buscarías el consejo de un farmacéutico en vez de ir al médico? Justifica tu respuesta.

- Entre unas píldoras recetadas por el médico y una limpia de energía, ¿cuál elegirías? ¿Te parece que alguna de esas opciones puede ser mala para la salud? ¿Por qué?

- ¿En qué se parecen las farmacias de Ecuador a las de tu ciudad? ¿En qué se diferencian? ¿Qué tipo de farmacia te parece mejor? ¿Por qué?

Para la medicina tradicional, la gripe es un bajón° de energía; a través de la limpia°, se aumenta la energía y de esa manera se sale de ese proceso.

dolencias *ailments* **bajón** *drop* **limpia** *cleansing*

 Practice more at **vhlcentral.com**.

4.1 The subjunctive in noun clauses

Forms of the present subjunctive

- The subjunctive (**el subjuntivo**) is used mainly in the subordinate (dependent) clause of multiple-clause sentences to express will, influence, emotion, doubt, or denial. The present subjunctive is formed by dropping the **-o** from the **yo** form of the present indicative and adding these endings.

The present subjunctive		
hablar	**comer**	**escribir**
hable	coma	escriba
hables	comas	escribas
hable	coma	escriba
hablemos	comamos	escribamos
habléis	comáis	escribáis
hablen	coman	escriban

- Verbs with irregular **yo** forms show that same irregularity in all forms of the present subjunctive.

conocer		conozca		seguir		siga
decir		diga		tener		tenga
hacer	▶	haga		traer		traiga
oír		oiga		venir		venga
poner		ponga		ver		vea

- Verbs with stem changes in the present indicative show the same changes in the present subjunctive. Stem-changing **-ir** verbs also undergo a stem change in the **nosotros/as** and **vosotros/as** forms of the present subjunctive.

pensar (e:ie)	piense, pienses, piense, pensemos, penséis, piensen
jugar (u:ue)	juegue, juegues, juegue, juguemos, juguéis, jueguen
mostrar (o:ue)	muestre, muestres, muestre, mostremos, mostréis, muestren
entender (e:ie)	entienda, entiendas, entienda, entendamos, entendáis, entiendan
resolver (o:ue)	resuelva, resuelvas, resuelva, resolvamos, resolváis, resuelvan
pedir (e:i)	pida, pidas, pida, pidamos, pidáis, pidan
sentir (e:ie)	sienta, sientas, sienta, sintamos, sintáis, sientan
dormir (o:ue)	duerma, duermas, duerma, durmamos, durmáis, duerman

- The following five verbs are irregular in the present subjunctive.

dar		dé, des, dé, demos, deis, den
estar		esté, estés, esté, estemos, estéis, estén
ir		vaya, vayas, vaya, vayamos, vayáis, vayan
saber		sepa, sepas, sepa, sepamos, sepáis, sepan
ser		sea, seas, sea, seamos, seáis, sean

TALLER DE CONSULTA

MANUAL DE GRAMÁTICA
Más práctica

4.1 The subjunctive in noun clauses, p. A23
4.2 Commands, p. A24
4.3 **Por** and **para**, p. A25

Más gramática

4.4 The subjunctive with impersonal expressions, p. A26

¡ATENCIÓN!

The *indicative* is used to express actions, states, or facts the speaker considers to be certain. The *subjunctive* expresses the speaker's attitude toward events, as well as actions or states that the speaker views as uncertain.

• • • • •

Verbs that end in **-car, -gar,** and **-zar** undergo spelling changes in the present subjunctive.

sacar: saque

jugar: juegue

almorzar: almuerce

• • • • •

The present subjunctive form of **hay** is **haya**.

No creo que haya una solución.
I don't think there is a solution.

Verbs of will and influence

- A clause is a group of words that contains both a conjugated verb and a subject (expressed or implied). In a subordinate noun clause (**oración subordinada sustantiva**), a group of words function together as a noun.

Quiero que hagas unos cambios en estos diseños.

- When the subject of the main (independent) clause of a sentence exerts influence or will on the subject of the subordinate clause, the verb in the subordinate clause takes the subjunctive.

MAIN CLAUSE	CONNECTOR	SUBORDINATE CLAUSE
Yo quiero	**que**	tú vayas **al médico.**

¡ATENCIÓN!

Pedir is used with the subjunctive to ask someone to do something.

Preguntar is used to ask questions, and is not followed by the subjunctive.

No te pido que lo hagas ahora.
I'm not asking you to do it now.

No te pregunto si lo haces ahora.
I'm not asking you if you're doing it now.

Verbs and expressions of will and influence

aconsejar *to advise*	**gustar** *to like*	**preferir (e:ie)** *to prefer*
desear *to desire;*	**hacer** *to make*	**prohibir** *to prohibit*
to wish	**importar** *to be important*	**proponer** *to propose*
es importante	**insistir en** *to insist (on)*	**querer (e:ie)** *to want; to wish*
it's important	**mandar** *to order*	**recomendar (e:ie)**
es necesario	**necesitar** *to need*	*to recommend*
it's necessary	**oponerse a** *to oppose*	**rogar (o:ue)** *to beg*
es urgente *it's urgent*	**pedir (e:i)** *to ask for;*	**sugerir (e:ie)** *to suggest*
exigir *to demand*	*to request*	

Necesito que **consigas** estas pastillas en la farmacia.
I need you to get these pills at the pharmacy.

Insisto en que **vayas** a la sala de emergencias.
I insist that you go to the emergency room.

El médico siempre me **recomienda** que **deje** de fumar.
The doctor always recommends that I quit smoking.

Se oponen a que **salgas** si estás enfermo.
They object to your going out if you're sick.

- The infinitive, not the subjunctive, is used with verbs and expressions of will and influence if there is no change of subject in the sentence. The **que** is unnecessary in this case.

Quiero **ir** a Bogotá en junio.
I want to go to Bogotá in June.

Prefiero que **vayas** en agosto.
I prefer that you go in August.

Verbs of emotion

- When the main clause expresses an emotion like hope, fear, joy, pity, or surprise, the verb in the subordinate clause must be in the subjunctive if its subject is different from that of the main clause.

Espero que **te recuperes** pronto.
I hope you recover quickly.

Es terrible que Ana **tenga** esa enfermedad.
Its terrible that Ana suffers from that illness.

Verbs and expressions of emotion		
alegrarse (de) *to be happy (about)*	**es terrible** *it's terrible*	**molestar** *to bother*
es bueno *it's good*	**es una lástima** *it's a shame*	**sentir (e:ie)** *to be sorry; to regret*
es extraño *it's strange*	**es una pena** *it's a pity*	**sorprender** *to surprise*
es malo *it's bad*	**esperar** *to hope; to wish*	**temer** *to fear*
es mejor *it's better*	**gustar** *to like; to be pleasing*	**tener miedo a/de** *to be afraid (of)*
es ridículo *it's ridiculous*		

- The infinitive, not the subjunctive, is used with verbs and expressions of emotion if there is no change of subject in the sentence.

No me gusta **llegar** tarde.
I don't like to arrive late.

Es mejor que lo **hagas** ahora.
It's better that you do it now.

Verbs of doubt or denial

- When the main clause implies doubt, uncertainty, or denial, the verb in the subordinate clause must be in the subjunctive if its subject is different from that of the main clause.

No creo que él nos **quiera** engañar.
I don't think that he wants to deceive us.

Dudan que el jarabe **sea** un buen remedio.
They doubt that the syrup will be a good remedy.

Verbs and expressions of doubt and denial	
dudar *to doubt*	**negar (e:ie)** *to deny*
es imposible *it's impossible*	**no creer** *not to believe*
es improbable *it's improbable*	**no es evidente** *it's not evident*
es poco seguro *it's uncertain*	**no es seguro** *it's not certain*
(no) es posible *it's (not) possible*	**no es verdad/cierto** *it's not true*
(no) es probable *it's (not) probable*	**no estar seguro de** *not to be sure (of)*

- The infinitive, not the subjunctive, is used with verbs and expressions of doubt or denial if there is no change in the subject of the sentence.

Es imposible **viajar** hoy.
It's impossible to travel today.

No es seguro que él **viaje** hoy.
It's not certain that he will travel today.

Práctica

1 **Opiniones contrarias** Escribe una oración que exprese lo opuesto en cada ocasión.

MODELO   **No creo que Carlos esté resfriado.**
— Creo que Carlos está resfriado.

1. Están seguros de que Pedro puede dejar de fumar.
2. Es evidente que estás agotado.
3. No creo que las medicinas naturales sean curativas.
4. Es verdad que la cirujana no quiere operarte.
5. No es seguro que este médico conozca el mejor tratamiento.

2 **Siempre enferma** Últimamente, Ana María se enferma demasiado y sus amigas están preocupadas por ella. Completa la conversación con el infinitivo, el indicativo o el subjuntivo.

MARTA Es una pena que Ana María (1) _____ (estar / está / esté) enferma otra vez.

ADRIANA El problema es que no le gusta (2) _____ (tomar / toma / tome) vitaminas. Además, ella casi nunca (3) _____ (comer / come / coma) verduras.

MARTA Y no creo que Ana María (4) _____ (hacer / hace / haga) ejercicio. Yo siempre le (5) _____ (pedir /pido / pida) que (6) _____ (venir / viene / venga) conmigo al gimnasio, pero ella prefiere (7) _____ (quedarse / se queda / se quede) en casa.

ADRIANA Y cuando ella se enferma, no (8) _____ (seguir / sigue / siga) los consejos del médico. Si él le recomienda que (9) _____ (permanecer / permanece / permanezca) en cama, ella dice que no es necesario (10) _____ (descansar / descansa / descanse). Si él le da una receta, ella ni (11) _____ (comprar / compra /compre) las medicinas. ¿Qué vamos a hacer, Marta?

MARTA Es necesario que (12) _____ (hablar / hablamos / hablemos) con ella. Si no, ¡temo que un día de éstos ella nos (13) _____ (llamar / llama / llame) para llevarla a la sala de emergencias!

ADRIANA Bueno, creo que (14) _____ (tener / tienes / tengas) razón. ¡Sólo espero que ella nos (15) _____ (escuchar / escucha / escuche)!

3 **Consejos** Combina los elementos de cada columna para escribir cinco consejos. Usa el presente del subjuntivo.

MODELO   Te recomendamos que hagas más ejercicio.

aconsejar		comer frutas y verduras
es importante		descansar
es necesario	que	hacer más ejercicio
querer		ir al gimnasio
recomendar		seguir las recomendaciones del médico
sugerir		tomar las medicinas

Práctica

4 **Ojalá** Para muchos, el amor es una enfermedad. El cantante Silvio Rodríguez sugiere en esta canción una cura para el amor.

A. Utiliza el presente del subjuntivo de los verbos entre paréntesis para completar la estrofa (*verse*) de la canción.

> Ojalá que las hojas no te (1) _____ (tocar) el cuerpo cuando (2) _____ (caer) para que no las puedas convertir en cristal.
> Ojalá que la lluvia (3) _____ (dejar) de ser milagro que baja por tu cuerpo.
> Ojalá que la luna (4) _____ (poder) salir sin ti.
> Ojalá que la tierra no te (5) _____ (besar) los pasos.

B. Ahora, escribe tu propia estrofa.

1. Ojalá que los sueños _____.
2. Ojalá que la noche _____.
3. Ojalá que la herida _____.
4. Ojalá una persona _____.

5 **El hombre ideal** Roberto está enamorado de Lucía, pero ella no le presta atención. Mira el dibujo del hombre ideal de Lucía y escribe cinco recomendaciones para Roberto. Utiliza el presente del subjuntivo y las palabras de la lista.

MODELO Roberto, es necesario que te vistas mejor.

aconsejar	insistir en
es importante	proponer
es malo	recomendar
es mejor	rogar
es necesario	sugerir

Roberto

Hombre ideal

 Practice more at **vhlcentral.com**.

Comunicación

6 **El doctor Sánchez responde** Los lectores de una revista de salud envían sus consultas al doctor Sánchez. Trabajen en parejas para decidir qué consejos corresponden a cada consulta. Luego redacten la respuesta para cada lector usando las expresiones de la lista.

Los lectores preguntan. **El Dr. Sánchez responde.**

1. Estimado Dr. Sánchez:
   Tengo 55 años y quiero adelgazar 10 kilos. Mi médico insiste en que mejore mi alimentación. Probé varias dietas, pero no logro adelgazar. ¿Qué puedo hacer?
   Ana J.

2. Querido Dr. Sánchez:
   Tengo 38 años y sufro fuertes dolores de espalda (*back*). Trabajo en una oficina y estoy muchas horas sentada. Después de varios análisis, mi médico dijo que tengo los huesos perfectamente. Me recetó unas pastillas para los músculos, pero no quiero tomar medicinas. ¿Hay otra solución?
   Isabel M.

3. Dr. Sánchez:
   Siempre me duele mucho el estómago. Soy muy nervioso y no puedo dormir. Mi médico me aconseja que trabaje menos. Pero eso es imposible.
   Andrés S.

A. *No comer con prisa.*
   Pasear mucho.
   No tomar café.
   Practicar yoga.

B. *Caminar mucho.*
   Practicar natación.
   No comer las cuatro "p":
   papas, pastas, pan y postres.
   Tomar dos litros de agua
   por día.

C. *No permanecer sentada más*
   de dos horas seguidas.
   Hacer cincuenta minutos
   de ejercicio por día.
   Adoptar una buena postura
   al estar sentada.
   Elegir una buena cama.
   Usar una almohada dura.

es importante que	le aconsejo que
es improbable que	le propongo que
es necesario que	le recomiendo que
es poco seguro que	le sugiero que
es urgente que	no es seguro que

7 **Estilos de vida** En parejas, elijan cada uno/a una de estas personalidades. Después, dense consejos para cambiar su estilo de vida. Utilicen el subjuntivo.

1. Voy al gimnasio tres veces al día. Lo más importante en mi vida es mi cuerpo.

2. Me gusta salir por las noches. Trasnocho casi todos los días.

3. Siempre como comida rápida porque está muy rica y no me gusta cocinar.

4. No hago nada de ejercicio. Estoy todo el día trabajando en la oficina.

4.2 Commands

Formal (*Ud.* and *Uds.*) commands

- Formal commands (**mandatos**) are used to give orders or advice to people you address as **usted** or **ustedes**. Their forms are identical to the present subjunctive forms for **usted** and **ustedes**.

Formal commands		
Infinitive	**Affirmative command**	**Negative command**
tomar	**tome** (usted)	**no tome** (usted)
	tomen (ustedes)	**no tomen** (ustedes)
volver	**vuelva** (usted)	**no vuelva** (usted)
	vuelvan (ustedes)	**no vuelvan** (ustedes)
salir	**salga** (usted)	**no salga** (usted)
	salgan (ustedes)	**no salgan** (ustedes)

¡ATENCIÓN!

***Vosotros/as* commands**

In Latin America, **ustedes** commands serve as the plural of familiar (**tú**) commands. The familiar plural **vosotros/as** command is used in Spain. The affirmative command is formed by changing the **-r** of the infinitive to **-d**. The negative command is identical to the **vosotros/as** form of the present subjunctive.

bailar: bailad/no bailéis

For reflexive verbs, affirmative commands are formed by dropping the **-r** and adding the reflexive pronoun **-os**. In negative commands, the pronoun precedes the verb.

levantarse: levantaos/ no os levantéis

The verb **irse** is irregular: **idos/no os vayáis**

Familiar (*tú*) commands

- Familiar commands are used with people you address as **tú**. Affirmative **tú** commands have the same form as the **él, ella**, and **usted** form of the present indicative. Negative **tú** commands have the same form as the **tú** form of the present subjunctive.

> Piensa en él como un amigo que tiene siempre razón.

> No pienses en mí como tu jefe.

Familiar commands		
Infinitive	**Affirmative command**	**Negative command**
viajar	viaja	no viajes
empezar	empieza	no empieces
pedir	pide	no pidas

- These verbs have irregular affirmative **tú** commands. Their negative forms are still the same as the **tú** form of the present subjunctive.

decir	▶	di		salir	▶	sal
hacer		haz		ser		sé
ir		ve		tener		ten
poner		pon		venir		ven

Nosotros/as commands

- **Nosotros/as** commands are used to give orders or suggestions that include yourself as well as other people. In Spanish, **nosotros/as** commands correspond to the English *let's* + [*verb*]. Affirmative and negative **nosotros/as** commands are generally identical to the **nosotros/as** forms of the present subjunctive.

Nosotros/as commands		
Infinitive	**Affirmative command**	**Negative command**
bailar	bailemos	no bailemos
beber	bebamos	no bebamos
abrir	abramos	no abramos

- The **nosotros/as** commands for **ir** and **irse** are irregular: **vamos** and **vámonos**. The negative commands are regular: **no vayamos** and **no nos vayamos**.

Using pronouns with commands

- When object and reflexive pronouns are used with affirmative commands, they are always attached to the verb. When used with negative commands, the pronouns appear between **no** and the verb.

Levántense temprano.	**No se levanten** tarde.
Wake up early.	*Don't wake up late.*
Dime todo.	**No me digas nada**.
Tell me everything.	*Don't tell me anything.*

- When the pronouns **nos** or **se** are attached to an affirmative **nosotros/as** command, the final **s** of the command form is dropped.

Sentémonos aquí.	**No nos sentemos** aquí.
Let's sit here.	*Let's not sit here.*
Démoselo mañana.	**No se lo demos** mañana.
Let's give it to him/her tomorrow.	*Let's not give it to him/her tomorrow.*

Indirect (*él, ella, ellos, ellas*) commands

- The construction **que** + [*subjunctive*] can be used with a third-person form to express indirect commands that correspond to the English *let someone do something*. If the subject of the indirect command is expressed, it usually follows the verb.

Que pase el siguiente.	**Que lo haga** ella.
Let the next person pass.	*Let her do it.*

- As with other uses of the subjunctive, pronouns are never attached to the conjugated verb, regardless of whether the indirect command is affirmative or negative.

Que se lo den José y Raquel.	**Que no se lo den** José y Raquel.
Let José and Raquel give it to them.	*Don't let José and Raquel give it to them.*
Que lo vuelva a hacer Ana.	**Que no lo vuelva** a hacer Ana.
Let Ana do it again.	*Don't let Ana do it again.*

¡ATENCIÓN!

When one or more pronouns are attached to an affirmative command, an accent mark may be necessary to maintain the original stress. This usually happens when the combined verb form has three or more syllables.

decir

di, dile, dímelo

diga, dígale, dígaselo

digamos, digámosle, digámoselo

TALLER DE CONSULTA

See **2.1**, pp. 54–55 for object pronouns.

See **2.3**, pp. 62–63 for reflexive pronouns.

Práctica

TALLER DE CONSULTA

MANUAL DE GRAMÁTICA
Más práctica

4.2 Commands, p. A24

(1) **Mandatos** Cambia estas oraciones para que sean mandatos.

1. Te conviene descansar.
2. Deben relajarse.
3. Es hora de que usted tome su pastilla.
4. ¿Podría usted describir sus síntomas?
5. ¿Y si dejamos de fumar?
6. ¿Podrías consultar con un especialista?
7. Ustedes necesitan comer bien.
8. Le pido que se vaya de mi consultorio.

(2) **El cuidado de los dientes**

A. Escribe los consejos que dio un dentista durante una visita a una escuela.
Usa el imperativo formal de la segunda persona del plural.

1. prevenir las caries (*cavities*)
2. cepillarse los dientes después de cada comida
3. no comer dulces
4. poner poco azúcar en el café o el té
5. comer o beber alimentos que tengan calcio
6. consultar al dentista periódicamente

B. Reescribe los consejos usando el imperativo informal.

(3) **El doctor de Felipito** Felipito es un niño muy inquieto. A cada rato tiene pequeños accidentes. Utiliza mandatos informales para aconsejarle cómo evitarlos.

MODELO No toques perros en la calle.

1.   2.   3.

4.   5.   6.

 Practice more at **vhlcentral.com.**

Comunicación

4. **Que lo hagan ellos** Carlos está tan entretenido con su nuevo videojuego que no quiere hacer nada más. En parejas, preparen una conversación entre Carlos y su madre en la que ella le da mandatos y Carlos sugiere que otras personas la ayuden. Utilicen mandatos indirectos en la conversación.

MODELO

MADRE Limpia tu cuarto, Carlos.
CARLOS Que lo limpie mi hermano. ¡Estoy a punto de alcanzar el próximo nivel!

ayudarme en la cocina	mis amigos
cortar cebollas	mi hermana
pasear al perro	mi hermano
llamar a la abuela	mi padre
ir a la farmacia	tú/Ud.

5. **Hasta el siglo XXII**

A. ¿Qué consejos le darías a un(a) amigo/a para que viva hasta el siglo XXII? En grupos pequeños, escriban ocho recomendaciones utilizando mandatos informales afirmativos y negativos. Sean creativos/as.

MODELO No tomes mucho café. Toma sólo agua y jugos naturales.

B. Ahora reúnanse con otro grupo y lean las dos listas. ¿En qué se parecen y en qué se diferencian sus recomendaciones?

6. **Anuncios** En grupos, elijan tres de estos productos y escriban un anuncio de televisión para promocionar cada uno de ellos. Utilicen los mandatos formales para convencer al público de que lo compre.

MODELO El nuevo perfume "Enamorar" de Rita Ferrero le va a encantar. Cómprelo en cualquier perfumería de su ciudad. Pruébelo y...

perfume "Enamorar"	computadora portátil "Digitex"
chocolate sin calorías "Deliz"	crema hidratante "Suavidad"
raqueta de tenis "Rayo"	todo terreno "Intrepid"
pasta de dientes "Sonrisa Sana"	cámara digital "Flimp"

4.3 *Por* and *para*

- **Por** and **para** are both translated as *for*, but they are not interchangeable.

Madrugué para
ir al gimnasio.

Por mucho que
insistan, los tendré
que tirar.

Uses of *para*

Destination *(toward; in the direction of)*	El cirujano sale de su casa **para** la clínica a las ocho. *The surgeon leaves his house at eight to go to the clinic.*
Deadline or a specific time in the future *(by; for)*	El resultado del análisis va a estar listo **para** mañana. *The test results will be ready by tomorrow.*
Goal (para + [*infinitive*]) *(in order to)*	El doctor usó un termómetro **para** ver si el niño tenía fiebre. *The doctor used a thermometer to see if the boy had a fever.*
Purpose (para + [*noun*]) *(for; used for)*	El investigador descubrió una cura **para** la enfermedad. *The researcher discovered a cure for the disease.*
Recipient *(for)*	La enfermera preparó la cama **para** doña Ángela. *The nurse prepared the bed for Doña Ángela.*
Comparison with others or opinion *(for; considering)*	**Para** su edad, goza de muy buena salud. *For her age, she enjoys very good health.*
	Para mí, lo que tienes es gripe y no un resfriado. *To me, what you have is the flu, not a cold.*
Employment *(for)*	Mi hijo trabaja **para** una empresa farmacéutica. *My son works for a pharmaceutical company.*

Expressions with *para*

no estar para bromas *to be in no mood for jokes*

no ser para tanto *to not be a big deal*

para colmo *to top it all off*

para que *so that*

para que (lo) sepas *just so you know*

para siempre *forever*

- Note that the expression **para que** is followed by the subjunctive.

> Te compré zapatos de tenis **para que** hagas ejercicio.
> *I got you sneakers so that you will work out.*

Uses of *por*

Motion or a general location *(along; through; around; by)*	Me quebré la pierna corriendo **por** el parque. *I broke my leg running through the park.*
Duration of an action *(for; during; in)*	Estuvo en cama **por** dos meses. *He was in bed for two months.*
Reason or motive for an action *(because of; on account of; on behalf of)*	Rezó **por** su hijo enfermo. *She prayed for her sick child.*
Object of a search *(for; in search of)*	El enfermero fue **por** un termómetro. *The nurse went to get a thermometer.*
Means by which *(by; by way of; by means of)*	Consulté con el doctor **por** teléfono. *I consulted with the doctor by phone.*
Exchange or substitution *(for; in exchange for)*	Cambiamos ese tratamiento **por** uno nuevo. *We changed from that treatment to a new one.*
Unit of measure *(per; by)*	Tengo que tomar las pastillas cinco veces **por** día. *I have to take the pills five times a day.*
Agent (passive voice) *(by)*	La nueva política de salud pública fue anunciada **por** la prensa. *The new public health policy was announced by the press.*

Expressions with *por*

por ahora *for the time being*	**por lo general** *in general*
por allí/aquí *around there/here*	**por lo menos** *at least*
por casualidad *by chance*	**por lo tanto** *therefore*
por cierto *by the way*	**por lo visto** *apparently*
¡Por Dios! *For God's sake!*	**por más/mucho que** *no matter how much*
por ejemplo *for example*	**por otro lado/otra parte** *on the other hand*
por escrito *in writing*	**por primera vez** *for the first time*
por eso *therefore; for that reason*	**por si acaso** *just in case*
por fin *finally*	**por supuesto** *of course*

¡ATENCIÓN!

In many cases it is grammatically correct to use either **por** or **para** in a sentence. However, the meaning of each sentence is different.

Trabajó por su tío.
He worked for (in place of) his uncle.

Trabajó para su tío.
He worked for his uncle('s company).

Práctica

TALLER DE CONSULTA

MANUAL DE GRAMÁTICA
Más práctica

4.3 **Por** and **para**, p. A25

1 **Otra manera** Lee la primera oración y completa la segunda versión con **por** o **para**.

1. Mateo pasó el verano en Colombia con su abuela.
   Mateo fue a Colombia _____ visitar a su abuela.

2. Ella estaba enferma y quería la compañía de su nieto.
   Ella estaba enferma; _____ eso, Mateo decidió ir.

3. La familia le envió muchos regalos a la abuela.
   La familia envió muchos regalos _____ la abuela.

4. La abuela se alegró mucho de la visita de Mateo.
   La abuela se puso muy feliz _____ la visita de Mateo.

5. Mateo pasó tres meses en ese país.
   Mateo estuvo en Colombia _____ tres meses.

Cartagena, Colombia

2 **Carta de amor** Completa la carta con **por** y/o **para**.

De:	mateo25@tucorreo.com
A:	cata@tucorreo.com
Tema:	Noticias desde Cartagena

Mi amada Catalina:

(1) _____ fin encuentro un momento (2) _____ escribirte. Es que mi abuela me tiene a su lado (3) _____ horas y horas cada día, contándome historias de su niñez aquí en Cartagena. Poquito a poco va recuperándose, pero no sé de dónde saca tantas fuerzas (4) _____ hablar. Pero estoy aquí sólo (5) _____ ella, así que no me quejo de nada. En las tardes ella descansa y yo suelo caminar (6) _____ la playa y, (7) _____ supuesto, pienso en ti…

Hoy mi abuelita me pidió llamar (8) _____ teléfono a la clínica, pues le duele mucho el estómago y cree que es (9) _____ las otras medicinas que le recetó el cirujano. Mientras tío Javi la lleva a la clínica, yo iré al centro (10) _____ hacer unas compras. Ya sé lo que voy a comprar (11) _____ ti.
Ya pronto nos veremos…
Te amaré (12) _____ siempre…

Mateo

3 **Oraciones** Utiliza palabras de cada columna para formar oraciones lógicas.

MODELO Mi hermana preparó una cena especial para la fiesta.

caminar		él
comprar		la fiesta
jugar	por	mi mamá
hacer	para	su hermana
preparar		el parque

 Practice more at **vhlcentral.com**.

Comunicación

4 **Soluciones** En parejas, comenten cuáles son las mejores maneras de lograr los objetivos de la lista. Sigan el modelo y utilicen **por** y **para**.

MODELO Para tener buena salud, lo mejor es comer cinco frutas o verduras por día porque tienen muchas vitaminas.

concentrarse al estudiar	relajarse
divertirse	ser famoso/a
hacer muchos amigos	ser organizado/a
mantenerse en forma	tener buena salud

5 **Conversación** En parejas, elijan una de las situaciones y escriban una conversación. Utilicen **por** y **para**, y algunas de las expresiones de la lista.

A. Tu vecino, don José, ganó en un concurso unas vacaciones a Medellín, Colombia, pero él no puede ir. Está pensando en ti y en otro/a vecino/a. Convence a don José de que te dé a ti las vacaciones.

B. Hace un año que trabajas en una librería y nunca has tenido vacaciones. Habla con tu jefe/a y dile que quieres tomarte unas vacaciones de dos semanas. Tu jefe/a dice que ahora no puedes tomarte vacaciones y te da algunas razones. Explícale tú tus razones.

no es para tanto	por casualidad	por lo menos
para colmo	por eso	por lo tanto
para siempre	por fin	por supuesto

6 **Síntesis** En grupos de cuatro miren la foto e inventen una conversación. Deben usar por lo menos tres verbos en el subjuntivo, tres mandatos y tres expresiones con **por** o **para**. Dramaticen la conversación para el resto de la clase.

MODELO — Quiero que me digas qué debo hacer para adelgazar.
— ¡Bebe té verde por la mañana!

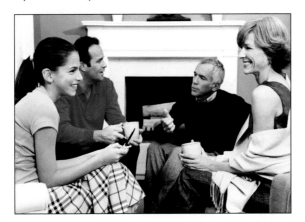

Antes de ver el corto

ÉRAMOS POCOS

país España

duración 16 minutos

director Borja Cobeaga

protagonistas Joaquín (padre), Fernando (hijo), Lourdes (abuela)

Vocabulario

el álbum (de fotos) *(photo) album*

apañar *to fix up*

apañarse *to manage; to make do*

el asilo (de ancianos) *nursing home*

descalzo/a *barefoot*

el desorden *mess*

enseguida *right away*

largarse *to take off*

el marco *frame*

la paella *(Esp.) traditional rice and seafood dish*

la tortilla *(Esp.) potato omelet*

el trastero *storage room*

1. **Oraciones incompletas** Completa las oraciones con las palabras apropiadas.

1. Pones las fotos en un _____ para colocarlas en la pared.

2. Te vas a vivir a un _____ cuando eres un anciano.

3. Guardas los muebles antiguos en un _____.

4. Cuando no llevas zapatos, vas _____.

5. La _____ es un plato que se cocina con huevos y patatas.

2. **Preguntas** En parejas, contesten las preguntas.

1. ¿Crees que ahora los hombres ayudan en las tareas del hogar más que antes?

2. ¿Conoces a alguna mujer que sea ama de casa? ¿Le gusta serlo?

3. ¿Cuáles crees que son las ventajas y las desventajas de vivir en un asilo o vivir con la familia cuando una persona es anciana? ¿Por qué?

4. ¿Cómo crees que va a ser la situación de los ancianos dentro de unos años?

3. **¿Qué sucederá?** En parejas, miren el fotograma e imaginen lo que va a ocurrir en la historia. Compartan sus ideas con la clase.

Practice more at **vhlcentral.com**.

Escenas

FERNANDO ¿Por qué estás descalzo?
JOAQUÍN Porque no encuentro mis zapatillas.
FERNANDO ¿Y estás seguro de que se ha ido sin más°?
JOAQUÍN Eso parece.

FERNANDO Cuánto tiempo sin verte.
LOURDES Mucho tiempo.
FERNANDO Mira, papá, es la abuela.
LOURDES Hola.
JOAQUÍN Hola, soy tu yerno Joaquín. No sé si te acuerdas de mí.

LOURDES ¿Y mi habitación?
JOAQUÍN Esto se arregla en un momento. Desde que te fuiste usamos este cuarto como un trastero, pero enseguida lo apañamos. ¡Fernando!
LOURDES No te preocupes, no pasa nada.
JOAQUÍN ¡Fernando!

JOAQUÍN Creo que se ha dado cuenta. Que sabe para qué la hemos traído.
FERNANDO ¿Qué dices?
JOAQUÍN ¿No la notas demasiado… contenta?

ABUELA ¿Qué? ¿No coméis?
JOAQUÍN Que te diga esto a lo mejor te parece desproporcionado, Lourdes. Pero es que Julia lleva mucho tiempo de viaje.
FERNANDO Mucho, mucho.
JOAQUÍN No sabes lo que esta tortilla significa para nosotros.

JOAQUÍN Julia, soy yo. No me cuelgues°, ¿eh? Es importante. Es sobre tu madre. Ya sé que fui yo el que insistió en meterla en un asilo pero ahora está aquí, con nosotros. Es para pedirte perdón y para que veas que puedo cambiar.

sin más *just like that* **No me cuelgues** *Don't hang up on me*

Después de ver el corto

(1) Comprensión Contesta las preguntas con oraciones completas.

1. ¿Dónde está Julia?
2. ¿Qué ha pasado con las zapatillas de Joaquín?
3. ¿Por qué van a recoger a la abuela?
4. ¿Por qué cree Joaquín que la abuela se ha dado cuenta del plan?
5. ¿Para qué llama Joaquín a su mujer?
6. ¿Qué le dice su mujer?
7. ¿Para qué mira Joaquín el álbum de fotos?
8. ¿Qué descubre Joaquín?

(2) Ampliación Contesta las preguntas.

1. ¿Por qué piensas que Joaquín y Fernando son incapaces de vivir sin una mujer?
2. Según Joaquín, ¿por qué es importante la tortilla?
3. ¿Por qué está tan contenta Lourdes a pesar de trabajar tanto?
4. ¿Por qué crees que Joaquín no dice que la mujer no es su suegra?
5. ¿Qué opinas del final del corto? ¿Te parece que los personajes se están engañando unos a otros o se están ayudando? ¿Por qué?
6. ¿Cómo se relaciona el título con lo que sucede en el corto?

(3) Julia En parejas, imaginen cómo es la esposa de Joaquín y cómo es su vida.

- ¿Cómo es?
- ¿Por qué se fue de casa?
- ¿Dónde está ahora?
- ¿Crees que sigue haciendo las labores del hogar?
- ¿Volverá con su familia?

(4) Salud mental En parejas, imaginen que un día Julia llama a su hijo para explicarle por qué se fue. Según ella, era necesario para su salud mental y su bienestar. Piensen en estas preguntas y ensayen la conversación telefónica entre Fernando y Julia. Represéntenla delante de la clase.

- ¿Está Fernando de acuerdo con la explicación de su madre?
- ¿Perdona Fernando a su madre?
- ¿Le importa realmente que su madre se haya ido?
- ¿Está arrepentida Julia?
- ¿Estaba realmente enferma Julia cuando se fue de la casa?

(5) Cartas Elige una de estas dos situaciones y escribe una carta.

1. Eres la anciana que se hace pasar por Lourdes y decides escribirle una carta a tu verdadera familia explicando por qué te fuiste del asilo con otra familia.
2. Eres un(a) anciano/a que acaba de irse a un asilo. Escribe una carta a tu familia describiendo qué extrañas de vivir en casa y qué te gusta del asilo.

Practice more at **vhlcentral.com.**

Autorretrato con el Dr. Arrieta, 1820
Francisco de Goya, España

"Cuando sientes que la mano de la muerte
se posa sobre el hombro, la vida se ve
iluminada de otra manera…"

— Isabel Allende

Antes de leer

Mujeres de ojos grandes

Sobre la autora

Ángeles Mastretta nació en Puebla, México, en 1949. Estudió periodismo y colaboró en periódicos y revistas: "Escribía de todo: de política, de mujeres, de niños, de lo que veía, de lo que sentía, de literatura, de cultura, de guerra". Su primer libro fue de poemas: *La pájara pinta* (1978), pero fue *Arráncame la vida* (1985), su primera novela, la que le dio fama y reconocimiento. En 1997 fue la primera mujer en ganar el Premio Rómulo Gallegos con su novela *Mal de amores*. En su obra habla sobre la psicología de la mujer. *Mujeres de ojos grandes* está compuesto de relatos sobre mujeres que muestran "el poder que tienen en sus cosas y el poder que tienen para hacer con sus vidas lo que quieran, aunque no lo demuestren. Son mujeres poderosas que se saben poderosas pero no lo ostentan (*boast*)".

Vocabulario

los adelantos *advances*	el/la enfermero/a *nurse*	el ombligo *navel*
la aguja *needle*	el hallazgo *discovery*	la pena *sorrow*
la cordura *sanity*	la insensatez *senselessness*	el regocijo *joy*
desafiante *challenging*	latir *to beat*	la terapia intensiva *intensive care*

La historia de Julio Completa el párrafo con las palabras apropiadas.

Julio prefería una vida (1) _____ que no lo aburriera. Sin embargo, al perder todo por la caída de la bolsa (*stock market crash*), Julio —siempre una persona tan sensata— perdió la (2) _____. Después de unos meses, los síntomas desaparecieron para gran (3) _____ de la familia. Sin embargo, pensar en su trabajo lo llenaba de (4) _____ y en su corazón latía el deseo de hacer algo nuevo. Tan agradecido estaba con los médicos que decidió estudiar para ser (5) _____.

Conexión personal Cuando te sientes enfermo/a, ¿intentas curarte por tus propios medios? ¿Alguna vez estuviste en un hospital? ¿Confías en la medicina tradicional o has probado la medicina alternativa? ¿Crees que la ciencia puede resolverlo todo?

Análisis literario: el símil o la comparación

El símil, o la comparación, es un recurso literario que consiste en comparar una cosa con otra por su semejanza, parecido o relación. De esa manera, se logra mayor expresividad. Implica el uso del término comparativo explícito: **como**. Por ejemplo: "*ojos grandes* **como** *lunas*". Crea algunas comparaciones con estos pares de palabras o inventa tus propias comparaciones: muerte/noche, rostro/fantasma, mejillas/manzanas, hombre/ratón, lugar/cementerio.

 Practice more at **vhlcentral.com.**

Mujeres de ojos grandes

Último cuento; sin título

Ángeles Mastretta

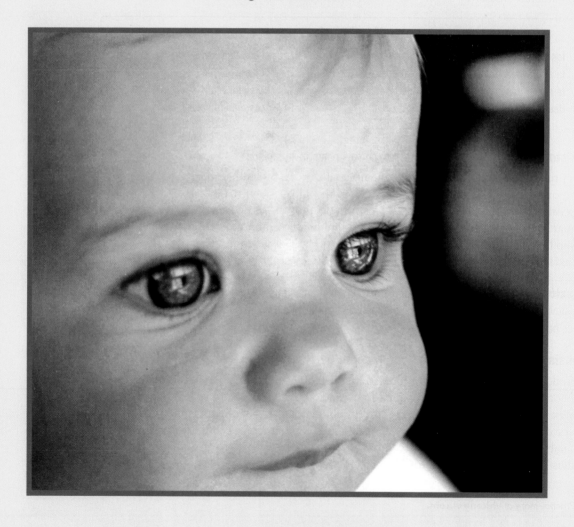

Tía Jose Rivadeneira tuvo una hija con los ojos grandes como dos lunas, como un deseo. Apenas colocada en su abrazo, todavía húmeda y vacilante°, la niña mostró los ojos y algo en las alas° de sus labios que parecía pregunta.

—¿Qué quieres saber? —le dijo tía Jose jugando a que entendía ese gesto.

Como todas las madres, tía Jose pensó que no había en la historia del mundo una criatura tan hermosa como la suya. La deslumbraban° el color de su piel, el tamaño de sus pestañas° y la placidez con que dormía. Temblaba de orgullo imaginando lo que haría con la sangre y las quimeras° que latían en su cuerpo.

Se dedicó a contemplarla con altivez° y regocijo durante más de tres semanas. Entonces la inexpugnable° vida hizo caer sobre la niña una enfermedad que en cinco horas convirtió su extraordinaria viveza° en un sueño extenuado° y remoto° que parecía llevársela de regreso a la muerte.

Cuando todos sus talentos curativos no lograron mejoría alguna, tía Jose, pálida de terror, la cargó hasta el hospital. Ahí se la quitaron de los brazos y una docena de médicos y enfermeras empezaron a moverse agitados y confundidos en torno a la niña. Tía Jose la vio irse tras una puerta que le prohibía la entrada y se dejó caer al suelo incapaz de cargar consigo misma y con aquel dolor como un acantilado°.

Ahí la encontró su marido, que era un hombre sensato y prudente como los hombres acostumbran fingir° que son. La ayudó a levantarse y la regañó° por su falta de cordura y esperanza. Su marido confiaba en la ciencia médica y hablaba de ella como otros hablan de Dios. Por eso lo turbaba° la insensatez en que se había colocado su mujer, incapaz de hacer otra cosa que llorar y maldecir° al destino.

Aislaron a la niña en una sala de terapia intensiva. Un lugar blanco y limpio al que las madres sólo podían entrar media hora diaria. Entonces se llenaba de oraciones° y ruegos.

Todas las mujeres persignaban° el rostro de sus hijos, les recorrían el cuerpo con estampas y agua bendita°, pedían a todo Dios que los dejara vivos. La tía Jose no conseguía sino llegar junto a la cuna° donde su hija apenas respiraba para pedirle: "no te mueras". Después lloraba y lloraba sin secarse los ojos ni moverse hasta que las enfermeras le avisaban que debía salir.

Entonces volvía a sentarse en las bancas cercanas a la puerta, con la cabeza sobre las piernas, sin hambre y sin voz, rencorosa° y arisca°, ferviente° y desesperada. ¿Qué podía hacer? ¿Por qué tenía que vivir su hija? ¿Qué sería bueno ofrecerle a su cuerpo pequeño lleno de agujas y sondas° para que le interesara quedarse en este mundo? ¿Qué podría decirle para convencerla de que valía la pena hacer el esfuerzo en vez de morirse?

Una mañana, sin saber la causa, iluminada sólo por los fantasmas de su corazón, se le acercó a la niña y empezó a contarle las historias de sus antepasadas°. Quiénes habían sido, qué mujeres tejieron° sus vidas con qué hombres antes de que la boca y el ombligo de su hija se anudaran° a ella. De qué estaban hechas, cuántos trabajos° habían pasado, qué penas y jolgorios° traía ella como herencia. Quiénes sembraron con intrepidez° y fantasías la vida que le tocaba prolongar.

Durante muchos días recordó, imaginó, inventó. Cada minuto de cada hora disponible habló sin tregua° en el oído de su hija. Por fin, al atardecer de un jueves, mientras contaba implacable alguna historia, su hija abrió los ojos y la miró ávida° y desafiante, como sería el resto de su larga existencia.

El marido de tía Jose dio las gracias a los médicos, los médicos dieron gracias a los adelantos de su ciencia, la tía abrazó a su niña y salió del hospital sin decir una palabra. Sólo ella sabía a quiénes agradecer la vida de su hija. Sólo ella supo siempre que ninguna ciencia fue capaz de mover tanto, como la escondida en los ásperos° y sutiles° hallazgos de otras mujeres con los ojos grandes. ∎

Marginal glosses:
- nsteady
- wings
- dazzled
- elashes
- cy ideas
- pride
- egnable
- eliness/ hausted far off
- cliff
- pretend
- scolded
- bothered
- to curse
- prayers
- 45 crossed
- holy
- crib
- 55 spiteful
- surly/ fervent
- probes; catheters
- (female) ancestors wove
- tied
- hardships
- fun
- bravery
- relentlessly
- eager
- rough; harsh/ subtle

Después de leer

Mujeres de ojos grandes
Ángeles Mastretta

1. **Comprensión** Contesta las siguientes preguntas con oraciones completas.
   1. ¿Quiénes son los tres personajes principales de este relato?
   2. ¿Tía Jose lleva inmediatamente a su hija al hospital?
   3. ¿Qué piensa el marido de la ciencia de los médicos y del comportamiento de su esposa?
   4. ¿Qué historias le cuenta tía Jose a su hija? ¿Son todas reales?
   5. Para el padre de la niña, ¿qué o quién le salvó la vida? ¿Y para tía Jose?

2. **Análisis** Lee el relato nuevamente y contesta las preguntas.
   1. Los ojos de la hija de tía Jose son "grandes como dos lunas, como un deseo". ¿Por qué se eligen estos dos términos para la comparación? ¿Puedes encontrar otras comparaciones en el cuento?
   2. La expresión "las alas de sus labios" es un recurso ya analizado. ¿Cómo se llama?
   3. En el hospital, la niña es llevada lejos de su madre, "tras una puerta que le prohibía la entrada". ¿A qué lugar se refiere?
   4. Tía Jose comienza a contarle historias a su hija "iluminada por los fantasmas de su corazón". Reflexiona: ¿los fantasmas se asocian con la luz o con la oscuridad? ¿A quiénes se refiere la palabra "fantasmas" en el relato?

3. **Interpretación** En parejas, respondan las preguntas.
   1. El personaje de la tía Jose pierde la voz ante la enfermedad de su hija. ¿Cómo recupera la voz? ¿Por qué?
   2. La hija de tía Jose tiene ojos grandes, al igual que las mujeres de los relatos que le cuenta su madre. ¿Qué creen que simboliza esto?
   3. El padre agradece a los médicos por haber salvado a la niña; los médicos agradecen a la ciencia. ¿Por qué tía Jose "salió del hospital sin decir una palabra"?
   4. ¿Qué creen que salvó la vida de la niña? ¿Conocen algún caso de recuperación asombrosa en la vida real?

4. **Debate** Formen dos grupos: uno debe hacer una lista de los argumentos que usó el marido de tía Jose para tranquilizarla en el hospital; el otro grupo debe imaginar cuáles eran las razones de las mujeres que rezaban (*prayed*) para sanar a sus hijos. Después, organicen un debate para discutir las alternativas, defendiendo su argumento y señalando las debilidades del argumento contrario.

5. **Historias** Redacta una de las historias que la tía Jose le contó a su hija. Utiliza algunos de los usos de **por** y **para**. Incluye por lo menos dos símiles.

Practice more at **vhlcentral.com**.

Antes de leer

Vocabulario

la aldea *village*	los gusanos *worms*
la batalla *battle*	la mosca *fly*
la ceguera *blindness*	el oro *gold*
el chiripazo *coincidence*	la picadura *bite*
el ciclo vital *life cycle*	rascar(se) *to scratch (oneself)*
de hecho *in fact*	el tráfico de esclavos *slave trade*
el estibador de puerto *longshoreman*	

Oraciones incompletas Completa las oraciones con las palabras adecuadas.

1. Los insectos cambian de forma durante su _____.
2. ¡No te bebas ese jugo, tiene una _____ dentro!
3. Él tiene una _____ de mosquito en el brazo y no para de _____.
4. No estoy enfermo, ¡_____, me siento muy bien!
5. Gracias a la ciencia algunas personas con _____ recuperan la visión.
6. El _____ es un metal precioso y muy caro.
7. El _____ es una de las mayores tragedias de la humanidad.
8. Una _____ es una comunidad rural donde viven pocas personas.

Conexión personal ¿Puedes pensar en alguna enfermedad que afecta a tu comunidad o a un grupo que conoces? ¿Ha recibido la comunidad alguna ayuda?

Contexto cultural

Colombia es un país en el que convergen múltiples culturas. Muestra de esta diversidad es la coexistencia de la medicina convencional y de las tradiciones medicinales indígenas. Científicos como **Rodolfo Llinás**, reconocido por sus aportes al campo de la neurociencia y por sus avances en la cura del cáncer y del alzhéimer, y **Manuel Elkin Patarroyo**, mundialmente famoso por su trabajo en el desarrollo de la vacuna contra la malaria, destacan en el campo de la medicina convencional. Sin embargo, en Colombia existe también otra visión muy diferente de la medicina: muchas de las comunidades indígenas del país cuentan con **curanderos** (*healers*). Según éstos, las enfermedades se producen por el desequilibrio (*imbalance*) entre el hombre, su entorno (*environment*) y el cosmos. Por esta razón, para curar las enfermedades, acuden a diversos rituales que buscan devolver el equilibrio y la armonía a las personas enfermas. ¿Qué piensas tú de estos dos enfoques de la medicina?

Practice more at **vhlcentral.com**.

Colombia gana la guerra a una vieja enfermedad

Quien haya hecho una excursión por un bosque del noroeste de Norteamérica a finales de primavera sabrá lo que es la mosca negra: un insecto que se reproduce en los ríos y cuya picadura causa una pequeña inflamación rojiza, y poco más. Aunque en Nortemérica la mosca negra

5 no es peligrosa, en Suramérica provoca la llamada "ceguera de los ríos", una cruel enfermedad con la que se lucha en más de treinta países. Colombia se ha convertido en el primero de ellos en ganar la batalla.

¿Por qué cruel? La oncocercosis, o ceguera de los ríos, es básicamente una invasión de
10 gusanos que entran en el cuerpo humano a través de la picadura de la mosca negra. Estos gusanos se reproducen y generan miles de larvas que emigran a todas partes del cuerpo por debajo de la piel. Esto hace que la infección
15 sea tan desagradable. Según el doctor Donald Bundy, coordinador del Banco Mundial para el Control de la Oncocercosis, es común ver que en las aldeas afectadas las personas se rascan constantemente, razón por la cual terminan
20 con cortes terribles en la piel. Con el paso de los años, esas larvas viajeras pasan de la piel a los ojos y cubren la córnea causando ceguera.

Después del glaucoma, la oncocercosis es la principal causa de ceguera a nivel mundial.
25 Según la Organización Mundial de la Salud (OMS),° la oncocercosis afecta a 37 millones de personas en el mundo, de las cuales 300.000 ya han quedado completamente ciegas° . Casi todos los casos de oncocercosis
30 se dan° en África; de hecho, se cree que esta enfermedad llegó al Nuevo Mundo a principios del siglo XVIII con el tráfico de esclavos. Actualmente, la enfermedad es parte de la realidad de muchas comunidades
35 de países como Ecuador, Venezuela, México y Guatemala, y también de Colombia. Allí se descubrió en 1965 cuando un estibador de puerto llegó a la consulta del médico con una infección en los ojos. Casualmente°, el doctor
40 que lo vio había estudiado oftalmología tropical en Francia. Enseguida, diagnosticó su enfermedad: oncocercosis.

"Fue un chiripazo", dice la doctora Gloria Palma, del Centro Internacional de
45 Entrenamiento e Investigaciones Médicas (CIDEIM) de Colombia, quien asegura que estuvieron buscando la enfermedad en el sitio equivocado. Según Palma, el Instituto Nacional de Salud llevaba
50 años buscando la enfermedad por la zona norte del país y había planes para ir a buscarla en el Pacífico.

Health (WHO)
blind
occur
entally

La aparición del primer caso permitió centrar la búsqueda en la región del río Chuaré, Cauca. Finalmente, el foco de 55 la ceguera de los ríos apareció en la comunidad de Nacioná, en el municipio° de López de Micay, una zona de difícil acceso. La economía de esta comunidad se ha basado, principalmente, en la 60 extracción de oro en el propio río donde vive y se reproduce la mosca negra.

Una vez localizado el foco de la enfermedad había que dar el siguiente paso°: eliminarla. La estrategia para conseguirlo 65 fue tratar a la población de la zona afectada con un medicamento llamado Ivermectina, donado por la empresa farmacéutica Merck. El tratamiento con este medicamento empezó en 1996 y continuó cada seis meses, 70 hasta que en 2007 se comprobó que la mosca negra ya no transmitía el parásito. Pero eso no era suficiente. Había que demostrar que, tres años después, no hubiera ningún caso nuevo, y que el ciclo vital del 75 parásito a través de la mosca negra y el hombre estaba definitivamente interrumpido. Y así fue: en 2011 la enfermedad se declaró oficialmente eliminada de Colombia. Misión cumplida. ■ 80

township
to take the next step

búsqueda *search*

Después de leer

Colombia gana la guerra a una vieja enfermedad

(1) Comprensión Contesta las preguntas con oraciones completas.

1. ¿Qué es la oncocercosis?
2. ¿Qué otro nombre recibe la oncocercosis?
3. ¿Cuándo se cree que llegó la oncocercosis al Nuevo Mundo?
4. ¿De qué continente se cree que procede la oncocercosis?
5. ¿Por qué se produce la oncocercosis cerca de los ríos?
6. ¿Cómo se eliminó la oncocercosis en Colombia?

(2) Preguntas Responde las preguntas con oraciones completas.

1. ¿Por qué se le llama "ceguera de los ríos" a la oncocercosis?
2. ¿Por qué muchos enfermos de oncocercosis tienen cortes en la piel?
3. ¿Por qué produce ceguera esta enfermedad?
4. ¿Cómo se cree que llegó esta enfermedad al Nuevo Mundo?
5. ¿Al comienzo, en qué lugar estaba buscando la enfermedad el Instituto Nacional de Salud de Colombia?
6. ¿En qué otros lugares las comunidades deben enfrentarse a esta enfermedad?
7. ¿Por qué estaban expuestos a la picadura de la mosca los habitantes de Nacioná?
8. ¿Qué crees que hay que hacer para eliminar esta enfermedad en todo el mundo?

(3) Hipocondríaco Imagina que visitas Nacioná con un(a) amigo/a y que lo pica una mosca negra. Tu amigo/a se pone muy nervioso/a porque cree que se va a quedar ciego/a. Inventen una conversación sobre lo que sucede a continuación.

> **MODELO** —¡Me picó una mosca! ¡Voy a quedarme ciego!
> —No te preocupes, aquí ya no hay oncocercosis.

(4) Campaña En grupos, creen una campaña para combatir una enfermedad que conozcan. Elijan un país afectado y desarrollen un cartel informativo con la siguiente información. Utilicen la gramática de la lección. Después, presenten los carteles a la clase.

- definición de la enfermedad
- síntomas de la enfermedad
- cómo se transmite la enfermedad
- cómo se cura
- cómo se puede prevenir
- qué repercusión tiene la eliminación de esa enfermedad a nivel mundial

(5) Debate En grupos de cuatro, debatan sobre las implicaciones que puede tener la utilización de animales en las investigaciones para encontrar la cura de enfermedades. Compartan sus conclusiones con la clase.

Practice more at **vhlcentral.com.**

Atando cabos

¡A conversar!

La nueva cafetería Trabajen en grupos de cuatro. Imaginen que son consultores/as contratados/as por una escuela o universidad para diseñar una nueva cafetería que cumpla con los objetivos del recuadro. Presenten su plan a la clase.

Objetivos de la nueva cafetería

- brindar a los estudiantes un espacio para socializar y relajarse
- ofrecer una selección de alimentos que sea atractiva, pero que, al mismo tiempo, sea saludable y lo más natural posible
- informar a los estudiantes acerca de temas relacionados con la salud, la alimentación y el bienestar a través de afiches y otros elementos visuales

¡A escribir!

Un decálogo Imagina que eres médico/a. Sigue el **Plan de redacción** para escribir un decálogo en el que das diez consejos generales a tus pacientes para que lleven una vida sana.

Plan de redacción

Preparación: Prepara un esquema (*outline*) con los diez consejos más importantes.

Título: Elige un título para el decálogo.

Contenido: Escribe los diez consejos. Utiliza el subjuntivo o el imperativo en todos los consejos. Puedes incluir la siguiente información.

- qué alimentos se deben comer y cuáles se deben evitar
- cuántas comidas se deben consumir al día
- cuántas horas se debe dormir
- qué hábitos se deben evitar

Cuídese:

1. Haga ejercicio tres veces a la semana como mínimo.

2. Es importante que no consuma muchas grasas.

3. Es esencial que...

Vocabulary Tools

Los síntomas y las enfermedades

la depresión	depression
la enfermedad	disease; illness
la gripe	flu
la herida	injury
el malestar	discomfort
la obesidad	obesity
el resfriado	cold
la respiración	breathing
la tensión (alta/baja)	(high/low) blood pressure
la tos	cough
el virus	virus

contagiarse	to become infected
desmayarse	to faint
empeorar	to get worse
enfermarse	to get sick
estar resfriado/a	to have a cold
lastimarse	to get hurt
permanecer	to remain
ponerse bien/mal	to get well/sick
sufrir (de)	to suffer (from)
tener buen/mal aspecto	to look healthy/sick
tener fiebre	to have a fever
toser	to cough

agotado/a	exhausted
inflamado/a	inflamed
mareado/a	dizzy

La salud y el bienestar

la alimentación	diet (nutrition)
la autoestima	self-esteem
el bienestar	well-being
el estado de ánimo	mood
la salud	health

adelgazar	to lose weight
dejar de fumar	to quit smoking
descansar	to rest
engordar	to gain weight
estar a dieta	to be on a diet

mejorar(se)	to improve
prevenir (e:ie)	to prevent
relajarse	to relax
trasnochar	to stay up all night
sano/a	healthy

Los médicos y el hospital

la cirugía	surgery
el/la cirujano/a	surgeon
la consulta	doctor's appointment
el consultorio	doctor's office
la operación	operation
los primeros auxilios	first aid
la sala de emergencias	emergency room

Las medicinas y los tratamientos

el analgésico	painkiller
la aspirina	aspirin
el calmante	sedative; painkiller
los efectos secundarios	side effects
el jarabe	syrup
la pastilla	pill
la receta	prescription
el tratamiento	treatment
la vacuna	vaccine
la venda	bandage
el yeso	cast

curarse	to heal; to be cured
poner(se) una inyección	to give/get a shot
recuperarse	to recover
sanar	to heal
tratar	to treat
vacunar(se)	to vaccinate/to get vaccinated
curativo/a	healing

Más vocabulario

Expresiones útiles	Ver p. 127
Estructura	Ver pp. 134–136, 140–141 y 144–145

Cinemateca

el álbum (de fotos)	(photo) album
el asilo (de ancianos)	nursing home
el desorden	mess
el marco	frame
la paella	(Esp.) traditional rice and seafood dish
la tortilla	(Esp.) potato omelet
el trastero	storage room
apañar	to fix up
apañarse	to manage; to make do
largarse	to take off
descalzo/a	barefoot
enseguida	right away

Literatura

los adelantos	advances
la aguja	needle
la cordura	sanity
el/la enfermero/a	nurse
el hallazgo	discovery
la insensatez	senselessness
el ombligo	navel
la pena	sorrow
el regocijo	joy
la terapia intensiva	intensive care
latir	to beat
desafiante	challenging

Cultura

la aldea	village
la batalla	battle
la ceguera	blindness
el chiripazo	coincidence
el ciclo vital	life cycle
de hecho	in fact
el estibador de puerto	longshoreman
los gusanos	worms
la mosca	fly
el oro	gold
la picadura	bite
el tráfico de esclavos	slave trade
rascar(se)	to scratch (oneself)

Los viajes

Communicative Goals

You will expand your ability to...
- make comparisons
- use negative, affirmative, and indefinite expressions
- express uncertainty and indefiniteness

Vocabulary Tools

Los viajes

De viaje

Para sus vacaciones, Cecilia y Juan **hicieron un viaje** al Caribe. El último día decidieron descansar en la piscina antes de **hacer las maletas**. Se durmieron... ¡y **perdieron el vuelo**! De todos modos, no querían **regresar.**

la bienvenida *welcome*
la despedida *farewell*
el destino *destination*
el itinerario *itinerary*
la llegada *arrival*

el pasaje (de ida y vuelta) *(round-trip) ticket*
el pasaporte *passport*
la tarjeta de embarque *boarding pass*
la temporada alta/baja *high/low season*
el/la viajero/a *traveler*

hacer las maletas *to pack*
hacer transbordo *to transfer (planes/trains)*
hacer un viaje *to take a trip*
ir(se) de vacaciones *to go on vacation*
perder (e:ie) (el vuelo) *to miss (the flight)*
regresar *to return*

a bordo *on board*
retrasado/a *delayed*
vencido/a *expired*
vigente *valid*

El alojamiento

el albergue *hostel*
el alojamiento *lodging*
la habitación individual/doble *single/double room*
la recepción *front desk*
el servicio de habitación *room service*

alojarse *to stay*
cancelar *to cancel*
estar lleno/a *to be full*
quedarse *to stay*
reservar *to reserve*

de (buena) categoría *first-rate*
incluido/a *included*
recomendable *advisable*

La seguridad y los accidentes

el accidente (automovilístico) *(car) accident*
el/la agente de aduanas *customs agent*
el aviso *notice; warning*
el cinturón de seguridad *seat belt*
el congestionamiento *traffic jam*
las medidas de seguridad *security measures*
la seguridad *safety; security*
el seguro *insurance*

aterrizar *to land*
despegar *to take off*
ponerse/quitarse el cinturón *to fasten/to unfasten the seat belt*
reducir (la velocidad) *to reduce (speed)*

peligroso/a *dangerous*
prohibido/a *prohibited*

Después de **recorrer** el canal de Panamá, el **crucero navegó** hasta un **puerto** de Costa Rica, donde los viajeros pudieron disfrutar de dos días de **ecoturismo**.

la aventura *adventure*
el/la aventurero/a *adventurer*
la brújula *compass*
el buceo *scuba diving*
el campamento *campground*
el crucero *cruise (ship)*
el (eco)turismo *(eco)tourism*
la excursión *outing; tour*
la frontera *border*
el/la guía turístico/a *tour guide*
la isla *island*

las olas *waves*
el puerto *port*
las ruinas *ruins*
la selva *jungle*
el/la turista *tourist*

navegar *to sail*
recorrer *to tour*

lejano/a *distant*
turístico/a *tourist (adj.)*

Práctica

 1 **Escuchar**

A. Escucha lo que dice Julia, una guía turística, y después marca las oraciones que contienen la información correcta.

1. a. Los turistas llegaron hace una semana.
   b. La guía turística les da la bienvenida.
2. a. Los turistas van a ir al campamento en autobús.
   b. Los turistas van a ir al campamento en tren.
3. a. Los turistas se van a alojar en un campamento.
   b. Los turistas van a ir a un albergue.
4. a. El destino es una isla.
   b. El destino es la selva.
5. a. Les van a dar el itinerario mañana.
   b. El itinerario se lo darán la semana que viene.

B. Dos aventureros se separaron del grupo y tuvieron problemas. Escucha la conversación telefónica entre Mariano y el agente de viajes, y después contesta las preguntas.

1. ¿Qué les ha pasado a Mariano y a su novia?
2. ¿Adónde iban ellos cuando tuvieron el accidente?
3. ¿Quién fue el responsable del accidente? ¿Por qué?
4. ¿Tienen que pagar por los gastos médicos?
5. ¿Qué ha decidido la pareja?

 2 **Significados** Escribe la palabra adecuada para cada definición.

1. documento necesario para ir a otro país
   _____
2. las forma el movimiento del agua del mar
   _____
3. vacaciones en un barco _____
4. instrumento que dice dónde está el norte
   _____
5. línea que separa dos países _____
6. lugar del hotel donde te dan las llaves de la habitación _____
7. documento necesario para poder subir a un avión _____
8. lo contrario de vencido _____
9. lugar rodeado de agua _____

Práctica

(3) Oraciones incompletas Completa las oraciones con las palabras apropiadas de **Contextos**.

1. Si vas a estar solo/a en el hotel, tomas una habitación _____.
2. Cuando hay muchos coches en la calle al mismo tiempo, se producen _____.
3. Los barcos, cuando llegan a tierra, se amarran (*dock*) en los _____.
4. Si vas a viajar a otro país, tienes que comprobar que tu pasaporte no esté _____.
5. El deporte que se practica debajo del agua del mar es el _____.

(4) Planes Completa la conversación con las palabras adecuadas del recuadro. Haz los cambios que sean necesarios.

a bordo	navegar	reservar
lleno/a	recorrer	retrasado/a

MAR ¿Qué quieres hacer hoy? ¿Quieres ir al crucero que (1) _____ las islas de la zona?

PEDRO ¿No hay que llamar antes para (2) _____ las plazas (*seats*)?

MAR No creo que el barco esté (3) _____. Espera, llamo por teléfono…

MAR ¡Tenemos suerte! El barco está (4) _____, ahora sale a las diez y media. Tenemos que estar (5) _____ a las diez. ¡En marcha!

PEDRO Perfecto, me gusta la idea. Hoy es un buen día para (6) _____.

(5) De viaje En parejas, utilicen palabras y expresiones de **Contextos** para escribir oraciones completas sobre cada dibujo. Sigan el modelo.

MODELO Primero, Eva hizo las maletas. Metió camisetas, un traje de baño y…

1.

2.

3.

4.

5.

6.

Practice more at **vhlcentral.com.**

Comunicación

6 **Problemas** En parejas, representen una de estas situaciones. Den detalles, excusas y razones, y traten de buscar una solución al problema. Luego, representen la situación ante la clase.

1.
> **ESTUDIANTE 1** Eres un(a) huésped en un hotel que está muy sucio. No te gusta el servicio de habitación y además hace demasiado calor en tu cuarto.
>
> **ESTUDIANTE 2** Tu tío te ha dejado a cargo de su hotel. Es temporada alta y, como el hotel está lleno, tienes mucho trabajo. No sabes qué hacer.

2.
> **ESTUDIANTE 1** Llegas al aeropuerto y te das cuenta de que dejaste el pasaporte en tu casa. Además, en la ciudad hay mucho congestionamiento.
>
> **ESTUDIANTE 2** Eres taxista en el aeropuerto. Como has estado muy estresado/a, el médico te ha recomendado no apurarte por ningún motivo.

3.
> **ESTUDIANTE 1** Ibas manejando y has tenido un accidente. Te bajas del carro para hablar con el/la otro/a conductor(a). No tienes los papeles del seguro.
>
> **ESTUDIANTE 2** Ibas manejando y has tenido un accidente. No llevabas el cinturón de seguridad y te has roto una pierna.

7 **¡Bienvenidos!**

A. En grupos de cuatro, imaginen que trabajan en la Oficina de Turismo de su ciudad. Tienen que organizar una visita turística de tres días. Conversen sobre las preguntas de la lista y luego preparen un itinerario detallado para los turistas.

- ¿Quiénes son los/las turistas?
- ¿A qué aeropuerto o estación llegan?
- ¿En qué hotel se alojan?
- ¿Qué excursiones pueden hacer?
- ¿Qué lugares exóticos hay para visitar?
- ¿Adónde pueden ir con un(a) guía turístico/a?
- ¿Pueden navegar en algún mar, lago o río? ¿En cuál?
- ¿Qué museos, parques o edificios hay para visitar?
- ¿Qué deportes pueden practicar?

Tres días en Antigua Guatemala

B. Ahora, reúnanse con otro grupo y túrnense para explicar sus itinerarios. Un grupo representa a los empleados de la Oficina de Turismo y el otro a los turistas. Háganse preguntas específicas.

Video

Fabiola y Éric se preparan para un viaje de ecoturismo a la selva amazónica.

DIANA Aquí están los boletos para Venezuela, la guía de la selva amazónica y los pasaportes... Después les doy la información del hotel.

ÉRIC Gracias.

FABIOLA Gracias.

ÉRIC ¿Me dejas ver tu pasaporte?

FABIOLA No me gusta como estoy en la foto. Me hicieron esperar tanto que salí con cara de enojo.

ÉRIC No te preocupes... Ésa es la cara que vas a poner cuando estés en la selva.

DIANA Es necesario que memoricen esto. A ver, repitan: tenemos que salir por la puerta 12.

FABIOLA, ÉRIC Y JOHNNY Tenemos que salir por la puerta 12.

DIANA El autobús del hotel nos va a recoger a las 8:30.

FABIOLA Y ÉRIC El autobús del hotel nos va a recoger a las 8:30.

ÉRIC Sí, pero en el Amazonas, Fabiola. ¡Amazonas!

MARIELA Es tan arriesgado que van a tener un guía turístico y el alojamiento más lujoso de la selva.

ÉRIC Mientras ella escribe su artículo en la seguridad del hotel, yo voy a estar explorando y tomando fotos. Debo estar protegido.

FABIOLA Según parece, de lo único que debes estar protegido es de ti mismo.

Juegan a que están en la selva.

JOHNNY (*con la cara pintada*) ¿Cuál es el chiste? Los soldados llevan rayas... Lo he visto en las películas.

ÉRIC Intentémoslo nuevamente.

JOHNNY Esta vez soy un puma que te ataca desde un árbol.

ÉRIC Mejor.

Antes de despedirse, Éric guarda cosas en su maleta.

AGUAYO Por la seguridad de todos creo que debes dejar tu machete, Éric.

ÉRIC ¿Por qué debo dejarlo? Es un machete de mentiras.

DIANA Pero te puede traer problemas reales.

AGUAYO Todos en la selva te lo van a agradecer.

Personajes

AGUAYO

DIANA

ÉRIC

FABIOLA

JOHNNY

MARIELA

DIANA El último número que deben recordar es cuarenta y ocho dólares con cincuenta centavos.

FABIOLA Y ÉRIC Cuarenta y ocho dólares con cincuenta centavos.

JOHNNY Y ese último número, ¿para qué es?

DIANA Es lo que van a tener que pagar por llegar en taxi al hotel si olvidan los dos números primeros.

ÉRIC (*Entra vestido de explorador.*) Fuera, cobardes, la aventura ha comenzado.

MARIELA ¿Quién crees que eres? ¿México Jones?

ÉRIC No. Soy Cocodrilo Éric, el fotógrafo más valiente de la selva. Listo para enfrentar el peligro.

FABIOLA ¿Qué peligro? Vamos a hacer un reportaje sobre ecoturismo… ¡Ecoturismo!

ÉRIC ¿Alguien me puede ayudar a cerrar la maleta?

JOHNNY ¿Qué rayos hay acá dentro?

AGUAYO Es necesario que dejes algunas cosas.

ÉRIC Imposible. Todo lo que llevo es de primerísima necesidad.

JOHNNY ¿Cómo? ¿Esto?

Johnny saca un látigo de la maleta.

Diana cierra la maleta con cinta adhesiva.

DIANA Listo… ¡Buen viaje!

AGUAYO Espero que disfruten y que traigan el mejor reportaje que puedan.

JOHNNY Y es importante que no traten de mostrarse ingeniosos, ni cultos; sólo sean ustedes mismos.

DIANA Y no olviden sus pasaportes.

ÉRIC Ahora que me acuerdo… ¡lo había puesto en la maleta!

Expresiones útiles

Making comparisons

Soy el fotógrafo más valiente de la selva.
I am the bravest photographer in the jungle.

Van a tener el alojamiento más lujoso de la selva.
You're going to have the finest accommodations in the jungle.

Es el hotel menos costoso de la región.
It's the least expensive hotel in the area.

Ir en autobús es menos caro que ir en taxi.
Taking a bus is less expensive than a taxi.

El hotel es tan caro como el boleto.
The hotel is as expensive as the ticket.

Using negative, affirmative, and indefinite expressions

¿Alguien me puede ayudar?
Can somebody help me?

No hay nadie que te pueda ayudar.
There is no one who can help you.

Hay que dejar algunas cosas.
I/we/etc. have to leave some things behind.

No hay nada que pueda dejar.
There is nothing I can leave behind.

Additional vocabulary

arriesgado/a *risky*
de mentiras *pretend*
enfrentar *to confront*
lujoso/a *luxurious*
protegido/a *protected*
la puerta de embarque *(airline) gate*
¿Qué rayos…? *What on earth…?*
la raya *stripe*

Comprensión

1 Comprensión Contesta las preguntas con oraciones completas.

1. ¿Adónde van Éric y Fabiola?
2. ¿Por qué a Fabiola no le gusta la foto del pasaporte?
3. ¿A qué hora los recoge el autobús del hotel?
4. ¿Por qué van de viaje?
5. ¿Será realmente un viaje arriesgado?
6. ¿Por qué Éric tiene que dejar algunas cosas?

2 Preguntas y respuestas Une las preguntas de la **Fotonovela** con las respuestas apropiadas. Luego, identifica quién dice cada oración.

AGUAYO   DIANA   ÉRIC   FABIOLA   JOHNNY   MARIELA

____ 1. ¿Me dejas ver tu pasaporte?

____ 2. Y ese último número, ¿para qué es?

____ 3. ¿Quién crees que eres? ¿México Jones?

____ 4. ¿Por qué debo dejarlo? Es un machete de mentiras.

____ 5. ¿Alguien me puede ayudar a cerrar la maleta?

a. Es lo que van a tener que pagar por llegar en taxi.

b. Es necesario que dejes algunas cosas.

c. No me gusta como estoy en la foto.

d. No, soy el fotógrafo más valiente de la selva.

e. Sí, pero te puede traer problemas reales.

3 Consejos

A. Diana y Aguayo les dan varios consejos a Fabiola y a Éric antes de su viaje a la selva. Utiliza el subjuntivo o el infinitivo para completar las sugerencias que les dan.

1. Es necesario que _____ esto.
2. El último número que deben _____ es cuarenta y ocho dólares con cincuenta centavos.
3. Es el dinero que van a tener que _____ para tomar un taxi.
4. Creo que debes _____ tu machete.
5. Es necesario que _____ parte del equipaje.
6. Espero que _____ y que _____ el mejor reportaje que puedan.

B. ¿Qué sugerencias les darían ustedes? En parejas, escriban una lista de seis o siete consejos, órdenes y sugerencias para que disfruten de sus vacaciones y eviten problemas.

MODELO   Creo que deben probar la comida típica de Venezuela.
Espero que no hagan nada arriesgado y que tengan cuidado con los animales de la selva.

Practice more at **vhlcentral.com.**

Ampliación

4 **¿Te gusta hacer ecoturismo?** En parejas, háganse las preguntas. Luego, recomienden un viaje ideal para su compañero/a, según los resultados.

	Más o		
Sí	menos	No	
☐	☐	☐	1. ¿Te gusta ir de campamento?
☐	☐	☐	2. ¿Sabes hacer fuego?
☐	☐	☐	3. ¿Sabes cocinar?
☐	☐	☐	4. ¿Te gusta ver animales salvajes?
☐	☐	☐	5. ¿Te gusta caminar mucho?
☐	☐	☐	6. ¿Puedes estar una semana sin ducharte?

Clave

Sí	=	2 puntos
Más o menos	=	1 punto
No	=	0 puntos

Resultados

0 a 4	No intentes hacer ecoturismo.
5 a 8	Puedes hacer ecoturismo.
9 a 12	¿A qué esperas para hacer ecoturismo?

5 **Apuntes culturales** En parejas, lean los párrafos y contesten las preguntas.

El felino más temido

Johnny juega a ser un puma dispuesto a atacar a Éric. El puma habita en todo el continente americano, especialmente en montañas y bosques. Es el segundo felino más grande del continente americano, después del jaguar. Por su fortaleza y agilidad, los incas lo consideraron el símbolo supremo de poder. ¿Podrá Éric contra la astucia (*shrewdness*) de este felino?

Ecoturismo en Centroamérica

Fabiola y Éric van a realizar un reportaje sobre ecoturismo. En Centroamérica, el ecoturismo constituye no sólo una fuente importante de trabajo, sino también una forma de obtener recursos económicos para la administración de las áreas protegidas. Actualmente existen más de 550 áreas protegidas en la región, lo que representa aproximadamente un 25% del territorio.

Una fábrica de oxígeno

La selva amazónica es la reserva ecológica generadora de oxígeno más grande del planeta. Comprende, entre otros países, Brasil, Colombia, Venezuela y Perú. Desafortunadamente, la deforestación de esta zona está reduciendo su área aceleradamente. ¿Podrán los personajes de *Facetas* fomentar en su reportaje la lucha contra la deforestación?

1. ¿Qué animales fueron considerados sagrados en el pasado? ¿Y en la actualidad?
2. ¿Hay áreas protegidas en la región donde vives? ¿Cuál es su importancia para los habitantes de la zona? ¿Contienen especies protegidas?
3. ¿Conoces otros lugares donde hacer ecoturismo? ¿Cuáles son?
4. ¿Qué significa la expresión "una fábrica de oxígeno"? ¿Qué otras "fábricas de oxígeno" hay en el mundo? ¿Por qué es importante preservarlas?

CENTROAMÉRICA

En detalle

LA RUTA DEL CAFÉ

Los turistas que llegan a Finca° Esperanza Verde, "ecoalbergue" ubicado a 1.200 metros (4.000 pies) de altura en la selva tropical nicaragüense, descubren un paraíso natural con bosques, exuberantes montañas y aves tropicales. En este paraíso, los turistas pueden visitar un cafetal° y conocer los aspectos humanos y ecológicos que se conjugan° para que podamos disfrutar de algo tan simple como una taza de café.

El café, ese compañero de las mañanas, es el protagonista de la vida social, cultural y económica de Centroamérica. Para el visitante, esto salta a la vista apenas llega a estas tierras: el paisaje está cubierto de cafetales. Hoy día, dos terceras partes del café de todo el mundo son de origen americano.

Esta popular bebida llegó a América en el siglo XVIII. Pocos años después, su cultivo° se había extendido por México y Centroamérica. Los altibajos° en los precios del café han llevado a los productores centroamericanos a diversificar sus actividades: han iniciado el cultivo de café orgánico, han creado cooperativas de comercio justo° que buscan alcanzar° precios más equitativos° para productores y consumidores, y han promovido el ecoturismo.

El país pionero fue Costa Rica, que organizó la primera ruta del café, pero ya todos los países centroamericanos, y también algunos suramericanos, han creado sus rutas. Un día por una ruta del café suele constar de° una visita a las plantaciones de café, donde no sólo se conoce el proceso de cultivo y producción, sino que también se pueden tomar unas tazas de café. Después, se organizan almuerzos con platos típicos y, para terminar la jornada°, se visitan rutas históricas y pueblos cercanos donde los turistas pueden disfrutar del folklore local y comprar artesanías°. ■

La ruta del café en el siglo XVIII

Venecia 1615
Europa
Marsella 1644
Estambul 1555
Persia
Santo Domingo 1731
África
El Cairo 1510
Caribe
Martinica 1730
Etiopía

Finca *Farm* **cafetal** *coffee plantation* **se conjugan** *are combined*
cultivo *cultivation* **altibajos** *ups and downs* **comercio justo** *fair trade*
alcanzar *to reach* **equitativos** *equitable* **constar de** *to consist of*
jornada *day* **artesanías** *handicrafts*

ASÍ LO DECIMOS

Los viajes

el turismo sostenible	
el turismo sustentable	*sustainable tourism*
el billete (Esp.)	
el boleto (Amér. L.)	*ticket*
el boleto redondo (Méx.)	*round-trip ticket*
la autopista (Esp.)	*turnpike; toll road*
la autovía (Esp.)	*highway*
la carretera (Esp.)	*road*
la burra (Gua.)	
la guagua (Carib.)	*bus*

EL MUNDO HISPANOHABLANTE

De América al mundo

El tomate Su nombre se deriva de *tomatl*, una palabra del idioma náhuatl. Entró en Europa por la región de Galicia, en el noroeste de España, y se extendió luego a Francia e Italia. Los españoles y los portugueses lo difundieron° por el Oriente Medio, África, y Norteamérica.

El maíz Es uno de los cereales de mayor producción mundial junto con el trigo y el arroz. A pesar de las controversias acerca de su origen exacto, los investigadores coinciden en que los indígenas de América Central y México lo difundieron por el continente, los conquistadores lo introdujeron a Europa y los comerciantes lo llevaron a Asia y África.

La papa o patata Estudios científicos ubican el origen de la papa en Perú. En la actualidad, la papa se consume por todo el mundo, siendo Bielorrusia (Europa Oriental) el país donde más papas se consumen per cápita. Cada persona consume un promedio de 181 kilogramos (399 libras) al año.

PERFIL

EL CANAL DE PANAMÁ

El canal de Panamá, una de las obras arquitectónicas más extraordinarias del planeta, une° los océanos Atlántico y Pacífico a través del istmo° de Panamá. Es, a su vez, una ruta importantísima para la economía mundial, pues lo cruzan° más de 14.000 barcos por año, es decir, unos 270 barcos por semana. La monumental obra, construida por Estados Unidos entre 1904 y 1914, consta de dos lagos artificiales, varios canales, tres estructuras de compuertas° y una represa°. El Canal tiene en su recorrido varias esclusas°, cuya finalidad° es subir o bajar los barcos desde el nivel de uno de los océanos hasta el nivel del otro. Dependiendo del tránsito, la travesía° por este atajo° de 80 kilómetros (50 millas) puede demorar° hasta 10 horas. Panamá y Estados Unidos negociaron la entrega del canal a Panamá en 1977, que pasó a estar bajo control panameño el 31 de diciembre de 1999.

❝ Viajar es imprescindible y la sed de viaje, un síntoma neto de inteligencia. **❞** (Enrique Jardiel Poncela, escritor español)

🌐 Conexión Internet

¿Qué otras opciones de turismo sostenible hay en América Central?

Investiga sobre este tema en **vhlcentral.com.**

une *links* **istmo** *isthmus* **cruzan** *cross* **compuertas** *floodgates* **represa** *dam* **esclusas** *locks* **finalidad** *purpose* **travesía** *crossing (by boat)* **atajo** *shortcut* **demorar** *last* **difundieron** *spread*

¿Qué aprendiste?

(1) ¿Cierto o falso? Indica si estas afirmaciones son **ciertas** o **falsas**. Corrige las falsas.

1. El ecoalbergue Finca Esperanza Verde se encuentra en una zona montañosa de Costa Rica.

2. Los turistas que van a Finca Esperanza Verde pueden visitar un cafetal que se encuentra allí mismo.

3. La mitad del café mundial se produce en América.

4. El café es originario del continente americano.

5. El café llegó a América a través de México.

6. Los productores tuvieron que diversificar sus actividades debido a los bajos precios del café.

7. La finalidad de las cooperativas de comercio justo es ayudar a que los productores reciban un pago justo y los consumidores paguen precios razonables.

8. El primer país en crear una ruta del café fue Honduras.

9. Los turistas pueden visitar las plantaciones, pero no pueden presenciar el proceso de producción.

10. Los turistas que van a la ruta del café suelen visitar también las rutas históricas de la zona.

(2) Oraciones incompletas Completa las oraciones con la información correcta.

1. El canal de Panamá está en manos panameñas _____.

2. El canal de Panamá tiene _____ artificiales.

3. La finalidad de las esclusas es subir o bajar los barcos _____.

4. En el Caribe, *guagua* significa _____.

5. _____ difundieron el tomate por el Oriente Medio.

(3) Preguntas En parejas, contesten las preguntas.

1. ¿Qué papel tiene el café en tu cultura? ¿Tiene la misma importancia que en la cultura centroamericana?

2. ¿Prefieres productos ecológicos y productos que garantizan el comercio justo o compras productos comunes?

3. ¿Qué tipo de turismo sueles hacer? ¿Hiciste alguna vez ecoturismo?

4. ¿Qué alimentos provenientes de otros continentes forman parte de tu dieta?

(4) Opiniones En grupos de tres, contesten estas preguntas: ¿Es bueno para los países recibir turismo? ¿Por qué? ¿Qué consecuencias tiene la llegada del turismo a ciertas zonas? ¿Qué beneficios tiene viajar?

 Practice more at **vhlcentral.com**.

PROYECTO

Un viaje por la ruta del café

Busca información sobre una excursión organizada por una ruta del café. Imagina que vas a la excursión y escribe una pequeña descripción de un día de visita, basándote en la información que has encontrado.

Incluye información sobre:

- los platos típicos que comiste
- los pueblos que visitaste
- lo que aprendiste sobre el café
- lo que fue más interesante de la visita
- lo que compraste para llevar a casa

Video

¡Viajar y gozar!

Ya has visto algunos de los maravillosos lugares que puedes visitar en Latinoamérica. En este episodio de **Flash Cultura**, conocerás cómo debes preparar todo para que tu viaje por Costa Rica sea seguro y placentero.

VOCABULARIO ÚTIL

amable *friendly*
brindar *to provide*
el cajero automático *ATM*
jubilado/a *retired*

la moneda local *local currency*
regatear *to bargain*
sacar dinero *to withdraw money*
la tarifa (fija) *(fixed) rate*

Preparación ¿Adónde te gusta ir de vacaciones? ¿Vas siempre al mismo lugar o prefieres explorar sitios nuevos? ¿Qué debe tener un país para que decidas visitarlo?

Comprensión Indica si estas afirmaciones son **ciertas** o **falsas**. Después, en parejas, corrijan las falsas.

1. Aunque en algunas ciudades los taxis tienen taxímetro, en otras debes preguntar el precio y regatear antes de subir.

2. La moneda local de Costa Rica se llama "sanjosé".

3. En este país sólo se puede pagar con dinero en efectivo porque no existen las tarjetas de crédito.

4. El corresponsal recomienda recorrer San José en bicicleta el primer día.

5. El mayor flujo de turismo es de jóvenes que buscan aventuras y de personas jubiladas que quieren descansar.

6. Lo que más interesa de Costa Rica son los volcanes, los parques nacionales y las playas.

Expansión En parejas, contesten estas preguntas.

• ¿Alguna vez regatearon algún precio? ¿Están dispuestos a hacerlo con un taxi en Costa Rica o prefieren aceptar el precio sin objeción?

• Cuando viajan, ¿compran una guía del lugar? ¿Saben leer mapas o se pierden fácilmente?

• ¿Les gustaría vivir en Costa Rica? ¿Por qué?

Practice more at **vhlcentral.com**.

Corresponsal: Alberto Cuadra
País: Costa Rica

Los viajes requieren preparación; desde conseguir información de los sitios que vas a visitar y de las costumbres locales, hasta cómo conseguir las visas, los boletos y el cambio° de dinero.

Si vas a estar varios días en una sola ciudad, pasa el primer día caminando, así te darás cuenta de las distancias.

Es un país de mucha paz°, tenemos buenas playas, buenas montañas… y la gente muy amable, por eso muchos vienen a Costa Rica… Y la policía… también somos simpáticos.

cambio *exchange* **paz** *peace*

5.1 Comparatives and superlatives

Comparisons of inequality

- With adjectives, adverbs, nouns, and verbs, use these constructions to make comparisons of inequality (*more than/less than*).

$$\text{más/menos} + \begin{bmatrix} \textit{adjective} \\ \textit{adverb} \\ \textit{noun} \end{bmatrix} + \text{que} \qquad \boxed{\textit{verb}} + \text{más/menos que}$$

ADJECTIVE

Este hotel es **más elegante que** aquél.
This hotel is more elegant than that one.

NOUN

Juan tiene **menos tiempo que** Ema.
Juan has less time than Ema does.

ADVERB

¡Llegaste **más tarde que** yo!
You arrived later than I did!

VERB

Mi hermano **viaja menos que** yo.
My brother travels less than I do.

- When the focus of a comparison is a noun and the second term of the comparison is a verb or a clause, use these constructions to make comparisons of inequality.

$$\text{más/menos} + \boxed{\textit{noun}} + \begin{matrix} \textbf{del/de la que} \\ \textbf{de los/las que} \end{matrix} + \boxed{\textit{verb or clause}}$$

Había **más** asientos **de los que** necesitábamos.
There were more seats than we needed.

La ciudad tiene **menos** ruinas **de las que** esperábamos.
The city has fewer ruins than we expected.

Comparisons of equality

- Use these constructions to make comparisons of equality (*as... as*).

$$\text{tan} + \begin{bmatrix} \textit{adjective} \\ \textit{adverb} \end{bmatrix} + \text{como} \qquad \text{tanto/a(s)} + \begin{bmatrix} \textit{singular noun} \\ \textit{plural noun} \end{bmatrix} + \text{como}$$

$$\boxed{\textit{verb}} + \text{tanto como}$$

ADJECTIVE

El vuelo de regreso no parece **tan largo como** el de ida.
The return flight doesn't seem as long as the flight over.

NOUN

Cuando viajo a la ciudad, llevo **tantas maletas como** tú.
When I travel to the city, I take as many suitcases as you do.

ADVERB

Se puede ir de Madrid a Sevilla **tan rápido** en tren **como** en avión.
You can get from Madrid to Sevilla as quickly by train as by plane.

VERB

Guillermo **disfrutó tanto como** yo nuestro último viaje a Honduras.
Guillermo enjoyed our last trip to Honduras as much as I did.

Superlatives

- Use this construction to form superlatives (**superlativos**). The noun is preceded by a definite article, and **de** is the equivalent of *in, on,* or *of.* Use **que** instead of **de** when the second part of the superlative construction is a verb or a clause.

$$\text{el/la/los/las} + \boxed{noun} + \text{más/menos} + \boxed{adjective} + \begin{array}{l} \text{de} + \boxed{noun} \\ \text{que} + \boxed{verb\ or\ clause} \end{array}$$

Ésta es **la playa más bonita de** todas.
This is the prettiest beach of all.

Es **el hotel menos caro que** he visto.
It is the least expensive hotel I've seen.

- The noun may also be omitted from a superlative construction.

Me gustaría comer en **el** restaurante **más elegante** de la ciudad.
I would like to eat at the most elegant restaurant in the city.

Las Dos Palmas es **el más elegante de** la ciudad.
Las Dos Palmas is the most elegant one in the city.

Irregular comparatives and superlatives

Adjective	Comparative form	Superlative form
bueno/a *good*	**mejor** *better*	**el/la mejor** *best*
malo/a *bad*	**peor** *worse*	**el/la peor** *worst*
grande *big*	**mayor** *bigger*	**el/la mayor** *biggest*
pequeño/a *small*	**menor** *smaller*	**el/la menor** *smallest*
viejo/a *old*	**mayor** *older*	**el/la mayor** *oldest*
joven *young*	**menor** *younger*	**el/la menor** *youngest*

- When **grande** and **pequeño/a** refer to size and not age or quality, the regular comparative and superlative forms are used.

Ernesto es **mayor** que yo.
Ernesto is older than I am.

Ese edificio es **el más grande** de todos.
That building is the biggest one of all.

- When **mayor** and **menor** refer to age, they follow the noun they modify. When they refer to quality, they precede the noun.

María Fernanda es mi hermana **menor**.
María Fernanda is my younger sister.

Hubo un **menor** número de turistas.
There was a smaller number of tourists.

- The adverbs **bien** and **mal** also have irregular comparatives, **mejor** and **peor**.

Mi esposo maneja muy **mal**. ¿Y el tuyo?
My husband is a very bad driver. How about yours?

Seguro que mi esposo maneja **peor** que el tuyo.
I'm sure my husband drives worse than yours.

Tú puedes hacerlo **bien** por ti mismo.
You can do it well by yourself.

Ayúdame, que tú lo haces **mejor** que yo.
Help me; you do it better than I do.

¡ATENCIÓN!

Absolute superlatives
The suffix **-ísimo/a** is added to adjectives and adverbs to form the absolute superlative.

This form is the equivalent of *extremely* or *very* before an adjective or adverb in English.

malo → **malísimo**

mucha → **muchísima**

difícil → **dificilísimo**

fácil → **facilísimo**

Adjectives and adverbs with stems ending in **c**, **g**, or **z** change spelling to **qu**, **gu**, and **c** in the absolute superlative.

rico → **riquísimo**

larga → **larguísima**

feliz → **felicísimo**

Adjectives that end in **-n** or **-r** form the absolute superlative by adding **-císimo/a**.

joven → **jovencísimo**

Práctica

TALLER DE CONSULTA

MANUAL DE GRAMÁTICA
Más práctica

5.1 Comparatives and superlatives, p. A28

1 **Demasiadas deudas** Ágata trabaja en una agencia de viajes y su amiga Elena en un hotel. Completa la conversación con las palabras de la lista.

baratísimos	más	menor	muchísimas
como	mejor	menos	que

ELENA Tengo (1) _____ deudas (*debts*) y necesito ganar (2) _____ dinero.

ÁGATA ¿Por qué no mandas tu currículum a mi empresa? No es tan prestigiosa (3) _____ la tuya, pero paga mejor.

ELENA Tú trabajas (4) _____ horas (5) _____ yo, pero ganas más.

ÁGATA Y cuando quiero viajar, los pasajes me salen (6) _____, mientras que en el hotel no te dan ni el (7) _____ descuento.

ELENA ¡Sin duda tu trabajo es (8) _____ que el mío!

2 **El peor viaje de su vida** Conecta las frases de la izquierda con las correspondientes de la derecha para formar oraciones lógicas.

____ 1. El sábado pasado, Alberto y yo hicimos el peor

____ 2. Yo llegué al aeropuerto más temprano

____ 3. Pero él pasó por seguridad más rápido

____ 4. Luego anunciaron que el vuelo estaba retrasado más

____ 5. Por fin salimos, tan cansados

____ 6. De repente, hubo un olor

____ 7. Alberto gritaba tanto

____ 8. Al final, pasamos las vacaciones en casa. Lo bueno es que tuvimos más visitas

a. como enojados.

b. como yo hasta que logramos aterrizar (*land*).

c. de tres horas a causa de un problema mecánico.

d. malísimo; ¡el motor se había prendido fuego!

e. de las que esperábamos.

f. que Alberto y no lo podía encontrar.

g. que yo y por fin nos encontramos en la puerta de embarque.

h. viaje de nuestra vida.

3 **Oraciones** Mira la información del cuadro y escribe cinco oraciones con superlativos y cinco con comparativos. Sigue el modelo.

MODELO Alfonso Cuarón es más conocido que su hermano Carlos. Alfonso Cuarón es el director de cine más popular de los últimos años.

Harry Potter	libro	menor
Jennifer Lawrence	actriz	popular
Alfonso Cuarón	hombre de negocios	famoso/a
Mark Zuckerberg	río	rico/a
El Amazonas	director de cine	largo
Disneyland	lugar	feliz

Practice more at **vhlcentral.com**.

Comunicación

4 **Un viaje inolvidable**

A. Habla con un(a) compañero/a sobre el viaje más inolvidable de tu vida. Puede ser un viaje buenísimo o un viaje malísimo, e incluso puede ser un viaje imaginario. Di al menos siete u ocho oraciones usando comparativos y superlativos, y algunas de las palabras de la lista. Túrnense.

mejor/peor que	tan
más/menos que	como
de los mejores/peores	buenísimo/malísimo

B. Ahora, describe el viaje de tu compañero/a al resto de la clase. La clase tratará de adivinar qué viajes son verdaderos y cuáles son ficticios.

5 **Las vacaciones ideales** En grupos de cuatro, imaginen que son miembros de una familia que ganó un viaje de tres semanas a cualquier país del mundo. El único problema es que tienen que ponerse de acuerdo acerca del destino.

A. Primero, cada uno/a debe decidir cuál es el país ideal para sus vacaciones y escribir una descripción breve con las razones para escogerlo. Utiliza comparativos y superlativos en tu descripción.

México

República Dominicana

Costa Rica

Venezuela

B. Luego, túrnense para presentar sus opiniones y traten de convencer a los demás de que su país ideal es el mejor de todos. Deben usar comparativos y superlativos para comparar las atracciones de cada país. Compartan su decisión final con la clase.

MODELO Es obvio que Venezuela es el mejor país para nuestras vacaciones. Venezuela tiene la catarata más alta del mundo y unas playas tan bonitas como las de República Dominicana. Además, ¡las arepas venezolanas son más ricas que las tortillas mexicanas! Venezuela tiene más atracciones de las que se pueden imaginar. Ya verán que no me equivoco.

5.2 Negative, affirmative, and indefinite expressions

Cocodrilo Éric no le tiene miedo a nada.

TALLER DE CONSULTA

To express contradictions, **pero** and **sino** are also used.

See **Manual de gramática**, 5.5, p. A32.

- The following chart shows negative, affirmative, and indefinite expressions.

algo *something; anything*	**nada** *nothing; not anything*
alguien *someone; somebody; anyone*	**nadie** *no one; nobody; not anyone*
alguno/a(s), algún *some; any*	**ninguno/a, ningún** *no; none; not any*
o… o *either… or*	**ni… ni** *neither… nor*
siempre *always*	**nunca, jamás** *never; not ever*
también *also; too*	**tampoco** *neither; not either*

- In Spanish, double negatives are perfectly acceptable.

¿Dejaste **algo** en la mesa?
Did you leave something on the table?

No, **no** dejé **nada**.
No, I didn't leave anything.

Siempre tuvimos ganas de viajar a Costa Rica.
We always wanted to travel to Costa Rica.

Hasta ahora, **no** tuvimos **ninguna** oportunidad de ir.
Until now, we never had the opportunity to go there.

- Most negative statements use the pattern **no** + [*verb*] + [*negative word*]. When the negative word precedes the verb, **no** is omitted.

No lo extraño **nunca**.
I never miss him.

Nunca lo extraño.
I never miss him.

Su opinión sobre política internacional **no** le importa a **nadie**.
His opinion on international politics doesn't matter to anyone.

A **nadie** le importa su opinión sobre política internacional.
Nobody cares about his opinion on international politics.

- Once one negative word appears in an English clause, no other negative word may be used. In Spanish, however, once a negative word is used, all other elements must be expressed in the negative if possible.

No le digas **nada** a **nadie**.
Don't say anything to anyone.

Tampoco hables **nunca** de esto.
Don't ever talk about this either.

No quiero **ni** pasta **ni** pizza.
I don't want pasta or pizza.

Tampoco quiero **nada** para tomar.
I don't want anything to drink either.

- The personal **a** is used before negative and indefinite words that refer to people when they are the direct object of the verb.

Nadie me comprende. ¿Por qué será?
No one understands me. Why?

No, eres tú quien no comprende **a nadie**.
No, you are the one who doesn't understand anyone.

Algunos pasajeros prefieren no desembarcar en los puertos.
Some passengers prefer not to disembark at the ports.

Pues, no conozco **a ninguno** que se quede en el crucero.
Well, I don't know any who stay on the cruise ship.

- Before a masculine, singular noun, **alguno** and **ninguno** are shortened to **algún** and **ningún**.

¿Has sufrido **algún** daño en el choque?
Have you suffered any harm in the accident?

Me había puesto el cinturón de seguridad, por lo que no sufrí **ningún** daño.
I had fastened my seat belt, which is why I suffered no injuries.

- **Tampoco** means *neither* or *not either*. It is the opposite of **también**.

Mi novia no soporta los congestionamientos en el centro, ni yo **tampoco**.
My girlfriend can't stand the traffic jams downtown, and neither can I.

Por eso ella toma el metro, y yo **también**.
That's why she takes the subway, and so do I.

¿Esto también es de primerísima necesidad?

- The conjunction **o… o** (*either… or*) is used when there is a choice to be made between two options. **Ni… ni** (*neither… nor*) is used to negate both options.

Debo hablar **o** con el gerente **o** con la dueña.
I have to speak with either the manager or the owner.

El precio del pasaje **ni** ha subido **ni** ha bajado en los últimos días.
The price of the ticket has neither risen nor fallen in the past few days.

- The conjunction **ni siquiera** (*not even*) is used to add emphasis.

Ni siquiera se despidieron antes de salir.
They didn't even say goodbye before they left.

La señora Guzmán no viaja nunca, **ni siquiera** para visitar a sus nietos.
Mrs. Guzmán never travels, not even to visit her grandchildren.

Práctica

TALLER DE CONSULTA

MANUAL DE GRAMÁTICA
Más práctica

5.2 Negative, affirmative, and indefinite expressions, p. A29

1. **Comidas típicas** Marlene acaba de regresar de un viaje a Madrid y le fascinó la comida española. Completa su conversación con Frank usando las expresiones del recuadro.

alguna	ni... ni	o... o
nadie	ningún	tampoco
	nunca	

MARLENE Frank, ¿(1) _____ vez has probado las tapas españolas?

FRANK No, (2) _____ he probado la comida española.

MARLENE ¿De veras? ¿No has probado (3) _____ la tortilla de patata (4) _____ la paella?

FRANK No, no he comido (5) _____ plato español. (6) _____ conozco los ingredientes típicos de la cocina española.

MARLENE Entonces tenemos que salir a comer juntos. ¿Conoces un restaurante llamado Carmela?

FRANK No, no conozco (7) _____ restaurante con ese nombre.

MARLENE (8) _____ lo conoce. Es nuevo, pero es muy bueno. A mí me viene bien que vayamos (9) _____ el lunes (10) _____ el jueves que viene.

FRANK El jueves también me viene bien.

2. **El viajero** Imagina que estás hablando de lo que no te gusta hacer en los viajes. Cambia las oraciones de afirmativas a negativas usando las expresiones correspondientes. Sigue el modelo.

MODELO Yo siempre como la comida del país.
Yo nunca como la comida del país.

1. Cuando voy de viaje, siempre compro regalos.
2. A mí también me gusta visitar todos los lugares turísticos.
3. Yo siempre hablo el idioma local con todo el mundo.
4. Normalmente, o alquilo un carro o alquilo una motocicleta.
5. Siempre intento visitar a algún conocido de mi familia.
6. Cuando visito un lugar nuevo, siempre hago nuevas amistades.

3. **Discusiones** En parejas, escriban las discusiones que provocarían estas respuestas.

¡Yo jamás haría eso!

¡Yo nunca iría!

Nadie lo sabe.

Yo tampoco.

Ni puedo ni quiero verla.

Practice more at **vhlcentral.com**.

Comunicación

4 **Opiniones** En parejas, hablen sobre estos enunciados. Usen expresiones negativas, afirmativas e indefinidas.

- Nadie tendría que necesitar pasaporte ni visa para entrar a un país extranjero.
- El turismo siempre es bueno para la economía del país.
- Ningún vuelo tendría que retrasarse, incluso cuando hace mal tiempo.
- Está bien que las compañías aéreas cobren por todas las maletas que llevan los pasajeros.
- No hay ningún tipo de turismo mejor que el ecoturismo.
- Siempre es mejor irse de vacaciones a relajarse que a ver museos y monumentos.
- Los turistas siempre deben hablar la lengua del país que visitan.
- Nunca se puede decir: "jamás viviría en otro país", porque nunca se sabe.
- Nunca viajaría a una ciudad sólo para ver un museo.

5 **Escena**

A. En grupos de tres, escriban una conversación entre un(a) adolescente y sus padres usando expresiones negativas, afirmativas e indefinidas.

> **MODELO**
>
> **HIJA** ¿Por qué siempre desconfían de mí? No soy ninguna mentirosa y mis amigos tampoco lo son. No tienen ninguna razón para preocuparse.
>
> **MAMÁ** Sí, hija, muy bien, pero recuerda que...
>
> **HIJA** Por última vez, ¿puedo ir...?
>
> **PAPÁ** ...

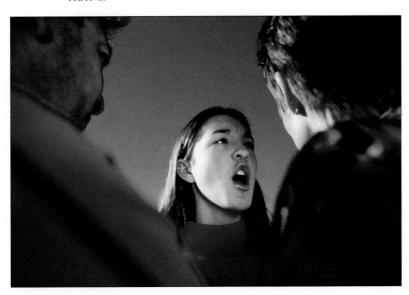

B. Ahora, representen ante la clase la conversación que escribieron.

5.3 The subjunctive in adjective clauses

- When an adjective clause describes an antecedent that is known to exist, use the indicative. When the antecedent is uncertain or unknown, use the subjunctive.

MAIN CLAUSE	CONNECTOR	SUBORDINATE CLAUSE
Busco una ciudad	**que**	**tenga playa.**

<table>
<tr><td>

¡ATENCIÓN!

An adjective clause (**oración subordinada adjetiva**) is one that modifies or describes a noun or pronoun in the main clause.

</td></tr>
</table>

ANTECEDENT CERTAIN → INDICATIVE

Necesito el libro que **habla** sobre las ruinas mayas.
I need the book that talks about Mayan ruins.

Buscamos los documentos que **describen** el itinerario del viaje.
We're looking for the documents that describe the itinerary for the trip.

Las personas que **van** a Costa Rica sienten pasión por la naturaleza.
People who go to Costa Rica are passionate about nature.

ANTECEDENT UNCERTAIN → SUBJUNCTIVE

Necesito un libro que **hable** sobre las ruinas mayas.
I need a book that talks about Mayan ruins.

Buscamos documentos que **describan** el itinerario del viaje.
We're looking for (any) documents that (may) describe the itinerary for the trip.

Las personas que **vayan** a Costa Rica verán unos bosques increíbles.
People going to Costa Rica will see amazing forests.

- When the antecedent of an adjective clause is a negative pronoun (**nadie**, **ninguno/a**), the subjunctive is used in the subordinate clause.

¡No hay nadie que la pueda cerrar, Éric!

No hay nada que pueda dejar.

ANTECEDENT CERTAIN → INDICATIVE

Elena tiene tres parientes que **viven** en San Salvador.
Elena has three relatives who live in San Salvador.

Hay dos países en su itinerario que **requieren** una visa.
There are two countries on your itinerary that require visas.

Hay muchos viajeros que **quieren** quedarse en el hotel.
There are many travelers who want to stay at the hotel.

ANTECEDENT UNCERTAIN → SUBJUNCTIVE

Elena no tiene **ningún** pariente que **viva** en La Palma.
Elena doesn't have any relatives who live in La Palma.

No hay **ningún** país en su itinerario que **requiera** una visa.
There aren't any countries on your itinerary that require a visa.

No hay **nadie** que **quiera** alojarse en el albergue.
There is nobody who wants to stay at the hostel.

- Do not use the personal **a** with direct objects that represent hypothetical persons.

ANTECEDENT UNCERTAIN → SUBJUNCTIVE	ANTECEDENT CERTAIN → INDICATIVE
Busco un guía que **hable** inglés. *I'm looking for a guide who speaks English.*	Conozco **a** un guía que **habla** inglés. *I know a guide who speaks English.*

- Use the personal **a** before **nadie, ninguno/a,** and **alguien**, even when their existence is uncertain.

ANTECEDENT UNCERTAIN → SUBJUNCTIVE	ANTECEDENT CERTAIN → INDICATIVE
No conozco **a nadie** que **se queje** tanto como Antonio. *I don't know anyone who complains as much as Antonio.*	Yo conozco **a alguien** que **se queja** aún más que Antonio... ¡tú! *I know someone who complains even more than Antonio... you!*

- The subjunctive is commonly used in questions with adjective clauses when the speaker is trying to find out information about which he or she is uncertain. If the person who responds knows the information, the indicative is used.

ANTECEDENT UNCERTAIN → SUBJUNCTIVE	ANTECEDENT CERTAIN → INDICATIVE
¿Me recomienda usted un hotel que **esté** cerca de la costa? *Can you recommend a hotel that is near the coast?*	Sí, el Hotel Flamingo **está** justo en la playa. *Yes, the Flamingo Hotel is right on the beach.*
¿Tiene otra brújula que **sea** más fácil de usar? *Do you have another compass that is easier to use?*	Vea ésta y, si no, tengo tres más que **son** muy fáciles de usar. *Look at this one, and if not, I have three others that are very easy to use.*

Hotel Tucán

En el Hotel Tucán su satisfacción es lo más importante. Si hay algo que podamos hacer para mejorar nuestros servicios, no dude en informarnos.

Práctica

TALLER DE CONSULTA

MANUAL DE GRAMÁTICA
Más práctica

5.3 Negative, affirmative, and indefinite expressions, p. A30

1 **Oraciones** Combina las frases de las dos columnas para formar oraciones lógicas. Recuerda que a veces vas a necesitar el subjuntivo y a veces no.

____ 1. Luis tiene un hermano que

____ 2. Tengo dos primos que

____ 3. No conozco a nadie que

____ 4. Jorge busca una novia que

____ 5. Quiero tener hijos que

____ 6. Quiero un carro que

a. sea alta e inteligente.

b. sean respetuosos y estudiosos.

c. canta cuando se ducha.

d. hablan español.

e. hable más de cinco lenguas.

f. sea muy económico.

2 **El agente de viajes** Carmen va a ir de vacaciones a Montelimar, en Nicaragua, y le escribe un correo electrónico a su agente de viajes explicándole cuáles son sus planes. Completa el correo electrónico con el subjuntivo o el indicativo.

De:	Carmen <carmen@micorreo.com>
Para:	Jorge <jorge@micorreo.com>
Asunto:	Viaje a Montelimar

Querido Jorge:

Estoy muy contenta porque el mes que viene voy a viajar a Montelimar para tomar unas vacaciones. He estado pensando en el viaje y quiero decirte qué me gustaría hacer. Quiero ir a un hotel que (1) _____ (ser) de cinco estrellas y que (2) _____ (tener) vista al mar. Me gustaría hacer una excursión que (3) _____ (durar) varios días y que me (4) _____ (permitir) ver el famoso lago Nicaragua. ¿Qué te parece?

Mi hermano me dice que hay un guía turístico que (5) _____ (conocer) algunos lugares exóticos y que me puede llevar a verlos. También dice que el guía es un hombre que (6) _____ (tener) el pelo muy rubio y que (7) _____ (ser) muy alto. ¿Tú lo conoces? Creo que se llama Ernesto Montero. Espero tu respuesta.
Carmen

3 **El ideal** En parejas, imaginen cómo es el/la compañero/a ideal en cada una de estas situaciones. Si ya conocen a alguien que tenga las características ideales, también pueden hablar de esa persona. Utilicen el subjuntivo o el indicativo de acuerdo a la situación.

> **MODELO** Lo ideal es vivir con alguien que no se queje demasiado.

- alguien con quien vivir
- alguien con quien trabajar
- alguien con quien ver películas de amor o de aventuras
- alguien con quien comprar ropa
- alguien con quien estudiar
- alguien con quien viajar por el desierto de Atacama

 Practice more at **vhlcentral.com**.

Comunicación

4 Anuncios En parejas, escriban anuncios para un periódico basados en la información y usando el indicativo y el subjuntivo. Añadan detalles. Después, inventen dos anuncios originales para enseñárselos a la clase.

La familia Pérez busca a su perro Tomás, que se perdió en el parque. Aquí tienen una foto de él.

Miguel y Carlos Solís buscan un guía turístico para su viaje a los volcanes de Guatemala.

5 Síntesis La tormenta tropical Alberto azota (*is hitting*) las costas de Florida. En parejas, cubran esta noticia para un programa de televisión. Uno/a de ustedes informa del huracán desde la costa y la otra persona presenta el programa desde el estudio. Escriban una conversación sobre este desastre y sus consecuencias. Usen comparativos, superlativos, el subjuntivo en oraciones subordinadas adjetivas y expresiones negativas, afirmativas e indefinidas.

MODELO

CONDUCTOR(A) Cuéntanos, Juan Francisco, ¿cómo es la tormenta?
CORRESPONSAL ¡Nunca he visto una tormenta tan destructiva! ¡No hay casas que puedan soportar vientos tan fuertes!
CONDUCTOR(A) ¡Pero no es posible que el viento sea más fuerte que durante el huracán Jimena!
CORRESPONSAL Les aseguro que esta tormenta es la peor...

5.4 The present perfect and the past perfect

The present perfect

- The present perfect tense (**el pretérito perfecto**) expresses what *has happened*. It generally refers to recently completed actions or to a past that still bears relevance in the present.

> ¿**Has viajado** al extranjero alguna vez?
> *Have you ever traveled abroad?*

> Aún no **hemos decidido** adónde ir de vacaciones.
> *We have not decided yet where to go on vacation.*

- The present perfect is formed with the present tense of the verb **haber** and a past participle. Regular past participles are formed by adding **-ado** to the stem of **-ar** verbs, and **-ido** to the stem of **-er** and **-ir** verbs.

The present perfect		
comprar	**beber**	**recibir**
he comprado	he bebido	he recibido
has comprado	has bebido	has recibido
ha comprado	ha bebido	ha recibido
hemos comprado	hemos bebido	hemos recibido
habéis comprado	habéis bebido	habéis recibido
han comprado	han bebido	han recibido

- Note that past participles do not change form in the present perfect tense.

> Todavía no **hemos comprado** los boletos.
> *We still haven't bought the tickets.*

> El agente de viajes no **ha terminado** de hacer las reservas.
> *The travel agent hasn't finished making the reservations.*

- To express that something *has just happened*, use **acabar de** + [*infinitive*]. **Acabar** is a regular **-ar** verb.

> **Acabo de recibir** los boletos.
> *I've just received the tickets.*

> **Acabamos de ver** la película.
> *We've just seen the movie.*

- When the stem of an **-er** or **-ir** verb ends in **a**, **e**, or **o**, the past participle requires a written accent (**ído**) to maintain the correct stress. No accent mark is needed for stems ending in **u**.

> ca-er → caído   le-er → leído
>
> o-ír → oído   constru-ir → construido

- Many verbs have irregular past participles.

abrir	abierto	morir	muerto
cubrir	cubierto	poner	puesto
decir	dicho	resolver	resuelto
descubrir	descubierto	romper	roto
escribir	escrito	ver	visto
hacer	hecho	volver	vuelto

- Note that, unlike in English, the verb **haber** may not be separated from the past participle by any other word (**no**, adverbs, pronouns, etc.)

> ¿Por qué **no has reservado todavía** el hotel?
> *Why haven't you reserved your hotel yet?*

> **Todavía no he decidido** las fechas.
> *I haven't yet decided on the dates.*

- Note that, when a past participle is used as an adjective, it must agree in number and gender with the noun it modifies. Past participles are often used as adjectives with **estar** or other verbs to describe physical or emotional states.

> La visa está **vencida.**
> *The visa is expired.*

> Los vuelos están **cancelados.**
> *The flights are canceled.*

The past perfect

- The past perfect tense (**el pretérito pluscuamperfecto**) is formed with the imperfect of **haber** and a past participle. As with other perfect tenses, the past participle does not change form.

The past perfect		
viajar	**perder**	**incluir**
había viajado	había perdido	había incluido
habías viajado	habías perdido	habías incluido
había viajado	había perdido	había incluido
habíamos viajado	habíamos perdido	habíamos incluido
habíais viajado	habíais perdido	habíais incluido
habían viajado	habían perdido	habían incluido

- In Spanish, as in English, the past perfect expresses what someone *had done* or what *had occurred* before another action or condition in the past.

> Compré una cámara digital nueva para el viaje porque la vieja se me **había roto.**
> *I bought a new digital camera for the trip because my old one had broken.*

> Cuando por fin llegaron al aeropuerto, su avión ya **había salido.**
> *When they finally arrived at the airport, their plane had already departed.*

- **Antes, aún, nunca, todavía,** and **ya** are often used with the past perfect to indicate that one action occurred before another. Note that adverbs, pronouns, and the word **no** may not separate **haber** from the past participle.

> Cuando viajé a España, **aún no había aprendido** español.
> *When I traveled to Spain, I hadn't yet learned Spanish.*

> El avión **todavía no había aterrizado**, pero el pasajero encendió el celular.
> *The plane hadn't landed yet, but the passenger turned on his cell phone.*

Práctica

TALLER DE CONSULTA

MANUAL DE GRAMÁTICA
Más práctica

5.4 The present perfect and the past perfect, p. A31

1 **Experiencias** Completa el párrafo usando el pretérito perfecto.

Este viaje a Guatapé (1) _____ (ser) una experiencia fabulosa. Mi esposa y yo (2) _____ (ver) lugares sensacionales. Lo que más nos (3) _____ (llamar) la atención es que la gente nos (4) _____ (tratar) como si fuéramos de la familia. Nos (5) _____ (quedar) en casa de una familia y las dos hijas nos (6) _____ (enseñar) a hacer arepas. Lo que más nos (7) _____ (gustar) es subir al Peñón de Guatapé. Desde la cima, (8) _____ (observar) el embalse y sus islitas y bahías. Verdaderamente, este lugar nos (9) _____ (encantar).

2 **Oraciones** Combina los elementos para formar oraciones completas. Utiliza el pretérito perfecto y añade elementos cuando sea necesario.

> **MODELO** yo / siempre / querer / un GPS
> Yo siempre he querido un GPS.

1. nosotros / comprar / cámara digital más innovadora
2. tú / nunca / pensar / en hacer buceo
3. los turistas / ya / llegar / a la isla.
4. el profesor / escribir / fórmulas en la pizarra
5. mis padres / siempre / preferir / los hoteles de lujo

3 **Experiencias** Indica si has hecho lo siguiente y añade información adicional.

> **MODELO** ir al Polo Sur
> No he ido al Polo Sur, pero he viajado a Latinoamérica.

1. viajar a la Luna
2. ganar la lotería
3. ver a un extraterrestre
4. inventar algo
5. conocer al presidente del país
6. estar más de dos días sin dormir
7. hacer algo revolucionario
8. soñar con ser astronauta

4 **Discurso** Jorge Báez, un médico dedicado a las enfermedades tropicales, ha recibido un premio por su trabajo en África y América Latina. Completa su discurso de agradecimiento con el pluscuamperfecto.

Muchas gracias por este premio. Recuerdo que antes de cumplir 12 años ya (1) _____ (decidir) ser médico. Desde pequeño, mi madre siempre me (2) _____ (llevar) al hospital donde ella trabajaba y recuerdo que desde la primera vez me (3) _____ (fascinar) esos médicos vestidos de blanco. Luego, cuando cumplí 26 años, ya (4) _____ (pasar) tres años estudiando las enfermedades tropicales, en especial desde que (5) _____ (leer) un informe de la Organización Panamericana de la Salud. Cuando terminé mis estudios de posgrado, ya se (6) _____ (hacer) grandes adelantos científicos…

Practice more at **vhlcentral.com.**

Comunicación

5) **Preguntas personales** Busca un(a) compañero/a de clase a quien no conozcas bien y hazle preguntas sobre su vida usando el pretérito perfecto.

MODELO
—¿Has tomado clases de informática?
—Sí, he tomado muchas clases de informática. ¡Siempre me ha fascinado la tecnología!

conocer a una persona famosa	ganar algún premio
escribir poemas	visitar un país hispano
estar enamorado/a	vivir en el extranjero

6) **Celebridades** En grupos de tres, cada miembro debe pensar en una persona famosa, sin decir quién es. Las otras dos personas deben hacer preguntas. Utilicen el pretérito perfecto para dar pistas hasta que adivinen el nombre de cada celebridad.

MODELO
ESTUDIANTE 1 Este hombre ha ganado muchísimo dinero.
ESTUDIANTE 2 ¿Es Donald Trump?

7) **Síntesis** En grupos de tres, imaginen que son policías y deben preparar un informe sobre un accidente ocurrido en una ciudad muy turística. Entrevisten a las personas involucradas en el accidente para determinar lo que ha ocurrido y qué habían hecho inmediatamente antes del accidente. Utilicen la gramática de esta lección.

MODELO
POLICÍA ¿Qué ha sucedido aquí?
LINDA ¡No es mi culpa! ¡El carro verde venía rapidísmo! Yo había frenado en la intersección, cuando de repente...

Antes de ver el corto

VOLAMOS HACIA MIAMI

país España

directores María Giráldez y Miguel Provencio

duración 18 minutos

protagonistas Mauro, niño, Luisa

Vocabulario

el arma *(f.) weapon*	**molar** *to be cool (Esp.)*
la cabina *cockpit*	**molestar** *to bother*
la cobertura *(cell phone) service*	**morder** *to bite*
correr a cargo de *to be paid by*	**la rabia** *rabies*
cretino/a *idiot*	**el secuestro** *hijacking*
la espuma *foam*	**los sudores** *sweats*
el expediente *investigation*	**la tripa** *belly*
meterse en un lío *to get into a mess*	**la tripulación** *crew*

(1) **Correo** Completa el correo electrónico con las palabras del vocabulario.

De:	Claudia <claudia01@micorreo.com>
Para:	Andrés <andres.1982@sucorreo.com>
Asunto:	Saludos desde Cancún

Hola, Andrés:

¿Cómo estás? Marta y yo acabamos de llegar a Cancún. Estamos contentas porque el viaje (1) _____ de nuestro jefe 🙂. La compañía aérea mexicana es fenomenal. Los miembros de la (2) _____ han sido muy amables. Lo peor del viaje ha sido que el señor de atrás no me dejaba de (3) _____, dando golpes continuamente al asiento. Y, cuando por fin le pedí que parara, me insultó; me dijo que yo era una (4) _____. En fin, me voy a cuidar a Marta, que le duele muchísimo la (5) _____. ¿Será el pollo que ha comido en el avión?

Cuéntame, ¿cómo estás tú?

Saludos,

Claudia

P.D.: No te puedo llamar por teléfono porque no tengo (6) _____.

(2) **Comentar** En parejas, túrnense para hacerse las preguntas.

1. ¿Cuál ha sido tu viaje más extraño? ¿Adónde ibas? ¿Qué medio de transporte usaste?

2. ¿Qué te gusta más de viajar en avión? ¿Qué te gusta menos?

3. ¿Te gusta la comida que ofrecen en los aviones? ¿Por qué?

4. ¿Qué opinas de las medidas de seguridad en los aeropuertos?

5. ¿Te gusta que tus viajes vayan según el plan o prefieres que haya sorpresas? ¿Por qué?

6. Observa el cartel de la página siguiente. ¿De qué crees que va a tratar el cortometraje?

 Practice more at **vhlcentral.com**.

fran **PEREA**
silvia **ESPIGADO**

VOLAMOS HACIA MIAMI

un cortometraje de
GIRÁLDEZ & PROVENCIO

(Mejor Cortometraje
de Comedia
Thanatos (2012))

Dirección: María Giráldez / Miguel Provencio • Intérpretes: **Fran Perea / Silvia Espigado / José Luis Torrijo**
Guión: **María Giráldez / Lidia Provencio /Miguel Provencio** • Música: **Pony Bravo**
Producción: **María Giráldez and Miguel Provencio** • Jefe de producción: **Paul Mateos Verdejo**
Dirección de fotografía: **Josu Ubiria** • Jefe de sonido: **Néstor Luz**
Dirección artística: **Mercedes García Navas** • Montaje: **Charly Prada**

Escenas

ARGUMENTO Las exigencias de un pasajero alteran el curso de un vuelo Madrid-Miami.

NIÑO ¡Quiero ver a Mickey Mouse! ¡Quiero ver a Mickey Mouse! ¡Quiero ver a Mickey Mouse! ¡Quiero ver a Mickey Mouse!

LUISA Caballero°, ¿pasta o pollo?
MAURO Para mí que sean las dos.
LUISA Perdone, es pasta o pollo, no pasta y pollo.
MAURO ¿Y no podríamos hacer una excepción?

LUISA Tenemos un problema; un pasajero ha agredido° a un menor.
PILOTO ¿A su hijo?
LUISA No, no se conocían. Un niño de cinco años. Iba a Disney World, con su madre.

MAURO ¿Qué es eso de que regresamos por motivos de seguridad y que el responsable pagará no sé qué?
LUISA Ha sido decisión del piloto.
MAURO Y usted no ha tenido nada que ver, ¿no? ¡Exijo hablar con el piloto de inmediato!

PASAJERO 1 ¿Has oído a los de atrás?
PASAJERO 2 No sé, he oído gritos pero...
PASAJERO 1 Una banda°, una banda que nos tiene en sus manos.
PASAJERA 6 ¿Cómo que una banda? ¿De música?

MAURO La salida de emergencia está entre las puertas diez y once.
¿Es que ya no te acuerdas, azafata?

Caballero *Sir* **ha agredido** *has hit* **banda** *gang*

Después de ver el corto

1 Comprensión Contesta las preguntas con oraciones completas.

1. ¿Por qué Mauro le intenta dar miedo al niño? ¿Por qué le habla de Mickey?
2. ¿Qué hace la azafata después del incidente con el niño?
3. ¿Por qué anuncia el piloto que el avión regresará a Madrid? ¿Quién debe correr a cargo de los gastos de los pasajeros?
4. ¿Cómo se extiende en el avión el rumor de que han sido secuestrados por una banda?
5. ¿Qué hace Mauro cuando escucha el rumor de que el avión ha sido secuestrado?
6. ¿Por qué hay interferencias en el avión?
7. ¿Por qué están todos los pasajeros agrupados al final del avión y capturan a la azafata?
8. ¿Por qué entra Mauro en la cabina? ¿Qué les dice a los pilotos?

2 Ampliación En parejas, contesten las preguntas.

1. ¿Qué tipo de persona es Mauro?
2. ¿Qué piensas de la opinión de Mauro acerca de la comida del avión?
3. ¿Por qué crees que la azafata les cuenta a los pilotos lo que ha pasado?
4. ¿Cuál te parece el momento más divertido del cortometraje? ¿Por qué?
5. ¿Te parece realista el argumento de este cortometraje? ¿Por qué?

3 Histeria colectiva En grupos, lean las citas extraídas del cortometraje y contesten las preguntas.

> Estamos en manos de una banda de cretinos.
> —Mauro

> Una banda que nos tiene en sus manos.
> —Pasajero 1

> ¡Esto es un secuestro!
> —Pasajero 9

> La tripulación, ellos son los secuestradores...
> —Mauro

1. ¿Cómo surge la idea de que la tripulación ha secuestrado el avión?
2. ¿Cómo beneficia a Mauro este caso de histeria colectiva?
3. ¿Cómo consigue Mauro manipular a los pasajeros y a la tripulación?
4. ¿Conocen otros casos, reales o de ficción, de histeria colectiva? ¿Cuáles?

4 Justicia poética Escribe una versión de lo que podría pasarle a Mauro en una hipotética continuación de *Volamos hacia Miami*.

 Practice more at **vhlcentral.com**.

Antes de leer

La luz es como el agua

Sobre el autor

Nacido en 1928 en Aracataca, Colombia, **Gabriel García Márquez** fue criado por sus abuelos entre mitos y leyendas que serán la base de su futura obra narrativa. Abandonó sus estudios de derecho para dedicarse al periodismo. Como corresponsal en Italia, viajó por toda Europa. Vivió en diferentes lugares y escribió guiones (*scripts*) de cine, cuentos y novelas. En 1967 publicó su novela más famosa, *Cien años de soledad*, y en 1982 recibió el Premio Nobel de Literatura. Tras su muerte en 2014, se le recuerda como uno de los narradores contemporáneos más influyentes de la literatura en español, y quizá como el más querido. De su libro *Doce cuentos peregrinos* (al que pertenece el cuento "La luz es como el agua"), dijo que lo escribió porque quería hablar "sobre las cosas extrañas que les suceden a los latinoamericanos en Europa".

Vocabulario

ahogado/a *drowned*	**el faro** *lighthouse*	**la popa** *stern*
la bahía *bay*	**flotar** *to float*	**la proa** *bow*
el bote *boat*	**el muelle** *pier*	**el remo** *oar*
la cascada *cascade; waterfall*	**la pesca** *fishing*	**el tiburón** *shark*

Palabras relacionadas Indica qué palabra no pertenece al grupo.

1. bote–remo–mueble–navegar
2. brújula–balcón–puerto–proa
3. pesca–buceo–tiburones–tigre
4. popa–edificio–cascada–bahía

Conexión personal Cuando eras niño/a, ¿te gustaba soñar con viajes a lugares imposibles? ¿Sigues soñando o imaginando viajes a lugares fantásticos? ¿Alguna vez viviste en un país extranjero? ¿Qué cosas extrañabas?

Análisis literario: el realismo mágico

El realismo mágico es una síntesis entre el realismo y la literatura fantástica. Muchos escritores latinoamericanos, como Gabriel García Márquez y Carlos Fuentes, incorporaron elementos fantásticos al mundo cotidiano de los personajes, que aceptan la magia y la fantasía como normales. En el realismo mágico, lo real se torna mágico, lo maravilloso es parte de lo cotidiano y no se cuestiona la lógica de lo fantástico. Uno de los precursores del género, Alejo Carpentier, explicó que "En América Latina, lo maravilloso se encuentra en vuelta de cada esquina, en el desorden, en lo pintoresco de nuestras ciudades, (...) en nuestra naturaleza y (...) también en nuestra historia". Presta atención a la representación de la realidad en el cuento.

 Practice more at **vhlcentral.com.**

Altamar, 2000
Graciela Rodo Boulanger, Bolivia

La luz es como el agua

Gabriel García Márquez

En Navidad los niños volvieron a pedir un bote de remos.

—De acuerdo —dijo el papá, lo compraremos cuando volvamos a Cartagena.

5 Totó, de nueve años, y Joel, de siete, estaban más decididos de lo que sus padres creían.

—No —dijeron a coro°—. Nos hace falta ahora y aquí.

—Para empezar —dijo la madre—, aquí no 10 hay más aguas navegables que la que sale de la ducha°.

Tanto ella como el esposo tenían razón. En la casa de Cartagena de Indias había un patio con un muelle sobre la bahía, y un refugio para dos yates grandes. En cambio aquí en Madrid 15 vivían apretados° en el piso quinto del número 47 del Paseo de la Castellana. Pero al final ni él ni ella pudieron negarse, porque les habían prometido un bote de remos con su sextante y su brújula si se ganaban el laurel del tercer año 20 de primaria, y se lo habían ganado. Así que el papá compró todo sin decirle nada a su esposa, que era la más reacia° a pagar deudas de juego. Era un precioso bote de aluminio con un hilo dorado en la línea de flotación. 25

—El bote está en el garaje —reveló el papá

unison

shower

cramped

reluctant

—La luz es como el agua —le contesté: uno abre el grifo°, y sale.

faucet

De modo que siguieron navegando los miércoles en la noche, aprendiendo el manejo del sextante y la brújula, hasta que los padres regresaban del cine y los encontraban dormidos como ángeles de tierra firme. Meses después, ansiosos de ir más lejos, pidieron un equipo de pesca submarina. Con todo: máscaras, aletas, tanques y escopetas de aire comprimido. 60 65

—Está mal que tengan en el cuarto de servicio un bote de remos que no les sirve para nada —dijo el padre—. Pero está peor que quieran tener además equipos de buceo. 70

—¿Y si nos ganamos la gardenia de oro del primer semestre? —dijo Joel.

—No —dijo la madre, asustada—. Ya no más. 75

El padre le reprochó su intransigencia.

—Es que estos niños no se ganan ni un clavo° por cumplir con su deber —dijo ella—, pero por un capricho° son capaces de ganarse hasta la silla del maestro.

nail

whim

80

Los padres no dijeron al fin ni que sí ni que no. Pero Totó y Joel, que habían sido los últimos en los dos años anteriores, se ganaron en julio las dos gardenias de oro y el reconocimiento público del rector. Esa misma tarde, sin que hubieran vuelto a pedirlos, encontraron en el dormitorio los equipos de buzos en su empaque original. De modo que el miércoles siguiente, mientras los padres veían *El último tango en París*, llenaron el apartamento hasta la altura de dos brazas, bucearon como tiburones mansos° por debajo de los muebles y las camas, y rescataron del fondo° de la luz las cosas que durante años se habían perdido en la oscuridad. 85 90 95

tame

bottom

En la premiación° final los hermanos fueron aclamados como ejemplo para la escuela, y les dieron diplomas de excelencia. Esta vez

awards ceremo

en el almuerzo—. El problema es que no hay cómo subirlo ni por el ascensor ni por la escalera, y en el garaje no hay más espacio disponible. 30

Sin embargo, la tarde del sábado siguiente los niños invitaron a sus condiscípulos° para subir el bote por las escaleras, y lograron llevarlo hasta el cuarto de servicio.

schoolmates

—Felicitaciones —les dijo el papá—, ¿ahora qué? 35

—Ahora nada —dijeron los niños—. Lo único que queríamos era tener el bote en el cuarto, y ya está.

La noche del miércoles, como todos los miércoles, los padres se fueron al cine. Los niños, dueños y señores de la casa, cerraron puertas y ventanas, y rompieron la bombilla encendida de una lámpara de la sala. Un chorro° de luz dorada° y fresca como el agua empezó a salir de la bombilla° rota, y lo dejaron correr hasta que el nivel llegó a cuatro palmos. Entonces cortaron la corriente°, sacaron el bote, y navegaron a placer° por entre las islas de la casa. 40 45 50

stream/golden light bulb

current

at one's pleasure

Esta aventura fabulosa fue el resultado de una ligereza° mía cuando participaba en un seminario sobre la poesía de los utensilios domésticos. Totó me preguntó cómo era que la luz se encendía con sólo apretar un botón, y yo no tuve el valor de pensarlo dos veces. 55

flippant remark

100 no tuvieron que pedir nada, porque los padres les preguntaron qué querían. Ellos fueron tan razonables, que sólo quisieron una fiesta en casa para agasajar° a los compañeros de curso. El papá, a solas con su mujer, estaba radiante.

105 —Es una prueba de madurez —dijo.

—Dios te oiga —dijo la madre.

El miércoles siguiente, mientras los padres veían *La Batalla de Argel*, la gente que pasó por la Castellana vio una cascada de luz que 110 caía de un viejo edificio escondido entre los árboles. Salía por los balcones, se derramaba° a raudales° por la fachada°, y se encauzó° por la gran avenida en un torrente dorado que iluminó la ciudad hasta el Guadarrama.

115 Llamados de urgencia, los bomberos forzaron la puerta del quinto piso, y encontraron la casa rebosada de° luz hasta el techo. El sofá y los sillones forrados° en piel de leopardo flotaban en la sala a distintos niveles, entre las botellas 120 del bar y el piano de cola° y su mantón° de Manila que aleteaba° a media agua como una mantarraya de oro. Los utensilios domésticos, en la plenitud de su poesía, volaban con sus propias alas° por el cielo de la cocina. Los 125 instrumentos de la banda de guerra, que los niños usaban para bailar, flotaban al garete° entre los peces de colores liberados de la pecera de mamá, que eran los únicos que flotaban vivos y felices en la vasta ciénaga°

iluminada. En el cuarto de baño flotaban los 130 cepillos de dientes de todos, los preservativos de papá, los pomos° de cremas y la dentadura de repuesto° de mamá, y el televisor de la alcoba° principal flotaba de costado°, todavía encendido en el último episodio de la película 135 de media noche prohibida para niños.

Al final del corredor, flotando entre dos aguas, Totó estaba sentado en la popa del bote, aferrado° a los remos y con la máscara puesta, buscando el faro del puerto hasta 140 donde le alcanzó el aire de los tanques, y Joel flotaba en la proa buscando todavía la altura de la estrella polar con el sextante, y flotaban por toda la casa sus treinta y siete compañeros de clase, eternizados en el instante de hacer 145 pipí° en la maceta° de geranios, de cantar el himno de la escuela con la letra cambiada por versos de burla contra el rector, de beberse a escondidas un vaso de brandy de la botella de papá. Pues habían abierto tantas luces al 150 mismo tiempo que la casa se había rebosado°, y todo el cuarto año elemental de la escuela de San Julián el Hospitalario se había ahogado en el piso quinto del número 47 del Paseo de la Castellana. En Madrid de España, una ciudad 155 remota de veranos ardientes y vientos helados, sin mar ni río, y cuyos aborígenes° de tierra firme nunca fueron maestros en la ciencia de navegar en la luz. ∎

*(margin glossary, left column)*

entertain

oured out torrents/ façade/ channeled

ning with covered

nd piano/ shawl fluttered

wings

adrift

marsh

*(margin glossary, right column)*

jars

spare bedroom/ sideways

clinging

to pee/ flowerpot

overflowed

natives

Después de leer

La luz es como el agua
Gabriel García Márquez

(1) Comprensión Indica si las oraciones son **ciertas** o **falsas**. Corrige las falsas.

1. La acción transcurre en Cartagena.
2. Totó y Joel dicen que quieren el bote para pasear con sus compañeros en el río.
3. Los padres van todos los miércoles por la noche al cine.
4. Los niños inundan la casa con agua de la ducha.
5. Cuando llegaron los bomberos todo flotaba por el aire.
6. El que le sugiere a Totó la idea de que la luz es como el agua es su papá.

(2) Análisis En parejas, relean la definición de realismo mágico y luego respondan las preguntas.

1. Los niños navegan "entre las islas de la casa". ¿Qué son las islas del apartamento?
2. ¿Qué significa la frase "rescataron del fondo de la luz las cosas que durante años se habían perdido en la oscuridad"? En la realidad, ¿les parece que la luz tiene fondo? En este relato, ¿cuál es el fondo de la luz?
3. Repasa el significado de *comparación* (**p. 153**). ¿Se usan comparaciones en este relato? Escríbanlas y expliquen cómo proporcionan mayor expresividad.

(3) Interpretación Responde las preguntas con oraciones completas.

1. ¿Por qué te parece que, teniendo una gran casa en Cartagena, viven en Madrid en un pequeño apartamento? ¿Cuáles crees que podrían ser las causas?
2. El narrador señala que toda la aventura de los niños es consecuencia de una "ligereza" suya, porque "no tuvo el valor de pensarlo dos veces". ¿Por qué te parece que dice eso? ¿Qué opinas tú de su respuesta? ¿Crees que él es culpable de lo que ocurre después?
3. Los niños aprovechan que sus padres no están para inundar el apartamento y guardan el secreto; sólo se lo cuentan a sus compañeros. ¿Por qué hacen eso?
4. ¿Puedes establecer alguna relación entre ir al cine y navegar con la luz?
5. Imagina que la familia nunca se fue de Cartagena. ¿Cómo cambia la historia?

(4) Entrevista En grupos de cuatro, preparen una entrevista con el primer bombero que entró en el apartamento inundado. Uno/a de ustedes es el/la reportero/a y los demás son bomberos. Hablen sobre las causas y consecuencias del accidente, y usen lenguaje objetivo y preciso. Luego, representen la entrevista frente a la clase.

(5) Bitácoras de viaje Utilizando el realismo mágico, describe un día de un viaje especial. Describe adónde fuiste, qué hiciste, con quién fuiste y por qué fue especial. Describe elementos maravillosos de tu viaje y presenta detalles mágicos como si fueran normales.

Practice more at **vhlcentral.com.**

Antes de leer

Vocabulario

el apogeo *peak*	**el mito** *myth*
el artefacto *artifact*	**la pared** *wall*
el campo *ball field*	**la piedra** *stone*
el/la dios(a) *god/goddess*	**la pirámide** *pyramid*
el juego de pelota *ball game*	**la ruta maya** *the Mayan Trail*
la leyenda *legend*	

Tikal Completa las oraciones con las palabras apropiadas.

1. Tikal, antiguamente una gran ciudad, es ahora una impresionante colección de ruinas que se encuentra en la _____ de Guatemala.

2. Hay seis _____ en el centro de la ciudad. Son los edificios más grandes de Tikal.

3. En la misma zona hay varios _____ donde se jugaba al _____.

4. Durante sus excavaciones, los arqueólogos han encontrado _____ fascinantes y también esculturas y monumentos de _____.

Conexión personal ¿Cuál es la ruta más interesante que has recorrido? ¿Fue un viaje organizado o lo planeaste por tu cuenta?

Contexto cultural

Campo de pelota en Chichén Itzá

En la cultura maya, el deporte era a veces cuestión de vida o muerte. El juego de pelota se jugó durante más de 3.000 años en un campo entre muros (*walls*) con una pelota muy dura y muy pesada: podía llegar a pesar hasta nueve libras, aproximadamente. Este juego se celebraba en la vida cotidiana, pero a veces se jugaba como parte de una ceremonia. Entonces era un juego muy violento que acababa a veces con un sacrificio ritual: posiblemente la decapitación de algunos de los jugadores.

Cuenta la leyenda que los hermanos gemelos Ixbalanqué y Hunahpú eran tan aficionados al juego que enojaron a los dioses de la muerte, los señores de Xibalbá, con el ruido (*noise*) que hacían con las pelotas. Los señores de Xibalbá controlaban un mundo subterráneo, al que se llegaba por una cueva (*cave*). Todo individuo que entraba en Xibalbá pasaba por una serie de pruebas terribles, como cruzar un río de escorpiones, entrar en una casa llena de cuchillos en movimiento y participar en un juego mortal de pelota.

Los gemelos usaron su habilidad atlética, su inteligencia y la magia para vencer a los dioses y transformarse en el sol y la luna. Por eso, entre los mayas, el juego era una competencia entre fuerzas opuestas, como el bien y el mal, o la luz y la oscuridad.

 Practice more at **vhlcentral.com**.

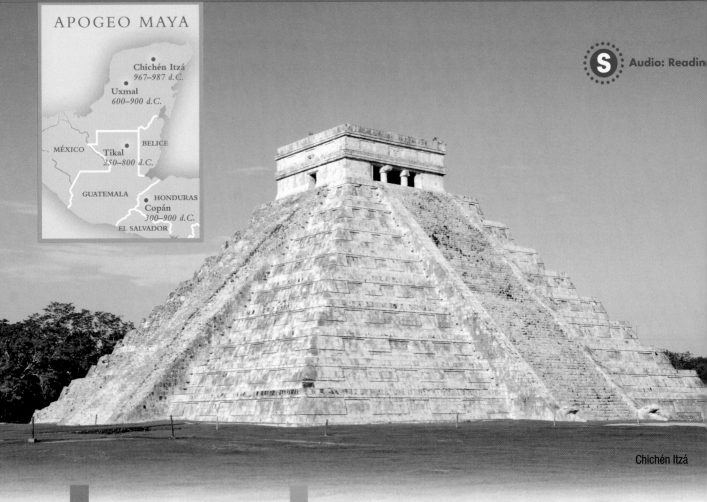

APOGEO MAYA

Chichén Itzá
967–987 d.C.

Uxmal
600–900 d.C.

MÉXICO

Tikal
250–800 d.C.

BELICE

GUATEMALA

HONDURAS
Copán
300–900 d.C.

EL SALVADOR

Chichén Itzá

La ruta maya

Los mayas, investigadores de ciencias y matemáticas, y destacados° *renowned*
arquitectos de espacios monumentales, han dejado evidencia de
un mundo ilustre e intelectual que todavía brilla hoy día. En su
momento de mayor extensión, el territorio maya incluía partes
5 de lo que ahora es México, Guatemala, Belice, El Salvador y
Honduras. Una imaginaria ruta maya une estos lugares dispersos,
atravesando° siglos y países, y revela restos de una gran civilización. *crossing*
La ruta pasa por selva y ciudad, por vegetación exuberante y por

ruinas que resisten y también muestran el
paso del tiempo. El viajero puede elegir entre
múltiples lugares y numerosos caminos. Sin
embargo, hay un itinerario particular que
conecta la arquitectura, la cultura y el deporte
a través del tiempo y el espacio: la ruta de los
campos de pelota. Debido al° enorme valor
cultural del juego, se construyeron canchas
en casi todas las poblaciones importantes,
incluyendo las espléndidas construcciones
de Copán y Chichén Itzá. La ruta, que pasa
por algunos de los 700 campos de pelota,
desentierra° maravillas arqueológicas.

En la densa selva en el oeste de Honduras,
cerca de la frontera con Guatemala, surge°
Copán, donde gobernaron varias dinastías
de reyes. Entre las ruinas, permanece° un
elegantísimo campo de pelota, una cancha
que tenía hasta vestuarios° para los jugadores.
Grandes paredes, adornadas de esculturas
de loros°, rodean° el campo más artístico de
Mesoamérica. En Copán vivía una élite de
artesanos y nobles que esculpían° y escribían
en piedra. Por eso, se concentran en Copán
la mayor cantidad de esculturas° y estelas°
—monumentos de figuras y lápidas° con

Campo de pelota en Copán

El más impresionante de los campos
de pelota se encuentra en Chichén Itzá
en Yucatán, México. En su período de
esplendor, Chichén Itzá era el centro de
poder de Mesoamérica. Actualmente es uno
de los sitios arqueológicos más importantes
del mundo. La gran pirámide, conocida con
el nombre *El Castillo*, era un rascacielos°
en su época. Con escaleras que suben a la
cumbre° por los cuatro lados, El Castillo
sirvió de templo del dios Kukulcán. Hay
varias canchas de pelota en Chichén Itzá,
pero la más grandiosa y espectacular se llama
el Gran Juego de Pelota. A pesar de medir°
166 por 68 metros (181 por 74 yardas), la
acústica es tan magnífica que sirve de modelo
para teatros: un susurro° se puede oír de un
extremo al otro. Mientras competían, los
jugadores sentían la presión de las esculturas
que adornaban las paredes, las cuales
muestran a unos jugadores decapitando a
otros. El peligro era un recordatorio° de que
el juego era también una ceremonia solemne
y el campo, un templo.

Esta ruta maya continúa por campos
como el de Uxmal en Yucatán, México,
donde se pueden apreciar grandes logros°
arquitectónicos. En todos ellos, se oyen las
voces lejanas de la civilización maya, ecos que
nos hacen viajar por el tiempo y despiertan
la imaginación. ■

Mesoamérica

La región de Mesoamérica empieza en el centro de
México y llega hasta la frontera entre Nicaragua y
Costa Rica. Aquí vivían sociedades agrarias que se
destacaron por sus avances en la arquitectura, el arte y
la tecnología en los 3.000 años anteriores a la llegada
de Cristóbal Colón al continente americano. Entre
las culturas de Mesoamérica se incluyen la maya, la
azteca, la olmeca y la tolteca. Los mayas tomaron
la escritura y el calendario mesoamericanos y los
desarrollaron hasta su mayor grado de sofisticación.

jeroglíficos— de la ruta maya. En las famosas
escalinatas° de la ciudad se pueden examinar
jeroglíficos que contienen todo un árbol
genealógico y que cuentan la historia de los
reyes de Copán. Estas inscripciones forman el
texto maya más largo que se preserva hoy día.

e to the
nearths
merges
lies
ressing rooms
parrots/ urround
sculpted
ulptures/ steles
e tables
airways

skyscraper
peak
measuring
whisper
reminder
achievements

Después de leer

La ruta maya

1 **Comprensión** Decide si las oraciones son **ciertas** o **falsas**. Corrige las falsas.

1. En su momento de mayor extensión, el territorio maya empezaba en lo que hoy se llama México y terminaba en lo que hoy se llama Guatemala.
2. Los mayas construyeron muy pocas canchas de pelota.
3. En Copán vivía una élite de artesanos y nobles que escribían en piedra.
4. Los jeroglíficos de Copán cuentan la leyenda de los gemelos Ixbalanqué y Hunahpú.
5. Chichén Itzá fue el centro de poder de Mesoamérica.
6. El Castillo es la cancha de pelota más grande.

2 **Preguntas** Contesta las preguntas con oraciones completas.

1. ¿Qué significado tenía el juego de pelota en la cultura maya?
2. ¿Cuáles eran algunos de los peligros del juego?
3. ¿Qué tienen de extraordinario las ruinas de Copán?
4. ¿Qué detalles indican que Chichén Itzá había sido una ciudad importantísima?
5. ¿Cuál es un ejemplo de la importancia de los dioses para los mayas?

3 **Itinerarios** En grupos, preparen el itinerario para un recorrido por una de estas rutas. Luego, compartan el itinerario con el resto de la clase.

- la ruta de los campos de béisbol
- Norteamérica de punta a punta
- las mansiones de los famosos en Hollywood

4 **Jeroglíficos**

A. En parejas, inventen un mensaje jeroglífico. Pueden usar letras, números, dibujos, figuras geométricas, etc. Después, intercambien el mensaje con otra pareja para descifrarlo. Pueden dar pistas si es necesario.

MODELO   ≈ & PP: ♪ 100 🏠 2

(Mar y Pepe: Recién casados)

B. Presenten los mensajes descifrados a la clase. ¿Qué pareja usó el sistema de escritura más original?

 Practice more at **vhlcentral.com.**

Atando cabos

¡A conversar!

La luna de miel Trabajen en grupos de cuatro. Imaginen cómo fue la luna de miel de dos de estas parejas.

a   b   c   d

A. Primero, hablen acerca de la luna de miel de cada pareja: ¿Cómo es la pareja? ¿Adónde fueron? ¿Por qué eligieron ese lugar? ¿Qué cosas empacaron?

B. Luego, comparen las dos lunas de miel. Escriban por lo menos seis oraciones usando comparativos y superlativos, y expresiones negativas, afirmativas e indefinidas.

C. Por último, compartan sus comparaciones con la clase y escuchen las comparaciones de sus compañeros/as. Entre todos, resuman en una lista las comparaciones más destacadas.

¡A escribir!

Consejos de viaje Sigue el **Plan de redacción** para escribir unos consejos de viaje. Imagina que trabajas en una agencia de viajes y tienes que organizar una excursión para unos/as amigos/as. Haz una lista de los lugares y cosas que les recomiendas que hagan. Ten en cuenta la personalidad de tus amigos/as y elige bien qué sitios crees que les van a gustar más.

Plan de redacción

Contenido: Ten en cuenta el clima del lugar, la ropa que deben llevar, el hotel donde pueden alojarse y los espectáculos culturales a los que pueden asistir. También es importante que les recomiendes algún restaurante o alguna comida típica del lugar. No olvides utilizar oraciones con subjuntivo en todas tus recomendaciones. Puedes usar estas expresiones:

- Es importante que...
- Les recomiendo que...
- Busquen un hotel que…
- Es probable que…
- Es mejor que…
- Visiten lugares que…

Conclusión: Termina la lista de consejos deseándoles a tus amigos/as un buen viaje.

Vocabulary Tools

De viaje

la bienvenida	welcome
la despedida	farewell
el destino	destination
el itinerario	itinerary
la llegada	arrival
el pasaje (de ida y vuelta)	(round-trip) ticket
el pasaporte	passport
la tarjeta de embarque	boarding pass
la temporada alta/baja	high/low season
el/la viajero/a	traveler
hacer las maletas	to pack
hacer transbordo	to transfer (planes/trains)
hacer un viaje	to take a trip
ir(se) de vacaciones	to go on vacation
perder (e:ie) (el vuelo)	to miss (the flight)
regresar	to return
a bordo	on board
retrasado/a	delayed
vencido/a	expired
vigente	valid

El alojamiento

el albergue	hostel
el alojamiento	lodging
la habitación individual/doble	single/double room
la recepción	front desk
el servicio de habitación	room service
alojarse	to stay
cancelar	to cancel
estar lleno/a	to be full
quedarse	to stay
reservar	to reserve
de (buena) categoría	first-rate
incluido/a	included
recomendable	advisable

La seguridad y los accidentes

el accidente (automovilístico)	(car) accident
el/la agente de aduanas	customs agent
el aviso	notice; warning
el cinturón de seguridad	seat belt
el congestionamiento	traffic jam
las medidas de seguridad	security measures
la seguridad	safety; security
el seguro	insurance
aterrizar	to land
despegar	to take off
ponerse/quitarse el cinturón	to fasten/to unfasten the seat belt
reducir (la velocidad)	to reduce (speed)
peligroso/a	dangerous
prohibido/a	prohibited

Las excursiones

la aventura	adventure
el/la aventurero/a	adventurer
la brújula	compass
el buceo	scuba diving
el campamento	campground
el crucero	cruise (ship)
el (eco)turismo	(eco)tourism
la excursión	outing; tour
la frontera	border
el/la guía turístico/a	tour guide
la isla	island
las olas	waves
el puerto	port
las ruinas	ruins
la selva	jungle
el/la turista	tourist
navegar	to sail
recorrer	to tour
lejano/a	distant
turístico/a	tourist (adj.)

Más vocabulario

Expresiones útiles	Ver p. 169
Estructura	Ver pp. 176–177, 180–181, 184–185 y 188–189

Cinemateca

el arma	weapon
la cabina	cockpit
la cobertura	(cell phone) service
la espuma	foam
el expediente	investigation
la rabia	rabies
el secuestro	hijacking
los sudores	sweats
la tripa	belly
la tripulación	crew
correr a cargo de	to be paid by
meterse en un lío	to get into a mess
molar	to be cool
molestar	to bother
morder	to bite
cretino/a	idiot

Literatura

la bahía	bay
el bote	boat
la cascada	cascade; waterfall
el faro	lighthouse
el muelle	pier
la pesca	fishing
la popa	stern
la proa	bow
el remo	oar
el tiburón	shark
flotar	to float
ahogado/a	drowned

Cultura

el apogeo	peak
el artefacto	artifact
el campo	ball field
el/la dios(a)	god/goddess
el juego de pelota	ball game
la leyenda	legend
el mito	myth
la pared	wall
la piedra	stone
la pirámide	pyramid
la ruta maya	the Mayan Trail

La naturaleza

6

Communicative Goals

You will expand your ability to…

- describe and narrate in the future
- express what you or others would do
- express purpose, condition, and intent
- express will, emotion, doubt, or denial in the past
- discuss hypothetical situations and events that depend on other events

Vocabulary Tools

La naturaleza

La naturaleza

El Caribe presenta **costas** infinitas con palmeras **a orillas del mar**, aguas cristalinas y extensos **arrecifes** de coral con un **paisaje** submarino sin igual.

el árbol *tree*
el arrecife *reef*
el bosque (lluvioso) *(rain) forest*
el campo *countryside; field*
la cordillera *mountain range*

la costa *coast*
el desierto *desert*
el mar *sea*
la montaña *mountain*
el paisaje *landscape*
la tierra *land*

húmedo/a *damp*
seco/a *dry*
_____
a orillas de *on the shore of*
al aire libre *outdoors*

Los animales

el ave (*f.*) / el pájaro *bird*
el cerdo *pig*
el conejo *rabbit*
el león *lion*
el mono *monkey*
la oveja *sheep*
el pez *fish*
la rana *frog*

la serpiente *snake*
el tigre *tiger*
la vaca *cow*
_____
atrapar *to trap; to catch*
cazar *to hunt*
dar de comer *to feed*
extinguirse *to become extinct*
morder (o:ue) *to bite*
_____
en peligro de extinción *endangered*
salvaje *wild*
venenoso/a *poisonous*

Los fenómenos naturales

el huracán *hurricane*
el incendio *fire*
la inundación *flood*
el relámpago *lightning*
la sequía *drought*
el terremoto *earthquake*
la tormenta (tropical) *(tropical) storm*
el trueno *thunder*

El **reciclaje** de botellas es muy importante para **proteger** el **medio ambiente** y no **malgastar** plástico.

el calentamiento global *global warming*
la capa de ozono *ozone layer*
el combustible *fuel*
la contaminación *pollution*

la deforestación *deforestation*
el desarrollo *development*
la erosión *erosion*
la fuente de energía *energy source*
el medio ambiente *environment*
los recursos naturales *natural resources*

agotar *to use up*
conservar *to preserve*
contaminar *to pollute*
contribuir (a) *to contribute*
desaparecer *to disappear*
destruir *to destroy*
malgastar *to waste*
proteger *to protect*
reciclar *to recycle*

resolver (o:ue) *to solve*

dañino/a *harmful*
desechable *disposable*
renovable *renewable*
tóxico/a *toxic*

Práctica

1 Escuchar

A. Escucha el informativo de la noche y después completa las oraciones con la opción correcta.

1. Hay ____.
   a. una inundación   b. un incendio

2. Las causas de lo que ha ocurrido ____.
   a. se conocen   b. se desconocen

3. En los últimos meses, ha habido ____.
   a. mucha sequía   b. muchas tormentas

4. Las autoridades temen que ____.
   a. los animales salvajes vayan a los pueblos
   b. el incendio se extienda

5. Los pueblos de los alrededores ____.
   a. están en peligro   b. están contaminados

B. Escucha la conversación entre Pilar y Juan, y después contesta las preguntas con oraciones completas.

1. ¿Dónde hay un incendio?
2. Según lo que escuchó Pilar, ¿qué puede suceder?
3. ¿Qué animales tenían los abuelos de Juan?
4. ¿Dónde pasaba los veranos Pilar?
5. ¿Qué hacía Pilar con los peces que veía?
6. ¿Qué ha pasado con los peces que había antes en la costa?

C. En parejas, hablen de los cambios que han visto ustedes en la naturaleza a lo largo de los años. Hagan una lista y compártanla con la clase.

2 Emparejar Conecta las palabras de forma lógica.

MODELO   fenómeno natural: terremoto

____ 1. proteger   a. león
____ 2. tormenta   b. serpiente
____ 3. destrucción   c. incendio
____ 4. campo   d. conservar
____ 5. salvaje   e. trueno
____ 6. venenosa   f. aire libre

Práctica

3 Definiciones

A. Escribe la palabra adecuada para cada definición.

1. fenómeno natural en el que se ilumina el cielo cuando hay tormenta: _____
2. reptil de cuerpo largo y estrecho (*narrow*) que muchas veces es venenoso: _____
3. largo período de tiempo sin lluvias: _____
4. extensión de tierra donde no suele llover: _____
5. fenómeno natural que se produce cuando se mueve la tierra bruscamente (*abruptly*): _____
6. animal feroz considerado el rey de la selva: _____
7. contrario de "húmedo": _____
8. ruido producido en las nubes por una descarga eléctrica: _____
9. serie de montañas: _____
10. fuego grande que puede destruir casas y campos: _____

B. Ahora, escribe tres definiciones de otras palabras del vocabulario. Tu compañero/a tendrá que adivinar a qué palabra corresponde cada definición.

4 ¿Qué es la biodiversidad? Completa el artículo de la revista *Naturaleza* con la palabra o expresión correspondiente.

animal	costas	paisaje
arrecifes de coral	mar	proteger
bosques	medio ambiente	recursos naturales
conservar	montañas	tierra

La biodiversidad se refiere a la gran variedad de formas de vida —(1) _____, vegetal y humana— que conviven en el (2) _____, no sólo en la tierra, sino también en el (3) _____. Esta interdependencia significa que ninguna especie está aislada o puede vivir por sí sola. A pesar de que el Caribe comprende menos del once por ciento de la superficie total del planeta, su territorio contiene una vasta riqueza de vida silvestre (*wild*) que se encuentra a lo largo de sus (4) _____ tropicales húmedos, (5) _____ altas, extensas costas, y del increíble (6) _____ submarino de los (7) _____. Se estima que en la actualidad hay más de sesenta y cinco organizaciones ecologistas que trabajan para (8) _____ y (9) _____ los valiosos (10) _____ de las islas caribeñas.

Practice more at **vhlcentral.com**.

Comunicación

5 **Preguntas** En parejas, túrnense para contestar las preguntas.

1. ¿A dónde prefieres ir de vacaciones, al campo, a la costa o a la montaña? ¿Por qué?

2. ¿Tienes un animal preferido? ¿Cuál es? ¿Por qué te gusta? ¿Qué animales no te gustan? ¿Por qué?

3. ¿Qué opinas de la práctica de cazar animales? ¿Es cruel? ¿Es necesario controlar la población para el bien de la especie?

4. ¿Hay alguna diferencia entre cazar un animal para comerlo y comprar carne?

5. ¿Hay huracanes, sequías o algún otro fenómeno natural donde tú vives? ¿Qué efectos o consecuencias tienen para el medio ambiente?

6. En tu opinión, ¿cuál es el problema más grave que afecta al medio ambiente? ¿Qué podemos hacer para mejorar la situación?

6 **¿Qué es mejor?** En parejas, hablen sobre las ventajas y las desventajas de las alternativas de la lista. Consideren el punto de vista práctico y el punto de vista ambiental. Utilicen el vocabulario de **Contextos**.

> - usar servilletas de papel o de tela (*cloth*)
> - tirar restos de comida a la basura o en el triturador del fregadero (*garbage disposal*)
> - acampar en un parque nacional o alojarse en un hotel
> - imprimir el papel por los dos lados o simplemente imprimir menos

7 **Asociaciones** En parejas, comparen sus personalidades con las cualidades de estos animales, elementos y fuerzas de la naturaleza. ¿Con cuáles te identificas? ¿Con cuáles crees que se identifica tu compañero/a? ¿Por qué? Comparen sus respuestas.

MODELO pájaro
Yo me identifico con los pájaros, porque soy libre y soñador(a).

árbol	fuente de energía	mar	relámpago
bosque	huracán	montaña	serpiente
conejo	incendio	pájaro	terremoto
desierto	león	pez	trueno

Video

Aguayo se va de vacaciones, dejando su pez al cuidado de los empleados de *Facetas*.

1

MARIELA ¡Es una araña gigante!

FABIOLA No seas miedosa.

MARIELA ¿Qué haces allá arriba?

FABIOLA Estoy dejando espacio para que la atrapen.

DIANA Si la rocías con esto (*muestra el matamoscas en spray*), la matas bien muerta.

AGUAYO Pero esto es para matar moscas.

2

FABIOLA ¡Las arañas jamás se van a extinguir!

MARIELA Las que no se van a extinguir son las cucarachas. Sobreviven la nieve, los terremotos y hasta los huracanes, y ni la radiación les hace daño.

FABIOLA ¡Vaya! Y… ¿tú crees que sobrevivirían al café de Aguayo?

3

AGUAYO Mariela, ¿podrías hacer el favo de tomar mis mensajes? Voy a casa por mi pez. Diana se ofreció a cuidarl durante mis vacaciones.

MARIELA ¡Cómo no, jefe!

AGUAYO Mañana por la tarde estaremos en el campamento.

FABIOLA ¿Cómo pueden llamarle "vacaciones" a eso de dormir en el suelo y comer comida enlatada?

6

AGUAYO Ésta es su comida. Sólo una vez al día. No le des más aunque ponga cara de perrito… Bueno, debo irme.

MARIELA ¿Cómo sabremos si pone cara de perrito?

AGUAYO En vez de hacer así (*hace gestos con la cara*)…, hace así.

7

JOHNNY Última llamada.

FABIOLA Nos quedaremos cuidando a Bambi.

ÉRIC Me encanta el pececito, pero me voy a almorzar. Buen provecho.

Los chicos se marchan.

8

DIANA ¡Ay! No sé ustedes, pero yo lo ve muy triste.

FABIOLA Claro. Su padre lo abandonó pa irse a dormir con las hormigas.

MARIELA ¿Por qué no le damos de comer?

FABIOLA ¡Ya le he dado tres veces!

MARIELA ¡Ya sé! Podríamos darle el postr

Personajes

AGUAYO

DIANA

ÉRIC

FABIOLA

JOHNNY

MARIELA

4

AGUAYO La idea es tener contacto con la naturaleza, Fabiola. Explorar y disfrutar de la mayor reserva natural del país.

MARIELA Debe ser emocionante.

AGUAYO Lo es. Sólo tengo una duda. ¿Qué debo hacer si veo un animal en peligro de extinción comerse una planta en peligro de extinción?

FABIOLA Tómale una foto.

5

AGUAYO Chicos, les presento a Bambi.

MARIELA ¿Qué? ¿No es Bambi un venadito?

AGUAYO ¿Lo es?

JOHNNY ¿No podrías ponerle un nombre más original?

FABIOLA Sí, como *Flipper*.

9

FABIOLA Miren lo que encontré en el escritorio de Johnny.

MARIELA ¡Galletitas de animales!

DIANA ¿Qué haces?

MARIELA Hay que encontrar la ballenita. Es un pez y está solo. Supongo que querrá compañía.

DIANA Pero no podemos darle galletas.

FABIOLA ¿Y qué vamos a hacer? Todavía se ve tan triste.

10

MARIELA ¡Ya sé! Tenemos que hacerlo sentir como si estuviera en su casa. (*Pegan una foto de la playa en la pecera.*) ¿Qué tal ésta con el mar?

DIANA ¡Perfecta! ¡Se ve tan feliz!

FABIOLA Míralo.

Llegan los chicos.

ÉRIC ¡Bambi! ¡Maldito pez! ¡En una playa tropical con tres mujeres!

Expresiones útiles

Talking about the future

¡Las arañas jamás se van a extinguir!
Spiders will never become extinct!

¿Y qué vamos a hacer?
What are we going to do?

Mañana por la tarde estaremos en el campamento.
Tomorrow afternoon we will be in the campground.

Nos quedaremos cuidando a Bambi.
We will stay and look after Bambi.

¿Cómo sabremos si pone cara de perrito?
How will be know if he is making a puppy-dog face?

Expressing perceptions

Yo lo/la veo muy triste.
He/She looks very sad to me.

¡Se ve tan feliz!
He/She looks so happy!

Parece que está triste/contento/a.
It looks like he/she is sad/happy.

Al parecer, no le gustó.
It looks like he/she didn't like it.

¡Qué guapo/a te ves!
How attractive you look!

¡Qué elegante se ve usted!
How elegant you look!

Additional vocabulary

la araña *spider*
Buen provecho. *Enjoy your meal.*
la comida enlatada *canned food*
la cucaracha *cockroach*
enlatado/a *canned*
la hormiga *ant*
matar *to kill*
miedoso/a *fearful*
la mosca *fly*
rociar *to spray*

Comprensión

(1) ¿Quién lo dijo? Identifica lo que dijo cada personaje.

AGUAYO   **DIANA**   **ÉRIC**   **FABIOLA**   **MARIELA**

1. No podemos darle galletas.
2. Mañana por la tarde, estaremos en el campamento.
3. Tómale una foto.
4. Me encanta el pececito, pero me voy a almorzar.
5. Podríamos darle el postre.

(2) ¿Qué falta? Completa las oraciones con las frases de la lista.

las cucarachas	un nombre original
el pez	denle de comer
de comer	tener contacto con la naturaleza

1. **FABIOLA** ¿Tú crees que _____ pueden sobrevivir al café de Aguayo?
2. **MARIELA** Debe ser emocionante _____.
3. **FABIOLA** Sí, _____ como "Flipper".
4. **AGUAYO** _____ sólo una vez al día.
5. **MARIELA** ¿Cómo sabremos si _____ pone cara de perrito?
6. **FABIOLA** Ya le he dado tres veces _____.

(3) ¿Qué dijo? Di qué hace cada personaje. Utiliza los verbos entre paréntesis.

> **MODELO**   **JOHNNY** ¿No podrías ponerle un nombre más original? (sugerir a Aguayo)
> Johnny le sugiere a Aguayo que le ponga un nombre más original.

1. **AGUAYO** Mariela, ¿podrías hacer el favor de tomar mis mensajes? (pedir a Mariela)
2. **FABIOLA** Toma una foto. (aconsejar a Aguayo)
3. **AGUAYO** No le des más aunque ponga cara de perrito… (ordenar a Mariela)
4. **MARIELA** ¿Por qué no le damos de comer? (sugerir a Diana)

(4) Preguntas y respuestas En parejas, háganse preguntas sobre estos temas.

> **MODELO**   irse de campamento
> —¿Quién se va de campamento?
> —Aguayo se va de campamento.

- tenerles miedo a las arañas
- cuidar a la mascota
- dar de comer
- Aguayo y su esposa / comer
- irse a almorzar
- sentirse feliz

 Practice more at **vhlcentral.com.**

Ampliación

(5) Carta a Aguayo A los empleados de Facetas se les murió Bambi. Ahora, ellos deben contarle a Aguayo lo sucedido. En parejas, escriban la carta que los empleados le enviaron a Aguayo.

> Querido jefe:
>
> Esperamos que esté disfrutando de sus vacaciones y de la comida enlatada. Nosotros estamos bien, pero tenemos que darle una mala noticia.
> El otro día...

(6) Apuntes culturales En parejas, lean los párrafos y contesten las preguntas.

Las mascotas

Aguayo dejará su mascota Bambi al cuidado de Diana. Otro animal que también vive en el agua es el carpincho (*capybara*), común a orillas de ríos en Suramérica. Este simpático "animalito" fácil de domesticar es el roedor (*rodent*) más grande del planeta, ¡con un peso de hasta 65 kilos (143 libras)! Un poquito grande para la oficina de *Facetas*, ¿no?

De campamento

Según Aguayo, la idea de acampar es estar en contacto con la naturaleza. Un sitio emocionante para acampar es la comunidad boliviana de **Rurrenabaque**, puerta de entrada al **Parque Nacional Madidi**. Este parque, una de las reservas más importantes del planeta, comprende cinco pisos ecológicos, desde llanuras (*plains*) amazónicas hasta cordilleras nevadas.

El alacrán

Fabiola y Mariela les tienen miedo a las arañas. ¡Y no es para menos! Algunos arácnidos son muy peligrosos. En la República Dominicana, los alacranes (*scorpions*) son temidos (*feared*) por su veneno mortal. Se los puede encontrar debajo de los muebles, en los zapatos... ¿Sobrevivirían los alacranes al matamoscas de Diana?

1. ¿Qué mascotas exóticas conoces? Menciona como mínimo tres o cuatro. ¿Cuáles son sus hábitos? ¿Son fáciles o difíciles de domesticar? ¿Son peligrosas?

2. ¿Has acampado alguna vez? ¿Dónde? ¿Por cuántos días? ¿Qué hiciste?

3. ¿Qué significa la expresión "piso ecológico"? ¿Has estado alguna vez en una región con distintos "pisos ecológicos"? ¿Cómo es la geografía de la región donde vives?

4. ¿Has visto un alacrán alguna vez? ¿Qué otros insectos peligrosos conoces? ¿Te han picado (*bitten*)? ¿Les tienes miedo?

EL CARIBE

En detalle

Los bosques
DEL MAR

¿Te sumergiste alguna vez en el más absoluto de los silencios para contemplar los majestuosos arrecifes de coral? En el Caribe hay más de 26 mil kilómetros cuadrados (16 mil millas cuadradas) de arrecifes, también llamados *bosques tropicales del mar* por la inmensa biodiversidad que se encuentra en ellos. Sus extravagantes formas de intensos colores proporcionan° el ecosistema ideal para las más de 4.000 especies de peces y miles de especies de plantas que en ellos habitan.

Nuestras vidas también dependen de estas formaciones: los arrecifes del Caribe protegen de los huracanes las costas de Florida y de los países caribeños. Sus inmensas estructuras aplacan° la fuerza de las tormentas antes de que lleguen a las costas, cumpliendo la función de barreras° naturales. También protegen las playas de la erosión y son un refugio para muchas especies animales en peligro de extinción.

En Cuba se destacan° los arrecifes de María la Gorda, en el extremo occidental de la isla. En esta área altamente protegida, más de veinte especies de corales forman verdaderas cordilleras, grutas° y túneles subterráneos.

3200 km de arrecifes

Cuba

María la Gorda

166 km de arrecifes

237 especies de coral

República Dominicana

Puerto Rico

Parque Nacional Submarino La Caleta

Lamentablemente, los arrecifes están en peligro por culpa de la mano del hombre. La construcción desmedida° en las costas y la contaminación de las aguas por los desechos° de las alcantarillas° provocan la sedimentación. Esto enturbia° el agua y mata el coral, porque le quita la luz que necesita. La pesca descontrolada, el exceso de turismo y la recolección de coral por parte de los buceadores son otros de sus grandes enemigos. De hecho, algunos expertos dicen que el 70% del coral desaparecerá en unos 40 años. Así que, si eres uno de los afortunados que pueden visitarlos, cuídalos. Su futuro depende de todos nosotros. ■

Los **arrecifes de coral** son uno de los hábitats más antiguos de la Tierra; algunos de ellos tienen más de 10.000 años. Muchos los confunden con plantas o con rocas, pero los arrecifes de coral son, en realidad, estructuras formadas por pólipos de coral, unos animales diminutos° que al morir dejan unos residuos de piedra caliza°. Los arrecifes son el refugio ideal para muchos tipos de animales, tales como esponjas, peces y tortugas.

proporcionan *provide* aplacan *diminish* barreras *barriers* se destacan *stand out* grutas *caves* desmedida *excessive*
desechos *waste* alcantarillas *sewers* enturbia *clouds* diminutos *tiny* piedra caliza *limestone*

Frases de animales

andar como perro sin pulga° (Méx.) *to be carefree*

comer como un chancho *to eat like a pig; to pig out*

¡El mono está chiflando!° (Cu.) *How windy!*

estar como una cabra° (Esp.) *to be as mad as a hatter*

marca perro (Arg., Chi. y Uru.) *(of an object) by an unknown brand*

¡Me pica el bagre!° (Arg.) *I'm getting hungry!*

¡Qué búfalo/a! (Nic.) *Fantastic!*

¡Qué tortuga! (Col.) *(of a person) How slow!*

ser (una) rata
ser un(a) rata (Esp.) *to be stingy*

Organizaciones ambientales

Protección de la biosfera El Parque Nacional Yasuní, declarado Reserva Mundial de la Biosfera por la UNESCO en 1989, está ubicado en la Amazonia ecuatoriana. En la actualidad, varias organizaciones ambientales intentan frenar° el avance de compañías petroleras que operan en el 60% del territorio del parque.

Patagonia sin represas En 2011, este movimiento formado por varias asociaciones ecologistas chilenas frenó el plan para la construcción de cinco represas hidroeléctricas° en el sur de Chile. Este plan habría inundado 5.900 hectáreas de reservas naturales.

Protección de aves amenazadas Gracias al Fondo Peregrino de Panamá y a instituciones como el Smithsonian Institute, las águilas arpías° están siendo rescatadas y protegidas. Al parecer, Panamá es el único país de Latinoamérica que protege esta ave. El águila arpía es la segunda águila más grande del mundo, después del águila de Filipinas, y es el ave nacional de Panamá.

PARQUE NACIONAL SUBMARINO LA CALETA

En 1984, por obra y gracia del Grupo de Investigadores Submarinos, el buque° de rescate *Hickory* se hundió en el Parque Nacional Submarino La Caleta, a unos 17 kilómetros de Santo Domingo. No fue un accidente: el objetivo de los especialistas fue sumergir el buque intacto para que sirviera de arrecife artificial a las especies en peligro de extinción. Con el paso de los años, el barco se cubrió de esponjas y corales, y por él pasan miles de peces. El *Hickory*, que está a unos 20 metros de profundidad, es hoy día una de las mayores atracciones del parque. Pero el *Hickory* no es el único atractivo del parque nacional, también cuenta con otro barco-museo hundido para el buceo. En las aguas del parque, que alcanzan una profundidad de 180 metros (590 pies), se pueden contemplar tres terrazas de arrecifes. Los corales forman verdaderas alfombras de tonos rojos, amarillos y anaranjados que impresionan al buceador más exigente.

> **❝** El hombre no sólo es un problema para sí, sino también para la biosfera en que le ha tocado vivir. **❞**
> (Ramón Margalef, ecólogo español)

🌐 Conexión Internet

¿Qué peces habitan los arrecifes de coral del Caribe?

Investiga sobre este tema en **vhlcentral.com.**

andar como… *(lit.) to be like a dog without a flea* **El mono…** *(lit.) The monkey is whistling* **estar como…** *(lit.) to be like a goat* **Me pica…** *(lit.) My catfish is itching me* **buque** *ship* **frenar** *to slow down* **represas…** *hydroelectric dams* **águilas arpías** *harpy eagles*

¿Qué aprendiste?

1 **¿Cierto o falso?** Indica si estas afirmaciones son **ciertas** o **falsas**. Corrige las falsas.

1. Los arrecifes de coral son unas plantas de intensos colores.

2. Los arrecifes de coral también son conocidos como los *bosques tropicales del mar*.

3. Los huracanes se hacen más fuertes cuando pasan por los arrecifes.

4. Estas estructuras son un ecosistema ideal para las especies en peligro de extinción.

5. Las formaciones de coral necesitan luz.

6. Está permitido que los turistas tomen un poco de coral para llevárselo.

7. María la Gorda se encuentra en el extremo occidental de Puerto Rico.

8. En María la Gorda, los arrecifes forman túneles y cordilleras.

9. La construcción de casas cerca de las playas no afecta al desarrollo de los arrecifes.

10. Los arrecifes de coral son uno de los hábitats más antiguos del planeta.

11. En los arrecifes no viven tortugas porque no encuentran su alimento.

12. Los expertos están preocupados por el futuro de los arrecifes.

2 **Oraciones** Elige la opción correcta.

1. El Grupo de Investigadores Submarinos hundieron el *Hickory* para crear (un parque nacional/un arrecife artificial).

2. El Parque Nacional Submarino La Caleta está en (Puerto Rico/la República Dominicana).

3. ¿No quieres contribuir para el regalo de Juan? ¡Eres (una rata/un chancho)!

4. Si estás en Argentina y tienes hambre, dices que (te pica el bagre/estás como una cabra).

3 **Preguntas** Contesta las preguntas.

1. ¿Qué quieren frenar las organizaciones ambientales en el Parque Nacional Yasuní?

2. ¿Qué animales protege el Fondo Peregrino de Panamá?

3. ¿Qué busca la organización Patagonia sin represas?

4. En tu opinión, ¿a qué se refiere Ramón Margalef cuando dice que el hombre es un problema para la biosfera?

4 **Opiniones** En parejas, respondan las preguntas y compartan su opinión con la clase.

- ¿Les preocupa la contaminación de las aguas?

- ¿Tienen hábitos que perjudican los mares? ¿Cuáles?

- ¿Qué aspectos de su vida diaria cambiarían para evitar el aumento de contaminación?

PROYECTO

Arrecifes del Caribe

Busquen información sobre los arrecifes de coral de Cuba, Puerto Rico y la República Dominicana. Elijan una zona de arrecifes y preparen una presentación para la clase. La presentación debe incluir:

- datos sobre la ubicación y la extensión

- datos sobre turismo

- datos sobre las especies de coral y otras especies de los arrecifes

- información sobre el estado de los arrecifes: ¿Están en peligro? ¿Alguna organización los protege?

¡No olviden incluir un mapa con la ubicación exacta para presentarlo en la clase!

Practice more at **vhlcentral.com**.

Un bosque tropical

 Video

Ahora que ya has leído sobre la riqueza del mar del Caribe, mira este episodio de **Flash Cultura** para conocer las maravillas del bosque tropical lluvioso de Puerto Rico, con su sorprendente variedad de árboles milenarios.

VOCABULARIO ÚTIL

la brújula *compass*	**estar en forma** *to be fit*
la caminata *hike*	**el/la nene/a** *kid*
la cascada *waterfall*	**la lupa** *magnifying glass*
el chapuzón *dip*	**subir** *to climb*
la cima *peak*	**la torre** *tower*

Preparación ¿Te gusta estar en contacto con la naturaleza? ¿De qué manera? ¿Has visitado alguno de los bosques nacionales de tu país? ¿Cuál(es)?

Comprensión Indica si estas afirmaciones son **ciertas** o **falsas**. Después, en parejas, corrijan las falsas.

1. El nombre *Yunque* proviene del español y significa "dios de la montaña".

2. El Yunque es la reserva forestal más antigua del hemisferio occidental.

3. El símbolo de Puerto Rico es la iguana.

4. Para llegar a la cima del Yunque es necesario estar en forma y llevar brújula, agua, mapa, etc.

5. Una caminata hasta la cima puede llevar hasta dos días.

6. Como la cima está rodeada de nubes, allí arriba los árboles no pueden crecer mucho.

Expansión En parejas, contesten estas preguntas.

- Imagina que sólo puedes llevar tres de los objetos del equipo para llegar a la cima del Yunque. ¿Cuáles llevarías? ¿Por qué?

- ¿Alguno de los atractivos del Yunque te anima (*encourages you*) a visitar este bosque en tus próximas vacaciones? ¿Cuál? ¿Por qué?

- ¿Qué tipo de comida llevas cuando vas de excursión? ¿Qué otras cosas llevas en la mochila?

Corresponsal: Diego Palacios
País: Puerto Rico

En el Yunque hay más especies de árboles que en ningún otro de los bosques nacionales, muchos de los cuales son cientos de veces más grandes, como el Parque Yellowstone o el Yosemite.

Nadar en los ríos del Yunque es uno de los pasatiempos favoritos de los puertorriqueños, como lo es meterse debajo de las cascadas.

El Yunque es el único bosque tropical lluvioso del Sistema Nacional de Bosques de los Estados Unidos.

Practice more at **vhlcentral.com**.

6.1 The future and the conditional

The future

- The future tense (**el futuro**) uses the same endings for all **-ar**, **-er**, and **-ir** verbs. For regular verbs, the endings are added to the infinitive.

Infinitive	future forms
hablar	hablaré, hablarás, hablará, hablaremos, hablaréis, hablarán
deber	deberé, deberás, deberá, deberemos, deberéis, deberán
abrir	abriré, abrirás, abrirá, abriremos, abriréis, abrirán

TALLER DE CONSULTA

MANUAL DE GRAMÁTICA
Más práctica

6.1 The future and the conditional, p. A34

6.2 The subjunctive in adverbial clauses, p. A35

6.3 The past subjunctive, p. A36

6.4 **Si** clauses with simple tenses, p. A37

Más gramática

6.5 Adverbs, p. A38

¡ATENCIÓN!

Note that all of the future tense endings carry a written accent mark, except the **nosotros/as** form.

- For irregular verbs, the same future endings are added to the irregular stem.

Infinitive	stem	future forms
caber	cabr-	cabré, cabrás, cabrá, cabremos, cabréis, cabrán
haber	habr-	habré, habrás, habrá, habremos, habréis, habrán
poder	podr-	podré, podrás, podrá, podremos, podréis, podrán
querer	querr-	querré, querrás, querrá, querremos, querréis, querrán
saber	sabr-	sabré, sabrás, sabrá, sabremos, sabréis, sabrán
poner	pondr-	pondré, pondrás, pondrá, pondremos, pondréis, pondrán
salir	saldr-	saldré, saldrás, saldrá, saldremos, saldréis, saldrán
tener	tendr-	tendré, tendrás, tendrá, tendremos, tendréis, tendrán
valer	valdr-	valdré, valdrás, valdrá, valdremos, valdréis, valdrán
venir	vendr-	vendré, vendrás, vendrá, vendremos, vendréis, vendrán
decir	dir-	diré, dirás, dirá, diremos, diréis, dirán
hacer	har-	haré, harás, hará, haremos, haréis, harán
satisfacer	satisfar-	satisfaré, satisfarás, satisfará, satisfaremos, satisfaréis, satisfarán

- The future tense is just one way to express actions or conditions that will happen in the future.

PRESENT INDICATIVE	PRESENT SUBJUNCTIVE
conveys a sense of certainty that the action will occur	refers to an action that has yet to occur: used after verbs of will and influence
Llegan mañana. *They arrive tomorrow.*	Prefiero que **lleguen** mañana. *I prefer that they arrive tomorrow.*

ir a + [*infinitive*]	FUTURE TENSE
expresses the near future; is commonly used in everyday speech	expresses an action that will occur; often implies more certainty than **ir a** + [*infinitive*]
Van a llegar mañana. *They are going to arrive tomorrow.*	**Llegarán** mañana. *They will arrive tomorrow.*

- The English word *will* can refer either to future time or to someone's willingness to do something. To express willingness, Spanish uses the verb **querer** + [*infinitive*].

  ¿Quieres contribuir a la
  protección del medio ambiente?
  Will you contribute to the
  protection of the environment?

  Quiero ayudar, pero no sé por
  dónde empezar.
  I'll help, but I don't know where
  to begin.

- In Spanish, the future tense may be used to express conjecture or probability.

  ¿Qué hora **será**?
  I wonder what time it is.

  Ya **serán** las dos de la mañana.
  It must be two a.m. by now.

  ¿Estará lloviendo en San Juan?
  Do you think it's raining in San Juan?

  Hará un poco de sol y un poco de viento.
  It's probably a bit sunny and windy.

- When the present subjunctive follows a conjunction of time like **cuando**, **después (de) que**, **en cuanto**, **hasta que**, and **tan pronto como**, the future tense is often used in the main clause of the sentence.

  En cuanto salga el sol, **iré** a la playa a tomar fotos.
  When the sun comes up, I'll go to the beach to take photos.

TALLER DE CONSULTA

For a detailed explanation of the subjunctive with conjunctions of time, see **6.2**.

The conditional

- To express the idea of what *would* happen, use the conditional tense. The conditional tense (**el condicional**) uses the same endings for all **-ar**, **-er**, and **-ir** verbs. For regular verbs, the endings are added to the infinitive.

dar	**daría, darías, daría, daríamos, daríais, darían**
ser	**sería, serías, sería, seríamos, seríais, serían**
vivir	**viviría, vivirías, viviría, viviríamos, viviríais, vivirían**

  Yo **viviría** en Puerto Rico toda la vida.
  I would live in Puerto Rico all my life.

- Verbs with irregular future stems have the same irregular stem in the conditional.

caber	cabría	poner	pondría	decir	diría
haber	habría	salir	saldría	hacer	haría
poder	podría	tener	tendría	satisfacer	satisfaría
querer	querría	valer	valdría		
saber	sabría	venir	vendría		

- The conditional is used to express what *would* occur under certain circumstances.

  En tu lugar, yo **haría** ecoturismo.
  If I were you, I'd do ecotourism.

- The conditional is also used to make polite requests.

  ¿Te **importaría** cuidar de mis plantas?
  Would you mind taking care of my plants?

¡ATENCIÓN!

In Spanish, the conditional may be used to express conjecture or probability about a past condition or event. English expresses this sense with expressions such as *wondered, must have been,* and *was probably.*

— ¿Cuánta gente había en el congreso sobre el medio ambiente?
— No sé. *Había* unas 500 personas.

¡ATENCIÓN!

The conditional is also used to report statements made in the future tense.

Compraré sólo productos orgánicos. → Dijo que *compraría* sólo productos orgánicos.

Práctica

TALLER DE CONSULTA

MANUAL DE GRAMÁTICA
Más práctica

6.1 The future and the conditional, p. A34

1 **Horóscopo chino** En el horóscopo chino, cada signo es un animal. Lee las predicciones del horóscopo chino para la serpiente. Conjuga los verbos entre paréntesis usando el futuro.

Trabajo: Esta semana (tú) (1) _____ (tener) que trabajar duro. (2) _____ (salir) poco y no (3) _____ (poder) divertirte, pero (4) _____ (valer) la pena. Muy pronto (5) _____ (conseguir) el puesto que esperas.

Dinero: (6) _____ (venir) tormentas económicas. No malgastes tus ahorros.

Salud: (7) _____ (resolver) tus problemas respiratorios, pero (8) _____ (deber) cuidarte la garganta.

Amor: (9) _____ (recibir) una noticia muy buena. Una persona especial te (10) _____ (decir) que te ama. (11) _____ (venir) días felices.

2 **Trabajo de verano** Alberto sueña con trabajar para una agencia de ecoturismo. Utiliza el condicional de los verbos entre paréntesis para completar la entrevista.

ALBERTO Si yo pudiera formar parte de esta organización, (1) _____ (estar) dispuesto (*ready*) a ayudar en todo lo posible.

ELENA Sí, lo sé, pero tú no (2) _____ (poder) hacer mucho. No tienes la preparación necesaria. Tú (3) _____ (necesitar) aprender a usar el software para reservar vuelos.

ALBERTO Bueno, yo (4) _____ (ayudar) con las cosas menos difíciles. Por ejemplo, (5) _____ (contestar) el teléfono y (6) _____ (hacer) tareas administrativas e (7) _____ (investigar) nuevos destinos.

ELENA Estoy segura de que todos (8) _____ (agradecer) tu colaboración. Les preguntaré para ver si necesitan ayuda.

3 **El primer día** La agencia contrató a Alberto y hoy fue su primer día como asistente administrativo. Utiliza el condicional para cambiar estos mandatos informales por los mandatos formales que la directora le dio a Alberto. Sigue el modelo.

> **MODELO** **Hazme un café.** ¿Me harías un café, por favor?

1. Saca estas fotocopias.
2. Pon los mensajes en mi escritorio.
3. Manda este fax.
4. Diles a los voluntarios que vengan.
5. Sal a almorzar con nosotros.
6. Llama al encargado

4 **El futuro** En parejas, imaginen que uno/a de ustedes es un(a) investigador(a). La otra persona es un(a) estudiante que quiere saber qué sucederá en el futuro. El/La investigador(a) deberá contestar preguntas relacionadas con estos temas.

> **MODELO** **ESTUDIANTE** ¿Existirán las bibliotecas en el futuro?
> **INVESTIGADOR(A)** Sí, pero habrá menos debido al desarrollo de la tecnología.

trabajo

estudios

naturaleza

política

 Practice more at **vhlcentral.com**.

Comunicación

5 **Viaje ecológico** Tú y tu compañero/a tienen que planear un viaje ecológico. Decidan a qué país irán, en qué fechas y qué harán allí. Usen ocho verbos en futuro.

ECOTURISMO

Puerto Rico

- acampar en la costa y disfrutar de las playas
- visitar el Viejo San Juan
- montar a caballo por la Cordillera Central
- ir en bicicleta por la costa
- viajar en barco por la isla Culebra

República Dominicana

- ir en kayak por los ríos tropicales
- bucear por los arrecifes
- ir de safari por La Descubierta y ver los cocodrilos del lago Enriquillo
- disfrutar del paisaje de Barahona
- observar las aves en el Parque Nacional del Este

6 **¿Qué será de...?** En parejas, conversen sobre lo que sucederá en el futuro en relación con estos temas y lugares.

- las ballenas (*whales*) en 2200
- Venecia en 2065
- los libros tradicionales en 2105
- la televisión en 2056
- Internet en 2050
- las hamburguesas en 2080
- los Polos Norte y Sur en 2300
- el Amazonas en 2100
- Los Ángeles en 2245
- el petróleo en 2090

7 **¿Dónde estarán en 20 años?** La fama es, en muchas ocasiones, pasajera (*fleeting*). En grupos de tres, hagan una lista de cinco personas famosas y anticipen lo que será de ellas dentro de veinte años. Utilicen el futuro y el condicional.

8 **Situaciones**

A. En parejas, seleccionen uno de estos temas e inventen una conversación usando el tiempo futuro o el condicional.

1. Dos jóvenes han terminado sus estudios universitarios y hablan sobre lo que harán o lo que harían para convertirse en millonarios.

2. Dos ladrones acaban de robar todo el dinero de un banco internacional. Piensen en lo que hará la policía para atraparlos.

3. La familia Rondón ha decidido convertir su granja (*farm*) en un centro de ecoturismo. Debe planear algunas atracciones para los turistas.

4. Dos jóvenes que están por viajar a Europa hablan de lo que les gustaría hacer y ver durante el viaje.

B. Ahora, interpreten su conversación ante la clase. La clase votará por la conversación más creativa.

6.2 The subjunctive in adverbial clauses

- In Spanish, adverbial clauses are commonly introduced by conjunctions. Certain conjunctions require the subjunctive, while others can be followed by the subjunctive or the indicative, depending on the context in which they are used.

¡Estoy dejando espacio para que la atrapen!

No le des más comida aunque ponga cara de perrito.

Conjunctions that require the subjunctive

- Certain conjunctions are always followed by the subjunctive because they introduce actions or states that are uncertain or have not yet happened. These conjunctions commonly express purpose, condition, or intent.

MAIN CLAUSE	CONNECTOR	SUBORDINATE CLAUSE
Se acabará el petróleo en pocos años	a menos que	encontremos energías alternativas.

> **Conjunctions that require the subjunctive**
>
> | | |
> |---|---|
> | **a menos que** *unless* | **en caso (de) que** *in case* |
> | **antes (de) que** *before* | **para que** *so that* |
> | **con tal (de) que** *provided that* | **sin que** *without; unless* |

El gobierno se prepara **en caso de que haya** una gran sequía el verano que viene.
The government is getting ready in case there is a big drought next summer.

A menos que haga mal tiempo, iremos a la montaña el próximo miércoles.
We will go to the mountains next Wednesday unless the weather is bad.

Debemos proteger a los animales salvajes **antes de que se extingan**.
We should protect wild animals before they become extinct.

- If there is no change of subject in the sentence, a subordinate clause is not necessary. Instead, the prepositions **antes de, con tal de, en caso de, para**, and **sin** can be used, followed by the infinitive. Note that the connector **que** is not necessary in this case.

Las organizaciones ecologistas trabajan **para proteger** los arrecifes de coral.
Environmental organizations work to protect coral reefs.

Tienes que pedir permiso **antes de darles de comer** a los monos del zoológico.
You need to get permission before feeding the monkeys at the zoo.

¡ATENCIÓN!

An adverbial clause (**cláusula adverbial**) is one that modifies or describes verbs, adjectives, or other adverbs. It describes how, why, when, or where an action takes place.

To review the use of adverbs, see **Manual de gramática 6.5**, p. A38.

¡ATENCIÓN!

Adverbial clauses can also go before the main clause. Note that a comma is used in that case.

No iré a la fiesta a menos que me inviten.

A menos que me inviten, no iré a la fiesta.

Conjunctions followed by the subjunctive or the indicative

¡ATENCIÓN!

A pesar de, después de, and **hasta** can also be followed by an infinitive, instead of **que** + [*subjunctive*], when there is no change of subject.

Voy a acostarme después de ver las noticias.

- If the action in the main clause has not yet occurred, then the subjunctive is used after conjunctions of time or concession.

Conjunctions of time or concession	
a pesar de que *despite*	**hasta que** *until*
apenas *as soon as*	**luego que** *as soon as*
aunque *although; even if*	**mientras que** *while*
cuando *when*	**ni/no bien** *as soon as*
después (de) que *after*	**siempre que** *as long as*
en cuanto *as soon as*	**tan pronto como** *as soon as*

La excursión no saldrá **hasta que estemos** todos.
The tour will not leave until we all are here.

Dejaremos libre al pájaro **en cuanto** el veterinario nos **diga** que puede volar.
We will set the bird free as soon as the vet tells us it can fly.

Aunque me **digan** que es inofensivo, no me acercaré al perro.
Even if they tell me he's harmless, I'm not going near the dog.

Cuando Pedro vaya a cazar, tendrá cuidado con las serpientes venenosas.
When Pedro goes hunting, he will watch out for the poisonous snakes.

Te mando un mensaje de texto **apenas lleguemos** al aeropuerto.
I'll text you as soon as we get to the airport.

- If the action in the main clause has already happened, or happens habitually, then the indicative is used in the adverbial clause.

Tan pronto como empezó a llover, Matías salió a jugar al parque.
As soon as it started to rain, Matías went out to play in the park.

Mi padre y yo siempre nos lo pasamos bien **cuando estamos** juntos.
My father and I always have fun when we are together.

Práctica

TALLER DE CONSULTA

MANUAL DE GRAMÁTICA
Más práctica

6.2 The subjunctive
in adverbial clauses,
p. A35

1 **Reunión** Completa las oraciones con el indicativo (presente o pretérito) o el subjuntivo de los verbos entre paréntesis.

1. Los ecologistas no apoyarán al alcalde (*mayor*) a menos que éste _____ (cambiar) su política de medio ambiente.

2. El alcalde va a hablar con su asesor (*advisor*) antes de que _____ (llegar) los ecologistas.

3. Los ecologistas entraron en la oficina del alcalde tan pronto como _____ (saber) que los esperaban.

4. El alcalde les asegura que siempre piensa en el medio ambiente cuando _____ (dar) permisos para construir edificios nuevos.

5. Los ecologistas no se van a ir hasta que el alcalde _____ (responder) todas sus preguntas.

2 **¿Infinitivo o subjuntivo?** Completa las oraciones con el verbo en infinitivo o en subjuntivo.

1. Compraré un carro híbrido con tal de que no _____ (ser) muy caro. Compraré un carro híbrido con tal de _____ (conservar) los recursos naturales.

2. Los biólogos investigan para _____ (estudiar) la biodiversidad. Los biólogos investigan para que la biodiversidad se _____ (conocer).

3. Él se preocupará por el calentamiento global después de que los científicos le _____ (demostrar) que es una realidad. Él se preocupará por el calentamiento global después de _____ (ver) con sus propios ojos lo que ocurre.

4. No podremos continuar sin _____ (mirar) un mapa. No podremos continuar sin que alguien nos _____ (dar) un mapa.

3 **Declaraciones** Elige la conjunción adecuada para completar la conversación entre un periodista y la señora Corbo, encargada de relaciones públicas de un zoológico.

PERIODISTA ¿Qué puede decir del artículo que se ha publicado sobre el maltrato (*abuse*) de los animales del zoológico?

SRA. CORBO Lo he leído, y (1) _____ (aunque / cuando) yo no estoy de acuerdo con el artículo, hemos iniciado una investigación. (2) _____ (Hasta que / Tan pronto como) terminemos la investigación, se lo comunicaremos a la prensa. Queremos hablar con todos los empleados (3) _____ (en cuanto / para que) no haya ninguna duda.

PERIODISTA ¿Es verdad que limpian las jaulas (*cages*) sólo cuando va a haber una inspección (4) _____ (para que / sin que) el zoológico no tenga problemas con las autoridades?

SRA. CORBO Le aseguro que todo se limpia diariamente. Y si no me cree, lo invito a que nos visite mañana mismo.

PERIODISTA ¿Cuándo cree que sabrán lo que ha ocurrido?

SRA. CORBO (5) _____ (En cuanto / Aunque) termine la investigación.

Practice more at **vhlcentral.com**.

Comunicación

4 **Instrucciones** Javier va a salir de viaje, así que le ha dejado una lista de instrucciones a su compañero de casa. En parejas, túrnense para preparar las instrucciones usando oraciones adverbiales con subjuntivo y las conjunciones de la lista.

> **MODELO** No uses mi computadora a menos que sea una emergencia.

a menos que
a pesar de que
con tal de que
cuando
en caso de que
en cuanto
para que
siempre que
tan pronto como

Instrucciones
- Darles de comer a los peces
- Comprar productos ecológicos
- No pasear al perro si hay tormenta
- Usar sólo papel reciclado
- No usar mucha agua excepto para regar (to water) las plantas
- Llamarme por cualquier problema

5 **Situaciones** En parejas, túrnense para completar las oraciones.

1. Terminaré mis estudios a tiempo, a menos que…
2. Me iré a vivir a otro país en caso de que…
3. Ahorraré (*I will save*) mucho dinero para que…
4. Cambiaré de carrera en cuanto…
5. Me jubilaré (*I will retire*) cuando…

6 **Huracán** Imaginen que son compañeros/as de apartamento y que se acerca un huracán. En grupos de cuatro, escriban qué harían en cada situación. Usen el subjuntivo y las conjunciones adverbiales.

> **MODELO** **el agua se corta**
> Llenaremos muchas botellas en caso de que el agua se corte.

- las bombillas de luz se queman
- las ventanas se rompen
- las líneas de teléfono se cortan
- el sótano se inunda (*floods*)
- los vecinos ya se han ido
- no hay suficiente alimento
- no hay conexión a Internet

6.3 The past subjunctive

Forms of the past subjunctive

- The past subjunctive (**el imperfecto del subjuntivo**) of all verbs is formed by dropping the **-ron** ending from the **ustedes/ellos/ellas** form of the preterite and adding the past subjunctive endings.

TALLER DE CONSULTA

See **3.1**, pp. 94–95 for the preterite forms of regular, irregular, and stem-changing verbs.

The past subjunctive		
caminar (caminaron)	**perder** (perdieron)	**vivir** (vivieron)
caminara	perdiera	viviera
caminaras	perdieras	vivieras
caminara	perdiera	viviera
camináramos	perdiéramos	viviéramos
caminarais	perdierais	vivierais
caminaran	perdieran	vivieran

¡ATENCIÓN!

The **nosotros/as** form of the past subjunctive always has a written accent.

Estela dudaba de que su madre la **ayudara** a reciclar papel y botellas.
Estela doubted that her mother would help her recycle paper and bottles.

A los dueños les sorprendió que **vendieran** tantos productos orgánicos.
The owners were surprised that they sold so many organic products.

Ya hablé con el recepcionista y me recomendó que le **escribiera** al gerente.
I already spoke to the receptionist and he recommended that I write to the manager.

- Verbs that have stem changes, spelling changes, or irregularities in the **ustedes/ellos/ellas** form of the preterite maintain them in all forms of the past subjunctive.

infinitive	preterite form	past subjunctive forms
pedir	pidieron	pidiera, pidieras, pidiera, pidiéramos, pidierais, pidieran
sentir	sintieron	sintiera, sintieras, sintiera, sintiéramos, sintierais, sintieran
dormir	durmieron	durmiera, durmieras, durmiera, durmiéramos, durmierais, durmieran
influir	influyeron	influyera, influyeras, influyera, influyéramos, influyerais, influyeran
saber	supieron	supiera, supieras, supiera, supiéramos, supierais, supieran
ir/ser	fueron	fuera, fueras, fuera, fuéramos, fuerais, fueran

- In Spain and some other parts of the Spanish-speaking world, the past subjunctive is commonly used with another set of endings (**-se**, **-ses**, **-se**, **-semos**, **-seis**, **-sen**). You will also see these forms in literary selections.

La señora Medina exigió que le **mandásemos** el informe sobre la contaminación para el viernes.
Ms. Medina demanded that we send her the report on pollution by Friday.

La señora Medina exigió que le **mandáramos** el informe sobre la contaminación para el viernes.
Ms. Medina demanded that we send her the report on pollution by Friday.

Uses of the past subjunctive

- The past subjunctive is required in the same situations as the present subjunctive, except that the point of reference is always in the past. When the verb in the main clause is in the past, the verb in the subordinate clause is in the past subjunctive.

Te pedí que llegaras a las nueve, Johnny.

PRESENT SUBJUNCTIVE	PAST SUBJUNCTIVE
El jefe sugiere que **vayas** a la reunión. *The boss suggests that you go to the meeting.*	El jefe sugirió que **fueras** a la reunión. *The boss suggested that you go to the meeting.*
Espero que ustedes no **tengan** problemas con el nuevo sistema. *I hope you won't have any problems with the new system.*	Esperaba que no **tuvieran** problemas con el nuevo sistema. *I was hoping you wouldn't have any problems with the new system.*
Buscamos a alguien que **conozca** bien los hoteles. *We are looking for someone who knows the hotels well.*	Buscábamos a alguien que **conociera** bien los hoteles. *We were looking for someone who knew the hotels well.*
Les mando mi currículum en caso de que **haya** un puesto disponible. *I'm sending them my résumé in case there is a position available.*	Les mandé mi currículum en caso de que **hubiera** un puesto disponible. *I sent them my résumé, in case there was a position available.*

- Use the past subjunctive after the expression **como si** (*as if*).

  Alfredo gasta dinero en sus viajes **como si fuera** millonario.
  Alfredo spends money on his trips as if he were a millionaire.

  El presidente habló de la economía **como si** no **hubiera** una recesión.
  The president talked about the economy as if there were no recession.

  Ella rechazó mi opinión sobre la excursión **como si** no **importara**.
  She rejected my opinion about the tour as if it didn't matter.

- The past subjunctive is also commonly used with **querer** to make polite requests or to soften statements.

  Quisiera visitar la reserva ecológica.
  I would like to visit the ecological reserve.

  Quisiera hablar con usted.
  I would like to speak with you.

TALLER DE CONSULTA

The past subjunctive is also frequently used in **si** clauses. See **6.4,** pp. 232–233.

Si pudiera, reciclaría más.
If I could, I would recycle more.

Práctica

TALLER DE CONSULTA

MANUAL DE GRAMÁTICA
Más práctica

6.3 The past subjunctive,
p. A36

1 El peor día

El peor día Completa el mensaje que Jessica le mandó a su hermano después de su primer día como pasante (*intern*) de verano. Utiliza el imperfecto del subjuntivo.

De:	jessica8@email.com
Para:	luismiguel@email.com
Asunto:	el peor día de mi vida

Luis Miguel:

Sé que te pedí el otro día que no me (1) _____ (dar) más consejos sobre qué hacer este verano, pero ¡ahora sí los necesito! Hoy fue el peor día de mi vida, ¡te lo juro! Me aconsejaste que no (2) _____ (solicitar) un puesto en esta empresa, pero a mí no me importaba que ellos me (3) _____ (pagar) el sueldo mínimo. No creía que (4) _____ (existir) ninguna oportunidad mejor que ésta. ¡Pero hoy el jefe me trató como si yo (5) _____ (ser) su esclava! Primero exigió que yo (6) _____ (preparar) el café para toda la oficina. Después me dijo que (7) _____ (salir) a comprar más papel para la impresora. Luego, como si eso (8) _____ (ser) poco, insistió en que yo (9) _____ (ordenar) su escritorio. ¡Como si toda mi experiencia del verano pasado no (10) _____ (valer) ni un centavo! Hablando de dinero... cuando le pedí que (11) _____ (depositar) el sueldo en mi cuenta corriente, él me dijo: "¿Qué sueldo? Nuestros pasantes trabajan gratis". ¡Renuncié y punto!

2 ¿Qué le pidieron?

¿Qué le pidieron? María Luisa Rodríguez es presidenta de una universidad. En parejas, usen la tabla y preparen una conversación entre María Laura y un amigo sobre el primer día de clase.

MODELO
— ¿Qué te pidió tu secretaria?
— Mi secretaria me pidió que le diera menos trabajo.

Personajes	Verbo	Actividad
los profesores		construir un estadio nuevo
los estudiantes	me pidió que	hacer menos ruido
el club que protege el medio ambiente	me pidieron que	plantar más árboles
los vecinos de la universidad		dar más días de vacaciones
el entrenador del equipo de fútbol		comprar más computadoras

3 Dueño

Dueño El dueño del apartamento donde vivías con tu compañero/a era muy estricto. Túrnense para comentar las reglas que tenían que seguir, usando el imperfecto del subjuntivo.

MODELO   El dueño nos pidió que no cocináramos coliflor.

1. no usar la calefacción en marzo
2. limpiar los pisos dos veces al día
3. no tener visitas en el apartamento después de las 7 de la tarde
4. hacer la cama todos los días
5. sacar la basura todos los días
6. no encender las luces antes de las 8 de la noche

Practice more at **vhlcentral.com**.

Comunicación

4 **De niño** En parejas, háganse estas preguntas y contesten usando el imperfecto del subjuntivo. Luego, háganse cinco preguntas más sobre su niñez.

> **MODELO**
> — ¿Esperabas que tus padres te compraran videojuegos?
> — Sí, y también esperaba que me dieran más independencia./
>   No, pero esperaba que me llevaran al cine todos los sábados.

La imaginación ✳	Las relaciones ♡	⚑ La escuela ⚑
¿Esperabas que tus padres te compraran videojuegos?	¿Querías que tu primer amor durara toda la vida?	¿Soñabas con que el/la maestro/a cancelara la clase todos los días?
¿Dudabas que los superhéroes existieran?	¿Querías que tus padres te compraran todo lo que pedías?	¿Esperabas que tus amigos de la infancia siguieran siendo tus amigos para toda la vida?
¿Esperabas que Santa Claus te trajera los regalos que le pedías?	¿Querías que tus familiares pasaran menos o más tiempo contigo?	¿Deseabas que las vacaciones de verano se alargaran (*were longer*)?
¿Qué más esperabas?	¿Qué más querías?	¿Qué más deseabas?

5 **¡No soporto a mi compañero de cuarto!** Tu compañero/a de cuarto y tú no se llevaban bien. Por eso, la semana pasada se reunieron con el/la decano/a (*dean*) para pedir un cambio de compañero/a. El/La decano/a escuchó las quejas de ambos/as (*both*), les dio consejos y les pidió que volvieran la semana siguiente con ideas para resolver sus problemas.

A. Primero, escribe cinco oraciones para describir lo que le pediste a tu compañero/a de cuarto durante la reunión con el decano. Utiliza el imperfecto del subjuntivo.

B. Ahora, en grupos de tres, preparen una conversación entre el/la decano/a y los/las dos estudiantes. Cada persona debe utilizar por lo menos tres verbos en imperfecto del subjuntivo. Luego, representen la conversación ante la clase.

> **MODELO**
> **DECANO/A** Bueno, les pedí que trataran de resolver los problemas. ¿Cómo les fue?
> **ESTUDIANTE 1** Le dije a Isabel que reciclara las botellas. ¡Pero llenó la basura de botellas de vidrio!
> **ESTUDIANTE 2** Y yo le pedí a Celia que no usara productos químicos para limpiar el baño. ¡Pero sigue usándolos!

6.4 *Si* clauses with simple tenses

- **Si** (*if*) clauses express a condition or event upon which another condition or event depends. Sentences with **si** clauses are often hypothetical statements. They contain a subordinate clause (**si** clause) and a main clause (result clause).

Si no cuidamos los recursos naturales, se agotarán.
If we don't take care of our natural resources, they will run out.

Por favor, llámame **si** tienes algún problema.
Please, call me if you have any problems.

- The **si** clause may be the first or second clause in a sentence. Note that a comma is used only when the **si** clause comes first.

Si tienes tiempo, ven con nosotros.
If you have time, come with us.

Iré con ustedes **si** no llueve.
I'll go with you if it doesn't rain.

Hypothetical statements about possible events

- In hypothetical statements about conditions or events that are possible or likely to occur, the **si** clause uses the present indicative. The main clause may use the present indicative, the future indicative, **ir a** + [*infinitive*], or a command.

Si clause: PRESENT INDICATIVE		Main clause
Si salgo temprano del trabajo, *If I finish work early,*	PRESENT TENSE	**voy** al festival ecológico. *I'm going to the ecology festival.*
Si usted no deja de fumar *If you don't stop smoking,*	FUTURE TENSE	**tendrá** problemas de salud graves. *you'll have serious health problems.*
Si el doctor me pregunta, *If the doctor asks me,*	IR A + [INFINITIVE]	no le **voy a mentir**. *I'm not going to lie to him.*
Si puede comprar productos orgánicos, *If you can buy organic products,*	COMMAND	**hágalo.** *do it.*

SUPERMERCADO NATURAL
ESPECIALIZADO EN PRODUCTOS ECOLÓGICOS

Tenemos todo tipo de productos orgánicos; vegetales, frutas, lácteos, etc. Son 100% naturales, sin conservantes ni colorantes.

Si le preocupan su salud y la del planeta, visítenos hoy mismo.

Hypothetical statements about improbable situations

- In hypothetical statements about current conditions or events that are improbable or contrary-to-fact, the **si** clause uses the past subjunctive. The main clause uses the conditional. A contrary-to-fact situation is one that is possible, but will probably not happen and/or has not occurred.

Si clause: PAST SUBJUNCTIVE	Main clause: CONDITIONAL
¡**Si** ustedes no **malgastaran** tanta electricidad, *If you all didn't waste so much electricity,*	**pagaríamos** menos! *we would pay less!*
Si compraras un carro híbrido, *If you bought a hybrid car,*	**consumirías** menos combustible. *you'd consume less fuel.*
Si no **estuviera** tan cansada, *If I weren't so tired,*	**iría** a la manifestación ecologista. *I'd go to the environmental protest.*

¡Si todos **reciclaran** la basura, **ahorraríamos** muchos recursos naturales!
If everyone recycled their garbage, we'd save a lot of natural resources!

Habitual conditions and actions in the past

- In statements that express habitual past actions that are not contrary-to-fact, both the **si** clause and the main clause use the imperfect.

Si clause: IMPERFECT	Main clause: IMPERFECT
Si Milena **tenía** tiempo libre, *If Milena had free time,*	siempre **iba** a la playa. *she would always go to the beach.*
Si mi papá **salía** de viaje de negocios, *If my dad went on a business trip,*	siempre me **traía** un regalito. *he always brought me back a little present.*

Práctica

TALLER DE CONSULTA

MANUAL DE GRAMÁTICA
Más práctica

6.4 **Si** clauses with simple tenses, p. A37

1 **Situaciones** Completa las oraciones con el tiempo verbal adecuado.

A. Situaciones probables o posibles

1. Si Teresa no viene pronto, nosotros _____ (tener) que ir sin ella.

2. Si tú no _____ (trabajar) hoy, vamos a la montaña.

B. Situaciones hipotéticas sobre eventos improbables

3. Si Carla tuviera más experiencia, yo la _____ (contratar).

4. Si Gabriel _____ (ganar) más, podría comprar un carro híbrido.

C. Situaciones habituales sobre el pasado

5. Si no reciclaba, mi compañero de cuarto _____ (enojarse).

6. Si nosotros no _____ (hacer) la tarea, el profesor Cortijo nos daba una prueba sorpresa.

2 **Si trabajara menos horas** Completa la conversación con el condicional o el imperfecto del subjuntivo.

CAROLINA Estoy todo el día en la oficina, pero si (1) _____ (trabajar) menos, tendría más tiempo para hacer actividades al aire libre. Si sólo viniera a la oficina algunas horas por semana, (2) _____ (pasar) más tiempo en nuestra casa de campo.

LETICIA ¿Casa de campo? ¡Qué aburrido! Si yo tuviera más tiempo libre, (3) _____ (hacer) todas las noches lo mismo: (4) _____ (ir) al cine, luego (5) _____ (salir) a cenar y, para terminar la noche, (6) _____ (hacer) una fiesta para celebrar que ya no tengo que ir a trabajar por la mañana. Si nosotras (7) _____ (tener) la suerte de no tener que trabajar nunca más, nos pasaríamos todo el día sin hacer absolutamente nada.

CAROLINA ¿En serio (8) _____ (gastar) todo tu tiempo libre en la ciudad? ¡Si yo (9) _____ menos pero (10) _____ (estar) todo el tiempo en la ciudad, (11) _____ (terminar) todavía más estresada!

3 **Situaciones** Completa las oraciones.

1. Si salimos esta noche, …

2. Si quieres reciclar, …

3. Iré contigo al parque nacional si…

4. Si mis padres no me prestan dinero, …

5. Si tuviera un carro híbrido, …

6. Tendría más dinero si…

7. Si íbamos de vacaciones, …

8. Si peleaba con mis hermanos, …

9. Te prestaría el libro si…

10. Si mis amigos no tienen otros planes, …

Practice more at **vhlcentral.com**.

Comunicación

4 **Si yo fuera...** En parejas, háganse preguntas sobre quiénes serían ustedes y cómo serían sus vidas si fueran estas personas.

> **MODELO** **un(a) cantante famoso/a**
> — Si fueras una cantante famosa, ¿quién serías?
> — Si fuera una cantante famosa, sería Christina Aguilera. Pasaría el tiempo haciendo videos, dando conciertos...

1. un(a) cantante famoso/a
2. un(a) activista ambiental
3. un personaje de un libro
4. un(a) actor/actriz famoso/a
5. un animal en vías de extinción
6. un(a) deportista exitoso/a

5 **¿Qué harías?** En parejas, miren los dibujos y túrnense para preguntarse qué harían si les ocurriera lo que muestra cada dibujo. Sigan el modelo y sean creativos/as.

> **MODELO** — ¿Qué harías si alguien te invitara a bailar tango?
> — Si alguien me invitara a bailar tango, seguramente yo me pondría muy nervioso/a y saldría corriendo.

1. Tu suegro viene de visita sin avisar.

2. Ves un tiburón mientras nadas en el mar.

3. Tu carro se rompe en el desierto.

4. Te quedas atrapado/a en un ascensor.

6 **Síntesis** En grupos de cuatro, conversen sobre lo que harían en estas situaciones. Luego, cada persona debe inventar una situación más y preguntarle al grupo qué haría. Utilicen la gramática que han aprendido en esta lección.

1. ver a alguien intentando robar un carro
2. quedar atrapado/a en una tormenta de nieve
3. tener ocho hijos
4. despertarse tarde la mañana del examen final
5. descubrir que tienes el poder de ser invisible
6. enamorarse de alguien a primera vista

Antes de ver el corto

EL DÍA MENOS PENSADO

país México

duración 13 minutos

director Rodrigo Ordóñez

protagonistas Julián, Inés, Ricardo (vecino), Esther (esposa de Ricardo)

Vocabulario

acabarse *to run out*	**resentido/a** *resentful*
la cisterna *underground tank*	**la salida** *exit*
descuidar(se) *to get distracted; to neglect*	**sobre todo** *above all*
disculparse *to apologize*	**el tanque** *tank*
envenenado/a *poisoned*	**la tubería** *piping*
quedarse sin *to run out of*	**el/la vándalo/a** *vandal*

(1) **El carpincho Pedro** Completa el párrafo con las palabras o las frases apropiadas.

 Noticia de última hora: un grupo de (1) _____ causó graves daños (*harm*) en la Reserva Ecológica. Aparentemente, los guardias nocturnos (2) _____ y no los vieron entrar por una de las (3) _____. Los delincuentes hicieron un agujero (*hole*) en la (4) _____ que lleva agua para llenar los (5) _____ en la zona de los baños. Pero eso no fue todo. Por la mañana, los guardaparques se encontraron con una triste escena. Además de encontrar el parque inundado (*flooded*) y de (6) _____ agua en la (7) _____, encontraron muy enfermo al carpincho Pedro, el animalito más querido de la reserva. Le habían dado comida (8) _____. Afortunadamente, los veterinarios aseguran que el carpincho se va a recuperar.

(2) **Preguntas** En parejas, contesten las preguntas.

1. ¿Qué tipos de contaminación hay en su comunidad? Mencionen dos o tres.
2. ¿Creen que algún día se puede acabar el agua? ¿Qué pasará si eso sucede?
3. Observen el afiche del cortometraje. ¿Qué está mirando el hombre?
4. Observen los fotogramas. ¿Qué está sucediendo en cada uno?
5. El corto se titula *El día menos pensado* (*When you least expect it*). ¿Qué catástrofes ecológicas pueden ocurrir el día menos pensado?

 Practice more at **vhlcentral.com**.

El día menos pensado

Una producción de FONDO NACIONAL PARA LA CULTURA Y LAS ARTES/INSTITUTO MEXICANO DE CINEMATOGRAFÍA/ GUERRILLA FILMS con apoyo de MEXATIL INDUSTRIAL, S.A. DE C.V./EQUIPMENT & FILM DESIGN (EFD)/CALABAZITAZ TIERNAZ/KODAK DE MÉXICO/CINECOLOR MÉXICO Guión y Dirección RODRIGO ORDÓÑEZ Basada en un cuento de SERGIO FERNÁNDEZ BRAVO Fotografía EVERARDO GONZÁLEZ Productor Ejecutivo GABRIEL SORIANO Dirección de Arte AMARANTA SÁNCHEZ Música Original CARLOS RUIZ Diseño Sonoro LENA ESQUENAZI Edición JUAN MANUEL FIGUEROA Actores FERNANDO BECERRIL/MARTA AURA/BRUNO BICHIR/CLAUDIA RÍOS

Escenas

ARGUMENTO Una ciudad se ha quedado sin agua. Mucha gente se ha ido. Algunos se quedan vigilando la poca agua que les queda.

JULIÁN Inés, nos tenemos que ir.
INÉS Dicen que todo se va a arreglar. Que si no, es cuestión de esperar hasta que lleguen las lluvias.
JULIÁN Sí, pero no podemos confiar en eso. No a estas alturas°.

INÉS ¿Cómo vamos a salir de la ciudad? Dicen que en todas las salidas hay vándalos. Y que están muy resentidos porque ellos fueron los primeros que se quedaron sin agua.
JULIÁN Si no digo que no sea peligroso. Pero cuando se nos acabe el agua nos tenemos que ir de todos modos.

INÉS ¿Pasa algo?
JULIÁN Ya no tenemos agua.
INÉS En la tele dijeron que...
JULIÁN ¡Qué importa lo que hayan dicho! ¡Se acabó!

JULIÁN Aunque lograran° traer agua a la ciudad, no pueden distribuirla. Las tuberías están contaminadas desde el accidente. Ninguna ayuda llegará a tiempo, y menos aquí.
INÉS Pero no quiero dejar mi casa.

JULIÁN Y a ustedes, ¿cuándo se les acabó el agua?
RICARDO Antier° en la noche nos dimos cuenta.
JULIÁN Ricardo, ¿quieren venir con nosotros?

JULIÁN No nos va a pasar nada, Inés. ¿Qué nos pueden hacer? Todos estamos igual.

a estas alturas *at this stage* **lograran** *managed to*
antier *the day before yesterday*

Después de ver el corto

1) Comprensión Contesta las preguntas con oraciones completas.

1. ¿Qué hace el hombre en el techo de su casa? ¿Por qué?
2. ¿Qué le dice el hombre a su esposa cuando está desayunando?
3. ¿Qué hay en las salidas de la ciudad?
4. ¿Qué pasa con las tuberías?
5. ¿Por qué deciden irse de la ciudad? ¿Quiénes van con ellos en el coche?
6. ¿Por qué quieren los vándalos atacar a las personas que van en el carro?

2) Ampliación En parejas, contesten las preguntas.

1. ¿Qué creen que ocurre al final?
2. El agua está envenenada por un accidente. ¿Qué tipo de accidente creen que hubo?
3. ¿Creen que Ricardo es una mala persona porque intentó robar agua? ¿Por qué?
4. ¿Quiénes son las personas que aparecen al final del corto? ¿Qué quieren?
5. Imaginen que son los protagonistas de este corto. ¿Qué opciones tienen?

3) ¿El agua en peligro? En grupos de tres, lean el texto y respondan las preguntas.

Construimos nuestras ciudades cerca del agua; nos bañamos en el agua; jugamos en el agua; trabajamos con el agua. Nuestras economías están en gran parte basadas sobre la fuerza de su corriente, el transporte a través de ella, y todos los productos que compramos y vendemos están vinculados, de una u otra manera, al agua. Nuestra vida diaria se desarrolla y se configura en torno al agua. Sin el agua que nos rodea nuestra existencia sería inconcebible. En las últimas décadas, nuestra estima por el agua ha decaído. Ya no es un elemento digno de veneración y protección, sino un producto de consumo que hemos descuidado enormemente. El 80% de nuestro cuerpo está compuesto de agua y dos tercios de la superficie del planeta están cubiertos por agua: el agua es nuestra cultura, nuestra vida.

Declaración de la UNESCO con motivo del Día Mundial del Agua 2006.

1. ¿Creen que realmente estamos descuidando el agua, o que el aumento del consumo es una consecuencia normal del aumento de la población?
2. Algunos expertos opinan que en el futuro se puede desencadenar una guerra mundial por el agua. ¿Creen que esto es una exageración? ¿Por qué?
3. ¿Creen que es posible conservar el agua y otros recursos naturales sin tener que hacer grandes cambios en nuestro estilo de vida?
4. ¿Creen que hay naciones que son más responsables que otras por el consumo excesivo de recursos naturales? Expliquen su respuesta.

 Practice more at **vhlcentral.com**.

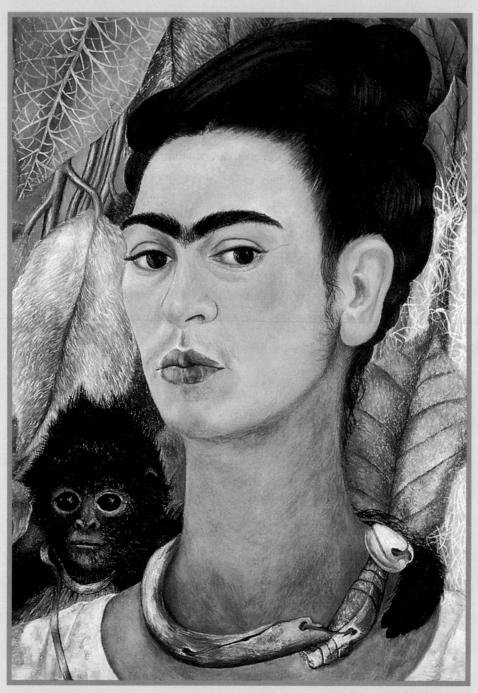

Autorretrato con mono, 1938
Frida Kahlo, México

"Quien rompe una tela de araña,
a ella y a sí mismo daña."

— Anónimo

Antes de leer

El eclipse

Sobre el autor

Augusto Monterroso (1921–2003) nació en Honduras, pero pasó su infancia y juventud en Guatemala. En 1944 se radicó (*settled*) en México tras dejar Guatemala por motivos políticos. A pesar de su origen y de haber vivido su vida adulta en México, siempre se consideró guatemalteco. Monterroso tuvo acceso desde pequeño al mundo intelectual de los adultos. Fue prácticamente autodidacta: abandonó la escuela a los once años y con sólo quince fundó una asociación de artistas y escritores. Considerado padre y maestro del microcuento latinoamericano, Monterroso recurre (*resorts to*) en su prosa al humor inteligente con el que presenta su visión de la realidad. Entre sus obras, destacan *La oveja negra y demás fábulas* (1969) y la novela *Lo demás es silencio* (1978). Recibió numerosos premios, entre los que destaca el Príncipe de Asturias en 2000.

Vocabulario

aislado/a *isolated*	**florecer** *to blossom*	**sacrificar** *to sacrifice*
digno/a *worthy*	**oscurecer** *to darken*	
disponerse a *to be about to*	**prever** *to foresee*	**salvar** *to save*
la esperanza *hope*	**la prisa** *hurry*	**valioso/a** *valuable*

Exploradores Completa esta introducción de un cuento con las palabras apropiadas.

Los exploradores salieron rumbo a la ciudad perdida sin (1) _____ ninguno de los peligros de la selva. El viejo mapa indicaba que la ciudad escondía un (2) _____ tesoro. Cuando (3) _____ a iniciar la marcha, se dieron cuenta de que iba a (4) _____ antes de que llegaran, por lo que decidieron avanzar con (5) _____. Tenían la (6) _____ de llegar antes de la medianoche.

Conexión personal ¿Alguna vez viste un eclipse? ¿Cómo fue la experiencia? ¿Hay algún fenómeno natural al que le tengas miedo? ¿Cuál? ¿Por qué?

Análisis literario: el microcuento

El microcuento es un relato breve, pero no por eso se trata de un relato simple. En estos cuentos, el lector participa activamente porque debe compensar los recursos utilizados (economía lingüística, insinuación, elipsis) a través de la especulación o haciendo uso de sus conocimientos previos. Este género nació en Argentina en los años cincuenta con el escritor Jorge Luis Borges. A medida que lees *El eclipse*, haz una lista de los conocimientos previos y de las especulaciones que sean necesarios para comprender el relato. Después, compara tu lista con la de tus compañeros/as. ¿Qué elementos de sus listas coinciden?

 Practice more at **vhlcentral.com**.

EL ECLIPSE

Augusto Monterroso

friar

C uando fray° Bartolomé Arrazola se sintió perdido,
aceptó que ya nada podría salvarlo. La selva

powerful/captured poderosa° de Guatemala lo había apresado°,
implacable y definitiva. Ante su ignorancia topográfica se

5 sentó con tranquilidad a esperar la muerte. Quiso morir allí,
sin ninguna esperanza, aislado, con el pensamiento fijo en
la España distante, particularmente en el convento de Los
Abrojos, donde Carlos Quinto condescendiera una vez a

zeal bajar de su eminencia para decirle que confiaba en el celo°

redemptive 10 religioso de su labor redentora°.

surrounded Al despertar se encontró rodeado° por un grupo de indígenas

face de rostro° impasible que se disponían a sacrificarlo ante un

bed altar, un altar que a Bartolomé le pareció como el lecho° en que

fears descansaría, al fin, de sus temores°, de su destino, de sí mismo.

15 Tres años en el país le habían conferido un mediano

command (of a language) dominio° de las lenguas nativas. Intentó algo. Dijo algunas
palabras que fueron comprendidas.

Entonces floreció en él una idea que tuvo por digna de su
talento y de su cultura universal y de su arduo conocimiento

20 de Aristóteles. Recordó que para ese día se esperaba un eclipse

deepest recesses/ total de sol. Y dispuso, en lo más íntimo°, valerse de° aquel
to make use of
to trick conocimiento para engañar° a sus opresores y salvar la vida.

—Si me matáis —les dijo— puedo hacer que el sol se
oscurezca en su altura.

25 Los indígenas lo miraron fijamente y Bartolomé sorprendió
la incredulidad en sus ojos. Vio que se produjo un pequeño

counsel/disdain consejo°, y esperó confiado, no sin cierto desdén°.

Dos horas después el corazón de fray Bartolomé Arrazola

was gushing chorreaba° su sangre vehemente sobre la piedra de los

30 sacrificios (brillante bajo la opaca luz de un sol eclipsado),
mientras uno de los indígenas recitaba sin ninguna inflexión
de voz, sin prisa, una por una, las infinitas fechas en que se
producirían eclipses solares y lunares, que los astrónomos de
la comunidad maya habían previsto y anotado en sus códices

35 sin la valiosa ayuda de Aristóteles. ∎

Después de leer

El eclipse
Augusto Monterroso

1 **Comprensión** Contesta las preguntas con oraciones completas.

1. ¿Dónde se encontraba fray Bartolomé?
2. ¿Conocía el protagonista la lengua de los indígenas?
3. ¿Qué querían hacer los indígenas con fray Bartolomé?
4. ¿Qué les advirtió fray Bartolomé a los indígenas?
5. ¿Qué quería fray Bartolomé que los indígenas creyeran?
6. ¿Qué recitaba un indígena mientras el corazón del fraile sangraba?

2 **Interpretación** Contesta las siguientes preguntas.

1. ¿Por qué crees que fray Bartolomé pensaba en el convento de Los Abrojos antes de morir?
2. ¿Cuál había sido la misión de fray Bartolomé en Guatemala?
3. ¿Quién le había encomendado esa misión?
4. ¿Por qué no le sirvieron a fray Bartolomé sus conocimientos sobre Aristóteles?

3 **Fenómenos naturales** En grupos de tres, investiguen acerca de un fenómeno o desastre natural, o un acontecimiento que haya despertado grandes temores o supersticiones.

A. Investiguen qué predicciones se hicieron de estos eventos y cuáles fueron sus consecuencias reales. Si lo desean, pueden elegir un evento que no esté en la lista. Presenten la investigación ante la clase.

- el cometa Halley
- la llegada del año 2000
- la amenaza nuclear durante la guerra fría
- la erupción del volcán Vesubio en Pompeya

B. Escriban un microcuento sobre uno de los fenómenos o acontecimientos presentados. Lean el microcuento al resto de la clase. Sus compañeros/as deben adivinar de qué fenómeno o acontecimiento se trata.

4 **Escribir** Investiga acerca de la flora y la fauna de la selva guatemalteca. Luego, imagina que eres fray Bartolomé y tienes que escribirle una carta al rey Carlos V contándole lo que observaste en la selva. Usa el vocabulario de la lección.

> **MODELO** Estimado rey Carlos V: Como Su Majestad sabe, le escribo desde la selva de Guatemala, adonde llegué hace ya tres años. En esta carta, quiero contarle...

 Practice more at **vhlcentral.com.**

Antes de leer

Vocabulario

ambiental *environmental*	**el monte** *mountain*
el bombardeo *bombing*	**la pureza** *purity*
el ecosistema *ecosystem*	**el refugio** *refuge*
la especie *species*	**el terreno** *land*
el/la manifestante *protester*	**el veneno** *poison*

El Yunque Completa las oraciones con el vocabulario de la tabla.

1. Puerto Rico es una isla de _____ muy variado: hay montañas, playas y hasta un bosque tropical, el Bosque Nacional del Caribe, también llamado El Yunque.

2. El Yunque tiene una diversidad de vegetación impresionante, que incluye casi 250 _____ de árboles.

3. También es un _____ natural para los animales, ya que en el bosque están protegidos de la caza.

4. El _____ más alto de El Yunque es El Toro, con una altura de 1.077 metros (3.533 pies).

5. Hay grupos dedicados a la protección _____ de El Yunque. Buscan preservar la _____ de este paraíso tropical.

Conexión personal ¿Qué significado tiene la naturaleza para ti? ¿Es una fuente de trabajo o de alimento (*food*)? ¿O es un lugar de diversión y belleza? ¿Qué haces para proteger la naturaleza? ¿Cómo crees que será el mundo natural dentro de cien años? ¿Y dentro de quinientos?

Contexto cultural

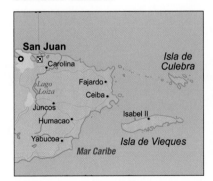

Situada en el agua transparente del mar Caribe, la pequeña **isla de Vieques** es un refugio de lagunas, bahías y playas que forman un hábitat ideal para varias clases de tortugas marinas (*sea turtles*), el manatí y arrecifes de coral. La gente de Vieques comparte los pequeños montes y las aguas cristalinas (*crystal clear*) de la isla con una rica variedad de flora y fauna, entre ellas cinco especies de plantas y diez especies de animales en peligro de extinción. La isla de Vieques, de 33 kilómetros de largo por 7,2 de ancho (20,5 por 4,3 millas), es un municipio de Puerto Rico que tiene nueve mil habitantes. Puerto Rico es un Estado Libre Asociado de los Estados Unidos. Los habitantes de Puerto Rico, también llamados *boricuas*, son ciudadanos estadounidenses.

Practice more at **vhlcentral.com**.

La conservación de Vieques

Vista aérea de la zona de maniobras militares de Vieques

"**¡Vieques renace!**"° anuncia el gobierno de este municipio °*Vieques is reborn!*
puertorriqueño, que busca estimular la economía de una isla rica
en naturaleza, pero pobre en economía. Vieques dispone de° °*boasts*
sitios arqueológicos importantes, playas espectaculares, un fuerte° °*fort*
5 histórico y una bahía bioluminiscente, la Bahía Mosquito, que es
una maravilla de la naturaleza. Sus arrecifes de coral contienen
un ecosistema de enorme productividad y diversidad biológica.
Forman un pequeño paraíso que alberga y protege una inmensa
variedad de especies de plantas y animales acuáticos.

suffered

10 Sin embargo, en vez de tener una tradición de alto turismo, la isla ha padecido° graves problemas. Vieques fue utilizada para prácticas de bombardeo desde 1941. En esa época muchas personas fueron desalojadas° cuando la Armada° de los Estados Unidos ocupó dos áreas en los extremos de la isla. Las prácticas continuaron por varias décadas, pero en abril de 1999 un guardia de seguridad murió cuando una bomba cayó fuera de la zona de tiro°. La muerte de David Sanes encolerizó° a los viequenses° y dio origen a° una campaña de desobediencia civil. El presidente Clinton prometió cesar el entrenamiento° de bombardeo en Vieques, pero éste continuó con bombas inertes a pesar de que los viequenses habían exigido "¡Ni una bomba más!". Los manifestantes entraban en la

evicted

Navy 15

20

fire range 25

angered

bitants of Vieques

ve rise to

30

training

35

> **La protesta se centró en gran parte en los problemas que las bombas habían causado al medio ambiente, a la economía de Vieques y a la salud de los viequenses.**

zona de tiro y establecían campamentos; otros se manifestaban° en Puerto Rico y en los Estados Unidos, y pronto captaron° la atención internacional. Robert Kennedy, Jr., Jesse Jackson, Rigoberta Menchú y el Dalai 40 Lama, entre otros, hicieron declaraciones a favor de Vieques y muchas personas fueron a la cárcel° después de ser arrestadas en la zona de tiro. 45

demonstrated

captured

jail

La protesta se centró en gran parte en los problemas que las bombas habían causado al medio ambiente, a la economía de Vieques y 50 a la salud de los viequenses. Las décadas de prácticas de bombardeo dejaron un nivel muy alto de contaminación, que incluye la presencia de 55 uranio reducido (un veneno muy peligroso). Algunos piensan que la incidencia de cáncer en Vieques —25% más alta que la de todo Puerto Rico— se debe a la exposición de los habitantes a elementos tóxicos. Estas 60 acusaciones han provocado controversia, ya que la Armada negó los efectos sobre la salud de los viequenses. Finalmente, después de una dura campaña de protesta y lucha°, las prácticas de bombardeo terminaron para 65 siempre en 2003. Los terrenos de la Armada pasaron al Departamento de Caza y Pesca, y la Agencia de Protección Ambiental (EPA) declaró en 2005 que la limpieza ambiental de Vieques sería una de las prioridades 70 nacionales.

struggle

Los extremos este y oeste de la isla ahora constituyen una reserva ambiental, la más grande del Caribe. Los viequenses esperan que la isla pueda, en su renacimiento, volver 75 a un estado de mayor pureza natural y, al mismo tiempo, desarrollar su economía. Vieques sigue siendo un símbolo de resistencia y es un lugar cada día más popular para el turismo local y extranjero. ■ 80

¿Qué es la bioluminiscencia?

Es un efecto de fosforescencia verdeazul, causado por unos microorganismos que, al agitarse, dan un brillo extraordinario a las aguas durante la noche. El pez o bañista que se mueve bajo el agua emite una luz radiante. Para que se produzca este fenómeno extraordinario, se requiere una serie de condiciones muy especiales de temperatura, ambiente y poca contaminación.

Después de leer

La conservación de Vieques

(1) Comprensión Elige la respuesta correcta para completar cada oración.

1. Vieques es un municipio de (la República Dominicana/Puerto Rico).
2. Entre los atractivos de la isla se encuentra (un pico altísimo/una bahía bioluminiscente).
3. Los arrecifes de coral son importantes para la biodiversidad porque (albergan una inmensa variedad de especies/protegen la capa de ozono).
4. La protesta en contra de la presencia de la Armada se produjo después (de la muerte de un guardia de seguridad/de que hablara el Dalai Lama).
5. Las prácticas de bombardeo dejaron (problemas de erosión/ un nivel alto de contaminación).
6. Muchas personas fueron arrestadas (por robar uranio reducido/ por ingresar en la zona de prácticas de bombardeo).
7. Los extremos de la isla ahora contienen (una zona de tiro/ una reserva ambiental).
8. La bioluminiscencia es un efecto causado por (microorganismos/ la contaminación).

(2) Interpretación Responde a las preguntas.

1. ¿Qué potencial turístico tiene Vieques? Da ejemplos.
2. ¿Qué hacía la Armada en Vieques?
3. ¿Cuál era el deseo de los manifestantes de Vieques?
4. ¿Por qué creen que la Armada de los Estados Unidos estaba autorizada a hacer prácticas de bombardeo en Vieques?
5. ¿Qué ocurre cuando una persona o un pez nada en la bahía bioluminiscente?

(3) Ampliación En parejas, contesten las preguntas.

1. ¿Por qué es importante conservar una isla como Vieques?
2. ¿Qué efectos puede tener la declaración de la EPA? ¿Cómo puede mejorar la vida de los viequenses si se limpia la contaminación?

(4) Reunión con el presidente En grupos de cuatro, inventen una conversación sobre las prácticas de la Armada de Estados Unidos. Por una parte, hablan dos manifestantes, y por otra, el presidente y un(a) representante de la Armada. Utilicen los tiempos verbales que conocen, incluyendo el futuro. Después, representen la conversación delante de la clase.

(5) El futuro de Vieques Imagina que vives en Vieques. Escribe una carta a un(a) amigo/a contándole cómo crees que cambiarán las cosas en tu isla. Explica cómo se resolverán los problemas de contaminación y cómo se va a promover el turismo.

Practice more at **vhlcentral.com**.

Atando cabos

¡A conversar!

Mascotas exóticas

A. En parejas, preparen una conversación. Imaginen que uno/a de ustedes se va de vacaciones y le pide a un(a) amigo/a que le cuide la mascota (*pet*) exótica. Utilicen las formas del futuro y las preposiciones aprendidas en esta lección.

B. Hablen sobre las preguntas y luego compartan sus opiniones con el resto de la clase. Usen las frases y expresiones del recuadro para expresar sus opiniones.

- ¿Creen que está bien tener mascotas exóticas? ¿Por qué?
- ¿Creen que está bien exhibir animales en los zoológicos? ¿Por qué?

No estoy (muy) de acuerdo.	Para mí, ...
No es así.	En mi opinión, ...
No comparto esa opinión.	(Yo) creo que...
No coincido.	Estoy convencido/a de que...

¡A escribir!

Patrimonio de la humanidad Investiga sobre uno de estos lugares de Cuba declarados Patrimonio de la Humanidad por la UNESCO. Luego, escribe un artículo de viajes.

Valle de Viñales
Parque Nacional Alejandro de Humboldt
Parque Nacional Desembarco del Granma

A. Usa estas preguntas como guía: ¿Dónde está el lugar que eligieron? ¿Por qué se caracteriza? ¿Por qué fue declarado Patrimonio de la humanidad? ¿Tiene sólo valor natural o es importante por su cultura e historia?

B. Empieza con una oración expresiva sobre el aspecto principal del lugar. Luego añade detalles en orden de importancia.

C. Cuando hayas terminado, intercambia tu artículo con el de tu compañero/a para corregirlo.

Vocabulary Tools

La naturaleza

el árbol	tree
el arrecife	reef
el bosque (lluvioso)	(rain) forest
el campo	countryside; field
la cordillera	mountain range
la costa	coast
el desierto	desert
el mar	sea
la montaña	mountain
el paisaje	landscape
la tierra	land
húmedo/a	damp
seco/a	dry
a orillas de	on the shore of
al aire libre	outdoors

Los animales

el ave (f.)/ el pájaro	bird
el cerdo	pig
el conejo	rabbit
el león	lion
el mono	monkey
la oveja	sheep
el pez	fish
la rana	frog
la serpiente	snake
el tigre	tiger
la vaca	cow
atrapar	to trap; to catch
cazar	to hunt
dar de comer	to feed
extinguirse	to become extinct
morder (o:ue)	to bite
en peligro de extinción	endangered
salvaje	wild
venenoso/a	poisonous

Los fenómenos naturales

el huracán	hurricane
el incendio	fire
la inundación	flood
el relámpago	lightning
la sequía	drought
el terremoto	earthquake
la tormenta (tropical)	(tropical) storm
el trueno	thunder

El medio ambiente

el calentamiento global	global warming
la capa de ozono	ozone layer
el combustible	fuel
la contaminación	pollution
la deforestación	deforestation
el desarrollo	development
la erosión	erosion
la fuente de energía	energy source
el medio ambiente	environment
los recursos naturales	natural resources
agotar	to use up
conservar	to preserve
contaminar	to pollute
contribuir (a)	to contribute
desaparecer	to disappear
destruir	to destroy
malgastar	to waste
proteger	to protect
reciclar	to recycle
resolver (o:ue)	to solve
dañino/a	harmful
desechable	disposable
renovable	renewable
tóxico/a	toxic

Más vocabulario

Expresiones útiles	Ver p. 213
Estructura	Ver pp. 220–221, 224–225, 228–229 y 232–233

Cinemateca

la cisterna	underground tank
la salida	exit
el tanque	tank
la tubería	piping
el/la vándalo/a	vandal
acabarse	to run out
descuidar(se)	to get distracted; to neglect
disculparse	to apologize
quedarse sin	to run out of
envenenado/a	poisoned
resentido/a	resentful
sobre todo	above all

Literatura

la esperanza	hope
la prisa	hurry
disponerse a	to be about to
florecer	to blossom
oscurecer	to darken
prever	to foresee
sacrificar	to sacrifice
salvar	to save
aislado/a	isolated
digno/a	worthy
valioso/a	valuable

Cultura

el bombardeo	bombing
el ecosistema	ecosystem
la especie	species
el/la manifestante	protester
el monte	mountain
la pureza	purity
el refugio	refuge
el terreno	land
el veneno	poison
ambiental	environmental

Manual de gramática

Supplementary Grammar Coverage

The Manual de gramática is an invaluable tool for both students and instructors of Intermediate Spanish. For each lesson of **FACETAS**, the **Manual** provides additional practice of the three core grammar concepts, as well as supplementary grammar instruction and practice.

The **Más práctica** pages of the **Manual** contain additional practice activities for every grammar point in **Facetas**. The **Más gramática** pages present supplementary grammar concepts and practice. Both sections of the **Manual** are correlated to the core grammar points in **Estructura** by means of **Taller de consulta** sidebars, which provide the exact page numbers for additional practice and supplementary coverage.

This special supplement allows for great flexibility in planning and tailoring courses to suit the needs of whole classes and/or individual students. It also serves as a useful and convenient reference tool for students who wish to review previously learned material.

Contenido

Más práctica

TALLER DE CONSULTA

MÁS PRÁCTICA
To see the explanation corresponding to this additional practice, see p. 14.

1.1 The present tense

1. **Mi nuevo compañero de cuarto** Completa el párrafo con la forma apropiada de los verbos entre paréntesis.

   ¿Cómo es mi nuevo compañero de cuarto? (1) _____ (Ser) muy simpático. Siempre que (2) _____ (salir), me invita a salir con él, por lo que yo ya (3) _____ (conocer) a mucha gente en la universidad. Él siempre (4) _____ (parecer) pasarlo bien, hasta cuando nosotros (5) _____ (estar) en la clase de matemáticas. Por la tarde, después de clase, él (6) _____ (proponer) actividades —por ejemplo, a veces (7) _____ (ir) al parque a jugar al fútbol— así que nunca nos aburrimos. Yo ya (8) _____ (saber) que nos vamos a llevar bien durante todo el año. (9) _____ (Pensar) invitarlo a mi casa para las fiestas, así mis padres lo (10) _____ (poder) conocer también.

2. **Tus actividades** Escribe cuatro actividades que realizas normalmente en cada uno de estos momentos del día: la mañana, la tarde y la noche.

Mañana:
○
Tarde:
Noche:
○

3. **Diez preguntas** Trabaja con un(a) compañero/a a quien no conozcas muy bien. Primero, cada persona debe escribir diez preguntas para conocer a su compañero/a. Luego, háganse las preguntas. Por último, intercambien sus listas y háganse las preguntas de la otra persona. Compartan sus respuestas con la clase.

Más práctica

1.2 *Ser* and *estar*

TALLER DE CONSULTA

MÁS PRÁCTICA
To see the explanation corresponding to this additional practice, see p. 18.

1 Correo Completa el mensaje de correo electrónico con la forma adecuada de **ser** o **estar**.

De: | Susana <susana_cruz@estudiantil.es>
Para: | Carlos <carlos_cano@estudiantil.es>
Asunto: | Novedades

¡Hola, Carlos!

Yo (1) _____ muy preocupada porque mañana tenemos un examen en la clase de español y el profesor (2) _____ muy exigente. Ahora mismo mi amiga Ana (3) _____ estudiando en la biblioteca y voy a encontrarme con ella para que me ayude. Ella (4) _____ una estudiante muy buena y sus notas siempre (5) _____ excelentes.

Este fin de semana hay un concierto en la universidad. Mis amigos y yo (6) _____ muy contentos porque el grupo que toca (7) _____ muy famoso. Elena también quería ir al concierto, pero no puede porque (8) _____ enferma y debe quedarse en cama.

Bueno, antes de ir a la biblioteca voy a almorzar en la cafetería porque (9) _____ muerta de hambre.

¡Hasta pronto!

Susana

---

2 En el parque Mira la ilustración y contesta las preguntas usando **ser** y **estar**. Puedes inventar las respuestas para algunas de las preguntas.

1. ¿Quién es cada una de estas personas?
2. ¿Qué están haciendo?
3. ¿Cómo están?
4. ¿Cómo son?

3 Una cita Mañana vas a tener una cita con una persona maravillosa. Quieres contárselo a tu mejor amigo/a y pedirle consejos. Tu amigo/a es muy curioso/a y te va a hacer muchas preguntas. En parejas, representen la conversación. Éstos son algunos de los aspectos que pueden incluir.

Tu amigo/a quiere saber:
- cómo te sientes antes de la cita
- qué crees que va a pasar
- cómo es el lugar adonde van a ir
- cómo es la persona con quien vas a tener la cita

Tú quieres consejos sobre:
- qué ropa ponerte
- los temas de los que hablar
- adónde ir
- quién debe pagar la cuenta

Más práctica

TALLER DE CONSULTA

MÁS PRÁCTICA
To see the explanation
corresponding to this
additional practice,
see p. 22.

1.3 Progressive forms

(1) **¿Qué están haciendo?** Escribe cinco oraciones explicando qué está haciendo cada persona. Usa elementos de las tres columnas.

> **MODELO** David Ortiz está jugando al béisbol.

tú		divertirse
el presidente de los EE.UU.		viajar en avión
tus padres		comer en un restaurante
tu mejor amigo/a	(no) estar	asistir a un estreno (*premiere*)
Penélope Cruz		bailar en una discoteca
nosotros		hablar por teléfono
yo		estudiar física

(2) **Seguimos escribiendo** Vuelve a escribir las oraciones usando los verbos **andar, continuar, ir, llevar, seguir** o **venir**. La oración resultante debe expresar la misma idea.

1. José siempre dice que es tímido, pero no deja de coquetear con las chicas del trabajo.

   _____

2. Mi esposa y yo llevamos diez años de casados, pero nuestro amor es tan intenso como siempre.

   _____

3. Hace cinco meses que Carlos se pelea con su novia todos los días y todavía habla de ella como si fuera la única mujer del planeta.

   _____

4. Daniel siempre se queja de que los estudios lo agobian y hace meses que su mamá le dice que tiene que relajarse.

   _____

5. Mis padres repiten todos los días que pronto van a mudarse a una casa más pequeña que han visto en otro pueblo.

   _____

6. Conversamos todo el tiempo mientras ellos se marchaban.

   _____

(3) **Adivina qué estoy haciendo** En grupos de cuatro, jueguen a las adivinanzas con mímica (*charades*). Túrnense para hacer gestos que representen una acción sencilla. Adivinen cada acción usando el presente progresivo. Sigan el modelo.

> **MODELO** **ESTUDIANTE 1** *(Sin decir nada, hace gestos para mostrar que está manejando un carro.)*
> **ESTUDIANTE 2** ¿Estás peleando con alguien?
> **ESTUDIANTE 3** ¿Estás manejando un carro?
> **ESTUDIANTE 1** ¡Sí! Estoy manejando un carro.

Nouns and articles

Nouns

- In Spanish, nouns (**sustantivos**) ending in **-o, -or, -l,** and **-s** are usually masculine, and nouns ending in **-a, -ora, -ión, -d,** and **-z** are usually feminine. Some nouns ending in **-ma** are masculine.

Masculine nouns	Feminine nouns
el amigo, el cuaderno	la amiga, la palabra
el escritor, el color	la escritora, la computadora
el control, el papel	la relación, la ilusión
el autobús, el paraguas	la amistad, la fidelidad
el problema, el tema	la luz, la paz

- Most nouns form the plural by adding **-s** to nouns ending in a vowel, and **-es** to nouns ending in a consonant. Nouns that end in **-z** change to **-c** before adding **-es**.

  el hombre → los hombres   la mujer → las mujeres

  la novia → las novias   el lápiz → los lápices

- If a singular noun ends in a stressed vowel, the plural form ends in **-es.** If the last syllable of a singular noun ending in **-s** is unstressed, the plural form does not change.

  el tabú → los tabúes   el lunes → los lunes

  el israelí → los israelíes   la crisis → las crisis

Articles

- Spanish definite and indefinite articles (**artículos definidos** e **indefinidos**) agree in gender and number with the nouns they modify.

	Definite articles		Indefinite articles	
	singular	**plural**	**singular**	**plural**
MASCULINE	el compañero	los compañeros	un compañero	unos compañeros
FEMININE	la compañera	las compañeras	una compañera	unas compañeras

- In Spanish, when an abstract noun is the subject of a sentence, a definite article is always used.

  El amor es eterno.   **but**   Para ser modelo, necesitas belleza y altura.
  Love is eternal.   *In order to be a model, you need beauty and height.*

- An indefinite article is not used before nouns that indicate profession or place of origin, unless they are followed by an adjective.

  Juan García es profesor.   Juan García es **un** profesor excelente.
  Juan García is a professor.   *Juan García is an excellent professor.*

  Ana María es neoyorquina.   Ana María es **una** neoyorquina orgullosa.
  Ana María is a New Yorker.   *Ana María is a proud New Yorker.*

MÁS GRAMÁTICA

This is an additional grammar point for **Lección 1 Estructura.** You may use it for review or as required by your instructor.

¡ATENCIÓN!

Some nouns may be either masculine or feminine, depending on whether they refer to a male or a female.

el/la artista *artist*
el/la estudiante *student*

Occasionally, the masculine and feminine forms have different meanings.

el capital *capital (money)*
la capital *capital (city)*

¡ATENCIÓN!

Accent marks are sometimes dropped or added to maintain the stress in the singular and plural forms.

canción → canciones
margen → márgenes

¡ATENCIÓN!

The prepositions **de** and **a** contract with the article **el.**

de + el = del

a + el = al

¡ATENCIÓN!

Singular feminine nouns that begin with a stressed **a** take **el.**

el alma → las almas
el área → las áreas

Práctica

TALLER DE CONSULTA

These activities correspond to the additional grammar point on the preceding page.

(1.4) Nouns and articles

1 **Cambiar** Escribe en plural las palabras que están en singular y viceversa.

1. la compañera _____
2. unos amigos _____
3. el novio _____
4. una crisis _____
5. unas parejas _____
6. un corazón _____
7. las amistades _____
8. el tabú _____

2 **Un chiste** Completa el chiste con los artículos apropiados. Recuerda que en algunos casos no debes poner ningún artículo.

(1) _____ pareja se va a casar. Él tiene 90 años. Ella tiene 85. Entran en (2) _____ farmacia y (3) _____ novio le pregunta al farmacéutico (*pharmacist*):
—¿Tiene (4) _____ remedios para (5) _____ corazón?
—Sí —contesta (6) _____ farmacéutico.
—¿Tiene (7) _____ remedios para (8) _____ presión y (9) _____ colesterol?
—Sí —contesta nuevamente (10) _____ farmacéutico.
—¿Y (11) _____ remedios para (12) _____ artritis? y (13) _____ reumatismo?
—Sí. Ésta es (14) _____ farmacia completa. Tenemos de todo.
Entonces (15) _____ novio mira a (16) _____ novia y le dice:
—Querida, ¿qué te parece si hacemos aquí (17) _____ lista de regalos para (18) _____ boda?

3 **La cita** Completa el párrafo con la forma correcta de los artículos definidos e indefinidos.

Ayer tuve (1) _____ cita con Leonardo. Fuimos a (2) _____ restaurante muy romántico que está junto a (3) _____ bonito lago. Desde nuestra mesa, podíamos ver (4) _____ lago y (5) _____ barcos que navegaban por allí. Comimos (6) _____ platos muy originales. (7) _____ pescado que yo pedí estaba delicioso. Nos divertimos mucho, pero al salir tuvimos (8) _____ problema. Una de (9) _____ ruedas (*tires*) del carro estaba pinchada (*punctured*). ¿Puedes creer que tuve que cambiar (10) _____ rueda yo porque Leonardo no sabía hacerlo?

4 **Escribir** Escribe oraciones completas con las siguientes palabras; utiliza los artículos definidos e indefinidos que correspondan y haz los cambios necesarios.

MODELO Elisa - ser - buena periodista
Elisa es una buena periodista.

1. revistas del corazón - afirmar - amor -ser - eterno
2. ayer - astrólogo - predecir - desgracia
3. lunes pasado - comprar - flores - tía juanita
4. capital - venezuela - ser - caracas
5. personas optimistas - soñar - mundo mejor
6. Rodrigo - ser - alma - fiesta

1.5 Adjectives

- Spanish adjectives (**adjetivos**) agree in gender and number with the nouns they modify. Most adjectives ending in **-e** or a consonant have the same masculine and feminine forms.

Adjectives						
	singular	**plural**	**singular**	**plural**	**singular**	**plural**
MASCULINE	rojo	rojos	inteligente	inteligentes	difícil	difíciles
FEMININE	roja	rojas	inteligente	inteligentes	difícil	difíciles

- Descriptive adjectives generally follow the noun they modify. If a single adjective modifies more than one noun, the plural form is used. If at least one of the nouns is masculine, then the adjective is masculine.

un libro **apasionante**	las parejas **contentas**
a great book	*the happy couples*
un carro y una casa **nuevos**	la literatura y la cultura **ecuatorianas**
a new car and house	*Ecuadorean literature and culture*

- A few adjectives have shortened forms when they precede a masculine singular noun.

bueno → **buen**	alguno → **algún**	primero → **primer**
malo → **mal**	ninguno → **ningún**	tercero → **tercer**

- Some adjectives change their meaning depending on their position. When the adjective follows the noun, the meaning is more literal. When it precedes the noun, the meaning is more figurative.

	after the noun	**before the noun**
antiguo/a	el edificio **antiguo** *the ancient building*	mi **antiguo** novio *my old/former boyfriend*
cierto/a	una respuesta **cierta** *a right answer*	una **cierta** actitud *a certain attitude*
grande	una ciudad **grande** *a big city*	un **gran** país *a great country*
mismo/a	el artículo **mismo** *the article itself*	el **mismo** problema *the same problem*
nuevo/a	un carro **nuevo** *a (brand) new car*	un **nuevo** profesor *a new/different professor*
pobre	los estudiantes **pobres** *the students who are poor*	los **pobres** estudiantes *the unfortunate students*
viejo/a	un libro **viejo** *an old book*	una **vieja** amiga *a long-time friend*

MÁS GRAMÁTICA

This is an additional grammar point for **Lección 1 Estructura**. You may use it for review or as required by your instructor.

¡ATENCIÓN!

Adjectives ending in **-án**, **-ín**, **-ón**, and **-or**, like most others, vary in both gender and number.

dormilón → dormilona

dormilones → dormilonas

Adjectives ending in **-ior** and the comparatives **mayor, menor, mejor**, and **peor** do not vary in gender.

el **niño** mayor
la **niña** mayor

Adjectives indicating nationality vary in both gender and number (except those ending in **-a, -í**, and **-e**, which vary only in number).

español → española
españoles → españolas
marroquí → marroquí
marroquíes → marroquíes

¡ATENCIÓN!

Before any singular noun (masculine or feminine), **grande** changes to **gran**.

un gran esfuerzo
a great effort

una gran autora
a great author

Práctica

TALLER DE CONSULTA

These activities correspond to the additional grammar point on the preceding page.

(1.5) Adjectives

(1) Descripciones Completa cada oración con la forma correcta de los adjetivos.

1. Mi mejor amiga es _____ (guapo) y muy _____ (gracioso).

2. Los novios de mis hermanas son _____ (alto) y _____ (moreno).

3. Javier es _____ (bueno) compañero, pero es bastante _____ (antipático).

4. Mi prima Susana es _____ (sincero), pero mi primo Luis es _____ (falso).

5. Sandra es una _____ (grande) amiga, pero ayer tuvimos una pelea muy _____ (fuerte).

6. No sé por qué Marcos y María son tan _____ (inseguro) y _____ (tímido).

(2) La vida de Marina Completa cada oración con los cuatro adjetivos.

1. Marina busca una compañera de cuarto _____. (tranquilo, ordenado, honesto, puntual)

2. Se lleva bien con las personas _____. (sincero, serio, alegre, trabajador)

3. Los padres de Marina son _____. (maduro, simpático, inteligente, conservador)

4. Marina quiere ver programas de televisión más _____. (emocionante, divertido, dramático, didáctico)

5. Marina tiene un novio _____. (talentoso, simpático, creativo, sensible)

Marina

(3) Correo sentimental La revista *Ellas y ellos* tiene una sección de anuncios personales. Completa este anuncio con la forma corta o larga de los adjetivos de la lista. Puedes usar los adjetivos más de una vez.

| buen | gran | mal | ningún | tercer |
| bueno/a | grande | malo/a | ninguno/a | tercero/a |

Mi perrito y yo buscamos amor

Tengo 43 años y estoy viudo desde hace tres años. Soy un (1) _____ hombre: tranquilo y trabajador. Me gustan las plantas y no tengo (2) _____ problema con mis vecinos. Cocino y plancho. Me gusta ir al cine y no me gusta el fútbol. Tengo (3) _____ humor por las mañanas y mejor humor por las noches. Vivo en un apartamento (4) _____ en el (5) _____ piso de un edificio de Montevideo. Sólo tengo un pequeño problema: mi perro. Algunos dicen que tiene (6) _____ carácter. Otros dicen que es un (7) _____ animal. Yo creo que es (8) _____, pero se siente solo, como su dueño, y nos hacemos compañía. Busco una señora viuda o soltera que también se sienta sola. ¡Si tiene un perrito, mejor!

Más práctica

2.1 Object pronouns

TALLER DE CONSULTA

MÁS PRÁCTICA
To see the explanation corresponding to this additional practice, see p. 54.

1 **La televisión** Completa la conversación con el pronombre adecuado.

JUANITO Mamá, ¿puedo ver televisión?

MAMÁ ¿Y la tarea? ¿Ya (1) _____ hiciste?

JUANITO Ya casi (2) _____ termino. ¿Puedo ver el programa de dibujos animados (*cartoons*)?

MAMÁ (3) _____ puedes ver hasta las siete.

JUANITO De acuerdo.

MAMÁ Pero antes de que te pongas a ver televisión, tengo algunas preguntas. ¿(4) _____ vas a entregar mi carta a tu profesora?

JUANITO Sí mamá, (5) _____ (6) _____ voy a entregar mañana.

MAMÁ ¿Quién va a trabajar contigo en el proyecto de historia?

JUANITO No sé; nadie (7) _____ quiere hacer conmigo.

MAMÁ Bueno, y antes de ver la tele, ¿me puedes ayudar a poner la mesa?

JUANITO ¡Cómo no, mamá! (8) _____ ayudo ahora mismo.

2 **Confundido** Tu compañero/a de cuarto va a dar una fiesta este fin de semana, pero no recuerda bien algunos detalles. Contesta sus preguntas con la información que está entre paréntesis. Utiliza pronombres en tus respuestas.

MODELO **¿Quién va a traer las sillas? (Carlos y Pedro)**
Carlos y Pedro las van a traer.

1. ¿Cuándo vamos a comprar la comida? (mañana)

_____

2. ¿Quién nos prepara el pastel (*cake*)? (la pastelería de la Plaza Mayor)

_____

3. ¿Ya enviamos todas las invitaciones? (sí)

_____

4. ¿Quién trae los discos compactos de música latina? (Lourdes y Sara)

_____

5. ¿Vamos a decorar el salón? (sí)

_____

3 **Tres deseos** En parejas, imaginen que encuentran a un genio (*genie*) en una botella. Él les va a hacer realidad tres deseos a cada uno. Haz una lista de los deseos que le vas a pedir. Después, díselos a tu compañero/a. Háganse preguntas sobre por qué quieren estos deseos. Utilicen por lo menos seis pronombres de complemento directo e indirecto.

MODELO —Yo quiero un jeep cuatro por cuatro.
—¿Para qué lo quieres?
—Lo quiero para manejar en cualquier tipo de terreno.

Más práctica

TALLER DE CONSULTA

MÁS PRÁCTICA
To see the explanation corresponding to this additional practice, see p. 58.

2.2 *Gustar* and similar verbs

(1) **En otras palabras** Vuelve a escribir las frases subrayadas usando los verbos de la lista.

> **MODELO**
>
> <u>Mis padres adoran las novelas de García Márquez,</u> especialmente *Cien años de soledad.*
>
> A mis padres les encantan las novelas de García Márquez, especialmente *Cien años de soledad.*

aburrir	(no) gustar
caer bien/mal	(no) interesar
(no) doler	molestar
encantar	quedar
faltar	

1. <u>Estoy muy interesado en el cine</u> y por eso veo el programa de espectáculos todas las noches.
2. Necesito ir al médico porque <u>tengo dolor de cabeza desde hace dos días.</u>
3. <u>Pablo y Roberto son muy antipáticos.</u> No soporto hablar con ellos.
4. <u>Nos aburrimos cuando vemos películas románticas.</u>
5. <u>Detesto el boliche.</u>
6. Has gastado casi todo tu dinero. <u>Sólo tienes diez dólares.</u>
7. Carlos está a punto de completar su colección de monedas españolas anteriores al euro. <u>Necesita conseguir tres más.</u>
8. <u>No soporto escuchar música cuando estudio.</u> No puedo concentrarme.

(2) **El fin de semana** Escribe ocho oraciones sobre qué te gusta y qué te molesta hacer el fin de semana. Utiliza **gustar** y otros verbos parecidos, como **interesar, importar** y **molestar**.

estar en casa	hacer ejercicio	ir al circo
festejar	hacer un picnic	jugar al billar
hacer cola	ir al cine	salir a comer

 (3) **Gustos** Utiliza la información suministrada y los verbos parecidos a **gustar** para investigar los gustos de tus compañeros/as de clase. Toma nota de las respuestas de cada compañero/a que entrevistes y comparte la información con la clase.

> **MODELO**
>
> molestar / tener clase a las ocho de la mañana
>
> —A Juan y a Marcela no les molesta tener clase a las ocho de la mañana. En cambio, a Carlos le molesta porque...

1. encantar / fiestas de cumpleaños
2. fascinar / el mundo de Hollywood
3. disgustar / leer las noticias
4. molestar / conocer a personas nuevas
5. interesar / saber lo que mis amigos piensan de mí
6. aburrir / escuchar música todo el día

Más práctica

2.3 Reflexive verbs

TALLER DE CONSULTA

MÁS PRÁCTICA
To see the explanation corresponding to this additional practice, see p. 62

1 **¿Qué hacen estas personas?** Escribe cinco oraciones combinando elementos de las tres columnas.

MODELO Yo me acuesto a las once de la noche.

mis padres	aburrirse	a las 6 de la mañana
yo	acostarse	a las 9 de la mañana
mis amigos y yo	afeitarse	a las 3 de la tarde
tú	divertirse	por la tarde
mi compañero/a de cuarto	dormirse	el viernes por la noche
ustedes	levantarse	a las once de la noche
mi hermano/a	maquillarse	todos los días

2 **Reflexivos** Algunos verbos cambian de significado cuando se usan en forma reflexiva. Completa las oraciones con la forma adecuada del verbo indicado.

MODELO Yo me acuesto a las once de la noche.

1. Yo siempre _____ (dormir/dormirse) bien cuando estoy en mi casa de verano.
2. Carlos, ¿_____ (acordar/acordarse) de cuando fuimos de vacaciones a Cancún hace dos años?
3. Si estamos tan cansados de la ciudad, ¿por qué no _____ (mudar/mudarse) a una casa junto al lago?
4. No me gusta esta fiesta. Quiero _____ (ir/irse) cuanto antes.
5. Cristina y Miguel _____ (llevar/llevarse) tortillas a la fiesta.
6. Mi abuela va a _____ (poner/ponerse) una foto de todos sus nietos en el salón.

3 **Los sábados** Sigue los pasos para determinar si tú y tus compañeros/as participan en actividades parecidas (*similar*) los sábados. Comparte tus conclusiones con el resto de la clase. Usa verbos reflexivos en las preguntas y respuestas.

- **Paso 1** Haz una lista detallada de las cosas que normalmente haces los sábados.
- **Paso 2** Entrevista a un(a) compañero/a para ver si comparten alguna actividad.
- **Paso 3** Compara la información con el resto de la clase. ¿Siguen los estudiantes la misma rutina durante los fines de semana?

(2.4) Demonstrative adjectives and pronouns

- Demonstrative adjectives (**adjetivos demostrativos**) specify to which noun a speaker is referring. They precede the nouns they modify and agree in gender and number.

este torneo	**esa** entrenadora	**aquellos** deportistas
this tournament	*that coach*	*those athletes (over there)*

Demonstrative adjectives				
singular		**plural**		
masculine	**feminine**	**masculine**	**feminine**	
este	esta	estos	estas	*this; these*
ese	esa	esos	esas	*that; those*
aquel	aquella	aquellos	aquellas	*that; those (over there)*

- Spanish has three sets of demonstrative adjectives. Forms of **este** are used to point out nouns that are close to the speaker and the listener. Forms of **ese** modify nouns that are not close to the speaker, though they may be close to the listener. Forms of **aquel** refer to nouns that are far away from both the speaker and the listener.

No me gustan **estos** zapatos.　　Prefiero **esos** zapatos.　　**Aquel** carro es de Ana.

- Demonstrative pronouns (**pronombres demostrativos**) are identical to demonstrative adjectives, except that they traditionally carry an accent mark on the stressed vowel. They agree in gender and number with the nouns they replace.

¿Quieres comprar esta **radio**?	No, no quiero **ésta**. Quiero **ésa**.
Do you want to buy this radio?	*No, I don't want this one. I want that one.*
¿Leíste estos **libros**?	No leí **éstos**, pero sí leí **aquéllos**.
Did you read these books?	*I didn't read these, but I did read those (over there).*

- There are three neuter demonstrative pronouns: **esto, eso,** and **aquello**. These forms refer to unidentified or unspecified things, situations, or ideas. They do not vary in gender or number and they never carry an accent mark.

¿Qué es **esto**?	**Eso** es interesante.	**Aquello** es bonito.
What is this?	*That's interesting.*	*That's pretty.*

Práctica

TALLER DE CONSULTA

These activities correspond to the additional grammar point on the preceding page.

(2.4) Demonstrative adjectives and pronouns

(1) **En el centro comercial** Completa las oraciones con la forma correcta de los adjetivos entre paréntesis.

1. Quiero comprar _____ (*that*) videojuego.
2. Nosotros queremos comprar _____ (*that over there*) computadora.
3. _____ (*These*) pantalones son muy baratos.
4. Yo voy a escoger _____ (*this*) falda que está a mitad de precio.
5. También quiero comprar alguna de _____ (*those*) películas en DVD.
6. Antes de irnos, vamos a comer algo en _____ (*that over there*) restaurante.

(2) **Pronombres** Completa cada oración con la forma correcta de los pronombres demostrativos de acuerdo con la traducción que aparece entre paréntesis.

1. Esta campeona es muy humilde, pero _____ (*that one*) es muy arrogante.
2. Este deportista juega bien, no como _____ (*those*) del otro equipo.
3. Esos dardos no tienen punta; usa _____ (*the ones over there*).
4. No conozco a esta entrenadora, pero sí conozco a _____ (*that one over there*).
5. Aquellos asientos son muy buenos, pero de todas formas, yo prefiero sentarme en _____ (*this one*).
6. Esta cancha de fútbol está muy mojada. ¿Podemos jugar en _____ (*that one*)?

(3) **¿Adjetivos o pronombres?**

A. Elige los adjetivos o los pronombres apropiados.

A mi hermano Esteban no le gustan las películas de acción y a mí, sí. (1) _____ (Ese / Ése) es el problema que siempre tenemos cuando queremos ir al cine. (2) _____ (Este / Éste) fin de semana, por ejemplo, estrenan la película *Persecución sin fin* en (3) _____ (ese / ése) cine nuevo que abrió enfrente de (4) _____ (ese / ése) restaurante que tanto me gusta. Cuando le mandé un mensaje por correo electrónico a mi hermano, enseguida respondió: "(5) _____ (Esa / Ésa) no la veo ni loco. (6) _____ (Esas / Ésas) películas de acción son siempre iguales. El bueno y el malo pelean y el bueno siempre gana. Por (7) _____ (ese / ése / eso), yo prefiero las películas históricas o los dramas. Por lo menos en (8) _____ (esas / ésas) suele haber diálogos inteligentes y no persecuciones tontas y peleas exageradas". ¡Cómo cambiaron los gustos de mi hermano desde (9) _____ (aquella / aquélla) época en la que íbamos a ver todas las películas de superhéroes!

B. En parejas, imaginen que los dos hermanos hablan por teléfono. El hermano de Esteban todavía tiene esperanzas de convencerlo para ir a ver *Persecución sin fin*. Improvisen la conversación entre los dos hermanos. Usen por lo menos cinco adjetivos o pronombres demostrativos.

MÁS GRAMÁTICA

This is an additional grammar point for **Lección 2 Estructura.** You may use it for review or as required by your instructor.

(2.5) Possessive adjectives and pronouns

- Possessive adjectives (**adjetivos posesivos**) are used to express ownership or possession. Spanish has two types: the short, or unstressed, forms and the long, or stressed, forms. Both forms agree in gender, when applicable, and number with the object owned, and not with the owner.

Possessive adjectives			
short forms (unstressed)		**long forms (stressed)**	
mi(s)	my	**mío/a(s)**	my; (of) mine
tu(s)	your	**tuyo/a(s)**	your; (of) yours
su(s)	your; his; her; its	**suyo/a(s)**	your; (of) yours; his; (of) his; hers; (of) hers; its; (of) its
nuestro/a(s)	our	**nuestro/a(s)**	our; (of) ours
vuestro/a(s)	your	**vuestro/a(s)**	your; (of) yours
su(s)	your; their	**suyo/a(s)**	your; (of) yours; their; (of) theirs

- Short possessive adjectives precede the nouns they modify.

En **mi** opinión, esa película
es pésima.
*In my opinion, that movie
is awful.*

Nuestras revistas favoritas son
Vanidades y Latina.
*Our favorite magazines are
Vanidades and Latina.*

¡ATENCIÓN!

After the verb **ser**, stressed possessives are used without articles.

¿Es tuya la calculadora?
Is the calculator yours?

No, no es mía.
No, it is not mine.

- Stressed possessive adjectives follow the nouns they modify. They are used for emphasis or to express the phrases of mine, of yours, etc. The nouns are usually preceded by a definite or indefinite article.

mi amigo → **el** amigo **mío**
my friend   friend of mine

tus amigas → **las** amigas **tuyas**
your friends   friends of yours

- Because **su(s)** and **suyo/a(s)** have multiple meanings (your, his, her, its, their), the construction [article] + [noun] + **de** + [subject pronoun] is commonly used to clarify meaning.

su **casa**	la casa de él/ella	*his/her house*
la casa suya	la casa de usted/ustedes	*your house*
	la casa de ellos/ellas	*their house*

¡ATENCIÓN!

The neuter form **lo** + [singular stressed possessive] is used to refer to abstract ideas or concepts such as what is mine and what belongs to you.

Quiero lo mío.
I want what is mine.

- Possessive pronouns (**pronombres posesivos**) have the same forms as stressed possessive adjectives and are preceded by a definite article. Possessive pronouns agree in gender and number with the nouns they replace.

No encuentro mi **libro**.
¿Me prestas **el tuyo**?
*I can't find my book.
Can I borrow yours?*

Si la **fotógrafa** suya no llega,
la nuestra está disponible.
*If your photographer doesn't arrive,
ours is available.*

Práctica

(2.5) Possessive adjectives and pronouns

TALLER DE CONSULTA

These activities correspond to the additional grammar point on the preceding page.

1 **¿De quién hablan?** En un programa de entrevistas, varias personas famosas hacen comentarios. Completa sus oraciones con los adjetivos posesivos que faltan.

1. La actriz Fernanda Lora habla sobre su esposo: "_____ esposo siempre me acompaña a los estrenos, aunque _____ trabajo le exija estar en otro sitio".

2. Los integrantes del famoso dúo Maite y Antonio hablan sobre su hijo: "_____ hijo empezó a cantar a los dos años".

3. El actor Saúl Mar habla de su ex esposa, la modelo Serafina: "_____ ex ya no es tan guapa como antes, aunque _____ *fans* piensen lo contrario".

2 **¿Es tuyo...?** Escribe preguntas con **ser** y contéstalas usando el pronombre posesivo que corresponde a la(s) persona(s) indicada(s). Sigue el modelo.

> **MODELO** tú / libro / yo
> —¿Es tuyo este libro?
> —Sí, es mío.

1. ustedes / cartas / nosotros

   _____

   _____

2. ella / bicicleta / ella

   _____

   _____

3. yo / café / tú

   _____

   _____

4. nosotros / periódicos / yo

   _____

   _____

5. tú / disco compacto / ellos

   _____

   _____

6. él / ideas / nosotros

   _____

   _____

3 **Durante el almuerzo** Durante la hora del almuerzo, tres compañeros de trabajo tratan de conocerse mejor. Completa la conversación con los posesivos adecuados. Cuando sea necesario, añade también el artículo definido correspondiente.

MANUEL (1) _____ películas favoritas son las de acción. ¿Y (2) _____?

JUAN A mí no me gusta el cine.

AGUSTÍN A mí tampoco, pero a (3) _____ esposa le gustan las películas clásicas. Lo mío es el deporte.

JUAN Yo detesto el deporte. (4) _____ pasatiempo favorito es la música.

MANUEL ¡Ahh! ¿Es (5) _____ la guitarra que vi en la oficina?

JUAN Sí, es (6) _____. Después del trabajo, nos reunimos en la casa de un amigo (7) _____ y tocamos un poco. A (8) _____ amigos y a mí nos gusta el rock. (9) _____ músicos preferidos son...

AGUSTÍN ¡No te molestes en nombrarlos! No sé nada de música.

MANUEL Parece que (10) _____ gustos son muy distintos.

Más práctica

TALLER DE CONSULTA

MÁS PRÁCTICA
To see the explanation
corresponding to this
additional practice,
see p. 94.

3.1 The preterite

1 Conversación telefónica La mamá de Andrés lo llama para saber cómo fue su semana.
Completa la conversación con el pretérito de los verbos de la lista. Algunos verbos se repiten.

andar	dar	ir	ser
barrer	hacer	quitar	tener

MAMÁ Hola, Andrés, ¿cómo te va?

ANDRÉS Bien, mamá. ¿Y a ti?

MAMÁ También estoy bien. ¿Qué tal las clases?

ANDRÉS En la clase de historia (1) _____ un examen el lunes. En la clase de química, el profesor nos (2) _____ una demostración en el laboratorio.

MAMÁ ¿Y el resto de las clases?

ANDRÉS (3) _____ muy fáciles, pero los profesores nos (4) _____ mucha tarea.

MAMÁ ¿Cómo está tu apartamento? ¿Está muy sucio (*dirty*)?

ANDRÉS ¡Está perfecto! Ayer (5) _____ la limpieza: (6) _____ el piso y (7) _____ el polvo de los muebles.

MAMÁ ¿Qué hiciste con tus amigos el sábado por la noche?

ANDRÉS Nosotros (8) _____ por el centro de la ciudad y (9) _____ a un restaurante. (10) _____ una noche muy divertida.

2 Vienen los abuelitos Tus abuelos vienen a tu casa para pasar el fin de semana. Tu mamá quiere saber si ya hiciste todo lo que te pidió, pero tú ya sabes lo que te va a preguntar. Completa sus preguntas y después contéstalas.

> **MODELO** ¿Ya... (conseguir las entradas para el concierto)?
> —¿Ya conseguiste las entradas para el concierto?
> —Sí, mamá, ya conseguí las entradas para el concierto.

1. ¿Ya... (lavar los platos)? _____
2. ¿Ya... (ir al supermercado)? _____
3. ¿Ya... (pasar la aspiradora)? _____
4. ¿Ya... (quitar tus cosas de la mesa)? _____
5. ¿Ya... (hacer las reservaciones en el restaurante)? _____
6. ¿Ya... (limpiar el baño)? _____

3 Un problema Quieres devolver unos zapatos que te compraste hace dos semanas y pedir un reembolso, pero la zapatería no acepta cambios después de una semana. En parejas, improvisen una conversación en la que el/la cliente trata de convencer al/a la gerente (*manager*) de que le devuelva el dinero.

Más práctica

3.2 The imperfect

TALLER DE CONSULTA

MÁS PRÁCTICA
To see the explanation corresponding to this additional practice, see p. 98.

(1) Antes Forma oraciones con estos elementos para explicar qué hacían antes estas personas.

> **MODELO** mi tía / siempre / cocinar / una sopa deliciosa
> Antes, mi tía siempre cocinaba una sopa deliciosa.

1. yo / barrer / la escalera de mi casa / a menudo

_____

2. mi hermano pequeño / casi nunca / apagar / la luz de su habitación

_____

3. la ropa / ser / más barata

_____

4. mis amigas / apenas / ir / al centro comercial.

_____

5. tú / quitar / el polvo de los muebles / a veces

_____

(2) Oraciones incompletas Termina las oraciones con el imperfecto.

1. Cuando yo era niño/a, _____.
2. Todos los veranos mi familia y yo _____.
3. En la escuela primaria mis maestros nunca _____.
4. Mis hermanos y yo siempre _____.
5. Mi abuela siempre _____.

(3) Un robo El sábado unos jóvenes le robaron el bolso a una anciana en el parque. Tú eres uno de los testigos. Contesta las preguntas de la policía usando el imperfecto.

1. ¿Dónde estabas alrededor de las dos de la tarde?

_____

2. ¿Qué llevabas puesto (*were you wearing*)?

_____

3. ¿Qué hacías en el parque?

_____

4. ¿Quiénes estaban contigo?

_____

5. ¿Qué otras personas había en el parque? ¿Qué hacían estas personas?

_____

(4) ¿Cómo ha cambiado tu vida? En parejas, comparen la escuela secundaria con la universidad. Escriban una lista de las responsabilidades que tienen ahora y las que tenían antes.

> **MODELO** Cuando estaba en la escuela secundaria no tenía mucha tarea, pero ahora tengo muchísima. Me paso el día entero en la biblioteca.

Más práctica

TALLER DE CONSULTA

MÁS PRÁCTICA
To see the explanation corresponding to this additional practice, see p. 102.

3.3 The preterite vs. the imperfect

1 ¿Pretérito o imperfecto? Indica si normalmente debes usar el pretérito (P) o el imperfecto (I) con estas expresiones de tiempo. Después, escribe cinco oraciones completas que contengan estas expresiones.

__ el año pasado   __ ayer por la noche

__ todos los días   __ el domingo pasado

__ siempre   __ todas las tardes

__ mientras   __ una vez

2 Distintos significados Completa las oraciones con el pretérito o el imperfecto de los verbos entre paréntesis. Recuerda que cuando se usan estos verbos en el pretérito tienen un significado distinto al del imperfecto.

1. Cuando yo era niño, nunca _____ (querer) limpiar mi habitación, pero mis padres me obligaban a hacerlo.

2. Mi amigo ya _____ (poder) hablar chino y japonés cuando tenía siete años.

3. Finalmente, después de preguntar por todos lados, Ana _____ (saber) cómo solicitar una tarjeta de crédito.

4. Mis padres _____ (querer) comprarse una aspiradora. Estaban cansados de barrer.

5. Se rompió el timbre. Por suerte, mi amigo Juan Carlos _____ (poder) venir enseguida a arreglarlo.

6. Mi hermano _____ (conocer) a su novia en el centro comercial.

7. Mi abuela _____ (saber) cocinar muy bien.

8. Miguel y Roberto completaron el formulario, pero no _____ (querer) contestar la última pregunta.

3 Mi mejor año ¿Cuál fue tu mejor año en la escuela? Escribe una historia breve sobre ese año especial. Recuerda que para narrar series de acciones completas debes usar el pretérito y para describir el contexto o acciones habituales en el pasado debes usar el imperfecto. Comparte tu historia con la clase.

MODELO Creo que mi mejor año fue el segundo grado. Yo vivía con mi familia en Toronto, pero ese año nos mudamos a Vancouver.

4 Cuentos populares En grupos de tres, escojan un cuento popular que conozcan. Escríbanlo cambiando completamente el papel (*role*) de los personajes y los hechos. Utilicen el pretérito y el imperfecto. Después, representen una escena de su cuento para la clase.

MODELO Había una vez tres cerditos muy malos que querían atacar a un lobito muy bueno…

3.4 Telling time

- The verb **ser** is used to tell time in Spanish. The construction **es + la** is used with **una,** and **son + las** is used with all other hours.

¿Qué hora es?	Es la **una.**
What time is it?	*It is one o'clock.*
	Son las **tres.**
	It is three o'clock.

- The phrase **y +** [*minutes*] is used to tell time from the hour to the half-hour. The phrase **menos +** [*minutes*] is used to tell time from the half-hour to the hour, and is expressed by subtracting minutes from the next hour.

Son las once **y veinte.**

Es la una **menos cuarto.**

Son las doce **menos diez.**

- To ask at what time an event takes place, the phrase **¿A qué hora (...)?** is used. To state at what time something takes place, use the construction **a la(s) +** [*time*].

¿A qué hora es la fiesta?
(At) what time is the party?

La fiesta es **a las ocho.**
The party is at eight.

- The following expressions are used frequently for telling time.

Son las siete **en punto.**
It's seven o'clock on the dot/sharp.

Son **las doce del mediodía.**/Es **(el) mediodía.**
It's 12 p.m./It's noon.

Son **las doce de la noche.** /Es **(la) medianoche.**
It's 12 a.m./It's midnight.

Son las nueve **de la mañana.**
It's 9 a.m./in the morning.

Son las cuatro y cuarto **de la tarde.**
It's 4:15 p.m./in the afternoon.

Son las once y media **de la noche.**
It's 11:30 p.m./at night.

- The imperfect is generally used to tell time in the past. However, the preterite may be used to describe an action that occurred at a particular time.

¿Qué hora **era** cuando llegaste?
What time was it when you arrived?

¿A qué hora **fueron** al cine?
At what time did you go to the movies?

Eran las cuatro de la mañana.
It was four o'clock in the morning.

Fuimos a las nueve.
We went at nine o'clock.

MÁS GRAMÁTICA

This is an additional grammar point for **Lección 3 Estructura.** You may use it for review or as required by your instructor.

¡ATENCIÓN!

The phrases **y media** (*half past*) and **y/menos cuarto** (*quarter past/of*) are usually used instead of **treinta** and **quince.**

Son las doce y media.
It's 12:30/half past twelve.

Son las nueve menos cuarto.
It's 8:45/quarter to nine.

¡ATENCIÓN!

Note that **es** is used to state the time at which a single event takes place.

Son las dos.
It is two o'clock.

Mi clase es a las dos.
My class is at two o'clock.

Práctica

TALLER DE CONSULTA

These activities correspond to the additional grammar point on the preceding page.

(3.4) Telling time

(1) **La hora** Escribe la hora que aparece en cada reloj usando oraciones completas.

1. _____   2. _____   3. _____

4. _____   5. _____   6. _____

(2) **¿Qué hora es?** Da la hora usando oraciones completas.

1. 1:10 p.m. _____
2. 6:30 a.m. _____
3. 8:45 p.m. _____
4. 11:00 a.m. _____
5. 2:55 p.m. _____
6. 12:00 a.m. _____

(3) **Retraso** Hoy tienes un mal día y estás atrasado/a en todo. Usa la información para explicar a qué hora hiciste cada cosa y por qué te retrasaste. Sigue el modelo.

> **MODELO**   ir al centro comercial – 9 a.m. (15 minutos)
> Tenía que ir al centro comercial a las nueve de la mañana, pero llegué a las nueve y cuarto porque el autobús se retrasó.

1. levantarme – 7 a.m. (30 minutos)
2. desayunar – 8 a.m. (2 horas y media)
3. reunirme con la profesora de química – 11 a.m. (1 hora)
4. escribir el ensayo para la clase de literatura – 3 p.m. (2 horas y cuarto)
5. llamar a mis padres – 5 p.m. (3 horas y media)
6. limpiar mi casa – 3 p.m. (¡Todavía no has empezado!)

Más práctica

4.1 The subjunctive in noun clauses

TALLER DE CONSULTA

MÁS PRÁCTICA
To see the explanation corresponding to this additional practice, see p. 134.

1 **El doctor** El doctor González escribe informes con el diagnóstico y las recomendaciones para cada paciente. Completa los informes con el indicativo o el subjuntivo de los verbos entre paréntesis.

Informe 1

n José, creo que usted (1) _____ frir) de mucho estrés. Usted _____ (trabajar) demasiado y no _____ (cuidarse) lo suficiente. necesario que usted (4) _____ ormir) más horas. No creo que usted _____ (necesitar) tomar edicinas, pero es importante que) _____ (controlar) su alimentación (7) _____ (mantener) una dieta ás equilibrada.

Informe 2

Carlitos, no hay duda de que tú (8) _____ (tener) varicela (*chicken pox*). Es una enfermedad muy contagiosa y por eso es necesario que (9) _____ (quedarse) en casa una semana. Como no podrás asistir a la escuela, te recomiendo que (10) _____ (hablar) con uno de tus compañeros y que (11) _____ (hacer) la tarea regularmente. Quiero que (12) _____ (aplicarse) (*to apply*) esta crema si te pica (*itches*) mucho la piel.

Informe 3

Susana y Pedro, es obvio que ustedes (13) _____ (tener) gripe. Para aliviar la tos, les recomiendo que (14) _____ (tomar) este jarabe por la mañana y estas pastillas por la noche. No creo que (15) _____ (necesitar) quedarse en cama. Les recomiendo que (16) _____ (beber) mucho líquido y que (17) _____ (comer) muchas frutas y verduras. Estoy seguro de que en unos días (18) _____ (ir) a sentirse mejor.

2 **¿Cómo terminan?** Escribe un final original para cada oración. Recuerda usar el subjuntivo cuando sea necesario.

1. Es imposible que hoy...
2. Dudo mucho que el profesor...
3. No es cierto que mis amigos y yo...
4. Es muy probable que yo...
5. Es evidente que en el hospital...
6. Los médicos recomiendan que...

3 **Reacciones** En grupos de cinco, digan cómo reaccionarían ante estas situaciones. Deben usar el subjuntivo en sus respuestas para mostrar emoción, incredulidad, alegría, rechazo, insatisfacción, etc.

> **MODELO** Acabas de ganar un millón de dólares.
> ¡Es imposible que sea verdad! No puedo creer que...

1. Un día vas al banco y te dicen que ya no te queda ni un centavo. No vas a poder comer esta semana.
2. Oyes que el agua que tomas del grifo (*tap*) está contaminada y que todos los habitantes de la ciudad se van a enfermar.
3. Llegas a la universidad el primer día y te dicen que no hay espacio para ti en la residencia estudiantil. Vas a tener que dormir en un hotel.
4. Tu novio/a te declara su amor e insiste en que se casen este mismo mes.
5. Tu nuevo/a compañero/a de cuarto te dice que tiene la gripe aviar (*bird flu*). Es muy contagiosa.
6. Acabas de ver a tu ex hablando mal de ti enfrente de millones de televidentes.

Más práctica

TALLER DE CONSULTA

MÁS PRÁCTICA
To see the explanation corresponding to this additional practice, see p. 140.

4.2 Commands

1. **Las indicaciones del médico** Lee los problemas de estos pacientes. Luego, completa las órdenes y recomendaciones que su médico les da.

Don Mariano y doña Teresa no duermen bien y sufren de mucha presión en el trabajo.	1. _____ (tomar) té de manzanilla y _____ (acostarse) siempre a la misma hora. 2. No _____ (trabajar) los domingos.
Juan come muchos dulces y tiene caries (*cavities*).	3. (Tú) _____ (cepillarse) los dientes dos veces por día. 4. No _____ (comer) más dulces.
La señora Ortenzo se lastimó jugando al tenis. Le duele el pie derecho.	5. (Usted) _____ (quedarse) en cama dos días. 6. No _____ (mover) el pie y no _____ (caminar) sin muletas (*crutches*).
Carlos y Antonio trasnochan con frecuencia y no llevan una dieta sana.	7. _____ (dormir) por lo menos ocho horas cada noche. 8. No _____ (ir) a clase sin antes comer un desayuno saludable.

2. **Antes y ahora** ¿Te daban órdenes tus padres cuando eras niño/a? ¿Te siguen dando órdenes? Escribe cinco mandatos que te daban cuando eras niño/a y cinco que te dan ahora. Utiliza mandatos informales afirmativos y negativos.

Los mandatos de antes

_____

_____

_____

_____

_____

Los mandatos de ahora

_____

_____

_____

_____

_____

3. **El viernes por la noche** Tú y tus amigos están pensando en qué hacer este viernes. Tú sugieres actividades (usa mandatos con **nosotros/as**), pero tus compañeros/as rechazan (*reject*) tus ideas y sugieren otras. En grupos de tres, representen la conversación.

> **MODELO**
>
> **ESTUDIANTE 1** Vayamos al cine esta noche.
>
> **ESTUDIANTE 2** No quiero porque no tengo dinero. Quedémonos en casa y veamos la tele.
>
> **ESTUDIANTE 3** Pues, alquilemos una película entonces...

Más práctica

4.3 Por and *para*

TALLER DE CONSULTA

MÁS PRÁCTICA
To see the explanation corresponding to this additional practice, see p. 144.

1 El viaje de Carla Carla está planeando pasar el verano en Bogotá para tomar cursos en la Universidad Nacional de Colombia. Une las frases para completar sus comentarios sobre el viaje.

_____ 1. Este verano viajaré a Bogotá

_____ 2. Es un programa de intercambio organizado

_____ 3. Estudiantes de varias universidades nos reuniremos en Miami y de allí saldremos

_____ 4. Extrañaré a mi familia, pero prometen llamarme

_____ 5. Quisiera pasar un año allá, pero sólo puedo ir

_____ 6. Antes de volver a Nueva York, espero viajar

_____ 7. Quiero perfeccionar el español

_____ 8. En el futuro, espero trabajar

a. para Bogotá.

b. para estudiar español.

c. para la embajada (*embassy*).

d. para trabajar en Latinoamérica después de graduarme.

e. por mi universidad en Nueva York.

f. por teléfono una vez por semana.

g. por todo el país.

h. por tres meses.

2 Instrucciones para cuidar al perro Este fin de semana te toca cuidar al perro de tus vecinos y ellos están muy preocupados. Completa su lista de instrucciones con **por** o **para**.

> 1. Si el perro está muy deprimido, llama al veterinario _____ teléfono.
>
> 2. Si está un poco triste, haz todo lo que puedas _____ darle ánimo.
>
> 3. Últimamente tiene problemas de digestión y debe tomar una medicina _____ el estómago.
>
> 4. _____ ver si el perro tiene fiebre, usa este termómetro.
>
> 5. No es _____ tanto si no te saluda cuando entras en la casa; cuando te conozca mejor y te tenga más confianza comenzará a saludarte.
>
> 6. Sácalo a pasear todos los días de la semana: el ejercicio es bueno _____ los perros.
>
> 7. Nuestra rutina es caminar media hora _____ el parque.
>
> 8. Dale su medicina tres veces _____ día.

3 Un acontecimiento increíble ¿Alguna vez te ha ocurrido algo inusual o difícil de creer? Cuéntale a tu compañero/a un acontecimiento increíble que te haya ocurrido, o inventa uno. Incluye al menos cuatro expresiones de la lista.

para colmo	no estar para bromas	por casualidad	por más/mucho que
para que sepas	no ser para tanto	por fin	por supuesto

MÁS
GRAMÁTICA

This is an additional grammar point for **Lección 4 Estructura.** You may use it for review or as required by your instructor.

4.4 The subjunctive with impersonal expressions

- The subjunctive is frequently used in subordinate clauses following impersonal expressions.

IMPERSONAL EXPRESSION	CONNECTOR	SUBORDINATE CLAUSE
Es urgente	**que**	vayas **al hospital.**

- Impersonal expressions that indicate will, desire, or emotion are usually followed by the subjunctive.

es bueno *it's good*	**es necesario** *it's necessary*
es extraño *it's strange*	**es ridículo** *it's ridiculous*
es importante *it's important*	**es terrible** *it's terrible*
es imposible *it's impossible*	**es una lástima** *it's a shame*
es malo *it's bad*	**es una pena** *it's a pity*
es mejor *it's better*	**es urgente** *it's urgent*

Es una lástima que **estés** con gripe.
It's a shame you have the flu.

Es mejor que te **acompañen.**
It's better that they go with you.

- Impersonal expressions that indicate certainty trigger the indicative in the subordinate clause. When they express doubt about the action or condition in the subordinate clause, the subjunctive is used.

indicative	subjunctive
es cierto *it's true*	**no es cierto** *it's untrue*
es obvio *it's obvious*	**no es obvio** *it's not obvious*
es seguro *it's certain*	**no es seguro** *it's not certain*
es verdad *it's true*	**no es verdad** *it's not true*

Es verdad que Juan está triste, pero **no es cierto** que **esté** deprimido.
It's true that Juan is sad, but it's not true that he is depressed.

Es obvio que usted tiene una infección, pero **es improbable** que **sea** contagiosa.
It's obvious that you have an infection, but it's unlikely that it's contagious.

- When an impersonal expression is used to make a general statement or suggestion, the infinitive is used in the subordinate clause. When a new subject is introduced, the subjunctive is used instead.

Es importante hacer ejercicio.
It's important to exercise.

Es importante que los niños **hagan** ejercicio.
It's important for children to exercise.

No es seguro caminar solo
por la noche.
It's not safe to walk around alone at night.

No es seguro que **camines** solo
por la noche.
It's not safe for you to walk around alone at night.

Práctica

(4.4) The subjunctive with impersonal expressions

TALLER DE CONSULTA

These activities correspond
to the additional grammar
point on the preceding page.

1 Pórtate bien Los padres de Álvaro se van de viaje y le dejan una nota a su hijo con algunas cosas que tiene que hacer. Completa la nota con el presente del subjuntivo de los verbos entre paréntesis.

¡No te olvides!

Sabemos que es imposible que (1) _____ (acostarse)
temprano, pero es importante que (2) _____ (levantarse)
antes de las 8:00 y que (3) _____ (llevar) el carro al
mecánico. El martes es necesario que (4) _____ (ir) a casa
de tu tía Julia y le (5) _____ (llevar) nuestro regalo. Como
la pastelería queda cerca del mecánico, es mejor que
(6) _____ (pasar) a recoger el pastel de cumpleaños cuando
vayas a recoger el carro el lunes por la tarde. Y, bueno, hijo, es
una lástima que no (7) _____ (poder) venir con nosotros.

¡Cuídate mucho!
Mamá y papá

2 Obligaciones Piensa en las obligaciones de los padres para con los hijos y viceversa. Completa el cuadro con frases impersonales que requieran el subjuntivo.

Las obligaciones de los padres y de los hijos

padres	hijos
Es importante que los padres escuchen a sus hijos.	

3 Pareja ideal En grupos de cuatro, piensen en su pareja ideal y comenten cómo debe ser. Cada uno/a de ustedes debe escribir por lo menos cinco oraciones con frases impersonales.

es bueno	es mejor
es importante	es necesario
es malo	es ridículo

Más práctica

TALLER DE CONSULTA

MÁS PRÁCTICA
To see the explanation corresponding to this additional practice, see p. 176.

5.1 Comparatives and superlatives

1 Los medios de transporte Escribe seis oraciones completas para comparar los medios de transporte de la lista. Utiliza por lo menos tres comparativos y tres superlativos. Debes hacer comparaciones con respecto a estos aspectos:

- la rapidez
- la comodidad
- la diversión
- el precio

> **medios de transporte**
> autobús, avión, bicicleta, carro, metro, taxi, tren

MODELO Para viajar por la ciudad, el taxi es más caro que el autobús. /
El avión es el medio más rápido de todos.

2 El absoluto Utiliza el superlativo absoluto (**-ísimo/a**) para escribir oraciones completas. Sigue el modelo.

MODELO elefantes / animales / grande
Los elefantes son unos animales grandísimos.

1. diamantes / joyas / caro
2. avión / medio de transporte / rápido
3. Bill Gates / persona / rico
4. el puente de Brooklyn / largo
5. la clase de inglés / fácil
6. Elle Fanning / actriz / joven
7. El F.C. Barcelona / equipo de fútbol español / famoso
8. el Río de la Plata / ancho

3 Un pariente especial ¿Hay alguien en tu familia que consideras especial? ¿Te pareces a esa persona? ¿Es mayor o menor que tú? ¿Qué similitudes y diferencias tienen? Trabaja con un(a) compañero/a: dile quién es tu pariente favorito y cuéntale en qué se parecen y en qué se diferencian. Usa comparativos en tu descripción. Incluye algunos de estos aspectos:

altura	gustos
apariencia física	personalidad
edad	vida académica

MODELO Mi primo Juan es mi primo favorito. Es mayor que yo, pero yo soy mucho más alto que él...

Más práctica

TALLER DE CONSULTA

MÁS PRÁCTICA
To see the explanation corresponding to this additional practice, see p. 180.

5.2 Negative, affirmative, and indefinite expressions

1 De compras Has desembarcado de un crucero en una isla remota. Quieres comprar algo típico para tus amigos, pero el empleado te hace mil preguntas sobre lo que quieres. Elige las opciones correctas para completar la conversación.

EMPLEADO ¡Hola! ¿Quieres (1) _____ (algo / nada) extraordinario para tus amigos?

TÚ No, no quiero (2) _____ (algo / nada) extraordinario, quiero (3) _____ (algo / nada) típico de la isla.

EMPLEADO Tenemos unos recuerdos muy especiales por aquí. (4) _____ (Siempre / Nunca) es mejor regalar (5) _____ (algo / nada) que llegar con las manos vacías (empty)…

TÚ Sí, pero (6) _____ (también / tampoco) es bueno comprar cosas que no quepan en la maleta. Necesito un recuerdo que no sea muy grande, pero (7) _____ (también / tampoco) muy pequeño, por favor.

EMPLEADO Es que no tenemos (8) _____ (algo / nada) así. Todo lo que tenemos (9) _____ (o / ni) es muy chiquito (10) _____ (o / ni) es muy grande. No tenemos (11) _____ (algo / nada) de tamaño mediano.

TÚ Bueno, señor, el barco ya se va… Si usted no tiene (12) _____ (algo / nada) que yo pueda comprar ahora mismo, me tendré que ir.

EMPLEADO Lo siento. (13) _____ (Alguien / Nadie) compra recuerdos aquí (14) _____ (siempre / jamás). No entiendo por qué será.

2 En el avión Marcos, un viajero, es un poco caprichoso; nada le viene bien. Escribe o… o, ni… ni, o ni siquiera para completar sus quejas.

1. Le pedí una bebida al asistente de vuelo, pero no me trajo _____ café _____ agua.

2. ¡Qué día fatal! No pude _____ empacar la última maleta _____ despedirme de mis amigos.

3. Por favor, _____ sean puntuales _____ avisen si van a llegar tarde.

4. Hoy me siento enfermo. No puedo _____ dormir _____ hablar. _____ puedo moverme.

5. Me duele la cabeza. No quiero _____ escuchar música _____ ver la tele.

3 Opiniones En grupos de cuatro, hablen sobre estas opiniones y digan si están de acuerdo. Por turnos, expliquen sus razones. Usen expresiones negativas, afirmativas e indefinidas.

1. Es más costoso viajar en primera clase, pero vale la pena.

2. Conocer otros países y culturas es más importante que aprender de un libro.

3. Hacer un intercambio te abre más a otras maneras de pensar.

4. Es mejor ir de vacaciones durante el verano que durante el invierno.

5. Ir de viaje es la mejor manera de gastar los ahorros.

6. Es más peligroso viajar hoy en día. Antes era muchísimo más seguro.

Más práctica

TALLER DE CONSULTA

MÁS PRÁCTICA

To see the explanation corresponding to this additional practice, see p. 184.

5.3 The subjunctive in adjective clauses

1 **Unir los elementos** Escribe cinco oraciones lógicas combinando elementos de las tres columnas.

MODELO Juan busca un libro que esté escrito en español.

Juan (estudiante de español)	buscar un tutor	pagar bien
Pedro (tiene un carro viejo)	buscar un libro	ser divertida
Ana (tiene muy poco dinero)	necesitar un carro	ayudarme
mis amigos (están aburridos)	tener que ir a una fiesta	ser nuevo y rápido
yo (tengo problemas con la clase de cálculo)	querer un trabajo	poder ayudarnos
nosotros (no sabemos qué clases tomar el próximo semestre)	necesitar hablar con un consejero	estar escrito en español

2 **En el aeropuerto** Mientras esperas en el aeropuerto, escuchas todo lo que dicen los empleados de la aerolínea y los agentes de seguridad. Usa el subjuntivo para completar las oraciones de manera lógica.

1. Deben pasar por aquí las personas que _____.
2. ¿Tiene usted algo en su bolsa que _____?
3. Debe sacar del bolsillo todo lo que _____.
4. No cuente chistes que _____.
5. Pueden pasar los viajeros que _____.
6. No se pueden llevar maletas que _____.

 3 **Anuncios personales** En grupos de tres, escriban anuncios personales para una persona que busca novio/a. Los anuncios deben ser detallados y creativos, y deben usar el subjuntivo y el indicativo. Después, compartan el anuncio con la clase para ver si encuentran a alguien que se parezca a la persona de su anuncio.

Más práctica

5.4 The present perfect and the past perfect

TALLER DE CONSULTA

MÁS PRÁCTICA
To see the explanation corresponding to this additional practice, see p. 188.

(1) **Oraciones** Cambia las oraciones del pretérito al pretérito perfecto.

1. Juan y yo vimos el atardecer en la playa.
2. Yo hice las reservas.
3. El guía turístico les dijo una mentira a los turistas.
4. Mi hermano volvió de su viaje.
5. Ustedes encontraron tirado un pasaporte.
6. Nosotros hicimos las maletas.

TALLER DE CONSULTA

To review direct object pronouns, see p. 54.

(2) **Primer día** Es el primer día de un viaje de intercambio y la profesora explica las reglas del viaje. Contéstale usando el pretérito perfecto.

> **MODELO** Consulten el horario de las clases.
> Ya lo hemos consultado.

1. Compren el libro de texto.
2. Denles a sus familias el teléfono del albergue.
3. Guarden los pasaportes en la caja de seguridad.
4. Estudien el mapa de la ciudad.
5. Denle su dirección de email al profesor de español.

(3) **Viaje** Imaginen que uno/a de ustedes es un(a) explorador(a) que acaba de volver de su primer viaje al Amazonas. El/La otro/a es reportero/a y hace preguntas sobre lo que ha visto y lo que ha hecho el/la explorador(a) en el viaje. Utilicen el pretérito perfecto de los verbos del recuadro.

> **MODELO** REPORTERO/A ¿Qué ha aprendido de las culturas indígenas?
> EXPLORADOR(A) He aprendido que…

aprender	descubrir	hacer
comer	explorar	ver

(4) **¿Qué hiciste ayer?** Escribe oraciones completas para contar lo que ya habías hecho ayer antes de las situaciones indicadas. Usa el pluscuamperfecto.

> **MODELO** antes del desayuno
> Antes del desayuno, ya me había afeitado.

1. antes del desayuno
2. antes de ir a clase
3. antes del almuerzo
4. antes de ir al gimnasio
5. antes de la cena
6. antes de acostarte

(5) **Tus logros** Piensa en cuatro cosas que ya habías logrado antes de ir a la universidad y cuéntaselas a tu compañero/a. También debes preguntarle por sus logros (*achievements*).

> **MODELO** Antes de ir a la universidad, ya había conseguido mi licencia de conducir. ¿Y tú?

5.5 *Pero* and *sino*

MÁS GRAMÁTICA

This is an additional grammar point for **Lección 5 Estructura.** You may use it for review or as required by your instructor.

El viaje no es de excursión, sino de trabajo.

Sí, ¡pero en el Amazonas, Fabiola!

¡ATENCIÓN!

To express surprise or admiration, use **pero qué** at the beginning of a sentence.

¡Pero qué turista tan amable!
What a nice tourist!

- In Spanish, both **pero** and **sino** are used to introduce a contrast or a clarification, but the two words are not interchangeable.

- **Pero** means *but* (in the sense of *however*). It may be used after either affirmative or negative clauses.

   Iré contigo a ver las ruinas, **pero** mañana quiero pasar el día entero en la playa.
   I'll go with you to see the ruins, but tomorrow I want to spend the whole day on the beach.

   La habitación del hotel es pequeña, **pero** cómoda.
   The hotel room is small, but comfortable.

- **Sino** also means *but* (in the sense of *but rather* or *on the contrary*). It is used only after negative clauses. **Sino** introduces an idea that clarifies, corrects, or excludes the previous information.

   No me gustan estos zapatos, **sino** los de la otra tienda.
   I don't like these shoes, but rather the ones from the other store.

   La casa **no** está en el centro de la ciudad, **sino** en las afueras.
   The house is not in the center of the city, but rather in the outskirts.

- When **sino** is used before a conjugated verb, the conjunction **que** is added.

   No quiero que vayas a la fiesta, **sino que** hagas tu tarea.
   I want you to do your homework rather than go to the party.

   No iba a casa, **sino que** se quedaba en la capital.
   She was not going home, but instead staying in the capital.

¡ATENCIÓN!

Pero también (*But also*) is used after affirmative clauses.

Pedro es inteligente, pero también es cabezón.
Pedro is smart, but he is also stubborn.

- *Not only... but also* is expressed with the phrase **no sólo... sino (que) también/además**.

   Quiero **no sólo** pastel, **sino también** helado.
   I want not only cake but also icecream.

   No sólo disfruté del viaje, **sino que además** hice nuevos amigos.
   Not only did I enjoy the trip; I also made new friends.

- The phrase **pero tampoco** means *but neither* or *but not either*.

   A Celia no le interesaba la excursión, **pero tampoco** quería quedarse en el crucero.
   Celia wasn't interested in the excursion, but she didn't want to stay on the cruise ship either.

Práctica

TALLER DE CONSULTA

These activities correspond to the additional grammar point on the preceding page.

(5.5) *Pero* and *sino*

1 **Columnas** Completa cada oración con la opción correcta.

1. Sofía no quiere viajar mañana y Marta, _____.
2. Mi compañero de cuarto no es de Madrid, _____ de Barcelona.
3. Mis padres quieren que yo trabaje este verano, _____ yo prefiero irme de viaje a Europa.
4. No fui al partido de fútbol, _____ fui al concierto de rock. Tuve que estudiar para un examen.
5. No queremos que usted nos cancele la reservación, _____ nos cambie la fecha de salida.

   a. pero
   b. pero tampoco
   c. sino
   d. sino que
   e. tampoco

2 **Completar** Completa cada oración con **no sólo, pero, sino (que)** o **tampoco**.

1. Las cartas no llegaron el miércoles, _____ el jueves.
2. Mis amigos no quieren alojarse en el albergue y yo _____.
3. No me gusta manejar por la noche, _____ iré a la fiesta si tú manejas.
4. Carlos no me llamaba por teléfono, _____ me enviaba mensajes de texto.
5. Yo _____ esperaba aprobar el examen, _____ también sacar una A.
6. Quiero aclarar que Juan no llegó temprano, _____ muy tarde.

3 **Oraciones incompletas** Cuando tú y tu familia llegan al lugar donde pasarán sus vacaciones, se dan cuenta de que han dejado en casa a Juan José, tu hermano menor. Utiliza frases con **pero** y **sino** para completar las oraciones.

1. Yo no hablé con Juan José esta mañana _____.
2. No vamos a poder regresar para buscarlo _____.
3. No es aconsejable que regresemos _____.
4. Me gusta la idea de llamar a un vecino _____.
5. Creo que no debemos _____.
6. Juan José no tiene cinco años _____.
7. Si tiene algún problema no va a poder avisarnos _____.
8. Está claro que Juan José _____.

4 **Opiniones contrarias** En parejas, imaginen que son dos personas totalmente diferentes. Nunca están de acuerdo en nada. Túrnense para hacer afirmaciones. Uno/a de ustedes debe usar **pero, sino, sino que** y **no sólo... sino** para contradecir lo que dice el/la otro/a. Sigan el modelo.

> **MODELO**
> — Creo que hoy hace un día estupendo.
> — ¡Estás equivocado! No hace un día estupendo, sino que hace mucho frío. Y no sólo hace frío, sino que también...

Más práctica

TALLER DE CONSULTA

MÁS PRÁCTICA
To see the explanation corresponding to this additional practice, see p. 220.

6.1 The future and the conditional

1 ¿Qué pasará? Usa el futuro para explicar qué puede estar ocurriendo en cada una de las situaciones. Puedes utilizar las ideas de la lista o inventar otras.

MODELO **Hoy tu carro no arranca (*doesn't start*). Hay algo que no funciona.**
El carro no tendrá gasolina. / La batería estará descargada.

(su gato/su conejo) estar perdido	tener otros planes
(él/ella/su perro) estar enfermo/a	no tener ganas
haber un huracán	doler la pierna

1. María siempre llega a la clase de español puntualmente, pero la clase ya empezó y ella no está.
2. Carlos es el presidente del club ecologista, pero hoy no vino a la reunión.
3. Sara y María son dos personas muy alegres y optimistas, pero hoy están tristes y no quieren hablar con nadie.
4. He invitado a Juan a ir al cine con nosotros, pero no quiere ir.
5. Mañana vas a viajar a una zona tropical. Te acaban de avisar que se canceló tu vuelo.
6. Cristina tiene un partido de fútbol hoy, pero todavía no está aquí.

2 Oraciones incompletas Completa las oraciones con el condicional del verbo entre paréntesis.

1. Iván _____ (ir) a la playa si estuviera limpia.
2. ¿No crees que _____ (valer) la pena cuidar la selva amazónica?
3. Por nuestra salud y la del planeta, todos _____ (deber) consumir productos orgánicos.
4. ¡Claro que me _____ (encantar) ir a acampar!
5. Juan, ¿_____ (poder) poner la basura en su lugar?

3 El futuro en el pasado Usa el condicional para expresar el pasado de cada oración. Usa el pretérito o el imperfecto en las cláusulas principales. Sigue el modelo.

MODELO **Los científicos saben que el aire de la ciudad enfermará a la gente.**
Los científicos sabían que el aire de la ciudad enfermaría a la gente.

1. Los pescadores piensan que los tiburones no se extinguirán nunca.
2. Los gobernantes creen que los bosques durarán para siempre.
3. Todos pensamos que las botellas de plástico no contaminarán los océanos.
4. Isabel está segura de que ahorrará energía con bombillas de bajo consumo.
5. Miguel dice que no usará su carro para ir al trabajo; irá caminando.
6. Daniel y yo queremos ir a la montaña porque respiraremos un aire más limpio.

Más práctica

TALLER DE CONSULTA

MÁS PRÁCTICA
To see the explanation corresponding to this additional practice, see p. 220.

6.2 The subjunctive in adverbial clauses

1 **En el parque** Javier quiere leer los carteles (*signs*) del parque nacional, pero Sol no cree que sean importantes. Completa la conversación con el subjuntivo del verbo indicado.

JAVIER Espera, Sol, quiero leer los carteles.

SOL Es que son muy obvios. No dicen nada que yo no (1) _____ (saber). "Tan pronto como usted (2) _____ (escuchar) un trueno, aléjese de las zonas altas." ¡Qué tontería! ¡Eso es obvio!

JAVIER Sí, pero son importantes para que los visitantes (3) _____ (ser) conscientes de la seguridad.

SOL ¿Y qué tiene que ver este otro cartel con la seguridad? "Para que no (4) _____ (haber) erosión, camine sólo por el sendero."

JAVIER Bueno, es que algunos carteles son para que la gente (5) _____ (ayudar) a cuidar el parque. Por ejemplo, este otro...

SOL Basta, Javier, estoy harta de estos carteles tan obvios. Si realmente quieren cuidar el parque, ¿por qué no ponen cestos (*bins*) para la basura?

JAVIER Bueno, justamente el cartel dice: "No tenemos cestos para la basura para que los visitantes nos (6) _____ (ayudar) llevándose su propia basura del parque."

SOL Bueno, yo no he dicho que todos los carteles (7) _____ (ser) inútiles.

2 **En casa** Tu hermana insiste en que tu familia colabore para proteger el medio ambiente. Tiene una lista de órdenes que quiere que ustedes cumplan. Escribe cada orden de otra forma, usando el subjuntivo y las palabras que están entre paréntesis. Haz los cambios necesarios.

MODELO Usen el aire acondicionado lo mínimo posible. (siempre que)
Siempre que sea posible, no usen el aire acondicionado.

1. Cierren bien el grifo (*faucet*) y no dejen escapar ni una gota de agua. (para que)
2. Apaguen las luces al salir de un cuarto. (tan pronto como)
3. No boten las botellas. Hay que averiguar primero si se pueden reciclar. (antes de que)
4. Vayan a la escuela en bicicleta. Usen el carro sólo si hace mal tiempo. (a menos que)
5. En lugar de encender la calefacción (*heating*), pónganse otro suéter. (siempre que)

3 **Conversaciones** En parejas, representen estas dos conversaciones. Usen conjunciones de la lista y recuerden que algunas de estas construcciones exigen un verbo en subjuntivo.

a menos que	aunque	cuando	hasta que	sin (que)
antes de (que)	con tal de (que)	en caso de (que)	para (que)	tan pronto como

1. Una pareja de recién casados está planeando su luna de miel (*honeymoon*): Ella quiere ir a una isla remota. Él quiere ir a París.
2. Una madre y su hijo: Él tiene su licencia de conducir y quiere una motocicleta.

Más práctica

TALLER DE CONSULTA

MÁS PRÁCTICA
To see the explanation corresponding to this additional practice, see p. 228.

6.3 The past subjunctive

1 Cambios Manuela y Julián fueron a un curso muy interesante. Completa el párrafo con el imperfecto del subjuntivo de los verbos entre paréntesis.

Este fin de semana estuvimos en un curso para convertir nuestra casa en una más amigable con el medio ambiente. Nos dijeron que (1) _____ (usar) bombillas de bajo consumo y que (2) _____ (apagar) el aire acondicionado cuando no (3) _____ (estar) en casa. Nos enseñaron que, para cuidar el agua, sólo (4) _____ (encender) el lavavajillas cuando (5) _____ (ser) necesario, que (6) _____ (regar) las plantas en la noche y que (7) _____ (cambiar) el sanitario común, por uno que gaste menos. También mencionaron que (8) _____ (comprar) detergentes biodegradables y que para limpiar la casa, (9) _____ (utilizar) productos en envases reutilizables o reciclables. Como último consejo, nos pidieron que (10) _____ (llevar) bolsas de tela al supermercado, así usaremos menos bolsas plásticas.

2 Oraciones Completa las oraciones de manera lógica. En algunos casos, tendrás que usar el imperfecto del subjuntivo.

1. Yo quería que en casa _____.
2. Era imposible que yo _____.
3. María y Laura hicieron todo para que la reunión _____.
4. Le pedí a Edgar que no _____.
5. El guardabosques estaba seguro de que los turistas _____.
6. En la conferencia sobre el medio ambiente, conociste a alguien que _____
   _____.
7. Sentí mucho que ustedes _____.
8. El zoológico prohibió que los visitantes _____.

3 Los bosques En parejas, imaginen que fueron a un parque natural a acampar. Uno de sus amigos no pudo ir con ustedes. Túrnense para contarle lo que el guardabosques les dijo antes de entrar. Utilicen los verbos de la lista y el imperfecto del subjuntivo.

aconsejar	pedir
estar seguro/a	proponer
exigir	recomendar
insistir en	sugerir

MODELO Nos aconsejó que permaneciéramos en los senderos marcados.

Más práctica

6.4 *Si* clauses with simple tenses

TALLER DE CONSULTA

MÁS PRÁCTICA
To see the explanation corresponding to this additional practice, see p. 232.

(1) Elige Elige el tiempo verbal correcto para completar estas oraciones.

1. Si tú _____ (eligieras / elegirías) ser vegetariano, respetaría tu decisión.

2. Si ustedes apagan las luces de la oficina en la noche, _____ (ahorrarán / ahorrarían) mucha energía.

3. Si _____ (cuidamos / cuidaramos) el aire que respiramos, no nos enfermaremos de los pulmones.

4. Si _____ (continúen / continúan) con la pesca indiscriminada (*unregulated*), desaparecerán muchas especies de peces.

5. Si fueras a acampar, _____ (entrarás / entrarías) en contacto con la naturaleza.

6. No dejes la computadora encendida si _____ (sales / salgas) de casa, por favor.

(2) Volver a vivir Imagina que puedes crear o cambiar las leyes de tu país. Piensa cómo podrías ayudar al planeta con las decisiones que tomes. Contesta las preguntas con oraciones completas.

1. Si pudieras crear una ley que ayude al medio ambiente, ¿qué ley crearías?

2. Si pudieras prohibir algo, ¿qué prohibirías?

3. Si tuvieras que explicar el por qué de estas leyes, ¿qué razones darías?

4. Si pudieras hacer cambios en las políticas con otros países, ¿qué cambios harías?

(3) Viejos hábitos A pesar de todas las campañas para cuidar el medio ambiente, mucha gente todavía conserva malos hábitos que dañan la naturaleza. En grupos de cuatro lean estas situaciones. Cada uno debe elegir una situación y dar razones de por qué hay que cambiar esos hábitos. Utilicen oraciones con **si**.

> **"**Me encanta tomar duchas largas de 45 minutos sin cerrar la llave nunca. La factura (*utility bill*) llega muy alta cada mes, pero no me importa.**"**

> **"**En casa, nunca separamos la basura ni reciclamos. Me da mucha pereza y me parece inútil tener dos recipientes (*containers*) distintos para la basura.**"**

> **"**En la oficina dejamos las computadoras y las luces encendidas toda la noche. Nadie se encarga de apagarlas y a nadie parece importarle.**"**

> **"**Me encanta comprar abrigos de piel. No me importan ni el origen ni el precio, sólo me importa tener el abrigo.**"**

MÁS GRAMÁTICA

This is an additional grammar point for **Lección 6 Estructura.** You may use it for review or as required by your instructor.

(6.5) Adverbs

- Adverbs (**adverbios**) describe *how, when,* and *where* actions take place. They usually follow the verbs they modify and precede adjectives or other adverbs.

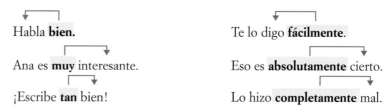

Habla **bien.**

Ana es **muy** interesante.

¡Escribe **tan** bien!

Te lo digo **fácilmente.**

Eso es **absolutamente** cierto.

Lo hizo **completamente** mal.

- Many Spanish adverbs are formed by adding the suffix **-mente** to the feminine singular form of an adjective. The **-mente** ending is equivalent to the English *-ly.*

ADJECTIVE		FEMININE FORM	SUFFIX		ADVERB
básico		básica	-mente		**básicamente** *basically*
cuidadoso		cuidadosa	-mente		**cuidadosamente** *carefully*
enorme		enorme	-mente		**enormemente** *enormously*
hábil		hábil	-mente		**hábilmente** *cleverly; skillfully*

¡ATENCIÓN!

If an adjective has a written accent, it is kept when the suffix **-mente** is added.

If an adjective does not have a written accent, no accent is added to the adverb ending in **-mente**.

- If two or more adverbs modify the same verb, only the final adverb uses the suffix **-mente**.

  Se marchó **lenta** y **silenciosamente**.
  He left slowly and silently.

- The construction **con** + [*noun*] is often used instead of long adverbs that end in **-mente**.

  cuidadosamente → con cuidado   frecuentemente → con frecuencia

- Here are some common adverbs and adverbial phrases:

a menudo *frequently; often*	**así** *like this; so*	**mañana** *tomorrow*
a tiempo *on time*	**ayer** *yesterday*	**más** *more*
a veces *sometimes*	**casi** *almost*	**menos** *less*
adentro *inside*	**de costumbre** *usually*	**muy** *very*
afuera *outside*	**de repente** *suddenly*	**por fin** *finally*
apenas *hardly; scarcely*	**de vez en cuando** *now and then*	**pronto** *soon*
aquí *here*		**tan** *so*

¡ATENCIÓN!

Some adverbs and adjectives have the same forms.

ADJ: **bastante dinero**
enough money
ADV: **bastante difícil**
rather difficult

ADJ: **poco tiempo**
little time
ADV: **habla poco**
speaks very little

A veces salimos a tomar un café.
Sometimes we go out for coffee.

Casi terminé el libro.
I almost finished the book.

- The adverbs **poco** and **bien** frequently modify adjectives. In these cases, **poco** is often the equivalent of the English prefix *un-*, while **bien** means *well, very, rather,* or *quite.*

  La situación está **poco** clara.
  The situation is unclear.

  La cena estuvo **bien** rica.
  Dinner was very tasty.

Práctica

(6.5) Adverbs

TALLER DE CONSULTA

These activities correspond to the additional grammar point on the preceding page.

1 Adverbios Escribe el adverbio que deriva de cada adjetivo.

1. básico _____
2. feliz _____
3. fácil _____
4. inteligente _____
5. alegre _____

6. común _____
7. injusto _____
8. asombroso _____
9. insistente _____
10. silencioso _____

2 Instrucciones para ser feliz Elige el adjetivo apropiado para cada ocasión y después completa la oración, convirtiendo ese adjetivo en el adverbio correspondiente. Hay tres adjetivos que no se usan.

claro	frecuente	malo	triste
cuidadoso	inmediato	tranquilo	último

1. Expresa tus opiniones _____.
2. Tienes que salir por la noche _____.
3. Debes gastar el dinero _____.
4. Si eres injusto/a con alguien, debes pedir perdón _____.
5. Después de almorzar, disfruta _____ de la siesta.

3 Recomendaciones Los padres de Mario y Paola salieron de viaje por dos semanas. Completa las instrucciones que les dejaron pegadas en el refrigerador.

a menudo	adentro	así	mañana
a tiempo	afuera	de vez en cuando	tan

lunes, 19 de octubre

1. Pasar la aspiradora _____. (¡Todos los días!)
2. Llegar a la escuela _____.
3. _____, llevar a Botitas al veterinario para su cita.
4. Dejar que el gato juegue _____ todos los días si no llueve.
5. Si llueve, meter los muebles del jardín _____.
6. Sólo ir _____ al centro comercial.

Glossary of Grammatical Terms

ADJECTIVE A word that modifies, or describes, a noun or pronoun.

muchos libros	un hombre **rico**
many books	*a rich man*

Demonstrative adjective An adjective that specifies which noun a speaker is referring to.

esta fiesta	**ese** chico
this party	*that boy*

aquellas flores
those flowers

Possessive adjective An adjective that indicates ownership or possession.

su mejor vestido	Éste es **mi** hermano.
her best dress	*This is my brother.*

Stressed possessive adjective A possessive adjective that emphasizes the owner or possessor.

un libro **mío**	una amiga **tuya**
a book of mine	*a friend of yours*

ADVERB A word that modifies, or describes, a verb, adjective, or other adverb.

Pancho escribe **rápidamente**.
Pancho writes quickly.

Este cuadro es **muy** bonito.
This picture is very pretty.

ANTECEDENT The noun to which a pronoun or dependent clause refers.

El **libro** que compré es interesante.
The book that I bought is interesting.

Le presté cinco dólares a **Diego**.
I loaned Diego five dollars.

ARTICLE A word that points out a noun in either a specific or a non-specific way.

Definite article An article that points out a noun in a specific way.

el libro	**la** maleta
the book	*the suitcase*

los diccionarios	**las** palabras
the dictionaries	*the words*

Indefinite article An article that points out a noun in a general, non-specific way.

un lápiz	**una** computadora
a pencil	*a computer*

unos pájaros	**unas** escuelas
some birds	*some schools*

CLAUSE A group of words that contains both a conjugated verb and a subject, either expressed or implied.

Main (or Independent) clause A clause that can stand alone as a complete sentence.

Pienso ir a cenar pronto.
I plan to go to dinner soon.

Subordinate (or Dependent) clause A clause that does not express a complete thought and therefore cannot stand alone as a sentence.

Trabajo en la cafetería **porque necesito dinero para la escuela.**
I work in the cafeteria because I need money for school.

Adjective clause A dependent clause that functions to modify or describe the noun or direct object in the main clause. When the antecedent is uncertain or indefinite, the verb in the adjective clause is in the subjunctive.

Queremos contratar al candidato **que mandó su currículum ayer.**
We want to hire the candidate who sent his résumé yesterday.

¿Conoce un buen restaurante **que esté cerca del teatro?**
Do you know of a good restaurant that's near the theater?

Adverbial clause A dependent clause that functions to modify or describe a verb, an adjective, or another adverb. When the adverbial clause describes an action that has not yet happened or is uncertain, the verb in the adverbial clause is usually in the subjunctive.

Llamé a mi mamá **cuando me dieron la noticia.**
I called my mom when they gave me the news.

El ejército está preparado **en caso de que haya un ataque.**
The army is prepared in case there is an attack.

Noun clause A dependent clause that functions as a noun, often as the object of the main clause. When the main clause expresses will, emotion, doubt, or uncertainty, the verb in the noun clause is in the subjunctive (unless there is no change of subject).

José sabe **que mañana habrá un examen.**
José knows that tomorrow there will be an exam.

Luisa dudaba **que la acompañáramos.**
Luisa doubted that we would go with her.

COMPARATIVE A grammatical construction used with nouns, adjectives, verbs, or adverbs to compare people, objects, actions, or characteristics.

Tus clases son **menos interesantes** que las mías.
*Your classes are **less interesting** than mine.*

Como **más frutas** que verduras.
*I eat **more fruits** than vegetables.*

CONJUGATION A set of the forms of a verb for a specific tense or mood or the process by which these verb forms are presented.

PRETERITE CONJUGATION OF **CANTAR**:
cant**é**	cant**amos**
cant**aste**	cant**asteis**
cant**ó**	cant**aron**

CONJUNCTION A word used to connect words, clauses, or phrases.

Susana es de Cuba **y** Pedro es de España.
*Susana is from Cuba **and** Pedro is from Spain.*

No quiero estudiar, **pero** tengo que hacerlo.
*I don't want to study, **but** I have to.*

CONTRACTION The joining of two words into one. The only contractions in Spanish are **al** and **del**.

Mi hermano fue **al** concierto ayer.
*My brother went **to the** concert yesterday.*

Saqué dinero **del** banco.
*I took money **from the** bank.*

DIRECT OBJECT A noun or pronoun that directly receives the action of the verb.

Tomás lee **el libro**.	**La** pagó ayer.
*Tomás reads **the book**.*	*She paid **it** yesterday.*

GENDER The grammatical categorizing of certain kinds of words, such as nouns and pronouns, as masculine, feminine, or neuter.

MASCULINE
articles **el**, **un**
pronouns **él**, **lo**, **mío**, **éste**, **ése**, **aquél**
adjective **simpático**

FEMININE
articles **la**, **una**
pronouns **ella**, **la**, **mía**, **ésta**, **ésa**, **aquélla**
adjective **simpática**

IMPERSONAL EXPRESSION A third-person expression with no expressed or specific subject.

Es muy importante.	**Llueve** mucho.
***It's very important**.*	***It's raining** hard.*

Aquí **se habla** español.
*Spanish **is spoken** here.*

INDIRECT OBJECT A noun or pronoun that receives the action of the verb indirectly; the object, often a living being, to or for whom an action is performed.

Eduardo **le** dio un libro **a Linda**.
*Eduardo gave a book **to Linda**.*

La profesora **me** puso una C en el examen.
*The professor gave **me** a C on the test.*

INFINITIVE The basic form of a verb. Infinitives in Spanish end in **-ar**, **-er**, or **-ir**.

hablar	**correr**	**abrir**
to speak	*to run*	*to open*

INTERROGATIVE An adjective or pronoun used to ask a question.

¿Quién habla?	**¿Cuántos** compraste?
***Who** is speaking?*	***How many** did you buy?*

¿Qué piensas hacer hoy?
***What** do you plan to do today?*

MOOD A grammatical distinction of verbs that indicates whether the verb is intended to make a statement or command, or to express doubt, emotion, or condition contrary to fact.

Imperative mood Verb forms used to make commands.

Di la verdad.	**Caminen** ustedes conmigo.
***Tell** the truth.*	***Walk** with me.*
¡Comamos ahora!	**¡No lo hagas!**
***Let's eat** now!*	***Don't do** it!*

Indicative mood Verb forms used to state facts, actions, and states considered to be real.

Sé que **tienes** el dinero.
***I know** that **you have** the money.*

Subjunctive mood Verb forms used principally in subordinate (dependent) clauses to express wishes, desires, emotions, doubts, and certain conditions, such as contrary-to-fact situations.

Prefieren que **hables** en español.
*They prefer that **you speak** in Spanish.*

NOUN A word that identifies people, animals, places, things, and ideas.

hombre	**gato**
man	*cat*
México	**casa**
Mexico	*house*
libertad	**libro**
freedom	*book*

NUMBER A grammatical term that refers to singular or plural. Nouns in Spanish and English have number. Other parts of a sentence, such as adjectives, articles, and verbs, can also have number.

SINGULAR	PLURAL
una cosa	**unas** cosas
a thing	*some things*
el profesor	**los** profesor**es**
the professor	*the professors*

PASSIVE VOICE A sentence construction in which the recipient of the action becomes the subject of the sentence. Passive statements emphasize the thing that was done or the person that was acted upon. They follow the pattern [*recipient*] + **ser** + [*past participle*] + **por** + [*agent*].

ACTIVE VOICE:
Juan **entregó** la tarea.
*Juan **turned in** the assignment.*

PASSIVE VOICE:
La tarea **fue entregada por** Juan.
*The assignment **was turned in by** Juan.*

PAST PARTICIPLE A past form of the verb used in compound tenses. The past participle may also be used as an adjective, but it must then agree in number and gender with the word it modifies.

Han **buscado** por todas partes.
*They have **searched** everywhere.*

Yo no había **estudiado** para el examen.
*I hadn't **studied** for the exam.*

Hay una ventana **abierta** en la sala.
*There is an **open** window in the living room.*

PERSON The form of the verb or pronoun that indicates the speaker, the one spoken to, or the one spoken about. In Spanish, as in English, there are three persons: first, second, and third.

PERSON	SINGULAR	PLURAL
1st	**yo** *I*	**nosotros/as** *we*
2nd	**tú, Ud.** *you*	**vosotros/as, Uds.** *you*
3rd	**él, ella** *he, she*	**ellos, ellas** *they*

PREPOSITION A word or words that describe(s) the relationship, most often in time or space, between two other words.

Anita es **de** California.
*Anita is **from** California.*

La chaqueta está **en** el carro.
*The jacket is **in** the car.*

PRESENT PARTICIPLE In English, a verb form that ends in *-ing*. In Spanish, the present participle ends in **-ndo**, and is often used with **estar** to form a progressive tense.

Está **hablando** por teléfono ahora mismo.
*He is **talking** on the phone right now.*

PRONOUN A word that takes the place of a noun or nouns.

Demonstrative pronoun A pronoun that takes the place of a specific noun.

Quiero **ésta**.
*I want **this one**.*

¿Vas a comprar **ése**?
*Are you going to buy **that one**?*

Juan prefirió **aquéllos**.
*Juan preferred **those** (over there).*

Object pronoun A pronoun that functions as a direct or indirect object of the verb.

Te digo la verdad.
*I'm telling **you** the truth.*

Me lo trajo Juan.
*Juan brought **it to me**.*

Possessive pronoun A pronoun that functions to show ownership or possession. Possessive pronouns are preceded by a definite article and agree in gender and number with the nouns they replace.

Perdí mi libro. ¿Me prestas el **tuyo**?
*I lost my book. Will you loan me **yours**?*

Las clases suyas son aburridas, pero **las nuestras** son buenísimas.
*Their classes are boring, but **ours** are great.*

Prepositional pronoun A pronoun that functions as the object of a preposition. Except for **mí, ti,** and **sí**, these pronouns are the same as subject pronouns. The adjective **mismo/a** may be added to express *myself, himself,* etc. After the preposition **con**, the forms **conmigo, contigo,** and **consigo** are used.

¿Es para **mí**?	Juan habló **de ella**.
*Is this **for me**?*	*Juan spoke **about her**.*
Iré **contigo**.	Se lo regaló **a sí mismo**.
*I will go **with you**.*	*He gave it **to himself**.*

Reflexive pronoun A pronoun that indicates that the action of a verb is performed by the subject on itself. These pronouns are often expressed in English with *-self: myself, yourself,* etc.

Yo **me** bañé.	Elena **se** acostó.
*I **took a bath**.*	*Elena **went to bed**.*

Relative pronoun A pronoun that connects a subordinate clause to a main clause.

El edificio **en el cual** vivimos es antiguo.
*The building **that** we live in is ancient.*

La mujer **de quien** te hablé acaba de renunciar.
*The woman **(whom)** I told you about just quit.*

Subject pronoun A pronoun that replaces the name or title of a person or thing, and acts as the subject of a verb.

Tú debes estudiar más.
***You** should study more.*

Él llegó primero.
***He** arrived first.*

SUBJECT A noun or pronoun that performs the action of a verb and is often implied by the verb.

María va al supermercado.
***María** goes to the supermarket.*

(Ellos) Trabajan mucho.
***They** work hard.*

Esos libros son muy caros.
***Those books** are very expensive.*

SUPERLATIVE A grammatical construction used to describe the most or the least of a quality when comparing a group of people, places, or objects.

Tina es **la menos simpática** de las chicas.
*Tina is **the least pleasant** of the girls.*

Tu coche es **el más rápido** de todos.
*Your car is **the fastest** one of all.*

Los restaurantes en Calle Ocho son **los mejores** de todo Miami.
*The restaurants on Calle Ocho are **the best** in all of Miami.*

Absolute superlatives Adjectives or adverbs combined with forms of the suffix **ísimo/a** in order to express the idea of extremely or very.

¡Lo hice **facilísimo**!
*I did it **so easily**!*

Ella es **jovencísima**.
*She is **very, very young**.*

TENSE A set of verb forms that indicates the time of an action or state: past, present, or future.

Compound tense A two-word tense made up of an auxiliary verb and a present or past participle. In Spanish, there are two auxiliary verbs: **estar** and **haber**.

En este momento, **estoy estudiando**.
*At this time, **I am studying**.*

El paquete no **ha llegado** todavía.
*The package **has** not **arrived** yet.*

Simple tense A tense expressed by a single verb form.

María **estaba** mal anoche.
*María **was** ill last night.*

Juana **hablará** con su mamá mañana.
*Juana **will speak** with her mom tomorrow.*

VERB A word that expresses actions or states of being.

Auxiliary verb A verb used with a present or past participle to form a compound tense. **Haber** is the most commonly used auxiliary verb in Spanish.

Los chicos **han** visto los elefantes.
*The children **have** seen the elephants.*

Espero que **hayas** comido.
*I hope you **have** eaten.*

Reflexive verb A verb that describes an action performed by the subject on itself and is always used with a reflexive pronoun.

Me compré un carro nuevo.
***I bought myself** a new car.*

Pedro y Adela **se levantan** muy temprano.
*Pedro and Adela **get (themselves) up** very early.*

Spelling-change verb A verb that undergoes a predictable change in spelling, in order to reflect its actual pronunciation in the various conjugations.

practicar	c→qu	practico	practiqué
dirigir	g→j	dirigí	dirijo
almorzar	z→c	almorzó	almorcé

Stem-changing verb A verb whose stem vowel undergoes one or more predictable changes in the various conjugations.

entender	(e:ie)	entiendo
pedir	(e:i)	piden
dormir	(o:ue, u)	duermo, durmieron

Verb conjugation tables

Guide to the Verb List and Tables

Below you will find the infinitive of the verbs introduced as active vocabulary in **FACETAS**, as well as other common verbs. Each verb is followed by a model verb conjugated on the same pattern. The number in parentheses indicates where in the verb tables, pages A46–A53, you can find the conjugated forms of the model verb.

abrazar (z:c) like cruzar (37)
aburrir like vivir (3)
acabar like hablar (1)
acariciar like hablar (1)
acentuar (acentúo) like graduar (40)
acercar (c:qu) like tocar (43)
aclarar like hablar (1)
acompañar like hablar (1)
aconsejar like hablar (1)
acordar (o:ue) like contar (24)
acostar (o:ue) like contar (24)
acostumbrar like hablar (1)
actualizar (z:c) like cruzar (37)
adelgazar (z:c) like cruzar (37)
adjuntar like hablar (1)
adorar like hablar (1)
afeitar like hablar (1)
agotar like hablar (1)
ahorrar like hablar (1)
aislar (aíslo) like enviar (39)
alargar (g:gu) like llegar (41)
alojar like hablar (1)
amar like hablar (1)
amenazar (z:c) like cruzar (37)
anotar like hablar (1)
apagar (g:gu) like llegar (41)
aparecer (c:zc) like conocer (35)
aplaudir like vivir (3)
apoyar like hablar (1)
apreciar like hablar (1)
apuntar like hablar (1)
arreglar like hablar (1)
arrepentir (e:ie) like sentir (33)
ascender (e:ie) like entender (27)
asustar like hablar (1)
aterrizar (z:c) like cruzar (37)
atraer like traer (21)
atrapar like hablar (1)
atrever like comer (2)
averiguar like hablar (1)
bailar like hablar (1)
bañar like hablar (1)

barrer like comer (2)
beber like comer (2)
bendecir (e:i) like decir (8)
besar like hablar (1)
borrar like hablar (1)
botar like hablar (1)
brindar like hablar (1)
burlar like hablar (1)
caber (4)
caer (y) (5)
calentar (e:ie) like pensar (30)
cancelar like hablar (1)
cazar (z:c) like cruzar (37)
celebrar like hablar (1)
cepillar like hablar (1)
clonar like hablar (1)
cobrar like hablar (1)
cocinar like hablar (1)
coger (g:j) like proteger (42)
colocar (c:qu) like tocar (43)
colonizar (z:c) like cruzar (37)
comer (2)
comerciar like hablar (1)
componer like poner (15)
comprobar (o:ue) like contar (24)
conducir (c:zc) (6)
conocer (c:zc) (35)
conquistar like hablar (1)
conseguir (e:i) like seguir (32)
conservar like hablar (1)
contagiar like hablar (1)
contaminar like hablar (1)
contar (o:ue) (24)
contentar like hablar (1)
contraer like traer (21)
contratar like hablar (1)
contribuir (y) like destruir (38)
convertir (e:ie) like sentir (33)
coquetear like hablar (1)
correr like comer (2)
crear like hablar (1)
crecer (c:zc) like conocer (35)

creer (y) (36)
criar (crío) like enviar (39)
criticar (c:qu) like tocar (43)
cruzar (z:c) (37)
cuidar like hablar (1)
cumplir like vivir (3)
curar like hablar (1)
dar (7)
deber like comer (2)
decir (e:i) (8)
delatar like hablar (1)
denunciar like hablar (1)
depositar like hablar (1)
derribar like hablar (1)
derrocar (c:qu) like tocar (43)
derrotar like hablar (1)
desafiar (desafío) like enviar (39)
desaparecer (c:zc) like conocer (35)
desarrollar like hablar (1)
descansar like hablar (1)
descargar (g:gu) like llegar (41)
descubrir like vivir (3) *except* past participle is descubierto
descuidar like hablar (1)
desear like hablar (1)
deshacer like hacer (11)
deshojar like hablar (1)
despedir (e:i) like pedir (29)
despegar (g:gu) like llegar (41)
despertar (e:ie) like pensar (30)
destruir (y) (38)
devolver (o:ue) like volver (34)
dibujar like hablar (1)
dirigir (g:j) like proteger (42) for endings only
disculpar like hablar (1)
discutir like vivir (3)
diseñar like hablar (1)
disfrutar like hablar (1)
disgustar like hablar (1)
disparar like hablar (1)

disponer like poner (15)
disputar like hablar (1)
distinguir (gu:g) like seguir (32) for endings only
distraer like traer (21)
divertir (e:ie) like sentir (33)
doler (o:ue) like volver (34) *except* past participle is regular
dormir (o:ue) (25)
duchar like hablar (1)
echar like hablar (1)
editar like hablar (1)
educar (c:qu) like tocar (43)
elegir (e:i) (g:j) like proteger (42) for endings only
embalar like hablar (1)
emigrar like hablar (1)
empatar like hablar (1)
empeorar like hablar (1)
empezar (e:ie) (z:c) (26)
enamorar like hablar (1)
encabezar (z:c) like cruzar (37)
encantar like hablar (1)
encargar (g:gu) like llegar (41)
encender (e:ie) like entender (27)
enfermar like hablar (1)
engañar like hablar (1)
engordar like hablar (1)
ensayar like hablar (1)
entender (e:ie) (27)
enterar like hablar (1)
enterrar (e:ie) like pensar (30)
entretener (e:ie) like tener (20)
enviar (envío) (39)
equivocar like tocar (43)
esclavizar (z:c) like cruzar (37)
escoger (g:j) like proteger (42)
esculpir like vivir (3)
establecer (c:zc) like conocer (35)
estar (9)

xigir (g:j) like proteger (42) for endings only

xplotar like hablar (1)

xportar like hablar (1)

xpulsar like hablar (1)

extinguir like destruir (38)

abricar (c:qu) like tocar (43)

altar like hablar (1)

ascinar like hablar (1)

estejar like hablar (1)

ijar like hablar (1)

inanciar like hablar (1)

florecer (c:zc) like conocer (35)

Notar like hablar (1)

ormular like hablar (1)

reír (e:i) (frío) like reír (31)

uncionar like hablar (1)

usilar like hablar (1)

gastar like hablar (1)

gobernar (e:ie) like pensar (30)

grabar like hablar (1)

graduar (gradúo) (40)

guardar like hablar (1)

gustar like hablar (1)

haber (10)

habitar like hablar (1)

hablar (1)

hacer (11)

herir (e: ie) like sentir (33)

hervir (e:ie) like sentir (33)

hojear like hablar (1)

huir (y) like destruir (38)

humillar like hablar (1)

importar like hablar (1)

impresionar like hablar (1)

imprimir like vivir (3)

inscribir like vivir (3)

insistir like vivir (3)

instalar like hablar (1)

integrar like hablar (1)

interesar like hablar (1)

invadir like vivir (3)

inventar like hablar (1)

invertir (e:ie) like sentir (33)

investigar (g:gu) like llegar (41)

ir (12)

jubilar like hablar (1)

jugar (u:ue) (g:gu) (28)

jurar like hablar (1)

lastimar like hablar (1)

latir like vivir (3)

lavar like hablar (1)

levantar like hablar (1)

liberar like hablar (1)

lidiar like hablar (1)

limpiar like hablar (1)

llegar (g:gu) (41)

llevar like hablar (1)

llorar like hablar (1)

lograr like hablar (1)

luchar like hablar (1)

madrugar (g:gu) like llegar (41)

malgastar like hablar (1)

manipular like hablar (1)

maquillar like hablar (1)

meditar like hablar (1)

mejorar like hablar (1)

merecer (c:zc) like conocer (35)

meter like comer (2)

molar like hablar (1)

molestar like hablar (1)

morder (o:ue) like volver (34)

morir (o:ue) like dormir (25) *except* past participle is muerto

mudar like hablar (1)

narrar like hablar (1)

navegar (g:gu) like llegar (41)

necesitar like hablar (1)

obedecer (c:zc) like conocer (35)

ocultar like hablar (1)

odiar like hablar (1)

oír (y) (13)

olvidar like hablar (1)

opinar like hablar (1)

oponer like poner (15)

oprimir like vivir (3)

oscurecer (c:zc) like conocer (35)

parar like hablar (1)

parecer (c:zc) like conocer (35)

parpadear like hablar (1)

pedir (e:i) (29)

peinar like hablar (1)

pensar (e:ie) (30)

permanecer (c:zc) like conocer (35)

pertenecer (c:zc) like conocer (35)

pillar like hablar (1)

pintar like hablar (1)

poblar (o:ue) like contar (24)

poder (o:ue) (14)

poner (15)

preferir (e:ie) like sentir (33)

pregonar like hablar (1)

preocupar like hablar (1)

prestar like hablar (1)

prevenir (e:ie) like venir (22)

prever like ver (23)

probar (o:ue) like contar (24)

producir (c:sz) like conducir (6)

prohibir (prohíbo) like enviar (39) for endings only

proponer like poner (15)

proteger (g:j) (42)

protestar like hablar (1)

publicar (c:qu) like tocar (43)

quedar like hablar (1)

quejar like hablar (1)

querer (e:ie) (16)

quitar like hablar (1)

rascar like hablar (1)

recetar like hablar (1)

rechazar (z:c) like cruzar (37)

reciclar like hablar (1)

reclamar like hablar (1)

recomendar (e:ie) like pensar (30)

reconocer (c:zc) like conocer (35)

recorrer like comer (2)

recuperar like hablar (1)

reducir (c:zc) like conducir (6)

reflejar like hablar (1)

regresar like hablar (1)

rehacer like hacer (11)

reir (e:i) (31)

relajar like hablar (1)

rendir (e:i) like pedir (29)

renunciar like hablar (1)

reservar like hablar (1)

resolver (o:ue) like volver (34)

respirar like hablar (1)

retratar like hablar (1)

reunir like vivir (3)

rezar (z:c) like cruzar (37)

rociar like hablar (1)

rodar (o:ue) like contar (24)

rogar (o:ue) like contar (24) for stem changes; (g:gu) like llegar (41) for endings

romper like comer (2) except past participle is roto

saber (17)

sacrificar (c:qu) like tocar (43)

salir (18)

salvar like hablar (1)

sanar like hablar (1)

secar (c:qu) like tocar (43)

seguir (e:i) (gu:g) (32)

seleccionar like hablar (1)

sentir (e:ie) (33)

señalar like hablar (1)

sepultar like hablar (1)

ser (19)

soler (o:ue) like volver (34)

solicitar like hablar (1)

sonar (o:ue) like contar (24)

soñar (o:ue) like contar (24)

sorprender like comer (2)

suceder like comer (2)

sufrir like vivir (3)

sugerir (e:ie) like sentir (33)

superar like hablar (1)

suponer like poner (15)

suprimir like vivir (3)

suscribir like vivir (3)

tener (e:ie) (20)

tirar like hablar (1)

titular like hablar (1)

tocar (c:qu) (43)

tomar like hablar (1)

torear like hablar (1)

toser like comer (2)

traducir (c:zc) like conducir (6)

traer (21)

transcurrir like vivir (3)

transmitir like vivir (3)

trasnochar like hablar (1)

tratar like hablar (1)

unir like vivir (3)

vacunar like hablar (1)

valer like salir (18) only for endings; imperative is vale

vencer (c:z) (44)

venir (e:ie) (22)

ver (23)

vestir (e:i) like pedir (29)

vivir (3)

volar (o:ue) like contar (24)

volver (o:ue) (34)

votar like hablar (1)

Verb conjugation tables

Regular verbs: simple tenses

1 — hablar
Participles: hablando, hablado

	INDICATIVE					SUBJUNCTIVE		IMPERATIVE
Infinitive	Present	Imperfect	Preterite	Future	Conditional	Present	Past	
hablar	hablo	hablaba	hablé	hablaré	hablaría	hable	hablara	
	hablas	hablabas	hablaste	hablarás	hablarías	hables	hablaras	habla tú (no hables)
	habla	hablaba	habló	hablará	hablaría	hable	hablara	hable Ud.
	hablamos	hablábamos	hablamos	hablaremos	hablaríamos	hablemos	habláramos	hablemos
	habláis	hablabais	hablasteis	hablaréis	hablaríais	habléis	hablarais	hablad (no habléis)
	hablan	hablaban	hablaron	hablarán	hablarían	hablen	hablaran	hablen Uds.

2 — comer
Participles: comiendo, comido

	INDICATIVE					SUBJUNCTIVE		IMPERATIVE
Infinitive	Present	Imperfect	Preterite	Future	Conditional	Present	Past	
comer	como	comía	comí	comeré	comería	coma	comiera	
	comes	comías	comiste	comerás	comerías	comas	comieras	come tú (no comas)
	come	comía	comió	comerá	comería	coma	comiera	coma Ud.
	comemos	comíamos	comimos	comeremos	comeríamos	comamos	comiéramos	comamos
	coméis	comíais	comisteis	comeréis	comeríais	comáis	comierais	comed (no comáis)
	comen	comían	comieron	comerán	comerían	coman	comieran	coman Uds.

3 — vivir
Participles: viviendo, vivido

	INDICATIVE					SUBJUNCTIVE		IMPERATIVE
Infinitive	Present	Imperfect	Preterite	Future	Conditional	Present	Past	
vivir	vivo	vivía	viví	viviré	viviría	viva	viviera	
	vives	vivías	viviste	vivirás	vivirías	vivas	vivieras	vive tú (no vivas)
	vive	vivía	vivió	vivirá	viviría	viva	viviera	viva Ud.
	vivimos	vivíamos	vivimos	viviremos	viviríamos	vivamos	viviéramos	vivamos
	vivís	vivíais	vivisteis	viviréis	viviríais	viváis	vivierais	vivid (no viváis)
	viven	vivían	vivieron	vivirán	vivirían	vivan	vivieran	vivan Uds.

All verbs: compound tenses

PERFECT TENSES

INDICATIVE

Present Perfect		Past Perfect		Future Perfect		Conditional Perfect	
he	hablado	había	hablado	habré	hablado	habría	hablado
has	comido	habías	comido	habrás	comido	habrías	comido
ha	vivido	había	vivido	habrá	vivido	habría	vivido
hemos		habíamos		habremos		habríamos	
habéis		habíais		habréis		habríais	
han		habían		habrán		habrían	

SUBJUNCTIVE

Present Perfect		Past Perfect	
haya	hablado	hubiera	hablado
hayas	comido	hubieras	comido
haya	vivido	hubiera	vivido
hayamos		hubiéramos	
hayáis		hubierais	
hayan		hubieran	

INDICATIVE / SUBJUNCTIVE (progressive forms)

	INDICATIVE				SUBJUNCTIVE	
	Present Progressive	Past Progressive	Future Progressive	Conditional Progressive	Present Progressive	Past Progressive
	estoy	estaba	estaré	estaría	esté	estuviera
	estás	estabas	estarás	estarías	estés	estuvieras
	está hablando	estaba hablando	estará hablando	estaría hablando	esté hablando	estuviera hablando
	estamos comiendo	estábamos comiendo	estaremos comiendo	estaríamos comiendo	estemos comiendo	estuviéramos comiendo
	estáis viviendo	estabais viviendo	estaréis viviendo	estaríais viviendo	estéis viviendo	estuvierais viviendo
	están	estaban	estarán	estarían	estén	estuvieran

Irregular verbs

Infinitive	INDICATIVE					SUBJUNCTIVE		IMPERATIVE
	Present	Imperfect	Preterite	Future	Conditional	Present	Past	
4 caber	**quepo**	cabía	**cupe**	**cabré**	**cabría**	**quepa**	**cupiera**	
	cabes	cabías	**cupiste**	**cabrás**	**cabrías**	**quepas**	**cupieras**	cabe tú (no **quepas**)
Participles:	cabe	cabía	**cupo**	**cabrá**	**cabría**	**quepa**	**cupiera**	**quepa** Ud.
cabiendo	cabemos	cabíamos	**cupimos**	**cabremos**	**cabríamos**	**quepamos**	**cupiéramos**	**quepamos**
cabido	cabéis	cabíais	**cupisteis**	**cabréis**	**cabríais**	**quepáis**	**cupierais**	cabed (no **quepáis**)
	caben	cabían	**cupieron**	**cabrán**	**cabrían**	**quepan**	**cupieran**	**quepan** Uds.
5 caer	**caigo**	caía	caí	caeré	caería	**caiga**	**cayera**	
	caes	caías	**caíste**	caerás	caerías	**caigas**	**cayeras**	cae tú (no **caigas**)
Participles:	cae	caía	**cayó**	caerá	caería	**caiga**	**cayera**	**caiga** Ud. (no **caiga**)
cayendo	caemos	caíamos	**caímos**	caeremos	caeríamos	**caigamos**	**cayéramos**	**caigamos**
caído	caéis	caíais	**caísteis**	caeréis	caeríais	**caigáis**	**cayerais**	caed (no **caigáis**)
	caen	caían	**cayeron**	caerán	caerían	**caigan**	**cayeran**	**caigan** Uds.
6 conducir	**conduzco**	conducía	**conduje**	conduciré	conduciría	**conduzca**	**condujera**	
(c:zc)	conduces	conducías	**condujiste**	conducirás	conducirías	**conduzcas**	**condujeras**	conduce tú (no **conduzcas**)
Participles:	conduce	conducía	**condujo**	conducirá	conduciría	**conduzca**	**condujera**	**conduzca** Ud. (no **conduzca**)
conduciendo	conducimos	conducíamos	**condujimos**	conduciremos	conduciríamos	**conduzcamos**	**condujéramos**	**conduzcamos**
conducido	conducís	conducíais	**condujisteis**	conduciréis	conduciríais	**conduzcáis**	**condujerais**	conducid (no **conduzcáis**)
	conducen	conducían	**condujeron**	conducirán	conducirían	**conduzcan**	**condujeran**	**conduzcan** Uds.

Infinitive	INDICATIVE					SUBJUNCTIVE		IMPERATIVE
	Present	Imperfect	Preterite	Future	Conditional	Present	Past	
7 dar	**doy**	daba	**di**	daré	daría	**dé**	**diera**	
	das	dabas	**diste**	darás	darías	des	**dieras**	da tú (no des)
	da	daba	**dio**	dará	daría	**dé**	**diera**	**dé** Ud.
Participles:	**damos**	dábamos	**dimos**	daremos	daríamos	demos	**diéramos**	demos
dando	**dais**	dabais	**disteis**	daréis	daríais	**deis**	dierais	dad (no **deis**)
dado	dan	daban	**dieron**	darán	darían	den	dieran	den Uds.
8 decir (e:i)	**digo**	decía	**dije**	**diré**	**diría**	**diga**	**dijera**	
	dices	decías	**dijiste**	**dirás**	**dirías**	**digas**	**dijeras**	**di** tú (no **digas**)
	dice	decía	**dijo**	**dirá**	**diría**	**diga**	**dijera**	**diga** Ud.
Participles:	decimos	decíamos	**dijimos**	**diremos**	**diríamos**	**digamos**	**dijéramos**	**digamos**
diciendo	decís	decíais	**dijisteis**	**diréis**	**diríais**	**digáis**	**dijerais**	decid (no **digáis**)
dicho	**dicen**	decían	**dijeron**	**dirán**	**dirían**	**digan**	**dijeran**	**digan** Uds.
9 estar	**estoy**	estaba	**estuve**	estaré	estaría	**esté**	**estuviera**	
	estás	estabas	**estuviste**	estarás	estarías	**estés**	**estuvieras**	**está** tú (no **estés**)
	está	estaba	**estuvo**	estará	estaría	**esté**	**estuviera**	**esté** Ud.
Participles:	estamos	estábamos	**estuvimos**	estaremos	estaríamos	estemos	**estuviéramos**	estemos
estando	estáis	estabais	**estuvisteis**	estaréis	estaríais	estéis	**estuvierais**	estad (no estéis)
estado	**están**	estaban	**estuvieron**	estarán	estarían	**estén**	**estuvieran**	**estén** Uds.
10 haber	**he**	había	**hube**	**habré**	**habría**	**haya**	**hubiera**	
	has	habías	**hubiste**	**habrás**	**habrías**	**hayas**	**hubieras**	
	ha	había	**hubo**	**habrá**	**habría**	**haya**	**hubiera**	
Participles:	**hemos**	habíamos	**hubimos**	**habremos**	**habríamos**	**hayamos**	**hubiéramos**	
habiendo	habéis	habíais	**hubisteis**	**habréis**	**habríais**	**hayáis**	**hubierais**	
habido	**han**	habían	**hubieron**	**habrán**	**habrían**	**hayan**	**hubieran**	
11 hacer	**hago**	hacía	**hice**	**haré**	**haría**	**haga**	**hiciera**	
	haces	hacías	**hiciste**	**harás**	**harías**	**hagas**	**hicieras**	**haz** tú (no **hagas**)
	hace	hacía	**hizo**	**hará**	**haría**	**haga**	**hiciera**	**haga** Ud.
Participles:	hacemos	hacíamos	**hicimos**	**haremos**	**haríamos**	**hagamos**	**hiciéramos**	**hagamos**
haciendo	hacéis	hacíais	**hicisteis**	**haréis**	**haríais**	**hagáis**	**hicierais**	haced (no **hagáis**)
hecho	hacen	hacían	**hicieron**	**harán**	**harían**	**hagan**	**hicieran**	**hagan** Uds.
12 ir	**voy**	**iba**	**fui**	**iré**	**iría**	**vaya**	**fuera**	
	vas	**ibas**	**fuiste**	**irás**	**irías**	**vayas**	**fueras**	**ve** tú (no **vayas**)
	va	**iba**	**fue**	**irá**	**iría**	**vaya**	**fuera**	**vaya** Ud.
Participles:	**vamos**	**íbamos**	**fuimos**	**iremos**	**iríamos**	**vayamos**	**fuéramos**	**vamos** (no **vayamos**)
yendo	**vais**	**ibais**	**fuisteis**	**iréis**	**iríais**	**vayáis**	**fuerais**	**id** (no **vayáis**)
ido	**van**	**iban**	**fueron**	**irán**	**irán**	**vayan**	**fueran**	**vayan** Uds.
13 oír (y)	**oigo**	oía	**oí**	oiré	oiría	**oiga**	**oyera**	
	oyes	oías	**oíste**	oirás	oirías	**oigas**	**oyeras**	**oye** tú (no **oigas**)
	oye	oía	**oyó**	oirá	oiría	**oiga**	**oyera**	**oiga** Ud.
Participles:	**oímos**	oíamos	**oímos**	oiremos	oiríamos	**oigamos**	**oyéramos**	**oigamos**
oyendo	oís	oíais	**oísteis**	oiréis	oiríais	**oigáis**	**oyerais**	**oíd** (no **oigáis**)
oído								**oigan** Uds.

14 poder (o:ue) — Participles: pudiendo, podido

	Present	Imperfect	Preterite	Future	Conditional	Present	Past	Commands
	puedo	podía	pude	podré	podría	pueda	pudiera	
	puedes	podías	pudiste	podrás	podrías	puedas	pudieras	puede tú (no puedas)
	puede	podía	pudo	podrá	podría	pueda	pudiera	pueda Ud.
	podemos	podíamos	pudimos	podremos	podríamos	podamos	pudiéramos	podamos
	podéis	podíais	pudisteis	podréis	podríais	podáis	pudierais	poded (no podáis)
	pueden	podían	pudieron	podrán	podrían	puedan	pudieran	puedan Uds.

15 poner — Participles: poniendo, puesto

	Present	Imperfect	Preterite	Future	Conditional	Present	Past	Commands
	pongo	ponía	puse	pondré	pondría	ponga	pusiera	
	pones	ponías	pusiste	pondrás	pondrías	pongas	pusieras	pon tú (no pongas)
	pone	ponía	puso	pondrá	pondría	ponga	pusiera	ponga Ud.
	ponemos	poníamos	pusimos	pondremos	pondríamos	pongamos	pusiéramos	pongamos
	ponéis	poníais	pusisteis	pondréis	pondríais	pongáis	pusierais	poned (no pongáis)
	ponen	ponían	pusieron	pondrán	pondrían	pongan	pusieran	pongan Uds.

16 querer (e:ie) — Participles: queriendo, querido

	Present	Imperfect	Preterite	Future	Conditional	Present	Past	Commands
	quiero	quería	quise	querré	querría	quiera	quisiera	
	quieres	querías	quisiste	querrás	querrías	quieras	quisieras	quiere tú (no quieras)
	quiere	quería	quiso	querrá	querría	quiera	quisiera	quiera Ud.
	queremos	queríamos	quisimos	querremos	querríamos	queramos	quisiéramos	queramos
	queréis	queríais	quisisteis	querréis	querríais	queráis	quisierais	quered (no queráis)
	quieren	querían	quisieron	querrán	querrían	quieran	quisieran	quieran Uds.

17 saber — Participles: sabiendo, sabido

	Present	Imperfect	Preterite	Future	Conditional	Present	Past	Commands
	sé	sabía	supe	sabré	sabría	sepa	supiera	
	sabes	sabías	supiste	sabrás	sabrías	sepas	supieras	sabe tú (no sepas)
	sabe	sabía	supo	sabrá	sabría	sepa	supiera	sepa Ud.
	sabemos	sabíamos	supimos	sabremos	sabríamos	sepamos	supiéramos	sepamos
	sabéis	sabíais	supisteis	sabréis	sabríais	sepáis	supierais	sabed (no sepáis)
	saben	sabían	supieron	sabrán	sabrían	sepan	supieran	sepan Uds.

18 salir — Participles: saliendo, salido

	Present	Imperfect	Preterite	Future	Conditional	Present	Past	Commands
	salgo	salía	salí	saldré	saldría	salga	saliera	
	sales	salías	saliste	saldrás	saldrías	salgas	salieras	sal tú (no salgas)
	sale	salía	salió	saldrá	saldría	salga	saliera	salga Ud.
	salimos	salíamos	salimos	saldremos	saldríamos	salgamos	saliéramos	salgamos
	salís	salíais	salisteis	saldréis	saldríais	salgáis	salierais	salid (no salgáis)
	salen	salían	salieron	saldrán	saldrían	salgan	salieran	salgan Uds.

19 ser — Participles: siendo, sido

	Present	Imperfect	Preterite	Future	Conditional	Present	Past	Commands
	soy	era	fui	seré	sería	sea	fuera	
	eres	eras	fuiste	serás	serías	seas	fueras	sé tú (no seas)
	es	era	fue	será	sería	sea	fuera	sea Ud.
	somos	éramos	fuimos	seremos	seríamos	seamos	fuéramos	seamos
	sois	erais	fuisteis	seréis	seríais	seáis	fuerais	sed (no seáis)
	son	eran	fueron	serán	serían	sean	fueran	sean Uds.

20 tener (e:ie) — Participles: teniendo, tenido

	Present	Imperfect	Preterite	Future	Conditional	Present	Past	Commands
	tengo	tenía	tuve	tendré	tendría	tenga	tuviera	
	tienes	tenías	tuviste	tendrás	tendrías	tengas	tuvieras	ten tú (no tengas)
	tiene	tenía	tuvo	tendrá	tendría	tenga	tuviera	tenga Ud.
	tenemos	teníamos	tuvimos	tendremos	tendríamos	tengamos	tuviéramos	tengamos
	tenéis	teníais	tuvisteis	tendréis	tendríais	tengáis	tuvierais	tened (no tengáis)
	tienen	tenían	tuvieron	tendrán	tendrían	tengan	tuvieran	tengan Uds.

21 traer

Infinitive	INDICATIVE					SUBJUNCTIVE		IMPERATIVE
	Present	Imperfect	Preterite	Future	Conditional	Present	Past	
traer	traigo	traía	traje	traeré	traería	traiga	trajera	
	traes	traías	trajiste	traerás	traerías	traigas	trajeras	trae tú (no traigas)
	trae	traía	trajo	traerá	traería	traiga	trajera	traiga Ud.
Participles:	traemos	traíamos	trajimos	traeremos	traeríamos	traigamos	trajéramos	traigamos
trayendo	traéis	traíais	trajisteis	traeréis	traeríais	traigáis	trajerais	traed (no traigáis)
traído	traen	traían	trajeron	traerán	traerían	traigan	trajeran	traigan Uds.

22 venir (e:ie)

Infinitive	INDICATIVE					SUBJUNCTIVE		IMPERATIVE
	Present	Imperfect	Preterite	Future	Conditional	Present	Past	
venir (e:ie)	vengo	venía	vine	vendré	vendría	venga	viniera	
	vienes	venías	viniste	vendrás	vendrías	vengas	vinieras	ven tú (no vengas)
	viene	venía	vino	vendrá	vendría	venga	viniera	venga Ud.
Participles:	venimos	veníamos	vinimos	vendremos	vendríamos	vengamos	viniéramos	vengamos
viniendo	venís	veníais	vinisteis	vendréis	vendríais	vengáis	vinierais	venid (no vengáis)
venido	vienen	venían	vinieron	vendrán	vendrían	vengan	vinieran	vengan Uds.

23 ver

Infinitive	INDICATIVE					SUBJUNCTIVE		IMPERATIVE
	Present	Imperfect	Preterite	Future	Conditional	Present	Past	
ver	veo	veía	vi	veré	vería	vea	viera	
	ves	veías	viste	verás	verías	veas	vieras	ve tú (no veas)
	ve	veía	vio	verá	vería	vea	viera	vea Ud.
Participles:	vemos	veíamos	vimos	veremos	veríamos	veamos	viéramos	veamos
viendo	veis	veíais	visteis	veréis	veríais	veáis	vierais	ved (no veáis)
visto	ven	veían	vieron	verán	verían	vean	vieran	vean Uds.

Stem-changing verbs

24 contar (o:ue)

Infinitive	INDICATIVE					SUBJUNCTIVE		IMPERATIVE
	Present	Imperfect	Preterite	Future	Conditional	Present	Past	
contar (o:ue)	cuento	contaba	conté	contaré	contaría	cuente	contara	
	cuentas	contabas	contaste	contarás	contarías	cuentes	contaras	cuenta tú (no cuentes)
	cuenta	contaba	contó	contará	contaría	cuente	contara	cuente Ud.
Participles:	contamos	contábamos	contamos	contaremos	contaríamos	contemos	contáramos	contemos
contando	contáis	contabais	contasteis	contaréis	contaríais	contéis	contarais	contad (no contéis)
contado	cuentan	contaban	contaron	contarán	contarían	cuenten	contaran	cuenten Uds.

25 dormir (o:ue)

Infinitive	INDICATIVE					SUBJUNCTIVE		IMPERATIVE
	Present	Imperfect	Preterite	Future	Conditional	Present	Past	
dormir (o:ue)	duermo	dormía	dormí	dormiré	dormiría	duerma	durmiera	
	duermes	dormías	dormiste	dormirás	dormirías	duermas	durmieras	duerme tú (no duermas)
	duerme	dormía	durmió	dormirá	dormiría	duerma	durmiera	duerma Ud.
Participles:	dormimos	dormíamos	dormimos	dormiremos	dormiríamos	durmamos	durmiéramos	durmamos
durmiendo	dormís	dormíais	dormisteis	dormiréis	dormiríais	durmáis	durmierais	dormid (no durmáis)
dormido	duermen	dormían	durmieron	dormirán	dormirían	duerman	durmieran	duerman Uds.

26 empezar (e:ie) (z:c)

Infinitive	INDICATIVE					SUBJUNCTIVE		IMPERATIVE
	Present	Imperfect	Preterite	Future	Conditional	Present	Past	
empezar (e:ie) (z:c)	empiezo	empezaba	empecé	empezaré	empezaría	empiece	empezara	
	empiezas	empezabas	empezaste	empezarás	empezarías	empieces	empezaras	empieza tú (no empieces)
	empieza	empezaba	empezó	empezará	empezaría	empiece	empezara	empiece Ud.
Participles:	empezamos	empezábamos	empezamos	empezaremos	empezaríamos	empecemos	empezáramos	empecemos
empezando	empezáis	empezabais	empezasteis	empezaréis	empezaríais	empecéis	empezarais	empezad (no empecéis)

#	Infinitive	Present	Imperfect	Preterite	Future	Conditional	Present	Past	Imperative
27	entender (e:ie)	entiendo	entendía	entendí	entenderé	entendería	entienda	entendiera	
	Participles:	entiendes	entendías	entendiste	entenderás	entenderías	entiendas	entendieras	entiende tú (no entiendas)
	entendiendo	entiende	entendía	entendió	entenderá	entendería	entienda	entendiera	entienda Ud.
	entendido	entendemos	entendíamos	entendimos	entenderemos	entenderíamos	entendamos	entendiéramos	entendamos
		entendéis	entendíais	entendisteis	entenderéis	entenderíais	entendáis	entendierais	entended (no entendáis)
		entienden	entendían	entendieron	entenderán	entenderían	entiendan	entendieran	entiendan Uds.
28	jugar (u:ue) (g:gu)	juego	jugaba	jugué	jugaré	jugaría	juegue	jugara	
	Participles:	juegas	jugabas	jugaste	jugarás	jugarías	juegues	jugaras	juega tú (no juegues)
	jugando	juega	jugaba	jugó	jugará	jugaría	juegue	jugara	juegue Ud.
	jugado	jugamos	jugábamos	jugamos	jugaremos	jugaríamos	juguemos	jugáramos	juguemos
		jugáis	jugabais	jugasteis	jugaréis	jugaríais	juguéis	jugarais	jugad (no juguéis)
		juegan	jugaban	jugaron	jugarán	jugarían	jueguen	jugaran	jueguen Uds.
29	pedir (e:i)	pido	pedía	pedí	pediré	pediría	pida	pidiera	
	Participles:	pides	pedías	pediste	pedirás	pedirías	pidas	pidieras	pide tú (no pidas)
	pidiendo	pide	pedía	pidió	pedirá	pediría	pida	pidiera	pida Ud.
	pedido	pedimos	pedíamos	pedimos	pediremos	pediríamos	pidamos	pidiéramos	pidamos
		pedís	pedíais	pedisteis	pediréis	pediríais	pidáis	pidierais	pedid (no pidáis)
		piden	pedían	pidieron	pedirán	pedirían	pidan	pidieran	pidan Uds.
30	pensar (e:ie)	pienso	pensaba	pensé	pensaré	pensaría	piense	pensara	
	Participles:	piensas	pensabas	pensaste	pensarás	pensarías	pienses	pensaras	piensa tú (no pienses)
	pensando	piensa	pensaba	pensó	pensará	pensaría	piense	pensara	piense Ud.
	pensado	pensamos	pensábamos	pensamos	pensaremos	pensaríamos	pensemos	pensáramos	pensemos
		pensáis	pensabais	pensasteis	pensaréis	pensaríais	penséis	pensarais	pensad (no penséis)
		piensan	pensaban	pensaron	pensarán	pensarían	piensen	pensaran	piensen Uds.
31	reír (e:i)	río	reía	reí	reiré	reiría	ría	riera	
	Participles:	ríes	reías	reíste	reirás	reirías	rías	rieras	ríe tú (no rías)
	riendo	ríe	reía	rio	reirá	reiría	ría	riera	ría Ud.
	reído	reímos	reíamos	reímos	reiremos	reiríamos	riamos	riéramos	riamos
		reís	reíais	reísteis	reiréis	reiríais	riáis	rierais	reíd (no riáis)
		ríen	reían	rieron	reirán	reirían	rían	rieran	rían Uds.
32	seguir (e:i) (gu:g)	sigo	seguía	seguí	seguiré	seguiría	siga	siguiera	
	Participles:	sigues	seguías	seguiste	seguirás	seguirías	sigas	siguieras	sigue tú (no sigas)
	siguiendo	sigue	seguía	siguió	seguirá	seguiría	siga	siguiera	siga Ud.
	seguido	seguimos	seguíamos	seguimos	seguiremos	seguiríamos	sigamos	siguiéramos	sigamos
		seguís	seguíais	seguisteis	seguiréis	seguiríais	sigáis	siguierais	seguid (no sigáis)
		siguen	seguían	siguieron	seguirán	seguirían	sigan	siguieran	sigan Uds.
33	sentir (e:ie)	siento	sentía	sentí	sentiré	sentiría	sienta	sintiera	
	Participles:	sientes	sentías	sentiste	sentirás	sentirías	sientas	sintieras	siente tú (no sientas)
	sintiendo	siente	sentía	sintió	sentirá	sentiría	sienta	sintiera	sienta Ud.
	sentido	sentimos	sentíamos	sentimos	sentiremos	sentiríamos	sintamos	sintiéramos	sintamos
		sentís	sentíais	sentisteis	sentiréis	sentiríais	sintáis	sintierais	sentid (no sintáis)
		sienten	sentían	sintieron	sentirán	sentirían	sientan	sintieran	sientan Uds.

34

Infinitive	INDICATIVE					SUBJUNCTIVE		IMPERATIVE
	Present	Imperfect	Preterite	Future	Conditional	Present	Past	
volver (o:ue)	**vuelvo**	volvía	volví	volveré	volvería	**vuelva**	volviera	
	vuelves	volvías	volviste	volverás	volverías	**vuelvas**	volvieras	**vuelve** tú (no **vuelvas**)
	vuelve	volvía	volvió	volverá	volvería	**vuelva**	volviera	**vuelva** Ud.
Participles:	volvemos	volvíamos	volvimos	volveremos	volveríamos	volvamos	volviéramos	volvamos
volviendo	volvéis	volvíais	volvisteis	volveréis	volveríais	volváis	volvierais	volved (no volváis)
vuelto	**vuelven**	volvían	volvieron	volverán	volverían	**vuelvan**	volvieran	**vuelvan** Uds.

Verbs with spelling changes only

35

Infinitive	INDICATIVE					SUBJUNCTIVE		IMPERATIVE
	Present	Imperfect	Preterite	Future	Conditional	Present	Past	
conocer (c:zc)	**conozco**	conocía	conocí	conoceré	conocería	**conozca**	conociera	
	conoces	conocías	conociste	conocerás	conocerías	**conozcas**	conocieras	conoce tú (no **conozcas**)
	conoce	conocía	conoció	conocerá	conocería	**conozca**	conociera	**conozca** Ud.
Participles:	conocemos	conocíamos	conocimos	conoceremos	conoceríamos	**conozcamos**	conociéramos	**conozcamos**
conociendo	conocéis	conocíais	conocisteis	conoceréis	conoceríais	**conozcáis**	conocierais	conoced (no **conozcáis**)
conocido	conocen	conocían	conocieron	conocerán	conocerían	**conozcan**	conocieran	**conozcan** Uds.

36

Infinitive	INDICATIVE					SUBJUNCTIVE		IMPERATIVE
	Present	Imperfect	Preterite	Future	Conditional	Present	Past	
creer (y)	creo	creía	creí	creeré	creería	crea	**creyera**	
	crees	creías	**creíste**	creerás	creerías	creas	**creyeras**	cree tú (no creas)
	cree	creía	**creyó**	creerá	creería	crea	**creyera**	crea Ud.
Participles:	creemos	creíamos	**creímos**	creeremos	creeríamos	creamos	**creyéramos**	creamos
creyendo	creéis	creíais	**creísteis**	creeréis	creeríais	creáis	**creyerais**	creed (no creáis)
creído	creen	creían	**creyeron**	creerán	creerían	crean	**creyeran**	crean Uds.

37

Infinitive	INDICATIVE					SUBJUNCTIVE		IMPERATIVE
	Present	Imperfect	Preterite	Future	Conditional	Present	Past	
cruzar (z:c)	cruzo	cruzaba	**crucé**	cruzaré	cruzaría	**cruce**	cruzara	
	cruzas	cruzabas	cruzaste	cruzarás	cruzarías	**cruces**	cruzaras	cruza tú (no **cruces**)
	cruza	cruzaba	cruzó	cruzará	cruzaría	**cruce**	cruzara	**cruce** Ud.
Participles:	cruzamos	cruzábamos	cruzamos	cruzaremos	cruzaríamos	**crucemos**	cruzáramos	**crucemos**
cruzando	cruzáis	cruzabais	cruzasteis	cruzaréis	cruzaríais	**crucéis**	cruzarais	cruzad (no **crucéis**)
cruzado	cruzan	cruzaban	cruzaron	cruzarán	cruzarían	**crucen**	cruzaran	**crucen** Uds.

38

Infinitive	INDICATIVE					SUBJUNCTIVE		IMPERATIVE
	Present	Imperfect	Preterite	Future	Conditional	Present	Past	
destruir (y)	**destruyo**	destruía	destruí	destruiré	destruiría	**destruya**	**destruyera**	
	destruyes	destruías	destruiste	destruirás	destruirías	**destruyas**	**destruyeras**	**destruye** tú (no **destruyas**)
	destruye	destruía	**destruyó**	destruirá	destruiría	**destruya**	**destruyera**	**destruya** Ud.
Participles:	destruimos	destruíamos	destruimos	destruiremos	destruiríamos	**destruyamos**	**destruyéramos**	**destruyamos**
destruyendo	destruís	destruíais	destruisteis	destruiréis	destruiríais	**destruyáis**	**destruyerais**	destruid (no **destruyáis**)
destruido	**destruyen**	destruían	**destruyeron**	destruirán	destruirían	**destruyan**	**destruyeran**	**destruyan** Uds.

39

Infinitive	INDICATIVE					SUBJUNCTIVE		IMPERATIVE
	Present	Imperfect	Preterite	Future	Conditional	Present	Past	
enviar	**envío**	enviaba	envié	enviaré	enviaría	**envíe**	enviara	
	envías	enviabas	enviaste	enviarás	enviarías	**envíes**	enviaras	**envía** tú (no **envíes**)
	envía	enviaba	envió	enviará	enviaría	**envíe**	enviara	**envíe** Ud.
Participles:	enviamos	enviábamos	enviamos	enviaremos	enviaríamos	enviemos	enviáramos	enviemos
enviando	enviáis	enviabais	enviasteis	enviaréis	enviaríais	enviéis	enviarais	enviad (no enviéis)
	envían					**envíen**		**envíen** Uds.

40 graduar
Participles: graduando, graduado

	Present	Imperfect	Preterite	Future	Conditional	Present	Past	Commands
	gradúo	graduaba	gradué	graduaré	graduaría	gradúe	graduara	
	gradúas	graduabas	graduaste	graduarás	graduarías	gradúes	graduaras	gradúa tú (no gradúes)
	gradúa	graduaba	graduó	graduará	graduaría	gradúe	graduara	gradúe Ud.
	graduamos	graduábamos	graduamos	graduaremos	graduaríamos	graduemos	graduáramos	graduemos
	graduáis	graduabais	graduasteis	graduaréis	graduaríais	graduéis	graduarais	graduad (no graduéis)
	gradúan	graduaban	graduaron	graduarán	graduarían	gradúen	graduaran	gradúen Uds.

41 llegar (g:gu)
Participles: llegando, llegado

	Present	Imperfect	Preterite	Future	Conditional	Present	Past	Commands
	llego	llegaba	llegué	llegaré	llegaría	llegue	llegara	
	llegas	llegabas	llegaste	llegarás	llegarías	llegues	llegaras	llega tú (no llegues)
	llega	llegaba	llegó	llegará	llegaría	llegue	llegara	llegue Ud.
	llegamos	llegábamos	llegamos	llegaremos	llegaríamos	lleguemos	llegáramos	lleguemos
	llegáis	llegabais	llegasteis	llegaréis	llegaríais	lleguéis	llegarais	llegad (no lleguéis)
	llegan	llegaban	llegaron	llegarán	llegarían	lleguen	llegaran	lleguen Uds.

42 proteger (g:j)
Participles: protegiendo, protegido

	Present	Imperfect	Preterite	Future	Conditional	Present	Past	Commands
	protejo	protegía	protegí	protegeré	protegería	proteja	protegiera	
	proteges	protegías	protegiste	protegerás	protegerías	protejas	protegieras	protege tú (no protejas)
	protege	protegía	protegió	protegerá	protegería	proteja	protegiera	proteja Ud.
	protegemos	protegíamos	protegimos	protegeremos	protegeríamos	protejamos	protegiéramos	protejamos
	protegéis	protegíais	protegisteis	protegeréis	protegeríais	protejáis	protegierais	proteged (no protejáis)
	protegen	protegían	protegieron	protegerán	protegerían	protejan	protegieran	protejan Uds.

43 tocar (c:qu)
Participles: tocando, tocado

	Present	Imperfect	Preterite	Future	Conditional	Present	Past	Commands
	toco	tocaba	toqué	tocaré	tocaría	toque	tocara	
	tocas	tocabas	tocaste	tocarás	tocarías	toques	tocaras	toca tú (no toques)
	toca	tocaba	tocó	tocará	tocaría	toque	tocara	toque Ud.
	tocamos	tocábamos	tocamos	tocaremos	tocaríamos	toquemos	tocáramos	toquemos
	tocáis	tocabais	tocasteis	tocaréis	tocaríais	toquéis	tocarais	tocad (no toquéis)
	tocan	tocaban	tocaron	tocarán	tocarían	toquen	tocaran	toquen Uds.

44 vencer (c:z)
Participles: venciendo, vencido

	Present	Imperfect	Preterite	Future	Conditional	Present	Past	Commands
	venzo	vencía	vencí	venceré	vencería	venza	venciera	
	vences	vencías	venciste	vencerás	vencerías	venzas	vencieras	vence tú (no venzas)
	vence	vencía	venció	vencerá	vencería	venza	venciera	venza Ud.
	vencemos	vencíamos	vencimos	venceremos	venceríamos	venzamos	venciéramos	venzamos
	vencéis	vencíais	vencisteis	venceréis	venceríais	venzáis	vencierais	venced (no venzáis)
	vencen	vencían	vencieron	vencerán	vencerían	venzan	vencieran	venzan Uds.

45 esparcir (c:z)
Participles: esparciendo, esparcido

	Present	Imperfect	Preterite	Future	Conditional	Present	Past	Commands
	esparzo	esparcía	esparcí	esparciré	esparciría	esparza	esparciera	
	esparces	esparcías	esparciste	esparcirás	esparcirías	esparzas	esparcieras	esparce tú (no esparzas)
	esparce	esparcía	esparció	esparcirá	esparciría	esparza	esparciera	esparza Ud.
	esparcimos	esparcíamos	esparcimos	esparciremos	esparciríamos	esparzamos	esparciéramos	esparzamos
	esparcís	esparcíais	esparcisteis	esparciréis	esparciríais	esparzáis	esparcierais	esparcid (no esparzáis)
	esparcen	esparcían	esparcieron	esparcirán	esparcirían	esparzan	esparcieran	esparzan Uds.

46 extinguir (gu:g)
Participles: extinguiendo, extinguido

	Present	Imperfect	Preterite	Future	Conditional	Present	Past	Commands
	extingo	extinguía	extinguí	extinguiré	extinguiría	extinga	extinguiera	
	extingues	extinguías	extinguiste	extinguirás	extinguirías	extingas	extinguieras	extingue tú (no extingas)
	extingue	extinguía	extinguió	extinguirá	extinguiría	extinga	extinguiera	extinga Ud.
	extinguimos	extinguíamos	extinguimos	extinguiremos	extinguiríamos	extingamos	extinguiéramos	extingamos
	extinguís	extinguíais	extinguisteis	extinguiréis	extinguiríais	extingáis	extinguierais	extinguid (no extingáis)
	extinguen	extinguían	extinguieron	extinguirán	extinguirían	extingan	extinguieran	extingan Uds.

Guide to Vocabulary

This glossary contains the words and expressions listed on the **Vocabulario** page found at the end of each lesson in **FACETAS** as well as other useful vocabulary. A numeral following an entry indicates the lesson where the word or expression was introduced. Check the **Estructura** sections of each lesson for words and expressions related to those grammar topics.

Abbreviations used in this glossary

adj.	adjective	*f.*	feminine	*interj.*	interjection	*p.p.*	past participle	*sing.*	singular
adv.	adverb	*fam.*	familiar	*m.*	masculine	*prep.*	preposition	*v.*	verb
conj.	conjunction	*form.*	formal	*pl.*	plural	*pron.*	pronoun		

Note on alphabetization

For purposes of alphabetization, **ch** and **ll** are not treated as separate letters, but **ñ** follows **n**.

Español–Inglés

A

abogado/a *m., f.* lawyer
abrazar *v.* to hug; to hold 1
abrir(se) *v.* to open; **abrirse paso** to make one's way
abrocharse *v.* to fasten; **abrocharse el cinturón de seguridad** to fasten one's seatbelt
abstracto/a *adj.* abstract
aburrir *v.* to bore 2
aburrirse *v.* to get bored 2
acabarse *v.* to run out; to come to an end 6
acantilado *m.* cliff
acariciar *v.* to caress
acaso *adv.* perhaps
accidente *m.* accident; **accidente automovilístico** *m.* car accident 5
acentuar *v.* to accentuate
acercarse (a) *v.* to approach 2
aclarar *v.* to clarify
acoger *v.* to welcome; to take in; to receive
acogido/a *adj.* received; **bien acogido/a** well received
acompañar *v.* to come with
aconsejar *v.* to advise; to suggest 4
acontecimiento *m.* event
acordar (o:ue) *v.* to agree 2
acordarse (o:ue) **(de)** *v.* to remember 2
acostarse (o:ue) *v.* to go to bed 2
acostumbrado/a *adj.* accustomed to; **estar acostumbrado/a a** *v.* to be used to
acostumbrarse (a) *v.* to get used to; to grow accustomed (to) 3
activista *m., f.* activist
acto: en el acto immediately; on the spot 3
actor *m.* actor
actriz *f.* actress
actual *adj.* current
actualidad *f.* current events
actualizado/a *adj.* up-to-date
actualizar *v.* to update
actualmente *adv.* currently
acuarela *f.* watercolor
adelantado/a *adj.* advanced
adelanto *m.* improvement 4

adelgazar *v.* to lose weight 4
adinerado/a *adj.* wealthy
adivinar *v.* to guess
adjuntar *v.* to attach; **adjuntar un archivo** to attach a file
administrar *v.* to manage; to run
ADN (ácido desoxirribonucleico) *m.* DNA
adorar *v.* to adore 1
adornado/a *adj.* embellished
aduana *f.* customs; **agente de aduanas** customs agent 5
advertencia *f.* warning
afeitarse *v.* to shave 2
aficionado/a (a) *adj.* fond of; a fan (of) 2; **ser aficionado/a de** to be a fan of
afligirse *v.* to get upset 3
afortunado/a *adj.* lucky
agenda *f.* datebook 3
agente *m., f.* agent; officer; **agente de aduanas** *m., f.* customs agent 5
agnóstico/a *adj.* agnostic
agobiado/a *adj.* overwhelmed 1
agotado/a *adj.* exhausted 4
agotar *v.* to use up 6
agradecimiento *m.* gratitude
¡Aguas! *interj.* Watch out! *(Méx.)*
aguja *f.* needle 4
agujero *m.* hole; **agujero en la capa de ozono** *m.* hole in the ozone layer; **agujero negro** *m.* black hole; **agujerito** *m.* small hole
ahogado/a *adj.* drowned 5
ahogarse *v.* to smother; to drown
ahorrar *v.* to save
ahorrarse *v.* to save oneself
ahorro *m.* savings
aislado/a *adj.* isolated 6
aislar *v.* to isolate
ajedrez *m.* chess 2
ala *m.* wing
alargar *v.* to drag out 1
alba *f.* dawn; daybreak
albergue *m.* hostel 5
álbum *m.* album 2
alcalde/alcaldesa *m., f.* mayor
alcance *m.* reach; **al alcance** within reach; **al alcance de la mano** within reach
alcanzar *v.* to reach; to achieve; to succeed in
aldea *f.* village 4

alegría *f.* joy
alimentación *f.* diet (nutrition) 4
allá *adv.* there
alma (el) *f.* soul 1
alojamiento *m.* lodging 5
alojarse *v.* to stay 5
alquilar *v.* to rent; **alquilar una película** to rent a movie 2
alta definición: de alta definición *adj.* high definition
alterar *v.* to modify; to alter
alternativas *f. pl.* options 3
altiplano *m.* high plateau
altoparlante *m.* loudspeaker
alusión *f.* allusion
amable *adj.* nice; kind
amado/a *m., f.* loved one; sweetheart 1
amanecer *m.* sunrise; morning
amar *v.* to love 1
ambiental *adj.* environmental 6
ambos/as *pron., adj.* both
amenaza *f.* threat
amenazar *v.* to threaten 3
amor *m.* love; **amor (no) correspondido** (un)requited love
amueblado/a *adj.* furnished
analgésico *m.* painkiller 2
anciano/a *adj.* elderly
anciano/a *m., f.* elderly gentleman/lady
andar *v.* to walk; **andar** + *pres. participle* to be (doing something)
anfitrión/anfitriona *m.* host(ess)
anillo *m.* ring
animado/a *adj.* lively 2
animar *v.* to cheer up; to encourage; **¡Anímate!** Cheer up! *(sing.)* 2; **¡Anímense!** Cheer up! *(pl.)* 2
ánimo *m.* spirit 1
anotar (un gol/un punto) *v.* to score (a goal/a point) 2
ansia *f.* anxiety 1
ansioso/a *adj.* anxious 1
antemano: de antemano beforehand
antena *f.* antenna; **antena parabólica** satellite dish
anterior *adj.* previous
antes que nada first and foremost
antigüedad *f.* antiquity
antiguo/a *adj.* ancient
antipático/a *adj.* mean; unpleasant

anuncio *m.* advertisement; commercial
añadir *v.* to add
apagado/a *adj.* turned off
apagar *v.* to turn off **3**; **apagar las velas** to blow out the candles
aparecer *v.* to appear **1**
apenas *adv.* hardly; scarcely **3**
aplaudir *v.* to applaud **2**
apogeo *m.* height; highest level **5**
aportación *f.* contribution
apostar (o:ue) *v.* to bet
apoyar *v.* to support
apoyarse (en) *v.* to lean (on)
apuntar *v.* to aim
apreciado/a *adj.* appreciated
apreciar *v.* to appreciate **1**
aprendizaje *m.* learning
aprobación *f.* approval
aprobar (o:ue) *v.* to approve; to pass (*a class*); **aprobar una ley** to pass a law
aprovechar *v.* to make good use of; to take advantage of
apuesta *f.* bet
apuro: tener apuro to be in a hurry; to be in a rush
araña *f.* spider **6**
árbitro/a *m., f.* referee **2**
árbol *m.* tree **6**
archivo *m.* file; **bajar un archivo** to download a file
arduo *adj.* hard
arepa *f.* cornmeal cake
argumento *m.* plot
árido/a *adj.* arid
aristocrático/a *adj.* aristocratic
arma *f.* weapon **5**
armada *f.* navy
armado/a *adj.* armed
arqueología *f.* archaeology
arqueólogo/a *m., f.* archaeologist
arrancar *v.* to start (*a car*)
arrastrar *v.* to drag
arrecife *m.* reef **6**
arreglarse *v.* to get ready **3**
arrepentirse (de) (e:ie) *v.* to repent **2**
arriesgado/a *adj.* risky **5**
arriesgar *v.* to risk
arriesgarse *v.* to risk; to take a risk
arroba *f.* @ symbol
arroyo *m.* stream
arruga *f.* wrinkle
artefacto *m.* artifact **5**
artesano/a *m., f.* artisan
asaltar *v.* to rob
ascender (e:ie) *v.* to rise; to be promoted
asco *m.* revulsion; **dar asco** to be disgusting
asegurar *v.* to assure; to guarantee
asegurarse *v.* to make sure
aseo *m.* cleanliness; hygiene; **aseo personal** *m.* personal care
asesor(a) *m., f.* consultant; advisor
así *adv.* like this; so **3**
asiento *m.* seat **2**
asombrar *v.* to amaze
asombrarse *v.* to be astonished
asombro *m.* amazement; astonishment
asombroso/a *adj.* astonishing
aspecto *m.* appearance; look; **tener buen/ mal aspecto** to look healthy/sick **4**
aspirina *f.* aspirin **4**

astronauta *m., f.* astronaut
astrónomo/a *m., f.* astronomer
asunto *m.* matter; topic
asustado/a *adj.* frightened; scared
asustar *v.* to scare
atar *v.* to tie (up)
ataúd *m.* casket
ateísmo *m.* atheism
ateo/a *adj.* atheist
aterrizar *v.* to land (an airplane) **5**
atletismo *m.* track-and-field events
atónito/a *adj.* astonished
atracción *f.* attraction
atraer *v.* to attract **1**
atrapar *v.* to trap; to catch **6**
atrasado/a *adj.* late **3**
atrasar *v.* to delay
atreverse (a) *v.* to dare (to) **2**
atropellar *v.* to run over
audiencia *f.* audience
aumento *m.* increase; raise; **aumento de sueldo** *m.* raise in salary
auricular *m.* telephone receiver
ausente *adj.* absent
auténtico/a *adj.* real; genuine **3**
autobiografía *f.* autobiography
autoestima *f.* self-esteem **4**
autoritario/a *adj.* strict; authoritarian **1**
autorretrato *m.* self-portrait
auxiliar de vuelo *m., f.* flight attendant
auxilio *m.* help; aid; **primeros auxilios** *m. pl.* first aid **4**
avance *m.* advance; breakthrough
avanzado/a *adj.* advanced
avaro/a *m., f.* miser
ave *f.* bird **6**
aventura *f.* adventure **5**
aventurero/a *m., f.* adventurer **5**
avergonzado/a *adj.* ashamed; embarrassed
avergonzar *v.* to embarrass
averiguar *v.* to find out **1**
avisar *v.* to inform; to warn
aviso *m.* notice; warning **5**
ayer (el) *m.* past **3**
azar *m.* chance

B

bahía *f.* bay **5**
bailar *v.* to dance **1**
bailarín/bailarina *m., f.* dancer
bajar *v.* to lower
bajos recursos *m., pl.* low-income
balcón *m.* balcony **3**
balón *m.* ball
bancario/a *adj.* banking
bancarrota *f.* bankruptcy
banda sonora *f.* soundtrack
bandera *f.* flag
bañarse *v.* to take a bath **2**
barato/a *adj.* cheap; inexpensive **3**
barbaridad *f.* outrageous thing
barrer *v.* to sweep **3**
barrio *m.* neighborhood
bastante *adv.* quite; enough **3**
batalla *f.* battle **4**
bautismo *m.* baptism
beber *v.* to drink **1**
bellas artes *f., pl.* fine arts
belleza *f.* beauty

bendecir (e:i) *v.* to bless
bendito/a *adj.* blessed **2**
beneficios *m. pl.* benefits
besar *v.* to kiss **1**
biblioteca *f.* library
bien acogido/a *adj.* well-received
bienestar *m.* well-being **4**
bienvenida *f.* welcome **5**
bilingüe *adj.* bilingual
billar *m.* billiards **2**
biografía *f.* biography
biólogo/a *m., f.* biologist
bioquímico/a *adj.* biochemical
bitácora *f.* travel log; weblog
blog *m.* blog
blogonovela *f.* blognovel
blogosfera *f.* blogosphere
bobo/a *m., f.* silly, stupid person
boleto *m.* ticket
boliche *m.* bowling **2**
bolsa *f.* bag; sack; stock market; **bolsa de valores** *f.* stock market
bombardeo *m.* bombing **6**
bondad *f.* goodness; **¿Tendría usted la bondad de + *inf*.…? Could you please …?** (*form.*)
boquiabierto/a *adj.* openmouthed
bordo: a bordo *adv.* on board **5**
borrar *v.* to erase
bosque *m.* forest; **bosque lluvioso** *m.* rain forest **6**
bostezar *v.* to yawn
botar *v.* to throw… out
botarse *v.* to outdo oneself (*P. Rico; Cuba*)
bote *m.* boat **5**
brindar *v.* to make a toast **2**
brindis *m.* toast **3**
broma *f.* joke
bromear *v.* to joke
brújula *f.* compass **5**
buceo *m.* scuba diving **5**
budista *adj.* Buddhist
bueno/a *adj.* good; **estar bueno/a** *v.* to (still) be good (i.e., *fresh*); **ser bueno/a** *v.* to be good (*by nature*); **¡Buen fin de semana!** Have a nice weekend!; **Buen provecho.** Enjoy your meal.
búfalo *m.* buffalo
burla *f.* mockery
burlar *v.* to outsmart
burlarse (de) *v.* to make fun (of)
burocracia *f.* bureaucracy
buscador *m.* search engine
búsqueda *f.* search
buzón *m.* mailbox

C

caber *v.* to fit **1**; **no caber duda** to be no doubt
cabina *f.* cockpit **5**
cabo *m.* cape; end (*rope, string*); **al fin y al cabo** sooner or later, after all; **llevar a cabo** to carry out (*an activity*)
cabra *f.* goat
cacique *m.* tribal chief
cadena *f.* network; **cadena de televisión** *f.* television network
caducar *v.* to expire
caer(se) *v.* to fall **1**; **caer bien/mal** to get along well/badly with **2**

caja *f.* box; **caja de herramientas** toolbox
cajero/a *m., f.* cashier; **cajero automático** *m.* ATM
calentamiento global *m.* global warming **6**
calentar (e:ie) *v.* to warm up **3**
calidad *f.* quality
callado/a *adj.* quiet/silent
callarse *v.* to be quiet, silent
calmante *m.* tranquilizer **4**
calmarse *v.* to calm down; to relax
calzoncillos *m. pl.* underwear (men's)
camarero/a *m., f.* waiter; waitress
cambiar *v* to change
cambio *m.* change; **a cambio de** in exchange for
camerino *m.* star's dressing room
campamento *m.* campground **5**
campaña *f.* campaign
campeón/campeona *m., f.* champion **2**
campeonato *m.* championship
campo *m.* ball field **5**
campo *m.* countryside; field **6**
canal *m.* channel; **canal de televisión** *m.* television channel
cancelar *v.* to cancel **5**
cáncer *m.* cancer
cancha *f.* field
candidato/a *m., f.* candidate
canon literario *m.* literary canon
cansancio *m.* exhaustion **3**
cansarse *v.* to become tired
cantante *m., f.* singer **2**
capa *f.* layer; **capa de ozono** *f.* ozone layer **6**
capaz *adj.* competent; capable
capilla *f.* chapel
capitán *m.* captain
capítulo *m.* chapter
caracterización *f.* characterization
cargo *m.* position; **estar a cargo de** to be in charge of **1**
cariño *m.* affection **1**
cariñoso/a *adj.* affectionate **1**
carne *f.* meat; flesh
carné de conducir *m.* driver's license
caro/a *adj.* expensive **3**
cartas *f. pl.* (playing) cards **2**
casado/a *adj.* married **1**
cascada *f.* cascade; waterfall **5**
casi *adv.* almost **3**
  casi nunca *adv.* rarely **3**
castigo *m.* punishment
casualidad *f.* chance; coincidence; **por casualidad** by chance **3**
catástrofe *f.* catastrophe; disaster; **catástrofe natural** *f.* natural disaster
categoría *f.* category **5**; **de buena categoría** *adj.* high quality **5**
católico/a *adj.* Catholic
cazar *v.* to hunt **6**
ceder *v.* give up
ceguera *f.* blindness **4**
celda *f.* cell
celebrar *v.* to celebrate **2**
celebridad *f.* celebrity
celos *m. pl.* jealousy; **tener celos de** to be jealous of **1**
celoso/a *adj.* jealous **1**
célula *f.* cell
cementerio *m.* cemetery
censura *f.* censorship

centavo *m.* cent
centro comercial *m.* mall **3**
cepillarse *v.* to brush **2**
cerdo *m.* pig **6**
cerro *m.* hill
certeza *f.* certainty
certidumbre *f.* certainty
chiripazo *m.* coincidence (*Col.*) **4**
chisme *m.* gossip
chiste *m.* joke **1**
choque *m.* crash **3**
choza *f.* hut
cicatriz *f.* scar
ciclo vital *m.* life cycle **4**
ciencia ficción *f.* science fiction
científico/a *adj.* scientific
científico/a *m., f.* scientist
cierto/a *adj.* certain, sure; **¡Cierto!** Sure!; **No es cierto.** That's not so.
cima *f.* height **1**
cine *m.* movie theater; cinema **2**
cinta *f.* tape **1**
cinturón *m.* belt; **cinturón de seguridad** *m.* seatbelt **5**; **abrocharse el cinturón de seguridad** *v.* to fasten one's seatbelt; **ponerse (el cinturón)** *v.* to fasten (the seatbelt) **5**; **quitarse (el cinturón)** *v.* to unfasten (the seatbelt) **5**
circo *m.* circus **2**
cirugía *f.* surgery **4**
cirujano/a *m., f.* surgeon **4**
cisterna *f.* cistern; underground tank **6**
cita *f.* date; quotation; **cita a ciegas** *f.* blind date **1**
ciudadano/a *m., f.* citizen
civilización *f.* civilization
civilizado/a *adj.* civilized
claro *interj.* of course **3**
clásico/a *adj.* classic
claustro *m.* cloister
clave *f.* key
clima *m.* climate
clonar *v.* to clone
club *m.* club; **club deportivo** *m.* sports club **2**
coartada *f.* alibi
cobertura *f.* (cell phone) service **5**
cobrador(a) *m., f.* debt collector
cobrar *v.* to charge; to receive
cochinillo *m.* suckling pig
cocinar *v.* to cook **3**
cocinero/a *m., f.* chef; cook
codo *m.* elbow
coger la caña *v.* to accept (*Col.*) **2**
cohete *m.* rocket
cola *f.* line; tail; **hacer cola** to wait in line **2**
coleccionar *v.* to collect
coleccionista *m., f.* collector
colgar (o:ue) *v.* to hang (up)
colina *f.* hill
colmena *f.* beehive
colocar *v.* to place (*an object*) **2**
colonia *f.* colony
colonizar *v.* to colonize
columnista *m., f.* columnist
combatiente *m., f.* combatant
combustible *m.* fuel **6**
comediante *m., f.* comedian **1**
comensal *m., f.* dinner guest

comer *v.* to eat **1, 2**
comerciar *v.* to trade
comerciante *m., f.* storekeeper; trader
comercio *m.* commerce; trade
comerse *v.* to eat up **2**
comestible *adj.* edible; **planta comestible** *f.* edible plant
cometa *m.* comet
comida *f.* food **6**; **comida enlatada** *f.* canned food **6**; **comida rápida** *f.* fast food **4**
cómo *adv.* how; **¿Cómo así?** *expr.* How come? **2**; **¡Cómo no!** Of course!; **¿Cómo que son...?** What do you mean they are...?
compañía *f.* company
completo/a *adj.* complete; filled up; **El hotel está completo.** The hotel is filled.
componer *v.* to compose **1**
compositor(a) *m., f.* composer
comprobar (o:ue) *v.* to prove
compromiso *m.* awkward situation
compromiso *m.* commitment; responsibility **1**
computación *f.* computer science
computadora portátil *f.* laptop
comunidad *f.* community **4**
conciencia *f.* conscience
concierto *m.* concert **2**
conducir *v.* to drive **1**
conductor(a) *m., f.* announcer
conejo *m.* rabbit **6**
conexión de satélite *f.* satellite connection
conferencia *f.* conference
confesar (e:ie) *v.* to confess
confianza *f.* trust; confidence **1**
confundido/a *adj.* confused
confundir (con) *v.* to confuse (with)
confuso/a *adj.* blurred
congelado/a *adj.* frozen
congeniar *v.* to get along
congestionado/a *adj.* congested
congestionamiento *m.* traffic jam **5**
conjunto *m.* collection; **conjunto (musical)** *m.* (musical) group, band
conmovedor(a) *adj.* moving
conocer *v.* to know **1**
conocimiento *m.* knowledge
conquista *f.* conquest
conquistador(a) *m., f.* conquistador; conqueror
conquistar *v.* to conquer
conseguir (e:) *v.* to obtain; **conseguir boletos/entradas** *v.* to get tickets **2**
conservador(a) *adj.* conservative
conservador(a) *m., f.* curator
conservar *v.* to conserve; to preserve **6**
considerar *v.* to consider; **Considero que...** In my opinion, ...
consiguiente *adj.* resulting; consequent; **por consiguiente** consequently; as a result
consulado *m.* consulate
consulta *f.* doctor's appointment **4**
consultorio *m.* doctor's office **4**
consumo *m.* consumption; **consumo de energía** *m.* energy consumption
contador(a) *m., f.* accountant
contagiarse *v.* to become infected **4**
contaminación *f.* pollution; contamination **6**
contaminar *v.* to pollute; to contaminate **6**

contar (o:ue) *v.* to tell; to count **2; contar con** to count on
contemporáneo/a *adj.* contemporary
contentarse con *v.* to be contented/ satisfied with **1**
continuación *f.* sequel
contra *prep.* against; **en contra** *prep.* against
contraer *v.* to contract **1**
contraseña *f.* password
contratar *v.* to hire
contrato *m.* contract
contribuir (a) *v.* to contribute **6**
control remoto *m.* remote control; **control remoto universal** *m.* universal remote control
controvertido/a *adj.* controversial
contundente *adj.* filling; heavy
convertirse (en) (e:ie) *v.* to become **2**
copa *f.* (drinking) glass **3; Copa del mundo** World Cup
coquetear *v.* to flirt **1**
coraje *m.* courage
corazón *m.* heart **1**
cordillera *f.* mountain range **6**
cordura *f.* sanity **4**
coro *m.* choir; chorus
corrector ortográfico *m.* spell-checker
correr a cargo de *v.* to be paid by **5**
corresponsal *m., f.* correspondent
corrida *f.* bullfight **2**
corrido (de) *adv.* non-stop
corriente *f.* movement
corrupción *f.* corruption
corte *m.* cut; **de corte ejecutivo** of an executive nature
corto *m.* short film
cortometraje *m.* short film
cosecha *f.* harvest
costa *f.* coast **1**
costoso/a *adj.* costly; expensive
costumbre *f.* custom; habit **3**
cotidiano/a *adj.* everyday **3; vida cotidiana** *f.* everyday life
crear *v.* to create
creatividad *f.* creativity
crecer *v.* to grow **1**
crecimiento *m.* growth
creencia *f.* belief
creer (en) *v.* to believe (in); **No creas.** Don't you believe it.
cretino/a *adj.* idiot **5**
creyente *m., f.* believer
criar *v.* to raise; **haber criado** to have raised **1**
criarse *v.* to grow up **1**
crisis *f.* crisis; **crisis económica** economic crisis
cristiano/a *adj.* Christian
criticar *v.* to critique
crítico/a *m., f.* critic; *adj.* critical **crítico/a de cine** movie critic
crucero *m.* cruise (ship) **5**
cruzar *v.* to cross
cuadro *m.* painting **3**
cuarentón/cuarentona *adj.* forty-year-old; in her/his forties
cubismo *m.* cubism
cucaracha *f.* cockroach **6**

cuenta *f.* calculation, sum; bill; account; **a final de cuentas** after all; **cuenta corriente** *f.* checking account; **cuenta de ahorros** *f.* savings account; **tener en cuenta** to keep in mind
cuento *m.* short story
cuerpo *m.* body; **cuerpo y alma** heart and soul
cueva *f.* cave
cuidado *m.* care **1; bien cuidado/a** well-kept
cuidadoso/a *adj.* careful **1**
cuidar *v.* to take care of **1**
cuidarse *v.* to take care of oneself
culpa *f.* guilt
culpable *adj.* guilty
cultivar *v.* to grow
culto *m.* worship
culto/a *adj.* cultured; educated; refined
cultura *f.* culture; **cultura popular** *f.* pop culture
cumbre *f.* summit; peak
cumplir *v.* to carry out, to fulfill
cura *m.* priest
curarse *v.* to heal; to be cured **4**
curativo/a *adj.* healing **4**
currículum vitae *m.* résumé

D

dañino/a *adj.* harmful **6**
dar *v.* to give; **dar a** to look out upon; **dar asco** to be disgusting; **dar de comer** to feed **6; dar el primer paso** to take the first step; **dar la gana** to feel like; **dar la vuelta (al mundo)** to go around (the world); **dar paso a** to give way to; **dar un paseo** to take a stroll/walk **2; dar una vuelta** to take a walk/stroll; **darse cuenta** to realize **2; darse por aludido/a** to realize/assume that one is being referred to; **darse por vencido** to give up
dardos *m. pl.* darts **2**
dato *m.* piece of data
de repente *adv.* suddenly **3**
de terror *adj.* horror (*story/novel*)
deber *m.* duty
deber *v.* to owe; **deber dinero** to owe money
deber + inf. *v.* ought + *inf.*
década *f.* decade
decir (e:i) *v.* to say **1**
dedicatoria *f.* dedication
deforestación *f.* deforestation **6**
dejar *v.* to leave; to allow; **dejar a alguien** to leave someone **1; dejar de fumar** quit smoking **4; dejar en paz** to leave alone
delatar *v.* to denounce **3**
demás: los/las demás *pron.* others; other people
demasiado/a *adj., adv.* too; too much
democracia *f.* democracy
demora *f.* delay
demorar *v.* to delay
denunciar *v.* to denounce
deportista *m., f.* athlete **2**
depositar *v.* to deposit
depresión *f.* depression **4**
deprimido/a *adj.* depressed **1**

derecho *m.* law; right; **derechos civiles** *m.* civil rights; **derechos humanos** *m.* human rights
derramar *v.* to spill
derribar *v.* to bring down; to overthrow
derrocar *v.* to overthrow
derrota *f.* defeat
derrotado/a *adj.* defeated
derrotar *v.* to defeat
desafiante *adj.* challenging **4**
desafiar *v.* to challenge **2**
desafío *m.* challenge
desanimado/a *adj.* discouraged
desanimarse *v.* to get discouraged
desánimo *m.* the state of being discouraged **1**
desaparecer *v.* to disappear **1, 6**
desarrollado/a *adj.* developed
desarrollarse *v.* to take place
desarrollo *m.* development **6; país en vías de desarrollo** *m.* developing country
desatar *v.* to untie
descansar *v.* to rest **4**
descanso *m.* rest
descarado/a *adj.* rude
descargar *v.* to download; to unload
descendiente *m., f.* descendent
desconocido/a *m., f.* stranger; *adj.* unknown
descubridor(a) *m., f.* discoverer
descubrimiento *m.* discovery
descubrir *v.* discover
descuidar(se) *v.* to get distracted; to neglect **6**
desear *v.* to desire; to wish **4**
desechable *adj.* disposable **6**
desempleado/a *adj.* unemployed
desempleo *m.* unemployment
desenlace *m.* ending
deseo *m.* desire; wish; **pedir un deseo** to make a wish
deshacer *v.* to undo **1**
deshecho/a *adj.* devastated
deshojar *v.* to pull out petals **3**
desierto *m.* desert **6**
desigual *adj.* unequal
desilusión *f.* disappointment
desmayarse *v.* to faint **4**
desorden *m.* disorder; mess
despacho *m.* office
despedida *f.* farewell **5**
despedido/a *adj.* fired
despedir (e:i) *v.* to fire
despedirse (e:i) *v.* to say goodbye **3**
despegar *v.* to take off **5**
despertarse (e:ie) *v.* to wake up **2**
despreocupado/a *adj.* carefree
destacado/a *adj.* prominent
destacar *v.* to emphasize; to point out
destino *m.* destination **5**
destrozar *v.* to destroy
destruir *v.* to destroy **6**
detestar *v.* to detest
deuda *f.* debt
devolver (o:ue) *v.* to return (*items*) **3**
devoto/a *adj.* pious
día *m.* day; **estar al día con las noticias** to keep up with the news
diamante *m.* diamond
diario *m.* newspaper

diario/a *adj.* daily **3**
dibujar *v.* to draw
dictador(a) *m., f.* dictator
dictadura *f.* dictatorship
didáctico/a *adj.* educational
dieta *f.* diet; **estar a dieta** to be on a diet **4**
digestión *f.* digestion
digital *adj.* digital
digno/a *adj.* worthy **6**
diluvio *m.* heavy rain
dinero *m.* money; **dinero en efectivo** cash **3**
Dios *m.* God
dios(a) *m., f.* god/goddess **5**
diputado/a *m., f.* representative
disparar *v.* to shoot
disputar *v.* to play
dirección de correo electrónico *f.* e-mail address
directo/a *adj.* direct; **en directo** *adj.* live
director(a) *m., f.* director
dirigir *v.* to direct; to manage **1**
discoteca *f.* discotheque; dance club **2**
discriminación *f.* discrimination
discriminado/a *adj.* discriminated
disculpar *v.* to excuse
disculparse *v.* to apologize **6**
discurso *m.* speech; **pronunciar un discurso** to give a speech
discutir *v.* to argue **1**
diseñar *v.* to design
disfraz *m.* costume
disfrazado/a *adj.* disguised; in costume
disfrutar (de) *v.* to enjoy **2**
disgustado/a *adj.* upset **1**
disgustar *v.* to upset **2**
disminuir *v* to decrease
disponer (de) *v.* to have; to make use of **3**
disponerse a *v.* to be about to **6**
disponible *adj.* available
distinguido/a *adj.* honored
distinguir *v.* to distinguish **1**
distraer *v.* to distract **1**
distraído/a *adj.* distracted
disturbio *m.* riot
diversidad *f.* diversity **4**
divertido/a *adj.* fun **2**
divertirse (e:ie) *v.* to have fun **2**
divorciado/a *adj.* divorced **1**
divorcio *m.* divorce **1**
doblado/a *adj.* dubbed
doblaje *m.* dubbing (film)
doblar *v.* to dub (film); to fold; to turn (*a corner*)
doble *m., f.* double (*in movies*)
documental *m.* documentary
dolencia *f.* illness; condition
doler (o:ue) *v.* to hurt; to ache **2**
dominio *m.* rule
dominó *m.* dominoes
dondequiera *adv.* wherever **4**
dormir (o:ue) *v.* to sleep **2**
dormirse (o:ue) *v.* to go to sleep, to fall asleep **2**
dramaturgo/a *m., f.* playwright
ducharse *v.* to take a shower **2**
dueño/a *m., f.* owner
duro/a *adj.* hard; difficult

E

echar *v.* to throw away; **echar un vistazo** to take a look; **echar a correr** to take off running
ecosistema *m.* ecosystem **6**
ecoturismo *m.* ecotourism **5**
Edad Media *f.* Middle Ages
editar *v.* to publish
educar *v.* to raise; to bring up **1**
efectivo *m.* cash
efectos especiales *m., pl.* special effects
efectos secundarios *m.pl.* side effects **4**
eficiente *adj.* efficient
ejecutivo/a *m., f.* executive; **de corte ejecutivo** of an executive nature
ejército *m.* army
electoral *adj.* electoral
electrónico/a *adj.* electronic
elegido/a *adj.* chosen; elected
elegir (e:i) *v.* to elect; to choose
embajada *f.* embassy
embajador(a) *m., f.* ambassador
embalarse *v.* to go too fast
embarcar *v.* to board
emigrar *v.* to emigrate
emisión *f.* broadcast; **emisión en vivo/ directo** *f.* live broadcast
emisora *f.* (radio) station
emocionado/a *adj.* excited **1**
empatar *v.* to tie (*games*) **2**
empate *m.* tie (*game*) **2**
empeorar *v.* to deteriorate; to get worse **4**
emperador *m* emperor
emperatriz *f.* empress
empezar (e:ie) *v.* to begin
empleado/a *adj.* employed
empleado/a *m., f.* employee
empleo *m.* employment; job
empresa *f.* company; **empresa multinacional** *f.* multinational company
empresario/a *m., f.* entrepreneur
empujar *v.* to push
en línea *adj.* online
enamorado/a (de) *adj.* in love (with) **1**
enamorarse (de) *v.* to fall in love (with) **1**
encabezar *v.* to lead
encantar *v.* to like very much **2**
encargado/a *m., f.* person in charge; **estar encargado/a de** to be in charge of **1**
encargarse de *v.* to be in charge of **1**
encender (e:ie) *v.* to turn on **3**
encogerse *v.* shrink; **encogerse de hombros** to shrug
energía *f.* energy; **energía eólica** *f.* wind energy; wind power; **energía nuclear** *f.* nuclear energy
enérgico/a *adj.* energetic
enfermarse *v.* to get sick **4**
enfermedad *f.* disease; illness **4**
enfermero/a *m., f.* nurse **4**
enfrentar *v.* to confront
engañar *v.* to betray
engordar *v.* to gain weight **4**
enlace *m.* link
enojo *m.* anger
enrojecer *v.* to turn red; to blush
ensayar *v.* to rehearse
ensayista *m., f.* essayist
ensayo *m.* essay; rehearsal

enseguida right away **3**
enseñanza *f.* teaching; lesson
entender (e:ie) *v.* to understand
enterarse (de) *v.* to become informed (about)
enterrado/a *adj.* buried
enterrar (e:ie) *v.* to bury
entonces *adv.* then; **en aquel entonces** at that time **3**
entrada *f.* admission ticket
entrega *f.* delivery
entrenador(a) *m., f.* coach; trainer **2**
entretener(se) (e:ie) *v.* to entertain, to amuse (oneself); to be held up **1, 2**
entretenido/a *adj.* entertaining **2**
entrevista *f.* interview; **entrevista de trabajo** *f.* job interview
envenenado/a *adj.* poisoned **6**
enviar *v.* to send
eólico/a *adj.* related to the wind; **energía eólica** *f.* wind energy; wind power
epidemia *f.* epidemic **4**
episodio *m.* episode; **episodio final** *m.* final episode
época *f.* era; epoch; historical period
equipaje *m.* luggage
equipo *m.* team **2**
equivocarse *v.* to be mistaken; to make a mistake **2**
erosión *f.* erosion **6**
erudito/a *adj.* learned
esbozar *v.* to sketch
esbozo *m.* outline; sketch
escalada *f.* climb (*mountain*)
escalador(a) *m., f.* climber
escalera *f.* staircase **3**
escena *f.* scene
escenario *m.* scenery; stage **2**
esclavitud *f.* slavery
esclavizar *v.* to enslave
esclavo/a *m., f.* slave
escoba *f.* broom
escoger *v.* to choose **1**
escritura *f.* writing
esculpir *v.* to sculpt
escultor(a) *m., f.* sculptor
escultura *f.* sculpture
esfuerzo *m.* effort
espacial *adj.* related to space; **transbordador espacial** *m.* space shuttle
espacio *m.* space
espacioso/a *adj.* spacious
espalda *f.* back; **a mis espaldas** behind my back; **estar de espaldas a** to have one's back to
espantar *v.* to scare
especialista *m., f.* specialist
especializado/a *adj.* specialized
especie *f.* species **6**; **especie en peligro de extinción** *f.* endangered species
espectáculo *m.* show **2**
espectador(a) *m., f.* spectator **2**
espejo retrovisor *m.* rearview mirror
espera *f.* wait
esperanza *f.* hope **6**
espuma *f.* foam **5**
espiritual *adj.* spiritual
estabilidad *f.* stability
establecer(se) *v.* to establish (oneself)
estado de ánimo *m.* mood **4**

estallido *m.* explosion
estar *v.* to be; **estar al día** to be up-to-date; **estar bajo presión** to be under stress/pressure; **estar bueno/a** to be good (i.e., *fresh*); **estar a cargo de** to be in charge of; **estar harto/a (de)** to be fed up (with); to be sick (of) **1**; **estar lleno** to be full **5**; **estar al tanto** to be informed; **estar a la venta** to be for sale; **estar resfriado/a** to have a cold **4**
estatal *adj.* public; pertaining to the state
estereotipo *m.* stereotype
estético/a *adj.* aesthetic
estibador de puerto *m.* longshoreman **4**
estilo *m.* style; **al estilo de…** in the style of …
estrecho/a *adj.* narrow
estrella *f.* star; **estrella fugaz** *f.* shooting star; **estrella** *f.* (movie) star [m/f]; **estrella pop** *f.* pop star [m/f]
estreno *m.* premiere; debut **2**
estrofa *f.* stanza
estudio *m.* studio; **estudio de grabación** *m.* recording studio
etapa *f.* stage; phase
eterno/a *adj.* eternal
ético/a *adj.* ethical; **poco ético/a** unethical
etiqueta *f.* label; tag
excitante *adj.* exciting
excursión *f.* excursion; tour **5**
exigir *v.* to demand **1, 4**
exilio político *m.* political exile
éxito *m.* success
exitoso/a *adj.* successful
exótico/a *adj.* exotic
expediente *m.* investigation **5**
experiencia *f.* experience
experimentar *v.* to experience; to feel
experimento *m.* experiment
exploración *f.* exploration
explorar *v.* to explore
explotación *f.* exploitation
explotar *v.* to exploit
exportaciones *f., pl.* exports
exportar *v.* to export
exposición *f.* exhibition
expresionismo *m.* expressionism
expulsar *v.* to expel
extinguir *v.* to extinguish
extinguirse *v.* to become extinct **6**
extrañar *v.* to miss; **extrañar a (alguien)** to miss (someone); **extrañarse de algo** to be surprised about something
extraterrestre *m., f.* alien

F

fábrica *f.* factory
fabricar *v.* to manufacture; to make
facciones *f.* facial features **3**
factor *m.* factor; **factores de riesgo** *m. pl.* risk factors
factura *f.* bill
falda *f.* skirt
fallecer *v* to die
falso/a *adj.* insincere **1**
faltar *v.* to lack; to need **2**
fama *f.* fame; **tener buena/mala fama** to have a good/bad reputation
famoso/a *adj.* famous; **hacerse famoso** *v.* to become famous

farándula *f.* entertainment **1**
faro *m.* lighthouse; beacon **5**
fascinar *v.* to fascinate; to like very much **2**
fatiga *f.* fatigue; weariness
fatigado/a *adj.* exhausted **3**
favor *m.* favor; **hacer el favor** to do someone the favor
favoritismo *m.* favoritism
fe *f.* faith
felicidad *f.* happiness; **¡Felicidades a todos!** Congratulations to all!
feliz *adj.* happy
feria *f.* fair **2**
festejar *v.* to celebrate **2**
festival *m.* festival **2**
fiabilidad *f.* reliability
fiebre *f.* fever **4**
fijarse *v.* to notice; **fijarse en** to take notice of **2**
fijo/a *adj.* permanent; fixed
fin *m.* end; **al fin y al cabo** sooner or later; after all
final: al final de cuentas after all
financiar *v.* to finance
financiero/a *adj.* financial
finanza(s) *f.* finance(s)
firma *f.* signature
firmar *v.* to sign
físico/a *m., f.* physicist
flexible *adj.* flexible
florecer *v.* to flower **6**
flotar *v.* to float **5**
fondo *m.* bottom; **a fondo** *adv.* thoroughly
forma *f.* form; shape; **mala forma física** *f.* bad physical shape; **de todas formas** in any case; **ponerse en forma** *v.* to get in shape **4**
formular *v.* to formulate
fortaleza *f.* strength
forzado/a *adj.* forced
fraile *m.* friar
frasco *m.* flask
freír (e:i) *v.* to fry **3**
frontera *f.* border **5**
fuente *f.* fountain; source; **fuente de energía** energy source **6**
fuerza *f.* force; power; **fuerza de voluntad** will power **4**; **fuerza laboral** labor force; **fuerzas armadas** *f., pl.* armed forces
fulano/a *m., f.* so-and-so
función *f.* performance (*theater/movie*) **2**
funcionar *v.* to work
fusil *m.* rifle
fusilar *v.* shoot, execute by firing squad
futurístico/a *adj.* futuristic

G

galería *f.* gallery
gana *f.* desire; **sentir/tener ganas de** to want to; to feel like
ganar *v.* to win; **ganarse la vida** to earn a living; **ganar bien/mal** to be well/poorly paid; **ganar las elecciones** to win an election; **ganar un partido** to win a game **2**
ganga *f.* bargain **3**
gastar *v.* to spend
gen *m.* gene
generar *v.* to produce; to generate

generoso/a *adj.* generous
genética *f.* genetics
gerente *m, f.* manager
gesto *m.* gesture
gimnasio *m.* gymnasium
globalización *f.* globalization
gobernador(a) *m., f.* governor
gobernante *m., f.* ruler
gobernar (e:ie) *v.* to govern
grabar *v.* to record
gracioso/a *adj.* funny; pleasant **1**
graduarse *v.* to graduate
gravedad *f.* gravity
gripe *f.* flu **4**
gritar *v.* to shout
grupo *m.* group; **grupo musical** *m.* musical group, band
guaraní *m.* Guarani
guardar *v.* to save
guardarse (algo) *v.* to keep (something) to yourself **1**
guerra *f.* war; **guerra civil** civil war; **guerra mundial** world war
guerrero/a *m., f.* warrior
guía turístico/a *m.,f.* tour guide **5**
guión *m.* screenplay; script
guita *f.* cash; dough (*Arg.*)
gusanos *m. pl.* worms **4**
gustar *v.* to like **2, 4**; **¡No me gusta nada…!** I don't like … at all!
gusto *m.* taste; **con mucho gusto** gladly; **de buen/mal gusto** in good/bad taste

H

habilidad *f.* skill
hábilmente *adv.* skillfully
habitación *f.* room **5**; **habitación individual/doble** *f.* single/double room **5**
habitante *m., f.* inhabitant
habitar *v.* to inhabit
hablante *m., f.* speaker
hablar *v.* to speak **1**; **Hablando de esto, …** Speaking of that, …
hacer *v.* to do; to make **1, 4**; **hacer algo a propósito** to do something on purpose; **hacer clic** to click; **hacer cola** to wait in line **2**; **hacerle caso a alguien** to pay attention to someone **1**; **hacerle daño a alguien** to hurt someone; **hacer el favor** do someone the favor; **hacerle gracia a alguien** to be funny to someone; **hacerse daño** to hurt oneself; **hacer las maletas** to pack **5**; **hacer mandados** to run errands **3**; **hacer transbordo** *v.* to change (pains, trains) **5**; **hacer un viaje** to take a trip **5**
hallazgo *m.* finding; discovery **4**
hambriento/a *adj.* hungry
haragán/haragana *adj.* lazy; idle
harto/a *adj.* tired; fed up (with); **estar harto/a (de)** to be fed up (with); to be sick (of) **1**
hasta *adv.* until; **hasta la fecha** up until now
hecho *m.* fact **3**; **de hecho** in fact **4**
helar (e:ie) *v.* to freeze
heredar *v.* to inherit
herencia *f.* heritage; **herencia cultural** cultural heritage
herida *f.* injury **4**
herido/a *adj.* injured

herir (e:ie) *v.* to hurt **1**
heroico/a *adj.* heroic
herradura *f.* horseshoe
herramienta *f.* tool; **caja de herramientas** *f.* toolbox
hervir (e:ie) *v.* to boil **3**
hierba *f.* grass
higiénico/a *adj.* hygienic
hindú *adj.* Hindu
hipoteca *f.* mortgage
historia *f.* history
historiador(a) *m., f.* historian
histórico/a *adj.* historic
histórico/a *adj.* historical
hogar *m.* home; fireplace **3**
hojear *v.* to skim
hombre de negocios *m.* businessman
hombro *m.* shoulder; **encogerse de hombros** to shrug
hondo/a *adj.* deep **2**
hora *f.* hour; **horas de visita** *f., pl.* visiting hours
horario *m.* schedule **3**
hormiga *f.* ant **6**
hospedarse *v.* to stay; to lodge
huelga *f.* strike (*labor*)
huella *f.* trace; mark
huerto *m.* orchard
huerteado *m.* produce (*Col.*) **2**
huir *v.* to flee; to run away **3**
humanidad *f.* humankind
húmedo/a *adj.* humid; damp **6**
humillar *v.* to humiliate
humorístico/a *adj.* humorous
hundir *v.* to sink
huracán *m.* hurricane **6**

I

ideología *f.* ideology
idioma *m.* language
iglesia *f.* church
igual *adj.* equal
igualdad *f.* equality
ilusión *f.* illusion; hope
imagen *f.* image; picture **2,**
imaginación *f.* imagination
imparcial *adj.* unbiased
imperio *m.* empire
importaciones *f., pl.* imports
importado/a *adj.* imported
importante *adj.* important **4**
importar *v.* to be important (to); to matter **2, 4**; to import
impostergable *adj.* impossible to put off
impresionar *v.* to impress **1**
impresionismo *m.* impressionism
imprevisto/a *adj.* unexpected **3**
imprimir *v.* to print
improviso: de improviso *adv.* unexpectedly
impuesto *m.* tax; **impuesto de ventas** *m.* sales tax
inalámbrico/a *adj.* wireless
incapaz *adj.* incompetent; incapable
incendio *m.* fire **6**
incertidumbre *f.* uncertainty
incluido/a *adj.* included **5**
inconcluso/a *adj.* unfinished
independencia *f.* independence

índice *m.* index; **índice de audiencia** *m.* ratings
indígena *adj.* indigenous; *m., f.* indigenous person
industria *f.* industry
inesperado/a *adj.* unexpected **3**
inestabilidad *f.* instability
infancia *f.* childhood
inflamado/a *adv.* inflamed **4**
inflamarse *v.* to become inflamed
inflexible *adj.* inflexible
influyente *adj.* influential
informarse *v.* to get information
informática *f.* computer science
informativo *m.* news bulletin
ingeniero/a *m., f.* engineer
ingresar *v.* to enter; to enroll in; to become a member of; **ingresar datos** to enter data
injusto/a *adj.* unjust
inmaduro/a *adj.* immature **1**
inmigración *f.* immigration
inmoral *adj.* immoral
innovador(a) *adj.* innovative
inquietante *adj.* disturbing; unsettling
inscribirse *v.* to register
inseguro/a *adj.* insecure **1**
insensatez *f.* folly **4**
insistir en *v.* to insist on **4**
inspirado/a *adj.* inspired
instalar *v.* to install
instrucción *f.* education
integrarse (a) *v.* to become part (of)
inteligente *adj.* intelligent
intenciones *f., pl.* intentions
interesar *v.* to be interesting to; to interest **2**
Internet *m., f.* Internet
interrogante *m.* question; doubt
intrigante *adj.* intriguing
inundación *f.* flood **6**
inundar *v.* to flood
inútil *adj.* useless **2**
invadir *v.* to invade
inventar *v.* to invent
invento *m.* invention
inversión *f.* investment; **inversión extranjera** *f.* foreign investment
inversor(a) *m., f.* investor
invertir (e:ie) *v.* to invest
investigador(a) *m., f.* researcher
investigar *v.* to investigate; to research
ir *v.* to go **1, 2**; **¡Qué va!** Of course not!; **ir de compras** to go shopping **3**; **ir en serio** to mean it; **irse (de)** to go away (from) **2**; **ir(se) de vacaciones** to take a vacation **5**
irresponsable *adj.* irresponsible
isla *f.* island **5**
itinerario *m.* itinerary **5**

J

jabalí *m.* wild boar
jarabe *m.* syrup **4**
jaula *f.* cage
jornada *f.* (work) day
jubilación *f.* retirement
jubilarse *v.* to retire
judío/a *adj.* Jewish
juego *m.* game **2**; **juego de mesa** board game **2**; **juego de pelota** *m.* ball game **5**

juez(a) *m., f.* judge
jugada *f.* move
jugar (u:ue) *v.* to play
juicio *m.* trial; judgment
jurar *v.* to swear; **to promise**
justicia *f.* justice
justo/a *adj.* just

L

laboratorio *m.* laboratory; **laboratorio espacial** *m.* space lab
ladrillo *m.* brick
ladrón/ladrona *m., f.* thief
lágrimas *f. pl.* tears
lanzar *v.* to throw; to launch
largo/a *adj.* long; **a lo largo de** along; beside; **a largo plazo** long-term
largometraje *m.* full length film
lastimar *v.* to injure
lastimarse *v.* to get hurt **4**
latir *v.* to beat **4**
lavar *v.* to wash **3**
lavarse *v.* to wash (oneself) **2**
lealtad *f.* loyalty
lector(a) *m., f.* reader
lejano/a *adj.* distant **5**
lengua *f.* language; tongue
león *m.* lion **6**
lesión *f.* wound
levantar *v.* to pick up
levantarse *v.* to get up **2**
ley *f.* law; **aprobar una ley** to approve a law; to pass a law; **cumplir la ley** to abide by the law; **proyecto de ley** *m.* bill
leyenda *f.* legend **5**
liberal *adj.* liberal
liberar *v.* to liberate
libertad *f.* freedom; **libertad de prensa** freedom of the press
libre *adj.* free; **al aire libre** outdoors **6**
líder *m., f.* leader
liderazgo *m.* leadership
lidiar *v.* to fight bulls **2**
límite *m.* border
limpiar *v.* to clean **3**
limpieza *f.* cleaning **3**
literatura *f.* literature; **literatura infantil/ juvenil** *f.* children's literature
llamativo/a *adj.* striking
llanto *m.* weeping; crying
llegada *f.* arrival **5**
llegar *v.* to arrive
llevar *v.* to carry **2**; **llevar a cabo** to carry out (*an activity*); **llevar... años de (casados)** to be (married) for... years **1**; **llevarse** to carry away **2**; **llevarse bien/ mal** to get along well/poorly **1**
llorar *v.* to cry
loco/a: ¡Ni loco/a! *adj.* No way!
locura *f.* madness; insanity
locutor(a) *m., f.* announcer
locutor(a) de radio *m., f.* radio announcer
lograr *v.* to manage; to achieve **3**
loro *m.* parrot
lotería *f.* lottery
lucha *f.* struggle; fight
luchar *v.* to fight; to struggle; **luchar por** to fight (for)
lucir *v.* to wear, to display

lugar *m.* place
lujo *m.* luxury; **de lujo** luxurious
lujoso/a *adj.* luxurious **5**
luminoso/a *adj.* bright
luna *f.* moon; **luna llena** *f.* full moon
luz *f.* light **1;** power; electricity

M

macho *m.* male
madera *f.* wood
madre soltera *f.* single mother
madriguera *f.* burrow; den **3**
madrugar *v.* to wake up early **4**
maduro/a *adj.* mature **1**
magia *f.* magic
maldición *f.* curse
malestar *m.* discomfort **4**
maleta *f.* suitcase **5; hacer las maletas**
  to pack **5**
maletero *m.* trunk
malgastar *v.* to waste **6**
malhumorado/a *adj.* ill tempered; in a
  bad mood
manantial *m.* spring
mancha *f.* stain
manchar *v.* to stain
manejar *v.* to drive
manga *f.* sleeve
manifestación *f.* protest; demonstration
manifestante *m., f.* protester **6**
manipular *v.* to manipulate
mano de obra *f.* labor
manta *f.* blanket
mantener *v.* to maintain; to
  keep; **mantenerse en contacto** *v.* to keep
  in touch **1; mantenerse en forma** to stay
  in shape **4**
manuscrito *m.* manuscript
mañana (el) *m.* future **3**
maquillaje *m.* make-up
maquillarse *v.* to put on makeup **2**
mar *m.* sea **6**
maratón *m.* marathon
marca *f.* brand
marcar *v.* to mark; **marcar (un gol/
  punto)** to score (a goal/point) **2**
marcharse *v.* to leave
marco *m.* frame
mareado/a *adj.* dizzy **4**
marido *m.* husband
marinero *m.* sailor
mariposa *f.* butterfly
marítimo/a *adj.* maritime
más *adj., adv.* more; **más allá de**
  beyond; **más bien** rather
masticar *v.* to chew
matador/a *m., f.* bullfighter who kills
  the bull **2**
matemático/a *m., f.* mathematician
matiz *m.* subtlety
matrimonio *m.* marriage
mayor *m.* elder
mayor de edad *adj.* of age
mayoría *f.* majority
mazorca *f.* ear of corn **2**
mecánico/a *adj.* mechanical
mecanismo *m.* mechanism
medicina alternativa *f.* alternative medicine

medida *f.* means; measure; **medidas de
  seguridad** *f. pl.* security measures **5**
medio *m.* half; middle; means; **medio
  ambiente** *m.* environment **6; medios de
  comunicación** *m. pl.* media
medir (e:i) *v.* to measure
meditar *v.* to meditate
mejilla *f.* cheek
mejor *adj.* better, best; **a lo
  mejor** *adv.* maybe
mejorar *v.* to improve **4**
mejorarse *v.* to get better **2**
mendigo/a *m., f.* beggar
mensaje *m.* message; **mensaje de
  texto** *m.* text message
mentira *f.* lie **1; de mentiras** pretend **5**
mentiroso/a *adj.* lying **1**
¡Menuda paliza! *(Esp.)* What a beating!
menudo: a menudo *adv.* frequently; often **3**
¿Me permite? *expr.* May I?
mercadeo *m.* marketing **1**
mercado *m.* market
mercado al aire libre *m.* open-air market
mercancía *f.* merchandise
merced (su) *f., form.* you **2**
merecer *v.* to deserve
mesero/a *m., f.* waiter; waitress
mestizo/a *m., f.* person of mixed ethnicity
  (part indigenous)
meta *f.* finish line
meterse *v.* to break in (*to a
  conversation*) **1; meterse en un lío** *v.*
  to get into a mess **5**
mezcla *f.* mixture
mezquita *f.* mosque
miel *f.* honey
milagro *m.* miracle
militar *m., f.* military
mina *f.* mine
ministro/a *m., f.* minister; **ministro/a
  protestante** *m., f.* Protestant minister
minoría *f.* minority
mirada *f.* gaze **1**
misa *f.* mass
mismo/a *adj.* same; **Lo mismo digo yo.**
  The same here.; **él/ella mismo/a**
  himself; herself
mitad *f.* half
mito *m.* myth **5**
moda *f.* fashion; trend; **de moda** *adj.*
  popular; in fashion; **moda pasajera** *f.* fad
modelo *m., f.* model (*fashion*)
moderno/a *adj.* modern
modificar *v.* to modify; to reform
modo *m.* means; manner
mojar *v.* to moisten
mojarse *v.* to get wet
molar *v.* to be cool (*Esp.*) **5**
molestar *v.* to bother; to annoy **2, 5**
momento *m.* moment; **de último
  momento** *adj.* up-to-the-minute; **noticia
  de último momento** *f.* last-minute news
monarca *m., f.* monarch
monja *f.* nun
mono *m.* monkey **6**
monolingüe *adj.* monolingual
montaña *f.* mountain **6**
monte *m.* mountain **6**
moral *adj.* moral
morder (o:ue) *v.* to bite **5, 6**
morirse (o:ue) **de** *v.* to die of **2**

moroso/a *m., f.* debtor
mosca *f.* fly **4, 6**
motosierra *f.* power saw
móvil *m.* cell phone
movimiento *m.* movement
mudar *v.* to change **2**
mudarse *v.* to move (*change residence*) **2**
mueble *m.* furniture **3**
muelle *m.* pier **5**
muerte *f.* death
muestra *f.* sample; example
mujer *f.* woman; wife; **mujer de
  negocios** *f.* businesswoman
mujeriego *m.* womanizer
multa *f.* fine
multinacional *f.* multinational company
multitud *f.* crowd
Mundial *m.* World Cup
muralista *m., f.* muralist
museo *m.* museum
músico/a *m., f.* musician **2**
musulmán/musulmana *adj.* Muslim

N

naipes *m. pl.* playing cards **2**
narrador(a) *m., f.* narrator
narrar *v.* to narrate
narrativa *f.* narrative work
nativo/a *adj.* native
naturaleza muerta *f.* still life
nave espacial *f.* spaceship
navegante *m., f.* navigator
navegar *v.* to sail **5; navegar en Internet**
  to surf the web; **navegar en la red** to surf
  the web
necesario *adj.* necessary **4**
necesidad *f.* need **5; de primerísima
  necesidad** of utmost necessity **5**
necesitar *v.* to need **4**
necio/a *adj.* stupid
negocio *m.* business
nervioso/a *adj.* nervous
ni... ni... *conj.* neither... nor... **ni se le
  ocurra** *expr.* don't you even think
  about it
nido *m.* nest
niebla *f.* fog
nítido/a *adj.* sharp
nivel *m.* level; **nivel del mar** *m.* sea level
nombrar *v.* to name
nombre artístico *m.* stage name **1**
nominación *f.* nomination
nominado/a *m., f.* nominee
noticia *f.* news; **noticias locales/nacionales/
  internacionales** *f. pl.* local/domestic/
  international news
novedad (sin) *expr.* no news
novela rosa *f.* romance novel
novelista *m., f.* novelist
nuca *f.* nape
nutritivo/a *adj.* nutritious **4**

O

o... o... *conj.* either... or...
obedecer *v.* to obey **1**
obesidad *f.* obesity **4**

obra *f.* work; **obra de arte** *f.* work of art; **obra de teatro** *f.* play (*theater*) **2**; **obra literaria** *f.* literary play; **obra maestra** *f.* masterpiece **3**
obsequio *m.* gift
ocio *m.* leisure
ocultarse *v.* to hide **3**
ocurrírsele a alguien *v.* to occur to someone
odiar *v.* to hate **1**
ofensa *f.* insult
oferta *f.* offer; proposal
oficio *m.* trade
ofrecerse (a) *v.* to offer (to)
oír *v.* to hear **1**
ola *f.* wave **5**
óleo *m.* oil painting
Olimpiadas *f. pl.* Olympics
olvidarse (de) *v.* to forget (about) **2**
olvido *m.* forgetfulness; oblivion **1**
ombligo *m.* navel **4**
onda *f.* wave
operación *f.* operation **4**
operar *v.* to operate
opinar *v.* to think; to be of the opinion; **Opino que es fea/o.** In my opinion, it's ugly.
oponerse a *v.* to oppose **4**
oportunidad *f.* chance
oprimir *v.* to oppress
organismo público *m.* government agency
orgulloso/a *adj.* proud **1; estar orgulloso/a de** to be proud of
orilla *f.* shore; **a orillas de** on the shore of **6**
ornamentado/a *adj.* ornate
oro *m.* gold **4**
oscurecer *v.* to darken **6**
oso *m.* bear
oveja *f.* sheep **6**
ovni *m.* UFO
oyente *m., f.* listener

P

pacífico/a *adj.* peaceful
padre soltero *m.* single father
página *f.* page; **página web** *f.* web page
país en vías de desarrollo *m.* developing country
paisaje *m.* landscape; scenery **6**
pájaro *m.* bird **6**
palmera *f.* palm tree
panfleto *m.* pamphlet
pantalla *f.* screen **2; pantalla de computadora** *f.* computer screen; **pantalla de televisión** *f.* television screen **2; pantalla líquida** *f.* LCD screen
papel *m.* role; **desempeñar un papel** to play a role (*in a play*); to carry out
para *prep.* for **Para mí, ...** In my opinion, ...; **para nada** not at all
paradoja *f.* paradox
parar el carro *v.* to hold one's horses
parcial *adj.* biased
parcialidad *f.* bias

parecer *v.* to seem **2; A mi parecer, ...** In my opinion, ...; **Al parecer, no le gustó.** It looks like he/she didn't like it. **6; Me parece hermosa/o.** I think it's pretty.; **Me pareció...** I thought.. **1; ¿Qué te pareció Mariela?** What did you think of Mariela? **1; Parece que está triste/contento/a.** It looks like he/she is sad/happy. **6**
parecerse *v.* to look like **2, 3**
pared *f.* wall **5**
pareja *f.* couple; partner **1**
parpadear *v.* to blink
parque *m.* park; **parque de atracciones** *m.* amusement park **2**
parroquia *f.* parish
parte *f.* part; **de parte de** on behalf of; **Por mi parte, ...** As for me, ...
particular *adj.* private; personal; particular
partida *f.* game
partido *m.* party (*politics*); game (*sports*); **partido político** *m.* political party; **ganar/perder un partido** to win/lose a game **2**
pasado/a de moda *adj.* out-of-date; no longer popular
pasaje (de ida y vuelta) *m.* (round-trip) ticket **5**
pasajero/a *adj.* fleeting; passing
pasaporte *m.* passport **5**
pasar *v.* to pass; to make pass (*across, through, etc.*); **pasar la aspiradora** to vacuum; **pasarlo bien/mal** to have a good/bad/horrible time **1; Son cosas que pasan.** These things happen.
pasarse *v.* to go too far
pasatiempo *m.* pastime **2**
paseo *m.* stroll
paso *m.* passage; pass; step; **abrirse paso** to make one's way
pastilla *f.* pill **4**
pasto *m.* grass
pata *f.* foot/leg of an animal
patada *f.* kick **3**
patente *f.* patent
payaso/a *m., f.* clown
paz *f.* peace
pecado *m.* sin
pececillo de colores *m.* goldfish
pecho *m.* chest
pedir (e:i) *v* to ask **1, 4; pedir prestado/a** to borrow; **pedir un deseo** to make a wish
pegar *v.* to stick
peinarse *v.* to comb (one's hair) **2**
pelear *v.* to fight
película *f.* film
peligro *m.* danger; **en peligro de extinción** endangered **6**
peligroso/a *adj.* dangerous **5**
pena *f.* sorrow **4; ¡Qué pena!** What a pity!
pensar (e:ie) *v.* to think **1**
pensión *f.* bed and breakfast inn
perder (e:ie) *v.* to miss; to lose; **perder un vuelo** to miss a flight **5; perder las elecciones** to lose an election; **perder un partido** to lose a game **2**
pérdida *f.* loss
perdonar *v.* to forgive; **Perdona.** (*fam.*)/ **Perdone.** (*form.*) Pardon me.; Excuse me.
perfeccionar *v.* to improve; to perfect
periódico *m.* newspaper

periodista *m., f.* journalist
permanecer *v.* to remain; to last **4**
permisivo/a *adj.* permissive; easy-going **1**
permiso. *m.* permission; **Con permiso** Pardon me.; Excuse me.; **permiso de circulación** *m.* registration
perseguir (e:i) *v.* to pursue; to persecute
personaje *m.* character; **personaje principal/secundario** *m.* main/secondary character
pertenecer (a) *v.* to belong (to) **3**
pesadilla *f.* nightmare
pésame (mi más sentido) *m.* my deepest condolences
pesca *f.* fishing **5**
pesimista *m., f.* pessimist
peso *m.* weight
pez *m.* fish (*live*) **6**
picadura *f.* insect bite **4**
picar *v.* to sting, to peck
picnic *m.* picnic
pico *m.* peak, summit
piedad *f.* mercy
piedra *f.* stone **5**
pieza *f.* piece (*art*)
pillar(se) *v.* to get (*catch*)
piloto *m., f.* pilot
pincel *m.* paintbrush
pincelada *f.* brush stroke
pintar *v.* to paint **3**
pintor(a) *m., f.* painter **3**
pintura *f.* paint; painting
pirámide *f.* pyramid **5**
plancha *f.* iron
planear *v.* to plan
planeta *m.* planet
planeta *m.* planet
plata *f.* money (*L. Am.*) **2**
plaza de toros *f.* bullfighting stadium **2**
plazo: a corto/largo plazo short/long-term
población *f.* population
poblador(a) *m., f.* settler; inhabitant
poblar (o:ue) *v.* to settle; to populate
pobreza *f.* poverty
poder (o:ue) *v.* to be able to **1**
poderoso/a *adj.* powerful
poesía *f.* poetry
poeta *m., f.* poet
polémica *f.* controversy
polen *m.* pollen
policíaco/a *adj.* detective (*story/novel*)
política *f.* politics
político/a *m., f.* politician
polvo *m.* dust **3; quitar el polvo** to dust **3**
poner *v.* to put; to place **1, 2; poner a prueba** to test; to challenge; **poner cara (de hambriento/a)** to make a (hungry) face; **poner un disco compacto** to play a CD **2; poner una inyección** to give a shot **4**
ponerse *v.* to put on (*clothing*) **2; ponerse a dieta** to go on a diet **4; ponerse bien/mal** to get well/ill **4; ponerse de pie** to stand up; **poner la mesa** to set the table **3; ponerse el cinturón** to fasten the seatbelt **5; ponerse en forma** to get in shape **4; ponerse pesado/a** to become annoying
popa *f.* stern **5**
porquería *f.* garbage; poor quality
portada *f.* front page; cover

portarse bien *v.* to behave well
portátil *adj.* portable
posible *adj.* possible; **en todo lo posible** as much as possible
pozo *m.* well; **pozo petrolero** *m.* oil well
precioso/a *adj.* lovely **1**
precolombino/a *adj.* pre-Columbian
preferir *(e:ie)* *v.* to prefer **4**
pregonar *v.* to hawk
preguntarse *v.* to wonder
prehistórico/a *adj.* prehistoric
premiar *v.* to give a prize
premio *m.* prize
prensa *f.* press; **prensa sensacionalista** *f.* tabloid(s); **rueda de prensa** *f.* press conference
preocupado/a (por) *adj.* worried (about) **1**
preocupar *v.* to worry **2**
preocuparse (por) *v.* to worry (about) **2**
presentador(a) de noticias *m., f.* news reporter
presentir *(e:ie)* *v.* to foresee
presionar *v.* to pressure; to stress
prestar *v.* to lend
prestado/a *adj.* borrowed **2**
presupuesto *m.* budget
prevenido/a *adj.* cautious
prevenir *v.* to prevent **4**
prever *v.* to foresee **6**
previsto/a *adj., p.p.* planned **3**
primer(a) ministro/a *m., f.* prime minister
primeros auxilios *m. pl.* first aid **4**
prisa *f.* hurry; rush **6**
privilegio *m.* privilege
proa *f.* bow **5**
probador *m.* dressing room **3**
probar *(o:ue)* **(a)** *v.* to try **3**
probarse *(o:ue)* *v.* to try on **3**
procesión *f.* procession
producir *v.* to produce **1**
productivo/a *adj.* productive
profundo/a *adj.* deep
programa (de computación) *m.* software
programador(a) *m., f.* programmer
prohibido/a *adj.* prohibited **5**
prohibir *v.* to prohibit **4**
prometido/a *m., f.* fiancé(e)
prominente *adj.* prominent
promover *(o:ue)* *v.* to promote
pronunciar *v.* to pronounce; **pronunciar un discurso** to give a speech
propaganda *f.* advertisement
propensión *f.* tendency
propietario/a *m., f.* (property) owner
propio/a *adj.* own **1**
proponer *v.* to propose **1, 4**; **proponer matrimonio** to propose (marriage) **1**
proporcionar *v.* to provide; to supply
propósito: a propósito *adv.* on purpose **3**
prosa *f.* prose
protagonista *m., f.* protagonist; main character
proteger *v.* to protect **1, 6**
protegido/a *adj.* protected **5**
protestar *v.* to protest
provecho *m.* benefit; **Buen provecho.** Enjoy your meal. **6**
proveniente (de) *adj.* originating (in); coming from
provenir (de) *v.* to come from; to originate from

proyecto *m.* project; **proyecto de ley** *m.* bill
prueba *f.* proof
publicar *v.* to publish
publicidad *f.* advertising
público *m.* public; audience
pueblo *m.* people
puente *m.* bridge
puerta de embarque *f.* (airline) gate **5**
puerto *m.* port **5**
puesto *m.* position; job
punto *m.* period **2**
punto de vista *m.* point of view
pureza *f.* purity **6**
puro/a *adj.* pure; clean

Q

quedar *v.* to agree on **2**; to be left over; to fit (clothing) **2**
quedarse *v.* to stay **5**; **quedarse callado/a** to remain silent **1**; **quedarse sin** to run out of **6**; **quedarse sordo/a** to go deaf **4**; **quedarse viudo/a** to become widowed
quehacer *m.* chore **3**
queja *f.* complaint
quejarse (de) *v.* to complain (about) **2**
querer *(e:ie)* *v.* to love; to want **1, 4**
químico/a *adj.* chemical
químico/a *m., f.* chemist
quirúrgico/a *adj.* surgical
quitar *v.* to take away; to remove **2**; **quitar el polvo** to dust **3**; **quitar la mesa** to clear the table **3**
quitarse *v.* to take off (*clothing*) **2**; **quitarse (el cinturón)** to unfasten (the seatbelt) **5**

R

rabia *f.* rabies **5**
rabino/a *m., f.* rabbi
radiación *f.* radiation
radio *f.* radio
radioemisora *f.* radio station
raíz *f.* root
rana *f.* frog **6**
rancho *m.* ranch
rascarse *v.* to scratch (oneself) **4**
rasgo *m.* trait; characteristic
rata *f.* rat
ratos libres *m. pl.* free time **2**
raya *f.* war paint; stripe **5**
rayo *m.* ray; lightning; **¿Qué rayos...?** What on earth...? **5**
raza *f.* race
reactor *m.* reactor
realismo *m.* realism
realista *adj.* realistic; realist
rebeldía *f.* rebelliousness
rebuscado/a *adj.* complicated
recepción *f.* front desk **5**
receta *f.* prescription **4**
recetar *v.* prescribe
rechazar *v.* to turn down; to reject **1**
rechazo *m.* refusal; rejection
reciclable *adj.* recyclable
reciclar *v.* to recycle **6**
recital *m.* recital
reclamar *v.* to claim; to demand

recomendable *adj.* recommendable; advisable **5**; **poco recomendable** not advisable; inadvisable
recomendar *(e:ie)* *v.* to recommend **4**
reconocer *v.* to recognize **1**
reconocimiento *m.* recognition
recordar *(o:ue)* *v.* to remember
recorrer *v.* to visit; to go around **5**
recuerdo *m.* memory
recuperarse *v.* to recover **4**
recurso natural *m.* natural resource **6**
red *f.* network
redactor(a) *m., f.* editor; **redactor(a) jefe** *m., f.* editor-in-chief
redondo/a *adj.* round **2**
reducir (la velocidad) *v.* to reduce (speed) **5**
reembolso *m.* refund **3**
reflejar *v.* to reflect; to depict
reforma *f.* reform; **reforma económica** *f.* economic reform
refugiarse *v.* to take refuge
refugio *m.* refuge **6**
regla *f.* rule
regocijo *m.* joy **4**
regresar *v.* to return **5**
regreso *m.* return (trip)
rehacer *v.* to re-make; to re-do **1**
reina *f.* queen
reino *m.* reign; kingdom
reírse *(e:i)* *v.* to laugh
relacionado/a *adj.* related; **estar relacionado/a** to have good connections
relajarse *v.* to relax **4**
relámpago *m.* lightning **6**
relato *m.* story; account
religión *f.* religion
religioso/a *adj.* religious
reloj *m.* clock
remitente *m.* sender
remo *m.* oar **5**
remordimiento *m.* remorse
rendimiento *m.* performance
rendirse *(e:i)* *v.* to surrender
renovable *adj.* renewable **6**
renunciar *v.* to quit; **renunciar a un cargo** to resign a post
repaso *m.* revision; review
repentino/a *adj.* sudden **3**
repertorio *m.* repertoire
reportaje *m.* news report
reportero/a *m., f.* reporter
reposo *m.* rest; **estar en reposo** to be at rest
repostería *f.* pastry
represa *f.* dam
reproducirse *v.* to reproduce
reproductor de CD/DVD/MP3 *m.* CD/DVD/MP3 player
resbaladizo/a *adj.* slippery
resbalar *v.* to slip
rescatar *v.* to rescue
resentido/a *adj.* resentful **6**
reservación *f.* reservation
reservar *v.* to reserve **5**
resfriado *m.* cold **4**
residir *v.* to reside
resolver *(o:ue)* *v.* to solve **6**
respeto *m.* respect
respiración *f.* breathing **4**

respirar *v.* to breath **1**
responsable *adj.* responsible
resumidas cuentas (en) *expr.* in a nutshell **3**
retrasado/a *adj.* delayed **5**
retrasar *v.* to delay
retraso *m.* delay
retratar *v.* to portray **3**
retrato *m.* portrait **3**
reunión *f.* meeting
reunirse (con) *v.* to get together (with) **2**
revista *f.* magazine; **revista electrónica** *f.* online magazine
revolucionario/a *adj.* revolutionary
revolver (o:ue) *v.* to stir; to mix up
rey *m.* king
rezar *v.* to pray
riesgo *m.* risk
rima *f.* rhyme
rincón *m.* corner; nook
río *m.* river
riqueza *f.* wealth
rociar *v.* to spray **6**
rodar (o:ue) *v.* to film
rodeado/a *adj.* surrounded
rodear *v.* to surround
rogar (o:ue) *v.* to beg; to plead **2, 4**
romanticismo *m.* romanticism
romper (con) *v.* to break up (with) **1**
rozar *v.* to brush against; to touch lightly
ruedo *m.* bull ring **2**
ruido *m.* noise
ruina *f.* ruin **5**
ruta maya *f.* Mayan Trail **5**
rutina *f.* routine **3**

S

saber *v.* to know; to taste like/of **1**; **¿Cómo sabe?** How does it taste? **4**; **¿Y sabe bien?** And does it taste good? **4**; **Sabe a ajo/menta/limón.** It tastes like garlic/mint/lemon. **4**
sabiduría *f.* wisdom
sabio/a *adj.* wise
sabor *m.* taste; flavor; **¿Qué sabor tiene? ¿Chocolate?** What flavor is it? Chocolate? **4**; **Tiene un sabor dulce/agrio/amargo/agradable.** It has a sweet/sour/bitter/pleasant taste. **4**
sacerdote *m.* priest
saciar *v.* to satisfy; to quench
sacrificar *v.* to sacrifice **6**
sacrificio *m.* sacrifice
sacristán *m.* sexton
sagrado/a *adj.* sacred; holy
sala *f.* room; hall; **sala de conciertos** *f.* concert hall; **sala de emergencias** *f.* emergency room **4**
salida *f.* exit **6**
salir *v.* to leave; to go out **1**; **salir (a comer)** to go out (to eat) **2**; **salir con** to go out with **1**
salto *m.* jump
salud *f.* health **4**; **¡A tu salud!** To your health!; **¡Salud!** Cheers!
saludable *adj.* healthy; nutritious **4**
salvaje *adj.* wild **6**
salvar *v.* to save **6**
sanar *v.* to heal **4**
sangre *f.* blood

sano/a *adj.* healthy **4**
satélite *m.* satellite
sátira *f.* satire
satírico/a *adj.* satirical; **tono satírico/a** *m.* satirical tone
secarse *v.* to dry off **2**
sección *f.* section; **sección de sociedad** *f.* lifestyle section; **sección deportiva** *f.* sports page/section
seco/a *adj.* dry **6**
secuestro *m.* hijacking
seguir (i:e) *v.* to follow
seguridad *f.* safety; security **5**; **cinturón de seguridad** *m.* seatbelt **5**; **medidas de seguridad** *f. pl.* security measures **5**
seguro *m.* insurance **5**
seguro/a *adj.* sure; confident **1**
seleccionar *v.* to select; to pick out **3**
sello *m.* seal; stamp
selva *f.* jungle **5**
semana *f.* week
semanal *adj.* weekly
semilla *f.* seed
senador(a) *m., f.* senator
sensato/a *adj.* sensible **1**
sensible *adj.* sensitive **1**
sentido *m.* sense; **en sentido figurado** figuratively; **sentido común** *m.* common sense
sentimiento *m.* feeling; emotion **1**
sentirse (e:ie) *v.* to feel **1**
señal *f.* sign
señalar *v.* to point to; to signal **2**
separado/a *adj.* separated **1**
sepultar *v.* to bury
sequía *f.* drought **6**
ser *v.* to be **1**
serpiente *f.* snake **6**
servicio de habitación *m.* room service **5**
servicios *m., pl* facilities
servidumbre *f.* servants; servitude **3**
sesión *f.* showing
¡Siga! *expr.* Come on in! **2**
siglo *m.* century
silbar *v.* to whistle
sillón *m.* armchair
simpático/a *adj.* nice
sin *prep.* without; **sin ti** without you (*fam.*)
sinagoga *f.* synagogue
sincero/a *adj.* sincere
sindicato *m.* labor union
síntoma *m.* symptom
sintonía *f.* tuning; synchronization
sintonizar *v.* to tune into (radio or television)
siquiera *conj.* even; **ni siquiera** *conj.* not even
sitio web *m.* website
situado/a *adj.* situated; located; **estar situado/a en** to be set in
soberanía *f.* sovereignty
soberano/a *m., f.* sovereign; ruler
sobre *m.* envelope
sobre todo above all **6**
sobredosis *f.* overdose
sobrevivencia *f.* survival
sobrevivir *v.* to survive
sociable *adj.* sociable
sociedad *f.* society
socio/a *m., f.* partner; member
solar *adj.* solar

soldado *m.* soldier
soledad *f.* solitude; loneliness **3**
soler (o:ue) *v.* to be in the habit of; to be used to **3**
solicitar *v.* to apply for
solo/a *adj.* alone; lonely **1**
soltero/a *adj.* single **1**; **madre soltera** *f.* single mother; **padre soltero** *m.* single father
sonar (o:ue) *v.* to ring
soñar (o:ue) **(con)** *v.* to dream (about) **1**
soplar *v.* to blow
soportar *v.* to support; **soportar a alguien** to put up with someone **1**
sordo/a *adj.* deaf; **quedarse sordo/a** to go deaf *v.* **4**
sorprender *v.* to surprise **2**
sorprenderse (de) *v.* to be surprised (about) **2**
sortija *f.* ring
sospecha *f.* suspicion
sospechar *v.* to suspect
sótano *m.* basement **3**
suavidad *f.* smoothness
subasta *f.* auction
subdesarrollo *m.* underdevelopment
subida *f.* ascent
subtítulos *m., pl.* subtitles
suburbio *m.* suburb
suceder *v.* to happen **1**
sucursal *f.* branch
sudores *m. pl.* sweats **5**
sueldo *m.* salary; **aumento de sueldo** raise in salary *m.*; **sueldo fijo** *m.* base salary; **sueldo mínimo** *m.* minimum wage
suelo *m.* floor
suelto/a *adj.* loose
sueños *m. pl.* dreams **1**
sufrimiento *m.* pain; suffering
sufrir (de) *v.* to suffer (from) **4**
sugerir (e:ie) *v.* to suggest **4**
superar *v.* to exceed, **to** overcome **1**
superficie *f.* surface
supermercado *m.* supermarket **3**
supervivencia *f.* survival
suponer *v.* to suppose **1**
suprimir *v.* to abolish; to suppress
supuesto/a *adj.* false; so-called; supposed; **Por supuesto.** Of course.
surrealismo *m.* surrealism
suscribirse (a) *v.* to subscribe (to)

T

tablero *m.* chessboard
tacaño/a *adj.* cheap; stingy **1**
tacón *m.* heel; **tacón alto** high heel
tal como *conj.* just as
talento *m.* talent **1**
talentoso/a *adj.* talented **1**
taller *m.* workshop
tanque *m.* tank **6**
tapa *f.* lid, cover
tapón *m.* traffic jam
taquilla *f.* box office **2**
tarjeta *f.* card; **tarjeta de crédito/débito** *f.* credit/debit card **3**; **tarjeta de embarque** *f.* boarding card **5**
tatarabuelo/a *m., f.* great-great-grandfather/mother
teatro *m.* theater

teclado *m.* keyboard
tela *f.* canvas
teléfono celular *m.* cell phone
telenovela *f.* soap opera
telescopio *m.* telescope
televidente *m., f.* television viewer
televisión *f.* television **2**
televisor *m.* television set **2**
templo *m.* temple
temporada *f.* season **temporada alta/ baja** *f.* high/low season **5**
tendencia *f.* trend; **tendencia izquierdista/ derechista** *f.* left-wing/right-wing bias
tener (e:ie) *v.* to have **1**; **tener buen/mal aspecto** to look healthy/sick **4**; **tener buena/mala fama** to have a good/ bad reputation; **tener celos (de)** to be jealous (of) **1**; **tener fiebre** to have a fever **4**; **tener vergüenza (de)** to be ashamed (of) **1**
tensión (alta/baja) *f.* (high/low) blood pressure **4**
teoría *f.* theory
terapia intensiva *f.* intensive care **4**
térmico/a *adj.* thermal
terremoto *m.* earthquake **6**
terreno *m.* land **6**
territorio *m.* territory
terrorismo *m.* terrorism
testigo *m., f.* witness
tiburón *m.* shark **5**
tiempo *m.* time; **a tiempo** on time **3**; **tiempo libre** *m.* free time **2**
tierra *f.* land; earth **6**
tigre *m.* tiger **6**
timbre *m.* doorbell; tone; tone of voice **3**; **tocar el timbre** to ring the doorbell **3**
timidez *f.* shyness
tímido/a *adj.* shy **1**
típico/a *adj.* typical; traditional
tiple *m.* type of guitar **2**
tipo *m.* guy **2**
tira cómica *f.* comic strip
tirar *v.* to throw
titular *m.* headline
titularse *v.* to graduate **3**
tocar + me/te/le, etc. *v.* to be my/your/ his turn; **¿A quién le toca pagar la cuenta?** Whose turn is it to pay the tab? **2**; **¿Todavía no me toca?** Is it my turn yet? **2**; **A Johnny le toca hacer el café.** It's Johnny's turn to make coffee. **2**; **Siempre te toca lavar los platos.** It's always your turn to wash the dishes. **2**; **tocar el timbre** to ring the doorbell **3**; **tocar (un instrumento)** to play
tomar *v.* to take; **tomar en cuenta** *v.* to take into consideration **1**; **tomar en serio** to take seriously
torear *v.* to fight bulls in the bullring **2**
toreo *m.* bullfighting **2**
torero/a *m., f.* bullfighter **2**
tormenta *f.* storm; **tormenta tropical** *f.* tropical storm **6**
torneo *m.* tournament **2**
tos *f.* cough **4**
toser *v.* to cough **4**
tóxico/a *adj.* toxic **6**
tozudo/a *adj.* stubborn
trabajador(a) *adj.* industrious; hard-working

trabajar duro to work hard
tradicional *adj.* traditional **1**
traducir *v.* to translate **1**
traer *v.* to bring **1**
tráfico de esclavos *m.* slave trade **4**
tragar *v.* to swallow
trágico/a *adj.* tragic
traición *f.* betrayal
traidor(a) *m., f.* traitor
traje de luces *m.* bullfighter's outfit (*lit.* costume of lights) **2**
trama *f.* plot
tranquilo/a *adj.* calm **1**; **Tranquilo/a.** Be calm.; Relax.
transbordador espacial *m.* space shuttle
transcurrir *v.* to take place
tránsito *m.* traffic
transmisión *f.* transmission
transmitir *v.* to broadcast
transplantar *v.* to transplant
transporte público *m.* public transportation
trasnochar *v.* to stay up all night **4**
trastorno *m.* disorder
tratado *m.* treaty
tratamiento *m.* treatment **4**
tratar *v.* to treat **4**; **tratar (sobre/acerca de)** to be about; to deal with **4**
tratarse de *v.* to be about; to deal with
trayectoria *f.* path; history **1**
trazar *v.* to trace
tribu *f.* tribe
tribunal *m.* court
tripa *f.* belly **5**
tripulación *f.* crew **5**
tropical *adj.* tropical; **tormenta tropical** *f.* tropical storm **6**
truco *m.* trick **2**
trueno *m.* thunder **6**
trueque *m.* barter; exchange
tubería *f.* piping; plumbing **6**
turbio/a *adj.* murky **1**
turismo *m.* tourism **5**
turista *m., f.* tourist **5**
turístico/a *adj.* tourist **5**

U

ubicar *v.* to put in a place; to locate
ubicarse *v.* to be located
único/a *adj.* unique
unirse *v.* to join
uña *f.* fingernail
urbano/a *adj.* urban
urgente *adj.* urgent **4**
usuario/a *m., f.* user
útil *adj.* useful

V

vaca *f.* cow **6**
vacuna *f.* vaccine **4**
vacunar(se) *v.* to vaccinate/to get vaccinated **4**
vago/a *m., f.* slacker
vagón *m.* carriage; coach
valer *v.* to be worth **1**
valiente brave **9**
valioso/a *adj.* valuable **6**
valor *m.* bravery; value
vándalo/a *m., f.* vandal **6**

vanguardia *f.* vanguard; **a la vanguardia** at the forefront
vedado/a *adj.* forbidden **3**
vela *f.* candle
venado *m.* deer
vencer *v.* to conquer; to defeat **2**
vencido/a *adj.* expired **5**
venda *f.* bandage **4**
vendedor(a) *m., f.* salesperson
veneno *m.* poison **6**
venenoso/a *adj.* poisonous **6**
venir (e:ie) *v.* to come **1**
venta *f.* sale; **estar a la venta** to be for sale
ventaja *f.* advantage
ver *v.* to see **1**; **Yo lo/la veo muy triste.** He/She looks very sad to me. **6**
vergüenza *f.* shame; embarrassment; **tener vergüenza (de)** to be ashamed (of) **1**
verse *v.* to look; to appear; **Se ve tan feliz.** He/She looks so happy. **6**; **¡Qué guapo/a te ves!** How attractive you look! (*fam.*) **6**; **¡Qué elegante se ve usted!** How elegant you look! (*form.*) **6**
verso *m.* line (*of poetry*)
vestidor *m.* fitting room
vestirse (e:i) *v.* to get dressed **2**
vez *f.* time; **a veces** *adv.* sometimes **3**; **de vez en cuando** now and then; once in a while **3**; **por primera/última vez** for the first/last time **2**; **érase una vez** once upon a time
viaje *m.* trip **5**; **hacer un viaje** to take a trip **5**
viajero/a *m., f.* traveler **5**
victoria *f.* victory
victorioso/a *adj.* victorious
vida *f.* life; **vida cotidiana** *f.* everyday life
video musical *m.* music video
videojuego *m.* video game **2**
vigente *adj.* valid **5**
vigilar *v.* to watch
virus *m.* virus **4**
vistazo *m.* glance; **echar un vistazo** to take a look
viudo/a *adj.* widowed **1**
viudo/a *m., f.* widower/widow
vivir *v.* to live **1**
vivo: en vivo *adj.* live
volar (o:ue) *v.* to fly
volver (o:ue) *v.* to come back
votar *v.* to vote
vuelo *m.* flight
vuelta *f.* return (trip)

W

web *f.* (the) web

Y

yeso *m.* cast **4**

Z

zaguán *m.* entrance hall; vestibule **3**
zoológico *m.* zoo **2**

English–Spanish

A

@ symbol arroba *f.*
abolish suprimir *v.*
above all sobre todo **6**
absent ausente *adj.*
abstract abstracto/a *adj.*
accentuate acentuar *v.*
accept coger la caña *v.* (*Col.*) **2**
accident accidente *m.;* **car accident** accidente automovilístico *m.* **5**
account cuenta *f.;* **(story)** relato *m.;* **checking account** cuenta corriente *f.;* **savings account** cuenta de ahorros *f.*
accountant contador(a) *m., f.*
accustomed to acostumbrado/a *adj.;* **to grow accustomed (to)** acostumbrarse (a) *v.* **3**
ache doler (o:ue) *v.* **2**
achieve lograr *v.* **3**; alcanzar *v.*
activist activista *m., f.*
actor actor *m.*
actress actriz *f.*
add añadir *v.*
admission ticket entrada *f.*
adore adorar *v.* **1**
advance avance *m.*
advanced adelantado/a; avanzado/a *adj.*
advantage ventaja *f.;* **to take advantage of** aprovechar *v*
adventure aventura *f.* **5**
adventurer aventurero/a *m., f.* **5**
advertising publicidad *f.*
advertisement anuncio *m.,* propaganda *f.*
advisable recomendable *adj.* **5; not advisable, inadvisable** poco recomendable *adj.*
advise aconsejar *v.* **4**
advisor asesor(a) *m., f.*
aesthetic estético/a *m., f.*
affection cariño *m.* **1**
affectionate cariñoso/a *adj.* **1**
after all al final de cuentas; al fin y al cabo
against contra *prep.;* **against** en contra *prep.* **1**
age: of age mayor de edad
agent agente *m., f.;* **customs agent** agente de aduanas *m., f.* **5**
agnostic agnóstico/a *adj.*
agree acordar (o:ue) *v.* **2; to agree on** quedar *v.* **2**
aid auxilio *m.;* **first aid** primeros auxilios *m. pl.* **4**
aim apuntar *v.*
album álbum *m.* **2**
alibi coartada *f.*
alien extraterrestre *m., f.*
allusion alusión *f.*
almost casi *adv.* **3**
alone solo/a *v.* **1**
alternative medicine medicina alternativa *f.*
amaze asombrar *v.*
amazement asombro *m.*
ambassador embajador(a) *m., f.*

amuse (oneself) entretener(se) (e:ie) *v.* **2**
ancient antiguo/a *adj.*
anger enojo *m.*
announcer conductor(a) *m., f.;* locutor(a) *m., f.*
annoy molestar *v.* **2, 5**
ant hormiga *f.* **6**
antenna antena *f.*
antiquity antigüedad *f.*
anxiety ansia *f.* **1**
anxious ansioso/a *adj.* **1**
apologize disculparse *v.* **6**
appear aparecer *v.* **1**
appearance aspecto *m.*
applaud aplaudir *v.* **2**
apply for solicitar *v.*
appreciate apreciar *v.* **1**
appreciated apreciado/a *adj.*
approach acercarse (a) *v.* **2**
approval aprobación *f.*
approve aprobar (o:ue) *v.*
archaeologist arqueólogo/a *m., f.*
archaeology arqueología *f.*
argue discutir *v.* **1**
arid árido/a *adj.*
aristocratic aristocrático/a *adj.*
armchair sillón *m.*
armed armado/a *adj.*
army ejército *m.*
arrival llegada *f.* **5**
arrive llegar *v.*
artifact artefacto *m.* **5**
artisan artesano/a *m., f.*
ascent subida *f.*
ashamed avergonzado/a *adj.;* **to be ashamed (of)** tener vergüenza (de) *v.* **1**
ask pedir (e:i) *v* **1, 4**
aspirin aspirina *f.* **4**
assure asegurar *v.*
astonished: be astonished asombrarse *v.;* atónito/a *adj.*
astonishing asombroso/a *adj.*
astonishment asombro *m.*
astronaut astronauta *m., f.*
astronomer astrónomo/a *m., f.*
atheism ateísmo *m.*
atheist ateo/a *adj.*
athlete deportista *m., f.* **2**
ATM cajero automático *m.*
attach adjuntar *v.;* **to attach a file** adjuntar un archivo *v.*
attract atraer *v.* **1**
attraction atracción *f.*
auction subasta *f.*
audience audiencia *f.*
audience público *m.*
authoritarian autoritario/a *adj.* **1**
autobiography autobiografía *f.*
available disponible *adj.*
awkward situation compromiso *m.*

B

back espalda *f.;* **behind my back** a mis espaldas; **to have one's back to** estar de espaldas a
bag bolsa *f.*
balcony balcón *m.* **3**
ball balón *m.*

ball field campo *m.* **5**
ball game juego de pelota *m.* **5**
band conjunto (musical) *m.*
bandage venda *f.* **4**
banking bancario/a *adj.*
bankruptcy bancarrota *f.*
baptism bautismo *m.*
bargain ganga *f.* **3**
barter trueque *m.*
basement sótano *m.* **3**
battle batalla *f.* **4**
bay bahía *f.* **5**
be able to poder (o:ue) *v.* **1**
be about (deal with) tratarse de *v.;* tratar (sobre/acerca de) *v.* **4**
be about to disponerse a *v.* **6**
be cool molar *v.* (*Esp.*) **5**
be held up entretenerse *v.* **1**
be promoted ascender (e:ie) *v.*
bear oso *m.*
beat latir *v.* **4**
beauty belleza *f.*
become convertirse (en) (e:ie) *v.* **1; to become annoying** ponerse pesado/a *v.;* **to become extinct** extinguirse *v.* **6; to become infected** contagiarse *v.* **4; to become inflamed** inflamarse *v.;* **to become informed (about)** enterarse (de) *v.;* **to become part (of)** integrarse (a) *v.;* **to become tired** cansarse *v.*
bed and breakfast inn pensión *f.*
beehive colmena *f.*
beforehand de antemano
beg rogar *v.* **2, 4**
beggar mendigo/a *m., f.*
begin empezar (e:ie) *v.*
behalf: on behalf of de parte de
behave well portarse bien *v.*
belief creencia *f.*
believe (in) creer (en) *v.;* **Don't you believe it.** No creas.
believer creyente *m., f.*
belly tripa *f.* **5**
belong (to) pertenecer (a) *v.* **3**
belt cinturón *m.;* **seatbelt** cinturón de seguridad *m.* **5**
benefits beneficios *m. pl.*
bet apuesta *f.*
bet apostar (o:ue) *v.*
betray engañar *v.*
betrayal traición *f.*
better mejor *adj.;* **maybe** a lo mejor *adv.* **1**
beyond más allá de
bias parcialidad *f.;* **left-wing/right-wing bias** tendencia izquierdista/derechista *f.*
biased parcial *adj.*
bilingual bilingüe *adj.*
bill factura *f.;* cuenta *f.;* proyecto de ley *m.*
billiards billar *m.* **2**
biochemical bioquímico/a *adj.*
biography biografía *f.*
biologist biólogo/a *m., f.*
bird ave *f.* **6;** pájaro *m.* **6**
bite morder (o:ue) *v.* **5, 6**
blanket manta *f.*
bless bendecir *v.*
blessed bendito/a *adj.* **2**
blindness ceguera *f.* **4**
blink parpadear *v.*

blog blog *m.*
blognovel blogonovela *f.*
blogosphere blogosfera *f.*
blood sangre *f.* **4; (high/low) blood pressure** tensión (alta/baja) *f.* **4**
blow soplar *v.;* **to blow out the candles** apagar las velas *v.*
blurred confuso/a *adj.* **1**
blush enrojecer *v.*
board embarcar *v.;* **on board** a bordo *adj.* **5**
board game juego de mesa *m.* **2**
boat bote *m.* **5**
body cuerpo *m.*
boil hervir (e:ie) *v.* **3**
bombing bombardeo *m.* **6**
border frontera *f.* **5**
border límite *m.*
bore aburrir *v.* **2**
borrow pedir prestado/a *v.*
borrowed prestado/a *adj.* **2**
both ambos/as *pron., adj.*
bother molestar *v.* **2, 5**
bottom fondo *m.*
bow proa *f.* **5**
bowling boliche *m.* **2**
box caja *f.;* **toolbox** caja de herramientas *f.*
box office taquilla *f.* **2**
branch sucursal *f.*
brand marca *f.*
brave valiente **5**
bravery valor *m.*
break in (to a conversation) meterse *v.* **1**
break up (with) romper (con) *v.* **1**
breakthrough avance *m.*
breath respirar *v.* **1**
breathing respiración *f.* **4**
brick ladrillo *m.*
bridge puente *m.*
bright luminoso/a *adj.*
bring traer *v.* **1; to bring down** derribar *v.;* **to bring up (raise)** educar *v.* **1**
broadcast emisión *f.;* **live broadcast** emisión en vivo/directo *f.*
broadcast transmitir *v.*
broom escoba *f.*
brush cepillarse *v.* **2; to brush against** rozar *v.*
brush stroke pincelada *f.*
Buddhist budista *adj.*
budget presupuesto *m.*
buffalo búfalo *m.*
bull ring ruedo *m.* **2**
bullfight corrida *f.* **2**
bullfighter torero/a *m., f.* **2; bullfighter who kills the bull** matador/a *m., f.* **2; bullfighter's outfit** traje de luces *m.* **2**
bullfighting toreo *m.* **2; bullfighting stadium** plaza de toros *f.* **2**
bureaucracy burocracia *f.*
buried enterrado/a *adj.*
burrow madriguera *f.* **3**
bury enterrar (e:ie), sepultar *v.*
business negocio *m.*
businessman hombre de negocios *m.*
businesswoman mujer de negocios *f.*
butterfly mariposa *f.*

C

cage jaula *f.*
calculation, sum cuenta *f.*
calm tranquilo/a *adj.* **1**
calm down calmarse *v.;* **Calm down.** Tranquilo/a.
campaign campaña *f.*
campground campamento *m.* **5**
cancel cancelar *v.* **5**
cancer cáncer *m.*
candidate candidato/a *m., f.*
candle vela *f.*
canon canon *m.*
canvas tela *f.*
capable capaz *adj.*
cape cabo *m.*
captain capitán *m.*
card tarjeta *f.;* **boarding card** tarjeta de embarque *f.* **5; credit/debit card** tarjeta de crédito/débito *f.* **3; (playing) cards** cartas *f. pl.* **2,** naipes *m. pl.* **2**
care cuidado *m.* **1; personal care** aseo personal *m.*
carefree despreocupado/a *adj.*
careful cuidadoso/a *adj.* **1**
caress acariciar *v.*
carriage vagón *m.*
carry llevar *v.* **2; to carry away** llevarse *v.* **2; to carry out** cumplir *v.;* **to carry out (an activity)** llevar a cabo *v.*
cascade cascada *f.* **5**
case: in any case de todas formas
cash dinero en efectivo *m.;* (*Arg.*) guita *f.*
cashier cajero/a *m., f.*
casket ataúd *m.*
cast yeso *m.* **4**
catastrophe catástrofe *f.*
catch atrapar *v.* **6**
catch pillar *v.*
category categoría *f.* **5**
Catholic católico/a *adj.*
cautious prevenido/a *adj.*
cave cueva *f.*
celebrate celebrar, festejar *v.* **2**
celebrity celebridad *f.*
cell célula *f.;* **celda** *f.*
cell phone móvil *m.,* teléfono celular *m.;* **(cell phone) service** cobertura *f.* **5**
cemetery cementerio *m.*
censorship censura *f.*
cent centavo *m.*
century siglo *m.*
certain cierto/a *adj.*
certainty certeza *f.* certidumbre *f.*
challenge desafío *m.;* desafiar *v.* **2;** poner a prueba *v.*
challenging desafiante *adj.* **4**
champion campeón/campeona *m., f.* **2**
championship campeonato *m.*
chance azar, *m.* casualidad *f.;* oportunidad *f.;* **by chance** por casualidad **3**
change cambio *m.;* cambiar; mudar *v.* **2; to change (plains, trains)** hacer transbordo *v.* **5**
channel canal *m.;* **television channel** canal de televisión *m.*
chapel capilla *f.*
chapter capítulo *m.*

character personaje *m.;* **main/secondary character** personaje principal/secundario *m.*
characteristic (trait) rasgo *m.*
characterization caracterización *f.*
charge cobrar *v.*
charge: be in charge of encargarse de *v.* **1;** estar a cargo de; estar encargado/a de; **person in charge** encargado/a *m., f.*
cheap (stingy) tacaño/a *adj.* **1; (inexpensive)** barato/a *adj.* **3**
cheek mejilla *f.*
cheer up animar *v.;* **Cheer up!** ¡Anímate! (*sing.*); ¡Anímense! (*pl.*) **2**
Cheers! ¡Salud!
chef cocinero/a *m., f.*
chemical químico/a *adj.*
chemist químico/a *m., f.*
chess ajedrez *m.*
chessboard tablero *m.*
chest pecho *m.*
chew masticar *v.*
childhood infancia *f.*
choir coro *m.*
choose elegir (e:i) *v.;* escoger *v.* **1**
chore quehacer *m.* **3**
chorus coro *m.*
chosen elegido/a *adj.*
Christian cristiano/a *adj.*
church iglesia *f.*
cinema cine *m.* **2**
circus circo *m.* **2**
cistern cisterna *f.* **6**
citizen ciudadano/a *m., f.*
civilization civilización *f.*
civilized civilizado/a *adj.*
claim reclamar *v.*
clarify aclarar *v.*
classic clásico/a *adj.*
clean limpiar *v.* **3**
clean (pure) puro/a *adj.*
cleanliness aseo *m.*
clear (the table) quitar (la mesa) *v.* **3**
clearing limpieza *f.* **3**
click hacer clic
cliff acantilado *m.*
climate clima *m.*
climb (mountain) escalada *f.*
climber escalador(a) *m., f.*
clock reloj *m.*
cloister claustro *m.*
clone clonar *v.*
clown payaso/a *m., f.*
club club *m.;* **sports club** club deportivo *m.* **2**
coach (train) vagón *m.;* **coach (trainer)** entrenador(a) *m., f.* **2**
coast costa *f.* **6**
cockpit cabina *f.* **5**
cockroach cucaracha *f.* **6**
coincidence casualidad *f.;* chiripazo *m.* (*Col.*)
cold resfriado *m.* **4; to have a cold** estar resfriado/a *v.* **4**
collect coleccionar *v.*
colonize colonizar *v.*
colony colonia *f.*
columnist columnista *m., f.*
comb one's hair peinarse *v.* **2**
combatant combatiente *m., f.*

come venir *v.* **1; to come back** volver (o:ue) *v.;* **to come from** provenir (de) *v.;* **Come on in!** ¡Siga! *expr.* **2; to come to an end** acabarse *v.* **6; to come with** acompañar *v.*

comedian comediante *m., f.* **1**

comet cometa *m.*

comic strip tira cómica *f.*

commerce comercio *m.*

commercial anuncio *m.*

commitment compromiso *m.* **1**

community comunidad *f.* **4**

company compañía *f.*, empresa *f.;* **multinational company** empresa multinacional *f.*, multinacional *f.*

compass brújula *f.* **5**

competent capaz *adj.*

complain (about) quejarse (de) *v.* **2**

complaint queja *f.*

complicated rebuscado/a *adj.*

compose componer *v.* **1**

composer compositor(a) *m., f.*

computer science informática *f.;* computación *f.*

concert concierto *m.* **2**

condition (illness) dolencia *f.*

condolences (my deepest) mi más sentido pésame *m.*

conference conferencia *f.*

confess confesar (e:ie) *v.*

confidence confianza *f.* **1**

confident seguro/a *adj.* **1**

confront enfrentar *v.*

confuse (with) confundir (con) *v.*

confused confundido/a *adj.*

congested congestionado/a *adj.*

Congratulations! ¡Felicidades!; **Congratulations to all!** ¡Felicidades a todos!

connection conexión *f.;* **to have good connections** estar relacionado *v.*

conquer conquistar, *v.* vencer *v.* **2**

conqueror conquistador(a) *m., f.*

conquest conquista *f.*

conscience conciencia *f.*

consequently por consiguiente *adj.*

conservative conservador(a) *adj.*

conserve conservar *v.* **6**

consider considerar *v.*

consulate consulado *m.*

consultant asesor(a) *m., f.*

consumption consumo *m.;* **energy consumption** consumo de energía *m.*

contaminate contaminar *v.* **6**

contamination contaminación *f.* **6**

contemporary contemporáneo/a *adj.*

contented: be contented with contentarse con *v.* **1**

contract contrato *m.; contraer v.* **1**

contribute contribuir (a) *v.* **6**

contribution aportación *f.*

controversial controvertido/a *adj.*

controversy polémica *f.*

cook cocinero/a *m., f.*

cook cocinar *v.* **3**

corner rincón *m.*

cornmeal cake arepa *f.*

correspondent corresponsal *m., f.*

corruption corrupción *f.*

costly costoso/a *adj.*

costume disfraz *m.;* **in costume** disfrazado/a *adj.*

cough tos *f.* **4**

cough toser *v.* **4**

count contar (o:ue) *v.* **2; to count on** contar con *v.*

countryside campo *m.* **6**

couple pareja *f.* **1**

courage coraje *m.*

course: of course claro *interj.* **3;** por supuesto; ¡cómo no!

court tribunal *m.*

cover portada *f.;* tapa *f.*

cow vaca *f.* **6**

crash choque *m.* **3**

create crear *v.*

creativity creatividad *f.*

crew tripulación *f.* **5**

crisis crisis *f.;* **economic crisis** crisis económica *f.*

critic crítico/a *m., f.;* **movie critic** crítico/a de cine *m., f.*

critical crítico/a *adj.*

critique criticar *v.*

cross cruzar *v.*

crowd multitud *f.*

cruise (ship) crucero *m.* **5**

cry llorar *v.*

crying llanto *m.*

cubism cubismo *m.*

culture cultura *f.;* **pop culture** cultura popular *f.*

cultured culto/a *adj.*

currently actualmente *adv.*

curse maldición *f.*

custom costumbre *f.* **3**

customs aduana *f.;* **customs agent** agente de aduanas *m., f.* **5**

cut corte *m.*

D

daily diario/a *adj.* **3**

dam represa *f.*

damp húmedo/a *adj.* **6**

dance bailar *v.* **1**

dance club discoteca *f.* **2**

dancer bailarín/bailarina *m., f.*

danger peligro *m.*

dangerous peligroso/a *adj.* **5**

dare (to) atreverse (a) *v.* **2**

darken oscurecer *v.* **6**

darts dardos *m. pl.* **2**

data datos *m.;* **piece of data** dato *m.*

date cita *f.;* **blind date** cita a ciegas *f.* **1**

datebook agenda *f.* **3**

dawn alba *f.*

day día *m.*

daybreak alba *f.*

deaf sordo/a *adj.;* **to go deaf** quedarse sordo/a *v.* **4**

deal with (be about) tratarse de *v.*

death muerte *f.*

debt deuda *f.*

debt collector cobrador(a) *m., f.*

debtor moroso/a *m., f.*

debut (premiere) estreno *m.* **2**

decade década *f.*

decrease disminuir *v.*

dedication dedicatoria *f.*

deep hondo/a *adj.* **2;** profundo/a *adj.*

deer venado *m.*

defeat vencer *v.* **2**

defeat derrota *f.;* derrotar *v.*

defeated derrotado/a *adj.*

deforestation deforestación *f.* **6**

delay demora *f.;* retraso *m.;* atrasar *v.;* demorar *v.;* retrasar *v.*

delayed retrasado/a *adj.* **5**

delivery entrega *f.*

demand reclamar *v.;* exigir *v.* **1, 4**

democracy democracia *f.*

demonstration manifestación *f.*

den madriguera *f.* **3**

denounce delatar *v.* **3;** denunciar *v.*

depict reflejar *v.*

deposit depositar *v.*

depressed deprimido/a *adj.* **1**

depression depresión *f.* **4**

descendent descendiente *m., f.*

desert desierto *m.* **6**

deserve merecer *v.*

design diseñar *v.*

desire deseo *m.;* gana *f.*

desire desear *v.* **4**

destination destino *m.* **5**

destroy destruir *v.* **6**

detective (story/novel) policíaco/a *adj.*

deteriorate empeorar *v.* **4**

detest detestar *v.*

devastated deshecho *adj.*

developed desarrollado/a *adj.*

developing en vías de desarrollo *adj.;* **developing country** país en vías de desarrollo *m.*

development desarrollo *m.* **6**

diamond diamante *m.*

dictator dictador(a) *m., f.*

dictatorship dictadura *f.*

die fallecer *v.;* **to die of** morirse (o:ue) de *v.* **2**

diet (nutrition) alimentación *f.* **4;** dieta *f.;* **to be on a diet** estar a dieta *v.* **4; to go on a diet** ponerse a dieta *v.* **4**

difficult duro/a *adj.*

digestion digestión *f.*

digital digital *adj.*

dinner guest comensal *m., f.*

direct dirigir *v.* **1**

director director(a) *m., f.*

disappear desaparecer *v.* **1, 6**

disappointment desilusión *f.*

disaster catástrofe *f.;* **natural disaster** catástrofe natural *f.*

discomfort malestar *m.* **4**

discotheque discoteca *f.* **2**

discouraged desanimado/a *adj.* **to get discouraged** desanimarse *v.;* **the state of being discouraged** desánimo *m.* **1**

discover descubrir *v.*

discoverer descubridor(a) *m., f.*

discovery descubrimiento *m.;* hallazgo *m.* **4**

discriminated discriminado/a *adj.*

discrimination discriminación *f.*

disease enfermedad *f.* **4**

disguised disfrazado/a *adj.*

disgusting: to be disgusting dar asco *v.*

disorder desorden *m.;* **(condition)** trastorno *m.*

display lucir *v.*
disposable desechable *adj.* 6
distant lejano/a *adj.* 5
distinguish distinguir *v.* 1
distract distraer *v.* 1
distracted distraído/a *adj.;* **to get distracted** descuidar(se) *v.* 6
disturbing inquietante *adj.*
diversity diversidad *f.* 4
divorce divorcio *m.* 1
divorced divorciado/a *adj.* 1
dizzy mareado/a *adj.* 4
DNA ADN (ácido desoxirribonucleico) *m.*
do hacer *v.* 1, 4; **to be (doing something)** andar + *pres. participle v.;* **to do someone the favor** hacer el favor *v.;* **to do something on purpose** hacer algo a propósito *v.*
doctor's appointment consulta *f.* 4
doctor's office consultorio *m.* 4
documentary documental *m.*
dominoes dominó *m.*
don't you even think about it ni se le ocurra *expr.*
doorbell timbre *m.;* **to ring the doorbell** tocar el timbre *v.*
double (in movies) doble *m., f.*
doubt interrogante *m.;* **to be no doubt** no caber duda *v.*
download descargar *v.*
drag arrastrar *v.;* **drag out** alargar *v.* 1
draw dibujar *v.*
dream (about) soñar (o:ue) (con) *v.* 1
dreams sueños *m.* 1
dressing room probador *m.* 3; **(star's)** camerino *m.*
drink beber *v.* 1
drinking glass copa *f.* 3
drive conducir *v.* 1; manejar *v.*
driver's license carné de conducir *m.*
drought sequía *f.* 6
drown ahogarse *v.*
drowned ahogado/a *adj.* 5
dry seco/a *adj.* 6; secar *v.;* **to dry off** secarse *v.* 2
dub (film) doblar *v.*
dubbed doblado/a *adj.*
dubbing doblaje *m.*
dust polvo *m.* 3; **to dust** quitar el polvo *v.* 3
duty deber *m.*

E

ear of corn mazorca *f.* 2
earn ganar *m.;* **to earn a living** ganarse la vida *v.*
earth tierra *f.* 6; **What on earth...?** ¿Qué rayos...? 5
earthquake terremoto *m.* 6
easy-going (permissive) permisivo/a *adj.* 1
eat comer *v.* 1, 2; **to eat up** comerse *v.* 2
ecosystem ecosistema *m.* 6
ecotourism ecoturismo *m.* 5
edible comestible *adj.;* **edible plant** planta comestible *f.*
editor redactor(a) *m., f.*
editor-in-chief redactor(a) jefe *m., f.*
educate educar *v.*
educated (cultured) culto/a *adj.*

education instrucción *f.*
educational didáctico/a *adj.*
efficient eficiente *adj.*
effort esfuerzo *m.*
either... or... o... o... *conj.*
elbow codo *m.*
elder mayor *m.*
elderly anciano/a *adj.;* **elderly gentleman/lady** anciano/a *m., f.*
elect elegir (e:i) *v.*
elected elegido/a *adj.*
electoral electoral *adj.*
electricity luz *f.*
electronic electrónico/a *adj.*
e-mail address dirección de correo electrónico *f.*
embarrass avergonzar *v.*
embarrassed avergonzado/a *adj.*
embarrassment vergüenza *f.*
embassy embajada *f.*
embellished adornado/a *adj.*
emigrate emigrar *v.*
emotion sentimiento *m.* 1
emperor emperador *m*
emphasize destacar *v.*
empire imperio *m.*
employed empleado/a *adj.*
employee empleado/a *m., f.*
employment empleo *m.*
empress emperatriz *f.*
encourage animar *v.*
end fin *m.;* **(rope, string)** cabo *m.*
endangered en peligro de extinción *adj.;* **endangered species** especie en peligro de extinción *f.*
ending desenlace *m.*
energetic enérgico/a *adj.*
energy energía *f.;* **nuclear energy** energía nuclear *f.;* **wind energy** energía eólica *f.*
engineer ingeniero/a *m., f.*
enjoy disfrutar (de) *v.* 2; **Enjoy your meal.** Buen provecho.
enough bastante *adv.* 3
enslave esclavizar *v.*
enter ingresar *v.;* **to enter data** ingresar datos *v.*
entertain (oneself) entretener(se) (e:ie) *v.* 2
entertaining entretenido/a *adj.* 2
entertainment farándula *f.* 1
entrance hall zaguán *m.* 3
entrepreneur empresario/a *m., f.*
envelope sobre *m.*
environment medio ambiente *m.* 6
environmental ambiental *adj.* 6
epidemic epidemia *f.* 4
episode episodio *m.;* **final episode** episodio final *m.*
equal igual *adj.*
equality igualdad *f.*
era época *f.*
erase borrar *v.*
erosion erosión *f.* 6
errands mandados *m. pl.* 3; **to run errands** hacer mandados *v.* 3
essay ensayo *m.*
essayist ensayista *m., f.*
establish (oneself) establecer(se) *v.*
eternal eterno/a *adj.*

ethical ético/a *adj.;* **unethical** poco ético/a *m., f.*
even siquiera *conj.;* **not even** ni siquiera *conj.*
event acontecimiento *m.*
everyday cotidiano/a *adj.* 3; **everyday life** vida cotidiana *f.*
example (sample) muestra *f.*
exchange: in exchange for a cambio de
excited emocionado/a *adj.* 1
exciting excitante *adj.*
excursion excursión *f.* 5
excuse disculpar *v.;* **Excuse me; Pardon me** Perdona (*fam.*)/Perdone (*form.*); Con permiso.
executive ejecutivo/a *m., f.;* **of an executive nature** de corte ejecutivo
exhausted agotado/a *adj.* 4; fatigado/a *adj.* 4
exhaustion cansancio *m.* 3
exhibition exposición *f.*
exile exilio *m.;* **political exile** exilio político *m.*
exit salida *f.* 6
exotic exótico/a *adj.*
expel expulsar *v.*
expensive caro/a *adj.* 3; costoso/a *adj.*
experience experiencia *f.;* experimentar *v.*
experiment experimento *m.*
expire caducar *v.*
expired vencido/a *adj.* 5
exploit explotar *v.*
exploitation explotación *f.*
exploration exploración *f.*
explore explorar *v.*
explosion estallido *m.*
export exportar *v.*
exports exportaciones *f., pl.*
expressionism expresionismo *m.*
extinct: become extinct extinguirse *v.* 6
extinguish extinguir *v.*

F

facial features facciones *f., pl.* 3
facilities servicios *m., pl*
fact hecho *m.* 3; **in fact** de hecho 4
factor factor *m.;* **risk factors** factores de riesgo *m. pl.*
factory fábrica *f.*
fad moda pasajera *f.*
faint desmayarse *v.* 4
fair feria *f.* 2
faith fe *f.*
fall caer *v.* 1; **to fall in love (with)** enamorarse (de) *v.* 1
fame fama *f.*
famous famoso/a *adj.;* **to become famous** hacerse famoso *v.*
fan (of) aficionado/a (a) *adj.* 2; **to be a fan of** ser aficionado/a de *v.*
farewell despedida *f.* 5
fascinate fascinar *v.* 2
fashion moda *f.;* **in fashion, popular** de moda *adj.*
fasten abrocharse *v.;* **to fasten one's seatbelt** abrocharse el cinturón de seguridad *v.;* **to fasten (the seatbelt)** ponerse (el cinturón de seguridad) *v.* 5
fatigue fatiga *f.*

favor favor *m.;* **to do someone the favor** hacer el favor *v.*

favoritism favoritismo *m.*

fed up (with) harto/a *adj.;* **to be fed up (with); to be sick (of)** estar harto/a (de) *v.* 1

feed dar de comer *v.* 6

feel sentirse (e:ie) *v.* 1; **(experience)** experimentar *v.;* **to feel like** dar la gana *v.;* sentir/tener ganas de *v.*

feeling sentimiento *m.* 1

festival festival *m.* 2

fever fiebre *f.* 4; **to have a fever** tener fiebre *v.* 4

fiancé(e) prometido/a *m., f.*

field campo *m.* 6; cancha *f.*

fight lucha *f.;* pelear, luchar *v.;* **to fight (for)** luchar por *v.;* **to fight bulls** lidiar *v.* 2; **to fight bulls in the bullring** torear *v.* 2

figuratively en sentido figurado *m.*

file archivo *m.;* **to download a file** bajar un archivo *v.*

filled up completo/a *adj.;* **The hotel is filled.** El hotel está completo.

filling contundente *adj.*

film película *f.;* rodar (o:ue) *v.*

finance(s) finanzas *f. pl.;* financiar *v.*

financial financiero/a *adj.*

find out averiguar *v.* 1

finding hallazgo *m.* 4

fine multa *f.*

fine arts bellas artes *f., pl.*

fingernail uña *f.*

finish line meta *f.*

fire incendio *m.* 6; despedir (e:i) *v.*

fired despedido/a *adj.*

fireplace hogar *m.* 3

first aid primeros auxilios *m., pl.* 4

first and foremost antes que nada

fish pez *m.* 6

fishing pesca *f.* 5

fit caber *v.* 1; **(clothing)** quedar *v.* 2

fitting room vestidor *m.*

flag bandera *f.*

flask frasco *m.*

flavor sabor *m.;* **What flavor is it? Chocolate?** ¿Qué sabor tiene? ¿Chocolate? 4

flee huir *v.* 3

fleeting pasajero/a *adj.*

flexible flexible *adj.*

flight vuelo *m.*

flight attendant auxiliar de vuelo *m., f.*

flirt coquetear *v.* 1

float flotar *v.* 5

flood inundación *f.* 6; inundar *v.*

floor suelo *m.*

flower florecer *v.* 6

flu gripe *f.* 4

fly mosca *f.* 4, 6; volar (o:ue) *v.*

foam espuma *f.* 5

fog niebla *f.*

fold doblar *v.*

follow seguir (e:i) *v.*

folly insensatez *f.* 4

fond of aficionado/a (a) *adj.* 2

food comida *f.* 6; alimento *m.* **canned food** comida enlatada *f.* 6; **fast food** comida rápida *f.* 4

foot (*of an animal*) pata *f.*

forbidden vedado/a *adj.* 3

force fuerza *f.;* **armed forces** fuerzas armadas *f., pl.;* **labor force** fuerza laboral *f.*

forced forzado/a *adj.*

forefront: at the forefront a la vanguardia

foresee presentir (e:ie); prever *v.*

forest bosque *m.*

forget (about) olvidarse (de) *v.* 2

forgetfulness; olvido *m.* 1

forgive perdonar *v.*

form forma *f.*

formulate formular *v.*

forty-year-old; in her/his forties cuarentón/cuarentona *adj.*

fountain fuente *f.*

frame marco *m.*

free time tiempo libre *m.* 2; ratos libres *m. pl.* 2

freedom libertad *f.;* **freedom of the press** libertad de prensa *f.*

freeze helar (e:ie) *v.*

frequently a menudo *adv.* 3

friar fraile *m.*

frightened asustado/a *adj.*

frog rana *f.* 6

front desk recepción *f.* 5

front page portada *f.*

frozen congelado/a *adj.*

fry freír (e:i) *v.* 3

fuel combustible *m.* 6

fulfill *v.* cumplir

full lleno/a *adj.;* **full-length film** largometraje *m.*

fun divertido/a *adj.* 2

funny gracioso/a *adj.* 1; **to be funny (to someone)** hacerle gracia (a alguien)

furnished amueblado/a *adj.*

furniture mueble *m.* 3

future mañana (el) *m.* 3

futuristic futurístico/a *adj.*

G

gain weight engordar *v.* 4

gallery galería *f.*

game juego *m.* 2; **ball game** juego de pelota *m.* 5; **board game** juego de mesa *m.* 2; partida *f.;* **(*sports*)** partido *m.;* **to win/lose a game** ganar/perder un partido *v.* 2

garbage (*poor quality*) porquería *f.*

gate: airline gate puerta de embarque *f.* 5

gaze mirada *f.* 1

gene gen *m.*

generate generar *v.*

generous generoso/a *adj.*

genetics genética *f.*

genuine auténtico/a *adj.* 3

gesture gesto *m.*

get obtener *v.;* **to get a movie** alquilar una película *v.* 2; **to get a shot** poner(se) una inyección *v.* 4; **to get along** congeniar *v.;* **to get along well/poorly** llevarse bien/mal *v.* 1; **to get better** mejorarse *v.* 2 **to get bored** aburrirse *v.* 2; **to get discouraged** desanimarse *v.;* **to get distracted; neglect** descuidar(se) *v.* 6; **to get dressed** vestirse (e:i) *v.* 2; **to get hurt** lastimarse *v.* 4; **to get in shape** ponerse en forma *v.* 4; **to get information** informarse *v.;* **to get ready** arreglarse *v.* 3; **to get into a mess** meterse en un lío *v.* 5 **to get sick** enfermarse *v.* 4; **to get tickets** conseguir (e:i) boletos/entradas *v.* 2; **to get together (with)** reunirse (con) *v.* 2; **to get up** levantarse *v.* 2; **to get upset** afligirse *v.* 3; **to get used to** acostumbrarse (a) *v.* 3; **to get vaccinated** vacunarse *v.* 4; **to get well/ill** *v.* ponerse bien/mal 4; **to get wet** mojarse *v.;* **to get worse** empeorar *v.* 4

gift obsequio *m.*

give dar *v.;* **to give a prize** premiar *v.;* **to give a shot** poner una inyección *v.* 4; **to give up** darse por vencido *v.* 6; ceder; **to give way to** dar paso a *v.*

gladly con mucho gusto

glance vistazo *m.*

global warming calentamiento global *m.* 6

globalization globalización *f.*

go ir *v.* 1, 2; **to go across** recorrer *v.* 5; **to go around (the world)** dar la vuelta (al mundo) *v.;* **to go away (from)** irse (de) *v.* 2; **to go out** salir *v.* 1; **to go out (to eat)** salir (a comer) *v.* 2; **to go out with** salir con *v.* 1; **to go shopping** ir de compras *v.* 3; **go to bed** acostarse (o:ue) *v.* 2; **go to sleep** dormirse (o:ue) *v.* 2; **go too far** pasarse *v.;* **go too fast** embalarse *v.*

goat cabra *f.*

God Dios *m.*

god/goddess dios(a) *m., f.* 5

gold oro *m.* 4

goldfish pececillo de colores *m.*

good bueno/a *adj.* **to be good (i.e. *fresh*)** estar bueno *v.;* **to be good (*by nature*)** ser bueno *v.*

goodness bondad *f.*

gossip chisme *m.*

govern gobernar (e:ie) *v.*

government gobierno *m.;* **government agency** organismo público *m.*

governor gobernador(a) *m., f.*

graduate titularse *v.* 3

grass hierba *f.;* **pasto** *m.*

gratitude agradecimiento *m.*

gravity gravedad *f.*

great-great-grandfather/mother tatarabuelo/a *m., f.*

group grupo *m.;* **musical group** grupo musical *m.*

grow crecer *v.* 1; cultivar *v.* **to grow accustomed to;** acostumbrarse (a) *v.* 3; **grow up** criarse v. 1

growth crecimiento *m.*

Guarani guaraní *m.*

guarantee asegurar *v.*

guess adivinar *v.*

guilt culpa *f.*

guilty culpable *adj.*

guitar (type of) tiple *m.* 2

guy tipo *m.* 2

gymnasium gimnasio *m.*

H

habit costumbre *f.* 3

habit: be in the habit of soler (o:ue) *v.* 3

half mitad *f.*

hall sala *f.* **concert hall** sala de conciertos *f.*

hang (up) colgar (o:ue) *v.*

happen suceder *v.* **1; These things happen.** Son cosas que pasan.

happiness felicidad *f.*

happy feliz *adj.*

hard arduo *adj.*; duro/a *adj.*

hardly apenas *adv.* **3**

hard-working trabajador(a) *adj.*

harmful dañino/a *adj.* **6**

harvest cosecha *f.*

hate odiar *v.* **1**

have tener, disponer (de) *v.* **1, 3; to have fun** divertirse (e:ie) *v.* **2**

hawk pregonar *v.*

headline titular *m.*

heal curarse; sanar *v.* **4**

healing curativo/a *adj.* **4**

health salud *f.* **4; To your health!** ¡A tu salud!

healthy saludable, sano/a *adj.* **4**

hear oír *v.* **1**

heart corazón *m.* **1; heart and soul** cuerpo y alma

heavy (*filling*) contundente *adj.*; **heavy rain** diluvio *m.*

heel tacón *m.*; **high heel** tacón alto *m.*

height cima *f.* **1;** *(highest level)* apogeo m. **5**

help (aid) auxilio *m.*

heritage herencia *f.;* **cultural heritage** herencia cultural *f.*

heroic heroico/a *adj.*

hide ocultarse *v.* **3**

high definition de alta definición *adj.*

highest level apogeo *m.* **5**

hijacking *m.* secuestro **5**

hill cerro *m.*; colina *f.*

Hindu hindú *adj.*

hire contratar *v.*

historian historiador(a) *m., f.*

historic histórico/a *adj.*

historical histórico/a *adj.*; **historical period** era *f.*

history historia *f.*

hold (*hug*) abrazar *v.* **1; hold your horses** parar el carro *v.*

hole agujero *m.;* **black hole** agujero negro *m.*; **hole in the ozone layer** agujero en la capa de ozono *m.*; **small hole** agujerito *m.*

holy sagrado/a *adj.*

home hogar *m.* **3**

honey miel *f.*

honored distinguido/a *adj.*

hope esperanza *f.* **6;** ilusión *f.*

horror (*story/novel*) de terror *adj.*

horseshoe herradura *f.*

host(ess) anfitrión/anfitriona *m., f.*

hostel albergue *m.* **5**

hour hora *f.*

how cómo *adv.*; **How come?** ¿Cómo así? *expr.* **2**

hug abrazar *v.* **1**

humankind humanidad *f.*

humid húmedo/a *adj.* **6**

humiliate humillar *v.*

humorous humorístico/a *adj.*

hungry hambriento/a *adj.*

hunt cazar *v.* **6**

hurricane huracán *m.* **6**

hurry prisa *f.* **6; to be in a hurry** tener apuro *v.*

hurt herir (e: ie) *v.* **1;** doler (o:ue) *v.* **2; to get hurt** lastimarse *v.* **4; to hurt oneself** hacerse daño; **to hurt someone** hacerle daño a alguien

husband marido *m.*

hut choza *f.*

hygiene aseo *m.*

hygienic higiénico/a *adj.*

I

ideology ideología *f.*

idiot cretino/a *adj.* **5**

illness dolencia *f.*; enfermedad *f.*

ill-tempered malhumorado/a *adj.*

illusion ilusión *f.*

image imagen *f.* **2**

imagination imaginación *f.*

immature inmaduro/a *adj.* **1**

immediately en el acto **3**

immigration inmigración *f.*

immoral inmoral *adj.*

import importar *v.*

important importante *adj.* **4; be important (to); to matter** importar *v.* **2, 4**

imported importado/a

imports importaciones *f., pl.*

impossible (to put off) impostergable *adj.*

impress impresionar *v.* **1**

impressionism impresionismo *m.*

improve mejorar *v.* **4;** perfeccionar *v.*

improvement adelanto *m.* **4**

in love (with) enamorado/a (de) *adj.* **1**

inadvisable poco recomendable *adj.* **5**

incapable incapaz *adj.*

included incluido/a *adj.* **5**

incompetent incapaz *adj.*

increase aumento *m.*

independence independencia *f.*

index índice *m.*

indigenous indígena *adj.*

indigenous person indígena *m., f.*

industrious trabajador(a) *adj.*

industry industria *f.*

inexpensive barato/a *adj.* **3**

infected: become infected contagiarse *v.* **4**

inflamed inflamado/a *adv.* **4; become inflamed** inflamarse *v.*

inflexible inflexible *adj.*

influential influyente *adj.*

inform avisar *v.*; **to be informed** estar al tanto *v.*; **to become informed (about)** enterarse (de) *v.*

inhabit habitar *v.*

inhabitant habitante *m., f.*; *poblador(a) m., f.*

inherit heredar *v.*

injure lastimar *v.*

injured herido/a *adj.*

injury herida *f.* **4**

innovative innovador(a) *adj.*

insanity locura *f.*

insect bite picadura *f.* **4**

insecure inseguro/a *adj.* **1**

insincere falso/a *adj.* **1**

insist on insistir en *v.* **4**

inspired inspirado/a *adj.*

instability inestabilidad *f.*

install instalar *v.*

insult ofensa *f.*

insurance seguro *m.* **5**

intelligent inteligente *adj.*

intensive care terapia intensiva *f.* **4**

intentions intenciones *f. pl.*

interest interesar *v.* **2**

interesting interesante *adj.*; **to be interesting** interesar *v.* **2**

Internet Internet *m., f.*

interview entrevista *f.*; entrevistar *v.*; **job interview** entrevista de trabajo *f.*

intriguing intrigante *adj.*

invade invadir *v.*

invent inventar *v.*

invention invento *m.*

invest invertir (e:ie) *v.*

investigate investigar *v.*

investigation expediente *m.* **5**

investment inversión *f.*; **foreign investment** inversión extranjera *f.*

investor inversor(a) *m., f.*

iron plancha *f.*

irresponsible irresponsable *adj.*

island isla *f.* **5**

isolate aislar *v.*

isolated aislado/a *adj.* **6**

itinerary itinerario *m.* **5**

J

jealous celoso/a *adj.*; **to be jealous of** tener celos de *v.* **1**

jealousy celos *m. pl.*

Jewish judío/a *adj.*

job empleo *m.*; *(**position**)* puesto *m.*; **job interview** entrevista de trabajo *f.*

join unirse *v.*

joke broma *f.* **1;** chiste *m.* **1**

joke bromear *v.*

journalist periodista *m., f.*

joy regocijo *m.* **4;** alegría *f.*

judge juez(a) *m., f.*

judgment juicio *m.*

jump salto *m.*

jungle selva *f.* **5**

just justo/a *adj.*

just as tal como *conj.*

justice justicia *f.*

K

keep mantener *v.*; guardar *v.*; **to keep in mind** tener en cuenta *v.*; **to keep in touch** mantenerse en contacto *v.* **1; to keep (something) to yourself** guardarse (algo) *v.* **1; to keep up with the news** estar al día con las noticias *v.*

key clave *f.*

keyboard teclado *m.*

kick patada *f.* **3**

kind amable *adj.*

king rey *m.*

kingdom reino *m.*

kiss besar *v.* **1**

know conocer *v.*; saber *v.* **1**

knowledge conocimiento *m.*

L

label etiqueta *f.*
labor mano de obra *f.*
labor union sindicato *m.*
laboratory laboratorio *m.;* **space lab** laboratorio espacial *m.*
lack faltar *v.* **2**
land tierra *f.* **6;** terreno *m.* **6**
land (*an airplane*) aterrizar *v.* **5**
landscape paisaje *m.* **6**
language idioma *m.;* lengua *f.*
laptop computadora portátil *f.*
late atrasado/a *adj.* **3**
laugh reír(se) (e:i) *v.*
launch lanzar *v.*
law derecho *m.;* ley *f.;* **to abide by the law** cumplir la ley *v.;* **to approve a law; to pass a law** aprobar (o:ue) una ley *v.*
lawyer abogado/a *m., f.*
layer capa *f.;* **ozone layer** capa de ozono *f.* **6**
lazy haragán/haragana
lead encabezar *v.*
leader líder *m., f.*
leadership liderazgo *m.*
lean (on) apoyarse (en) *v.*
learned erudito/a *adj.*
learning aprendizaje *m.*
leave marcharse *v. ;* dejar *v.;* **to leave alone** dejar en paz *v.;* **to leave someone** dejar a alguien *v.*
left over: to be left over quedar *v.* **2**
leg (*of an animal*) pata *f.*
legend leyenda *f.* **5**
leisure ocio *m.*
lend prestar *v.*
lesson (*teaching*) enseñanza *f.*
level nivel *m.;* **sea level** nivel del mar *m.*
liberal liberal *adj.*
liberate liberar *v.*
library biblioteca *f.*
lid tapa *f.*
lie mentira *f.* **1**
life vida *f.;* **everyday life** vida cotidiana *f.;* **life cycle** ciclo vital *m.* **4**
light luz *f.* **1**
lighthouse faro *m.* **5**
lightning relámpago *m.* **6**
lightning rayo *m.*
like gustar *v.* **2, 4; I don't like... at all!** ¡No me gusta nada…!; **to like very much** encantar, fascinar *v.* **2**
like this; so así *adv.* **3**
line cola *f.;* **to wait in line** hacer cola *v.* **2**
line (*of poetry*) verso *m.*
link enlace *m.*
lion león *m.* **6**
listener oyente *m., f.*
literature literatura *f.;* **children's literature** literatura infantil/juvenil *f.*
live en vivo, en directo *adj.;* **live broadcast** emisión en vivo/directo *f.*
live vivir *v.* **1**
lively animado/a *adj.* **2**
locate ubicar *v.*
located situado/a *adj.;* **to be located** ubicarse *v.*
lodge hospedarse *v.*
lodging alojamiento *m.* **5**

loneliness soledad *f.* **3**
lonely solo/a *adj.* **1**
long largo/a *adj.;* **long-term** a largo plazo
longshoreman estibador de puerto *m.* **4**
look aspecto *m.;* **to take a look** echar un vistazo *v.*
look verse *v.;* **to look healthy/sick** tener buen/mal aspecto *v.* **4; to look like** parecerse *v.* **2, 3; to look out upon** dar a *v.;* **He/She looks so happy.** Se ve tan feliz. **6; How attractive you look!** (*fam.*) ¡Qué guapo/a te ves! **6; How elegant you look!** (*form.*) ¡Qué elegante se ve usted! **6; It looks like he/she didn't like it.** Al parecer, no le gustó. **6; It looks like he/she is sad/happy.** Parece que está triste/contento/a. **6; He/She looks very sad to me.** Yo lo/la veo muy triste. **6**
loose suelto/a *adj.*
lose perder (e:ie) *v.;* **to lose an election** perder las elecciones *v.;* **to lose a game** perder un partido *v.* **2; to lose weight** adelgazar *v.* **4**
loss pérdida *f.*
lottery lotería *f.*
loudspeaker altoparlante *m.*
love amor *m.;* amar; querer (e:ie) *v.* **1; (un)requited love** amor (no) correspondido *m.*
lovely precioso/a *adj.* **1**
lower bajar *v.*
low-income bajos recursos *m., pl.*
loyalty lealtad *f.*
lucky afortunado/a *adj.*
luggage equipaje *m.*
luxurious lujoso/a **5;** de lujo
luxury lujo *m.*
lying mentiroso/a *adj.* **1**

M

madness locura *f.*
magazine revista *f.;* **online magazine** revista electrónica *f.*
magic magia *f.*
mailbox buzón *m.*
majority mayoría *f.*
make hacer *v.* **1, 4; to make a (hungry) face** poner cara (de hambriento/a) *v.;* **to make a toast** brindar *v.* **2; to make a wish** pedir un deseo *v.;* **to make fun of** burlarse (de) *v.;* **to make good use of** aprovechar *v.;* **to make one's way** abrirse paso *v.;* **to make sure** asegurarse *v.;* **to make use of** disponer (de) *v.* **3**
make-up maquillaje *f.*
male macho *m.*
mall centro comercial *m.* **3**
manage administrar *v.;* **dirigir** *v.* **1;** lograr; *v.* **3**
manager gerente *m, f.*
manipulate manipular *v.*
manufacture fabricar *v.*
manuscript manuscrito *m.*
marathon maratón *m.*
maritime marítimo/a *adj.*
market mercado *m.*
marketing mercadeo *m.* **1**
marriage matrimonio *m.*
married casado/a *adj.* **1**
mass misa *f.*
masterpiece obra maestra *f.* **3**

mathematician matemático/a *m., f.*
matter asunto *m.;* importar *v.* **2, 4**
mature maduro/a *adj.* **1**
May I? ¿Me permite? *expr.*
Mayan Trail ruta maya *f.* **5**
mayor alcalde/alcaldesa *m., f.*
mean antipático/a *adj.;* tener la intención *v.;* **to mean it** ir en serio
means medio *m.;* **media** medios de comunicación *m. pl.*
measure medida *f.;* medir (e:i) *v.;* **security measures** medidas de seguridad *f. pl.* **5**
mechanical mecánico/a *adj.*
mechanism mecanismo *m.*
meditate meditar *v.*
meeting reunión *f.*
member socio/a *m., f.*
memory recuerdo *m.*
merchandise mercancía *f.*
mercy piedad *f.*
mess desorden *m.*
message mensaje *m.;* **text message** mensaje de texto *m.*
middle medio *m.*
Middle Ages Edad Media *f.*
military militar *m., f.*
mine mina *f.*
minister ministro/a *m., f.;* **Protestant minister** ministro/a protestante *m., f.*
minority minoría *f.*
minute minuto *m.;* **last-minute news** noticia de último momento *f.;* **up-to-the-minute** de último momento *adj.*
miracle milagro *m.*
miser avaro/a *m., f.*
miss extrañar *v.;* perder (e:ie) *v.;* **to miss (someone)** extrañar a (alguien) *v.;* **to miss a flight** perder un vuelo *v.* **5**
mistake: to be mistaken; to make a mistake equivocarse *v.* **2**
mixed: person of mixed ethnicity (*part indigenous*) mestizo/a *m., f.*
mixture mezcla *f.*
mockery burla *f.*
model (*fashion*) modelo *m., f.*
modern moderno/a *adj.*
modify modificar, alterar *v.*
moisten mojar *v.*
moment momento *m.*
monarch monarca *m., f.*
money dinero *m.;* (*L. Am.*) plata *f.* **2; cash** dinero en efectivo *m.* **3**
monkey mono *m.* **6**
monolingual monolingüe *adj.*
mood estado de ánimo *m.* **4; in a bad mood** malhumorado/a *adj.*
moon luna *f.;* **full moon** luna llena *f.*
moral moral *adj.*
mortgage hipoteca *f.*
mosque mezquita *f.*
mountain montaña *f.* **6;** monte *m.;* **mountain range** cordillera *f.* **6**
move jugada *f.; (change residence)** mudarse *v.* **2**
movement corriente *f.;* movimiento *m.*
movie theater cine *m.* **2**
moving conmovedor(a) *adj.*
muralist muralista *m., f.*
murky turbio/a *adj.* **1**
museum museo *m.*
music video video musical *m.*

musician músico/a *m., f.* **2**
Muslim musulmán/musulmana *adj.*
myth mito *m.* **5**

N

name nombrar *v.*
nape nuca *f.*
narrate narrar *v.*
narrative work narrativa *f.*
narrator narrador(a) *m., f.*
narrow estrecho/a *adj.*
native nativo/a *adj.*
natural resource recurso natural *m.* **6**
navel ombligo *m.* **4**
navigator navegante *m., f.*
navy armada *f.*
necessary necesario *adj.* **4**
necessity necesidad *f.* **5; of utmost necessity** de primerísima necesidad **5**
need necesidad *f.* **5;** necesitar *v.* **4**
needle aguja *f.* **4**
neglect descuidar *v.* **6**
neighborhood barrio *m.*
neither... nor... ni... ni... *conj.*
nervous nervioso/a *adj.*
nest nido *m.*
network red *f.;* **television network** cadena *f.;* cadena de televisión *f.*
news noticia *f.;* **local/domestic/ international news** noticias locales/ nacionales/internacionales *f. pl.;* **news bulletin** informativo *m.;* **news report** reportaje *m.;* **news reporter** presentador(a) de noticias *m., f.;* **no news** novedad (sin)
newspaper periódico *m.;* **diario** m.
nice simpático/a, amable *adj.*
nightmare pesadilla *f.*
No way! ¡Ni loco/a!
noise ruido *m.*
nomination nominación *f.*
nominee nominado/a *m., f.*
non-stop corrido (de) *adv.*
nook rincón *m.*
notice aviso *m.* **5;** fijarse *v.* **to take notice of** fijarse en *v.* **2**
novelist novelista *m., f.*
now and then de vez en cuando **3**
nun monja *f.*
nurse enfermero/a *m., f.* **4**
nutritious nutritivo/a *adj.* **4; (healthy)** saludable *adj.* **4**
nutshell (in a) resumidas cuentas (en) *adv.* **3**

O

oar remo *m.* **5**
obesity obesidad *f.* **4**
obey obedecer *v.* **1**
oblivion olvido *m.* **1**
occur (to someone) ocurrírsele (a alguien) *v.*
offer oferta *f.;* ofrecerse (a) *v.*
office despacho *m.*
officer agente *m., f.*
often a menudo *adv.* **3**
oil painting óleo *m.*
Olympics Olimpiadas *f. pl.*

on purpose a propósito *adv.* **3**
once in a while de vez en cuando **3**
online en línea *adj.*
open abrir(se) *v.*
open-air market mercado al aire libre *m.*
openmouthed boquiabierto/a *adj.*
operate operar *v.*
operation operación *f.* **4**
opinion opinión *f.;* **In my opinion, ...** A mi parecer, ...; Considero que..., Opino que...; **to be of the opinion** opinar *v.*
oppose oponerse a *v.* **4**
oppress oprimir *v.*
options alternativas *f. pl.* **3**
orchard huerto *m.*
originating (in) proveniente (de) *adj.*
ornate ornamentado/a *adj.*
others; other people los/las demás *pron.*
ought to deber + *inf. v.*
outdo oneself (P. Rico; Cuba) botarse *v.*
outline esbozo *m.*
out-of-date pasado/a de moda *adj.*
outrageous thing barbaridad *f.*
outsmart burlar *v.*
overcome superar *v.*
overdose sobredosis *f.*
overthrow derribar *v.;* **derrocar** *v.*
overwhelmed agobiado/a *adj.* **1**
owe deber *v.;* **to owe money** deber dinero *v.*
own propio/a *adj.* **1**
owner dueño/a *m., f.;* propietario/a *m., f.*

P

pack hacer las maletas *v.* **5**
page página *f.;* **web page** página web
paid pagado *adj.* **to be paid by** correr a cargo de *v.* **5**
pain (suffering) sufrimiento *m.*
painkiller analgésico *m.* **4**
paint pintura *f.; pintar v.* **3**
paintbrush pincel *m.*
painter pintor(a) *m., f.* **3**
painting cuadro *m.* **3;** pintura *f.*
palm tree palmera *f.*
pamphlet panfleto *m.*
paradox paradoja *f.*
parish parroquia *f.*
park parque *m.;* estacionar *v.;* **amusement park** parque de atracciones *m.* **2**
parrot loro *m.*
part parte *f.;* **to become part (of)** integrarse (a) *v.*
partner (couple) pareja *f.* **1; (member)** socio/ a *m., f.*
party (politics) partido *m.;* **political party** partido político *m.*
pass (a class, a law) aprobar (o:ue) *v.;* **to pass a law** aprobar una ley *v.*
passing pasajero/a *adj.*
passport pasaporte *m.* **5**
password contraseña *f.*
past ayer (el) *m.* **3**
pastime pasatiempo *m.* **2**
pastry repostería *f.*
patent patente *f.*

path (history) trayectoria *f.* **1;** prestarle atención a alguien *v.*
pay pagar *v.;* **to be well/poorly paid** ganar bien/mal *v.;* **to pay attention to someone** hacerle caso a alguien *v.* **1;** prestarle atención a alguien *v.*
peace paz *f.*
peaceful pacífico/a *adj.*
peak cumbre *f.;* **pico** *m.*
peck picar *v.*
people pueblo *m.*
performance rendimiento *m.;* **(theater; movie)** función *f.* **2**
perhaps acaso *adv.*
period punto *m.* **2**
permanent fijo/a *adj.*
permission permiso *m.*
permissive permisivo/a *adj.* **1**
persecute perseguir (e:i) *v.*
personal (private) particular *adj.*
pessimist pesimista *m., f.*
phase etapa *f.*
physicist físico/a *m. f.*
pick out seleccionar *v.* **3**
pick up levantar *v.*
picnic picnic *m.*
picture imagen *f.* **2**
piece (art) pieza *f.*
pier muelle *m.* **5**
pig cerdo *m.* **6**
pill pastilla *f.* **4**
pilot piloto *m., f.*
pious devoto/a *adj.*
piping tubería *f.* **6**
pity pena *f.;* **What a pity!** ¡Qué pena!
place lugar *m.*
place poner *v.* **1, 2**
place (an object) colocar *v.* **2**
plan planear *v.*
planet planeta *m.*
planned previsto/a *adj., p.p.* **3**
plateau: high plateau altiplano *m.*
play jugar *v.;* **(theater)** obra de teatro *f.;* **(literary)** obra literaria *f.;* **(an instrument)** tocar (un instrumento) *v.;* **to play a CD** poner un disco compacto *v.* **2; to play a CD** poner un disco compacto *v.* **2;** disputar *v.*
player (CD/DVD/MP3) reproductor (de CD/ DVD/MP3) *m.*
playing cards cartas *f. pl.* **2;** naipes *m. pl.*
playwright dramaturgo/a *m., f.*
plead rogar *v.* **2, 4**
pleasant (funny) gracioso/a *adj.* **1**
please: Could you please...? ¿Tendría usted la bondad de + inf.... ? *(form.)*
plot trama *f.;* argumento *m.*
plumbing (piping) tubería *f.* **6**
poet poeta *m., f.*
poetry poesía *f.*
point (to) señalar *v.* **2; to point out** destacar *v.*
point of view punto de vista *m.*
poison veneno *m.* **6**
poisoned envenenado/a *adj.* **6**
poisonous venenoso/a *adj.* **6**
politician político/a *m., f.*
politics política *f.*
pollen polen *m.*
pollute contaminar *v.* **6**

Vocabulary

pollution contaminación *f.* **6**
poor quality (garbage) porquería *f.*
populate poblar *v.*
population población *f.*
port puerto *m.* **5**
portable portátil *adj.*
portrait retrato *m.* **3**
portray retratar *v.* **3**
position puesto *m.*; cargo *m.* **1**
possible posible *adj.*; **as much as possible** en todo lo posible
poverty pobreza *f.*
power fuerza *f.*; **will power** fuerza de voluntad **4**
power (electricity) luz *f.*
power saw motosierra *f.*
powerful poderoso/a *adj.*
pray rezar *v.*
pre-Columbian precolombino/a *adj.*
prefer preferir *v.* **4**
prehistoric prehistórico/a *adj.*
premiere estreno *m.* **2**
prescribe recetar *v.*
prescription receta *f.* **4**
preserve conservar *v.* **6**
press prensa *f.*; **press conference** rueda de prensa
pressure (stress) presión *f.*; presionar *v.*; **to be under stress/pressure** estar bajo presión
prevent prevenir *v.* **4**
previous anterior *adj.*
priest cura *m.*; sacerdote
prime minister primer(a) ministro/a *m., f.*
print imprimir *v.*
private particular *adj.*
privilege privilegio *m.*
prize premio *m.*; **to give a prize** premiar *v.*
procession procesión *f.*
produce producir *v.* **1**; **(generate)** generar *v.*; huerteado *m. (Col.)* **2**
productive productivo/a *adj.*
programmer programador(a) *m., f.*
prohibit prohibir *v.* **4**
prohibited prohibido/a *adj.* **5**
prominent destacado/a *adj.*; prominente *adj.*
promise jurar *v.*
promote promover (o:ue) *v.*
pronounce pronunciar *v.*
proof prueba *f.*
proposal oferta *f.*
propose proponer *v.* **1, 4**; **to propose marriage** proponer matrimonio *v.* **1**
prose prosa *f.*
protagonist protagonista *m., f.* **1**,
protect proteger *v.* **1, 6**
protected protegido/a *adj.* **5**
protest manifestación *f.*; protestar *v.*
protester manifestante *m., f.* **6**
proud orgulloso/a *adj.* **1**; **to be proud of** estar orgulloso/a de
prove comprobar (o:ue) *v.*
provide proporcionar *v.*
public público *m.*; **(pertaining to the state)** estatal *adj.*
public transportation transporte público *m.*
publish editar *v.*; publicar *v.*

pull halar *v.*; **to pull out petals** deshojar *v.* **3**
punishment castigo *m.*
pure puro/a *adj.*
purity pureza *f.* **6**
pursue perseguir (e:i) *v.*
push empujar *v.*
put poner *v.* **1, 2**; **to put in a place** ubicar *v.*; **to put on (clothing)** ponerse *v.*; **to put on makeup** maquillarse *v.* **2**
pyramid pirámide *f.* **5**

Q

quality calidad *f.*; **high quality** de buena categoría *adj.* **5**
queen reina *f.*
quench saciar *v.*
question interrogante *m.*
quiet callado/a *adj.*; **be quiet** callarse *v.*
quit renunciar *v.*; **quit smoking** dejar de fumar *v.* **4**
quite bastante *adv.* **3**
quotation cita *f.*

R

rabbi rabino/a *m., f.*
rabbit conejo *m.* **6**
rabies rabia *f.* **5**
race raza *f.*
radiation radiación *f.*
radio radio *f.*
radio announcer locutor(a) de radio *m., f.*
radio station (radio)emisora *f.*
raise aumento *m.*; **raise in salary** aumento de sueldo *m.*; criar *v.*; educar *v.* **1**; **to have raised** haber criado **1**
ranch rancho *m.*
rarely casi nunca *adv.* **3**
rat rata *f.*
rather bastante *adv.*; más bien *adv.*
ratings índice de audiencia *m.*
ray rayo *m.*
reach alcance *m.*; **within reach** al alcance; al alcance de la mano; alcanzar *v.*
reactor reactor *m.*
reader lector(a) *m., f.*
real auténtico/a *adj.* **3**
realism realismo *m.*
realist realista *adj.*
realistic realista *adj.*
realize darse cuenta *v.* **2**; **to realize/ assume that one is being referred to** darse por aludido/a *v.*
rearview mirror espejo retrovisor *m.*
rebelliousness rebeldía *f.*
received acogido/a *adj.*; **well received** bien acogido/a *adj.*
recital recital *m.*
recognition reconocimiento *m.*
recognize reconocer *v.* **1**
recommend recomendar *v.* **4**
recommendable recomendable *adj.* **5**
record grabar *v.*
recover recuperarse *v.* **4**
recyclable reciclable *adj.*
recycle reciclar *v.* **6**
redo rehacer *v.* **1**
reduce (speed) reducir (velocidad) *v.* **5**

reef arrecife *m.* **6**
referee árbitro/a *m., f.* **2**
refined (cultured) culto/a *adj.*
reflect reflejar *v.*
reform reforma *f.*; **economic reform** reforma económica *f.*
refuge refugio *m.* **6**
refund reembolso *m.* **3**
refusal rechazo *m.*
register inscribirse *v.*
registration permiso de circulación *m.*
rehearsal ensayo *m.*
rehearse ensayar *v.*
reign reino *m.*
reject rechazar *v.*
rejection rechazo *m.*
relax relajarse *v.* **4**; **Relax.** Tranquilo/a.
reliability fiabilidad *f.*
religion religión *f.*
religious religioso/a *adj.*
remain permanecer *v.* **4**
remake rehacer *v.* **1**
remember recordar (o:ue); acordarse (o:ue) (de) *v.* **2**
remorse remordimiento *m.*
remote control control remoto *m.*; **universal remote control** control remoto universal *m.*
renewable renovable *adj.* **6**
rent alquilar *v.*; **to rent a movie** alquilar una película *v.* **2**
repent arrepentirse (de) (e:ie) *v.* **2**
repertoire repertorio *m.*
reporter reportero/a *m., f.*
representative diputado/a *m., f.*
reproduce reproducirse *v.*
reputation reputación *f.*; **to have a good/ bad reputation** tener buena/mala fama *v.*
rescue rescatar *v.*
research investigar *v.*
researcher investigador(a) *m., f.*
resentful resentido/a *adj.* **6**
reservation reservación *f.*
reserve reservar *v.* **5**
reside residir *v.*
respect respeto *m.*
responsible responsable *adj.*
rest descanso *m.*; reposo *m.*; **to be at rest** estar en reposo *v.*
rest descansar *v.* **4**
resulting consiguiente *adj.*
résumé currículum vitae *m.*
retire jubilarse *v.*
retirement jubilación *f.*
return regresar *v.* **5**; **to return (items)** devolver (o:ue) *v.* **3**; **return (trip)** vuelta *f.*; regreso *m.*
review (revision) repaso *m.*
revision (review) repaso *m.*
revolutionary revolucionario/a *adj.*
revulsion asco *m.*
rhyme rima *f.*
rifle fusil *m.*
right derecho *m.*; **civil rights** derechos civiles *m. pl.*; **human rights** derechos humanos *m. pl.*
right away enseguida **3**
ring anillo *m.*; sortija *f.*; sonar (o:ue) *v.*; **to ring the doorbell** tocar el timbre *v.* **3**
riot disturbio *m.*

rise ascender (e:ie) *v.*

risk riesgo *m.*; arriesgar *v.*; arriesgarse; **to take a risk** arriesgarse *v.*

risky arriesgado/a *adj.* **5**

river río *m.*

rocket cohete *m.*

rob asaltar *v.*

role papel *m.*; **to play a role (*in a play*)** desempeñar un papel *v.*

romance novel novela rosa *f.*

romanticism romanticismo *m.*

room habitación *f.* **5; emergency room** sala de emergencias *f.* **4; single/ double room** habitación individual/ doble *f.* **5; room service** servicio de habitación *m.* **5**

root raíz *f.*

round redondo/a *adj.* **2**

round-trip ticket pasaje de ida y vuelta *m.* **5**

routine rutina *f.* **3**

rude descarado/a *adj.*

ruin ruina *f.* **5**

rule regla *f.*; dominio *m.*

ruler gobernante *m., f.;* **(*sovereign*)** soberano/a *m., f.*

run correr *v.;* **to run away** huir *v.* **3; to run out** acabarse *v.* **6; to run out of** quedarse sin *v.* **6; to run over** atropellar *v.*

rush prisa *f.* **6; to be in a rush** tener apuro

S

sacred sagrado/a *adj.*

sacrifice sacrificio *m.;* sacrificar *v.* **6**

safety seguridad *f.* **5**

sail navegar *v.* **5**

sailor marinero *m.*

salary sueldo *m.;* **raise in salary** aumento de sueldo *m.;* **base salary** sueldo fijo *m.;* **minimum wage** sueldo mínimo *m.*

sale venta *f.;* **to be for sale** estar a la venta *v.*

salesperson vendedor(a) *m., f.*

same mismo/a *adj.;* **The same here.** Lo mismo digo yo.

sample muestra *f.*

sanity cordura *f.* **4**

satellite satélite *m.;* **satellite connection** conexión de satélite *f.;* **satellite dish** antena parabólica *f.*

satire sátira *f.*

satirical satírico/a *adj.;* **satirical tone** tono satírico/a *m.*

satisfied: be satisfied with contentarse con *v.* **1**

satisfy (*quench*) saciar *v.*

save ahorrar *v.;* **guardar** *v.;* salvar *v.* **6; save oneself** ahorrarse *v.*

savings ahorros *m.*

say decir *v.* **1; say goodbye** despedirse (e:i) *v.* **3**

scar cicatriz *f.*

scarcely apenas *adv.* **3**

scare espantar *v.;* asustar *v.*

scared asustado/a *adj.*

scene escena *f.* **1**

scenery paisaje *m.* **6;** escenario *m.* **2**

schedule horario *m.* **3**

science fiction ciencia ficción *f.*

scientific científico/a *adj.*

scientist científico/a *m., f.*

score (a goal/a point) anotar (un gol/un punto) *v.* **2;** marcar (un gol/punto) *v.*

scratch rascar *v.;* **to scratch (oneself)** rascarse *v.* **4**

screen pantalla *f.* **2; computer screen** pantalla de computadora *f.;* **LCD screen** pantalla líquida *f.;* **television screen** pantalla de televisión *f.* **2**

screenplay guión *m.*

script guión *m.*

scuba diving buceo *m.* **5**

sculpt esculpir *v.*

sculptor escultor(a) *m., f.*

sculpture escultura *f.*

sea mar *m.* **6**

seal sello *m.*

search búsqueda *f.;* **search engine** buscador *m.*

season temporada *f.;* **high/low season** temporada alta/baja *f.* **5**

seat asiento *m.* **2**

seatbelt cinturón de seguridad *m.* **5; to fasten (the seatbelt)** abrocharse/ ponerse (el cinturón de seguridad) *v.* **5; to unfasten (the seatbelt)** quitarse (el cinturón de seguridad) *v.* **5**

section sección *f.;* **lifestyle section** sección de sociedad *f.;* **sports page/ section** sección deportiva *f.*

security seguridad *f.* **5; security measures** medidas de seguridad *f. pl.* **5**

see ver *v.* **1**

seed semilla *f.*

seem parecer *v.* **2**

select seleccionar *v.* **3**

self-esteem autoestima *f.* **4**

self-portrait autorretrato *m.*

senator senador(a) *m., f.*

send enviar *v.;* mandar *v.*

sender remitente *m.*

sense sentido *m.;* **common sense** sentido común *m.*

sensible sensato/a *adj.* **1**

sensitive sensible *adj.* **1**

separated separado/a *adj.* **1**

sequel continuación *f.*

servants servidumbre *f.* **3**

servitude servidumbre *f.* **3**

set (the table) poner (la mesa) *v.* **3**

settle poblar *v.*

settler poblador(a) *m., f.*

sexton sacristán *m.*

shame vergüenza *f.*

shape forma *f.;* **bad physical shape** mala forma física *f.;* **to get in shape** ponerse en forma **4; to stay in shape** mantenerse en forma *v.* **4**

shark tiburón *m.* **5**

sharp nítido/a *adj.*

shave afeitarse *v.* **2**

sheep oveja *f.* **6**

shoot disparar *v.;* fusilar *v.*

shore orilla *f.;* **on the shore of** a orillas de **6**

short film corto, cortometraje *m.* **1**

short story cuento *m.*

short/long-term a corto/largo plazo

shot (injection) inyección *f.;* **to give a shot** poner una inyección *v.* **4**

shoulder hombro *m.*

shout gritar *v.*

show espectáculo *m.* **2**

showing sesión *f.*

shrink encogerse *v.*

shrug encogerse de hombros *v.*

shy tímido/a *adj.* **1**

shyness timidez *f.*

sick enfermo *adj.;* **to be sick (of); to be fed up (with)** estar harto/a (de) **1; to get sick** enfermarse *v.* **4**

sign señal *f.;* firmar *v.*

signal señalar *v.* **2**

signature firma *f.*

silent callado/a *adj.;* **to be silent** callarse *v.;* **to remain silent** quedarse callado **1**

silly person bobo/a *m., f.*

sin pecado *m.*

sincere sincero/a *adj.*

singer cantante *m., f.* **2**

single soltero/a *adj.* **1; single mother** madre soltera *f.;* **single father** padre soltero *m.*

sink hundir *v.*

situated situado/a *adj.*

sketch esbozo *m.;* esbozar *v*

skill habilidad *f.*

skillfully hábilmente *adv.*

skim hojear *v.*

skirt falda *f.*

slacker vago/a *m., f.*

slave esclavo/a *m., f.;* **slave trade** tráfico de esclavos *m.* **4**

slavery esclavitud *f.*

sleep dormir *v.* **2**

sleeve manga *f.*

slip resbalar *v.*

slippery resbaladizo/a *adj.*

smoothness suavidad *f.*

snake serpiente *f.* **6;** culebra *f.*

so-and-so fulano/a *m., f.*

soap opera telenovela *f.*

sociable sociable *adj.*

society sociedad *f.*

software programa (de computación) *m.*

solar solar *adj.*

soldier soldado *m.*

solitude soledad *f.* **3**

solve resolver (o:ue) *v.* **6**

sometimes a veces *adv.* **3**

sorrow pena *f.* **4**

soul alma *f.* **1**

soundtrack banda sonora *f.*

source fuente *f.;* **energy source** fuente de energía *f.* **6**

sovereign soberano/a *m., f.*

sovereignty soberanía *f.*

space espacial *adj.;* **space shuttle** transbordador espacial *m.*

space espacio *m.*

spaceship nave espacial *f.*

spacious espacioso/a *adj.*

speak hablar *v.* **1; Speaking of that, ...** Hablando de eso, ...

speaker hablante *m., f.*

special effects efectos especiales *m., pl.*

specialist especialista *m., f.*

specialized especializado/a *adj.*

species especie *f.* **6; endangered species** especie en peligro de extinción *f.*

spectator espectador(a) *m., f.* **2**

speech discurso *m.*; **to give a speech** pronunciar un discurso *v.*
spell-checker corrector ortográfico *m.*
spend gastar *v.*
spider araña *f.* 6
spill derramar *v.*
spirit ánimo *m.* 1
spiritual espiritual *adj.*
spot: on the spot en el acto 3
spray rociar *v.* 6
spring manatial *m.*
stability estabilidad *f.*
stage (*theater*) escenario *m.* 2; (*phase*) etapa *f.*; **stage name** nombre artístico *m.* 1
stain mancha *f.*; manchar *v.*
staircase escalera *f.* 3
stamp sello *m.*
stand up ponerse de pie *v.*
stanza estrofa *f.*
star estrella *f.*; **shooting star** estrella fugaz *f.*; (*movie*) **star** [m/f] estrella *f.*; **pop star** [m/f] estrella pop *f.*
start (*a car*) arrancar *v.*
stay alojarse *v.* 5; hospedarse; quedarse *v.* 5; **stay up all night** trasnochar *v.* 4
step paso *m.*; **to take the first step** dar el primer paso *v.*
stereotype estereotipo *m.*
stern popa *f.* 5
stick pegar *v.*
still life naturaleza muerta *f.*
sting picar *v.*
stingy tacaño/a *adj.* 1
stir revolver (o:ue) *v.*
stock market bolsa de valores *f.*
stone piedra *f.* 5
storekeeper comerciante *m., f.*
storm tormenta *f.*; **tropical storm** tormenta tropical *f.* 6
story (account) relato *m.*
stranger desconocido/a *adj.*
stream arroyo *m.*
strength fortaleza *f.*
strict autoritario/a *adj.* 1
strike (*labor*) huelga *f.*
striking llamativo/a *adj.*
stripe raya *f.* 5
stroll paseo *m.*
struggle lucha *f.*; luchar *v.*
stubborn tozudo/a *adj.*
studio estudio *m.*; **recording studio** estudio de grabación *f.*
stunned boquiabierto/a *adj.*
stupid necio/a *adj.*
stupid person bobo/a *m., f.*
style estilo *m.*; **in the style of ...** al estilo de…
subscribe (to) suscribirse (a) *v.*
subtitles subtítulos *m., pl.*
subtlety matiz *m.*
suburb suburbio *m.*
succeed in (*reach*) alcanzar *v.*
success éxito *m.*
successful exitoso/a *adj.*
suckling pig cochinillo *m.*
sudden repentino/a *adj.* 3
suddenly de repente *adv.* 3
suffer (from) sufrir (de) *v.* 4
suffering sufrimiento *m.*
suggest aconsejar; sugerir (e:ie) *v.* 4

suitcase maleta *f.* 5
summit cumbre *f.*
sunrise amanecer *m.*
supermarket supermercado *m.* 3
supply proporcionar *v.*
support soportar; apoyar *v.*; **to put up with someone** soportar a alguien *v.* 1
suppose suponer *v.* 1
suppress suprimir *v.*
sure (*confident*) seguro/a *adj.* 1; (*certain*) cierto/a *adj.*; **Sure!** ¡Cierto!
surf the web navegar en la red *v.*; navegar en Internet
surface superficie *f.*
surgeon cirujano/a *m., f.* 4
surgery cirugía *f.* 4
surgical quirúrgico/a *adj.*
surprise sorprender *v.* 2
surprised sorprendido *adj.* 2; **be surprised (about)** sorprenderse (de) *v.* 2
surrealism surrealismo *m.*
surrender rendirse (e:i) *v.*
surround rodear *v.*
surrounded rodeado/a *adj.*
survival supervivencia *f.*; sobrevivencia *f.*
survive sobrevivir *v.*
suspect sospechar *v.*
suspicion sospecha *f.*
swallow tragar *v.*
sweats sudores *m. pl.* 5
swear jurar *v.*
sweep barrer *v.* 3
sweetheart amado/a *m., f.* 1
symptom síntoma *m.*
synagogue sinagoga *f.*
syrup jarabe *m.* 4

T

tabloid(s) prensa sensacionalista *f.*
tag etiqueta *f.*
take tomar *v.*; **to take a bath** bañarse *v.* 2; **to take a look** echar un vistazo *v.*; **to take a trip** hacer un viaje *v.* 5; **to take a vacation** ir(se) de vacaciones *v.* 5; **to take away (remove)** quitar *v.* 2; **to take care of** cuidar *v.* 1; **to take care of oneself** cuidarse *v.*; **to take into consideration** tomar en cuenta *v.* 1; **to take off** despegar *v.* 5; **to take off (clothing)** quitarse *v.* 2; **to take off running** echar a correr *v.*; **to take place** desarrollarse, transcurrir *v.*; **to take refuge** refugiarse *v.*; **to take seriously** tomar en serio *v.*
talent talento *m.* 1
talented talentoso/a *adj.* 1
tank tanque *m.* 6
tape cinta *f.* 1
taste gusto *m.*; **in good/bad taste** de buen/mal gusto; sabor *m.*; **It has a sweet/sour/bitter/pleasant taste.** Tiene un sabor dulce/agrio/amargo/agradable. 4
taste like/of saber *v.* 1; **How does it taste?** ¿Cómo sabe? 4; **And does it taste good?** ¿Y sabe bien? 4; **It tastes like garlic/mint/lemon.** Sabe a ajo/menta/limón. 4
tax impuesto *m.*; **sales tax** impuesto de ventas *m.*
teaching enseñanza *f.*
team equipo *m.* 2

tears lágrimas *f. pl.*
telephone receiver auricular *m.*
telescope telescopio *m.*
television televisión *f.* 2; **television set** televisor *m.* 2; **television viewer** televidente *m., f.* 2
tell contar (o:ue) *v.* 2
temple templo *m.*
tendency propensión *f.*
territory territorio *m.*
terrorism terrorismo *m.*
test (*challenge*) poner a prueba *v.*
theater teatro *m.*
then entonces *adv.* 3
theory teoría *f.*
there allá *adv.*
thermal térmico/a *adj.*
thief ladrón/ladrona *m., f.*
think pensar (e:ie) *v.* 1; (*to be of the opinion*) opinar; *v.* **I think it's pretty.** Me parece hermosa/o.; **I thought...** Me pareció... 1; **What did you think of Mariela?** ¿Qué te pareció Mariela? 1
thoroughly a fondo *adv.*
threat amenaza *f.*
threaten amenazar *v.* 3
throw tirar *v.*; **throw away** echar *v.*; **throw out** botar *v.*
thunder trueno *m.* 6
ticket boleto *m.*
tie (game) empate *m.* 2; **tie (up)** atar *v.*; (*games*) empatar *v.* 2
tiger tigre *m.* 6
time tiempo *m.*; vez *f.*; **at that time** en aquel entonces; **for the first/last time** por primera/última vez 2; **on time** a tiempo 3; **once upon a time** érase una vez; **to have a good/bad/horrible time** pasarlo bien/mal 1
tired cansado/a *adj.*; **to become tired** cansarse *v.*
toast brindis *m.* 3
tone of voice timbre *m.* 3
tongue lengua *f.*
too; too much demasiado/a *adj., adv.*
tool herramienta *f.*; **toolbox** caja de herramientas *f.* 2
toolbox caja de herramientas *f.* 2
topic asunto *m.*
touch lightly rozar *v.*
tour excursión *f.* 5; **tour guide** guía turístico/a *m., f.* 5
tourism turismo *m.* 5
tourist turista *m., f.* 5; turístico/a *adj.* 5
tournament torneo *m.* 2
toxic tóxico/a *adj.* 6
trace huella *f.*; trazar *v.*
track-and-field events atletismo *m.*
trade comercio *m.*; oficio *m.*; comerciar *v.*
trader comerciante *m., f.*
traditional tradicional *adj.* 1; (*typical*) típico/a *adj.*
traffic tránsito *m.*; **traffic jam** congestionamiento, tapón *m.*
tragic trágico/a *adj.*
trainer entrenador(a) *m., f.* 2
trait rasgo *m.*
traitor traidor(a) *m., f.*
tranquilizer calmante *m.* 4
translate traducir *v.* 1

transmission transmisión *f.*

transplant transplantar *v.*

trap atrapar *v.* 6

travel log bitácora *f.*

traveler viajero/a *m., f.* 5

treat tratar *v.* 4

treatment tratamiento *m.* 4

treaty tratado *m.*

tree árbol *m.* 6

trend moda *f.;* tendencia *f.*

trial juicio *m.*

tribal chief cacique *m.*

tribe tribu *f.*

trick truco *m.* 2

trip viaje *v.* 5; **to take a trip** hacer un viaje *v.* 5

tropical tropical *adj.;* **tropical storm** tormenta tropical *f.* 6

trunk maletero *m.*

trust confianza *f.* 1

try probar (o:ue) (a) *v.* 3; **try on** probarse (o:ue) *v.* 3

tune into (*radio or television*) sintonizar *v.*

tuning sintonía *f.*

turn: to be my/your/his turn me/te/le, etc. + tocar *v.;* **Whose turn is it to pay the tab?** ¿A quién le toca pagar la cuenta? 2; **Is it my turn yet?** ¿Todavía no me toca? 2; **It's Johnny's turn to make coffee.** A Johnny le toca hacer el café. 2; **It's always your turn to wash the dishes.** Siempre te toca lavar los platos. 2

turn (*a corner*) doblar *v.;* **to turn down** rechazar *v.* 1 **to turn off** apagar *v.* 3; **to turn on** encender (e:ie) *v.* 3; **to turn red** enrojecer *v.*

turned off apagado/a *adj.*

U

UFO ovni *m.*

unbiased imparcial *adj.*

uncertainty incertidumbre *f.*

underdevelopment subdesarrollo *m.*

underground tank cisterna *f.* 6

understand entender (e:ie) *v.*

underwear (*men's*) calzoncillos *m. pl.*

undo deshacer *v.* 1

unemployed desempleado/a *adj.*

unemployment desempleo *m.*

unequal desigual *adj.*

unexpected imprevisto/a *adj.;* inesperado/a *adj.* 3

unexpectedly de improviso *adv.*

unfinished inconcluso/a *adj.*

unique único/a *adj.*

unjust injusto/a *adj.*

unload descargar *v.*

unpleasant antipático/a *adj.*

unsettling inquietante *adj.*

untie desatar *v.*

until hasta *adv.;* **up until now** hasta la fecha

update actualizar *v.*

upset disgustado/a *adj.* 1; disgustar *v.* 2; **to get upset** afligirse *v.* 3

up-to-date actualizado/a *adj.;* **to be up-to-date** estar al día *v.*

urban urbano/a *adj.*

urgent urgente *adj.* 4

use up agotar *v.* 6

used: to be used to estar acostumbrado/a a; **I used to... (*was in the habit of*)** solía; **to get used to** acostumbrarse (a) *v.* 3

useful útil *adj.*

useless inútil *adj.* 2

user usuario/a *m., f.*

V

vacation vacaciones *f. pl.;* **to take a vacation** ir(se) de vacaciones *v.* 5

vaccinate vacunar(se) *v.* 4

vaccine vacuna *f.* 4

vacuum pasar la aspiradora *v.* 3

valid vigente *adj.* 5

valuable valioso/a *adj.* 6

value valor *m.*

vandal vándalo/a *m., f.* 6

vestibule zaguán *m.* 3

victorious victorioso/a *adj.*

victory victoria *f.*

video game videojuego *m.* 2

village aldea *f.* 4,

virus virus *m.* 4

visit recorrer *v.* 5

visiting hours horas de visita *f., pl.*

vote votar *v.*

W

wage: minimum wage sueldo mínimo *m.*

wait espera *f.;* esperar *v.* **to wait in line** hacer cola *v.* 2

waiter/waitress camarero/a *m., f.;* mesero/a *m., f.*

wake up despertarse (e:ie) *v.* 2; **wake up early** madrugar *v.* 4

walk andar *v.;* **to take a stroll/walk** dar un paseo *v.* 2; **to take a stroll/walk** *v.* dar una vuelta

wall pared *f.* 5

want querer (e:ie) *v.* 1, 4

war guerra *f.;* **civil war** guerra civil *f.;* **world war** guerra mundial *f.*

warm up calentar (e:ie) *v.* 3

warn avisar *v.*

warning advertencia *f.;* aviso *m.* 5

warrior guerrero/a *m., f.*

wash lavar *v.* 3; **wash oneself** lavarse *v.*

waste malgastar *v.* 6

watch vigilar *v.*

Watch out! ¡Aguas! (*Mex.*) *interj.*

watercolor acuarela *f.*

waterfall cascada *f.* 5

wave ola *f.* 5; onda *f.*

wealth riqueza *f.*

wealthy adinerado/a *adj.*

weapon arma *f.* 5

wear llevar; lucir *v.*

weariness fatiga *f.*

web (the) web *f.;* red *f.*

weblog bitácora *f.*

website sitio web *m.*

week semana *f.*

weekend fin de semana; **Have a nice weekend!** ¡Buen fin de semana!

weekly semanal *adj.*

weeping llanto *m.*

weight peso *m.*

welcome bienvenida *f.* 5

welcome (*take in; receive*) acoger *v.*

well pozo *m.;* **oil well** pozo petrolero *m.*

well-being bienestar *m.* 4

well-received bien acogido/a *adj.*

What a beating! ¡Menuda paliza! *expr.* (*Esp.*)

wherever dondequiera *adv.* 4

whistle silbar *v.*

widowed viudo/a *adj.* 1; **to become widowed** quedarse viudo/a *v.*

widower/widow viudo/a *m., f.*

wild salvaje *adj.* 6; silvestre *adj.*

wild boar jabalí *m.*

win ganar *v.;* **to win an election** ganar las elecciones *v.;* **to win a game** ganar un partido *v.* 2

wind power energía eólica *f.*

wine vino *m.*

wing ala *m.*

wireless inalámbrico/a *adj.*

wisdom sabiduría *f.*

wise sabio/a *adj.*

wish deseo *m.;* desear *v.* 4; **to make a wish** pedir un deseo *v.*

without sin *prep.;* **without you** sin ti (*fam.*)

witness testigo *m., f.*

woman mujer *f.;* **businesswoman** mujer de negocios *f.*

womanizer mujeriego *m.*

wonder preguntarse *v.*

wood madera *f.*

work obra *f.;* **work of art** obra de arte *f.;* funcionar *v.;* trabajar; **to work hard** trabajar duro *v.*

work day jornada *f.*

workshop taller *m.*

World Cup Copa del Mundo *f.,* Mundial *m.*

worms gusanos *m. pl.* 4

worried (about) preocupado/a (por) *adj.* 1

worry preocupar *v.* 2; **to worry (about)** preocuparse (por) *v.* 2

worship culto *m.*

worth: be worth valer *v.* 1

worthy digno/a *adj.* 6

wound lesión *f.*

wrinkle arruga *f.*

writing escritura *f.*

Y

you merced (su) *f., form.* 2

yawn bostezar *v.*

Z

zoo zoológico *m.* 2

Index

R

S

T

Credits

Text Credits

32 Pablo Neruda. "Poema 20", VEINTE POEMAS DE AMOR Y UNA CANCIÓN DESESPERADA © Fundación Pablo Neruda, 2014

72 ©**Fundación Mario Benedetti.** *c/o Guillermo Schavelzon & Asociados, Agencia Literaria* **www.schavelzon.com**

112 Nicanor Parra. "Último brindis", OBRA GRUESA © Nicanor Parra, 1969.

154 ©Ángeles Mastretta, 1990.

196 Gabriel García Márquez, "La luz es como el agua", DOCE CUENTOS PEREGRINOS © Gabriel García Márquez, 1992.

242 By permission of International Editors' Co. Agencia Literaria.

Film Credits

26 By permission of Premium Films.

66 By permission of Agencia Audiovisual Freak, S.L.

106 By permission of IMCINE.

148 By permission of Agencia Audiovisual Freak, S.L.

192 By permission of Agencia Audiovisual Freak, S.L.

236 By permission of IMCINE.

Photography Credits

All images © Vista Higher Learning unless otherwise noted.

Cover: © Tim E. White/Media Bakery

Master Art: 10–13, 50–53, 90–93, 130–133, 172–175, 216–219 (full pg) © marylooo/123RF; **27, 28, 67, 68, 107, 108, 149, 150, 193, 194, 237, 238** (full pg) © pn_photo/Fotolia.

Front Matter: IAE-34: © Rido/123RF.

Lesson One: 1: Paula Díez; **2:** (tl) © Nora y Susana/Fotocolombia; (tr) © Nancy Ney/Digital Vision/Getty Images; (bl): Martín Bernetti; (br) Martín Bernetti; **3:** (t) Martín Bernetti; (m) © T. Ozonas/Masterfile; (b) © Corbis; **9:** (t) © Janie Airey/Getty Images; (m) © Elisa Locci/Shutterstock; (b) © Robert Fried/Alamy; **10:** © Kapu/Shutterstock; **11:** (t) © Marco Trsitao/Globo/Getty Images; (ml) © vgstudio/Fotolia; (mr) Ilustración © Ana Juan Diseño © Marta Borrell/Random House Mondadori www.megustaleer.com; (b) © Junial Enterprises/Fotolia; **12:** © Hart Creations/iStockphoto; **20:** Janet Dracksdorf; **21:** (tl) Ali Burafi; (tm) Janet Dracksdorf; (tr) José Blanco; (bl) Paola Rios-Schaaf; (bm) Oscar Artavia Solano; (br) © Robert Fried/Alamy; **27:** By permission of Premium Files; **30:** Pablo Picasso. Los enamorados. 1923. © 2014 Estate of Pablo Picasso/Artists Rights Society (ARS), New York. Photo credit: © Sucesión Picasso; **31:** © Jean-Régis Roustan/Roger-Viollet/Image Works; **32:** (foreground) © Josh Westrich/Corbis; (background) © Image Source/Corbis; **35:** (t) © Bernard Bisson/Sygma/Corbis; (b) © Win McNamee/Getty Images; **36:** (t) © J. Scott Applewhite/AFP/Getty Images; (b) © White House/Handout/CNP/Corbis; **37:** © Jared Wickerham/Getty Images.

Lesson Two: 41: Ali Burafi; **42:** (tl) © Rasmus Rasmussen/iStockphoto; (tr) © Plush Studios/Getty Images; (bl) José Blanco; (br) © Jim Cummins/Corbis; **43:** (t) © Royalty-Free/Corbis; (m) © John Lund/Drew Kelly/Age Fotostock; (b) © Royalty-Free/Corbis; **49:** (t) © Royalty-Free/Corbis; (m) Annie Pickert Fuller; (b) © Archivo Agencia El Universal/AP Images; **50:** (l) © Vera Anderson/WireImage/Getty Images; (r) © S. Bukley/Shutterstock; **51:** (t) © Allstar Picture Library/Alamy; (ml) © Victor Lerena/EPA/Corbis; (mr) © The Kobal Collection at Art Resource, NY; (b) © The Kobal Collection at Art Resource, NY; **52:** © Roger Viollet/Getty Images; **59:** © Royalty-Free/Corbis; **60:** (t) © Denise Bernadette/Dreamstime; (ml) Martín Bernetti; (mm) © PM Images/Getty Images; (mr) Martín Bernetti; (bl) Martín Bernetti; (bm) © Reed Kaestner/Corbis; (br) Martín Bernetti; **62:** (all) Martín Bernetti; **67:** By permission of Agencia Audiovisual Freak, S.L.; **70:** Aldo Severi. Calesita en la plaza. 1999. © Aldo Severi. Courtesy of Giuliana F. Severi; **71:** © Fundación Mario Benedetti. Photo credit: Eduardo Longoni; **72:** © Jason Horowitz/Corbis; **75:** © Alfredo Dagli Orti/The Art Archive at Art Resource; **76:** © Mark L Stephenson/Corbis.

About the author

José A. Blanco founded Vista Higher Learning in 1998. A native of Barranquilla, Colombia, Mr. Blanco holds degrees in Literature and Hispanic Studies from Brown University and the University of California, Santa Cruz. He has worked as a writer, editor, and translator for Houghton Mifflin and D.C. Heath and Company and has taught Spanish at the secondary and university levels. Mr. Blanco is also co-author of several other Vista Higher Learning programs: **VISTAS, VIVA, AVENTURAS,** and **PANORAMA** at the introductory level, **VENTANAS, FACETAS, IMAGINA,** and **SUEÑA** at the intermediate level, and **REVISTA** at the advanced conversation level.